北戴河年鉴

2016

BEIDAIHE YEARBOOK

秦皇岛市北戴河区地方志编纂委员会办公室 编

方志出版社
Publishing House of Local Records

编 辑 说 明

一、《北戴河年鉴》是秦皇岛市北戴河区人民政府主办、区政府办公室地方志年鉴编辑部编纂的权威性、综合性资料文献。力求全面、系统、真实地记述2015年度北戴河区的社会经济发展进程，客观反映新变化、新成就及经验、教训。为读者了解北戴河提供全方位信息。

二、《北戴河年鉴》以马克思列宁主义、毛泽东思想、邓小平理论、“三个代表”重要思想、科学发展观、习近平新时代中国特色社会主义思想为指导，坚持辩证唯物主义和历史唯物主义的立场、观点和方法。

三、《北戴河年鉴》以出版年号为卷次名称，逐年出版。2016年卷所收资料自2015年1月1日始，至2015年12月31日止。主要记述2015年度的基本情况，兼有适当的年度对比，供读者了解区情的发展脉络。

四、《北戴河年鉴》采用分类编辑，相关或相近的部类合用，基本分为类目、分目、条目三个层次。部分类目设综述，绝大多数分目设概述。

五、《北戴河年鉴》涉及政区、机构、会议、文件、职衔等均依当年规范称谓，名称较长且重复出现者，则采用规范简称。

六、组织机构收录范围为区委、区人大、区政府、区政协、区纪委五大班子2015年在职领导干部和其他重要部门在职正科级以上干部。所录领导名录，年内任职的不注任离时间，年内有变化的，在姓名后括注。

七、人物类目的收录范围，为2015年度市级以上报刊登载的籍属本地或籍属外地在北戴河工作的新闻人物，各行各业技术能手、创业先锋、劳动模范，民间能工巧匠，籍属本地在外工作的名人、学子。

八、《北戴河年鉴》所用数字一般以区统计局统计数字为主，并经统计局审核。文中土地、经济指标等部分数字为原勘测、统计口径，不包含牛头崖镇数据。

九、《北戴河年鉴》所用稿件、图片大部分来自各承编单位，并经单位负责人审阅、盖章，部分内容参考了《人民日报》《河北日报》《秦皇岛日报》《秦皇岛晚报》以及区委、区政府及相关部门的稿件、简报、网站等方面的信息。

1月5日，召开中共北戴河区委十一届六次全委（扩大）会议

1月21日，召开秦皇岛市北戴河区第十四届人民代表大会第五次会议

1月19日，召开中国人民政治协商会议秦皇岛市北戴河区第八届委员会第四次会议

6月28日，在区文化宫召开暑期工作动员会

6月11日，召开北戴河区智慧网格建设推进会议

4月28日，召开北戴河区精神文明建设总结大会

奥园春色

浪淘沙公园

联峰山公园秋叶

北戴河国家湿地公园

西坨头村

滨海大道

东二路

中海滩路

费石庄游客接待中心

改造后的东三路街景一角

改造后的草厂南路一角

海滨驿站

海边小品——一见倾心

保四路城市小品——水驿

新换安一路路标

城市小品——假日

安四路路标

保一路路标

车站村

苏庄村

水质检测

北戴河村艺术院落

2015年灯展（一）

2015年灯展（二）

5月1日，在奥林匹克大道公园举办“2015北戴河运动之春第十一届轮滑节”

2015年年夜大集

残疾人帮扶

2011-2015年北戴河区主要经济指标

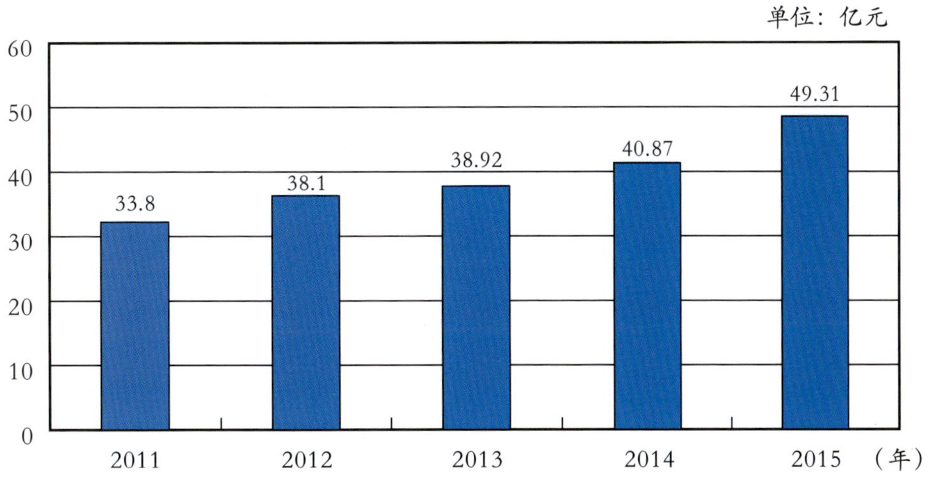

全区生产总值

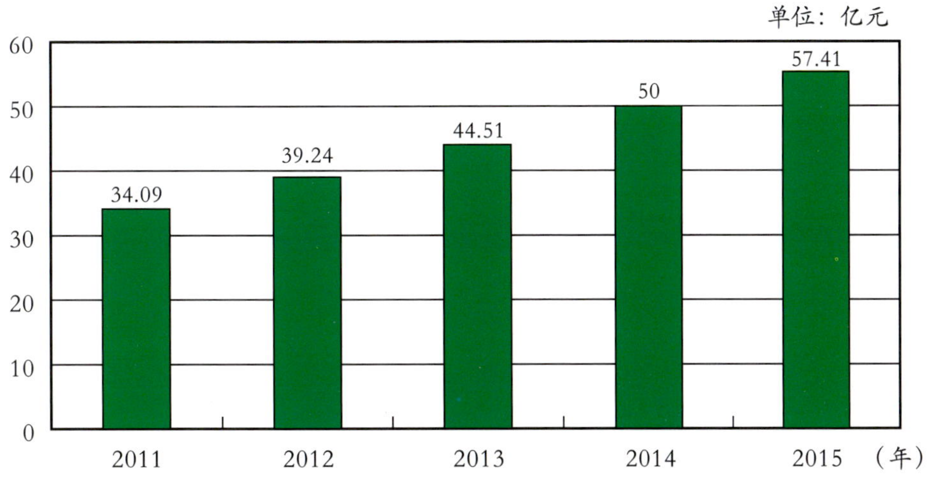

社会消费品零售总额

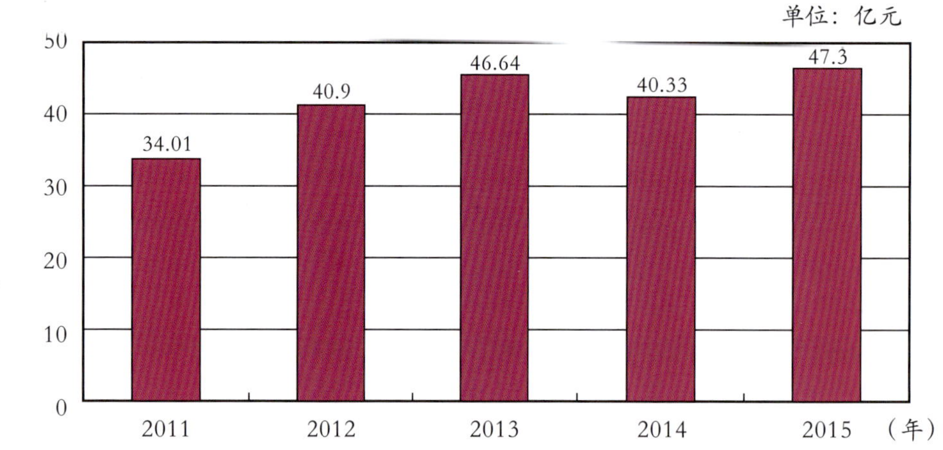

固定资产投资

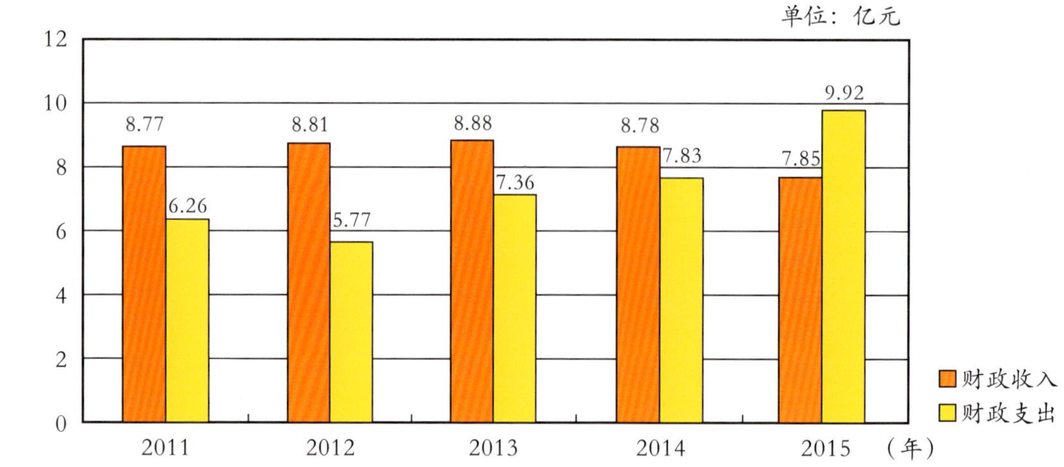

地方财政收支

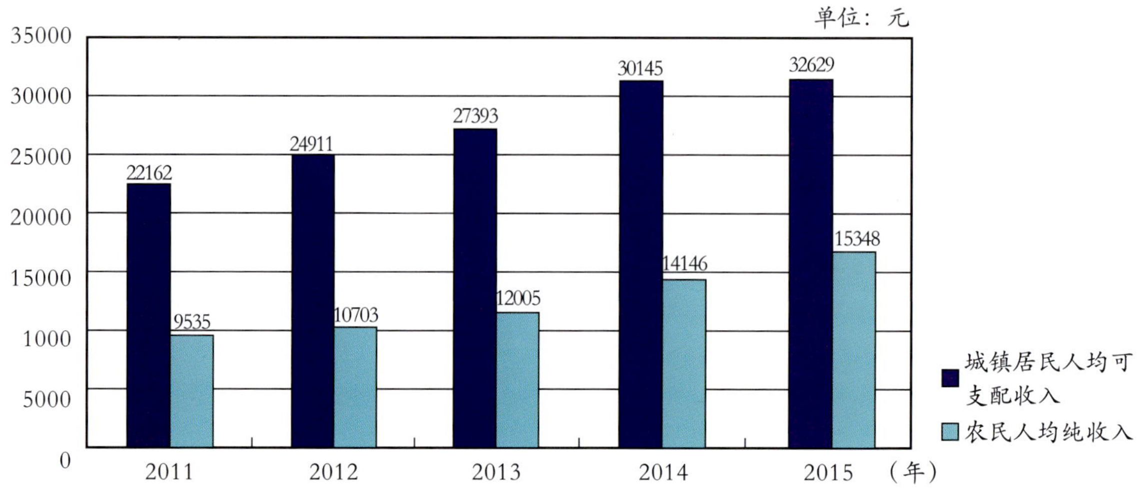

城乡居民收入

目　录

特　载

专　题

大事记

区情综述

中共北戴河区委员会

北戴河区人民代表大会

北戴河区人民政府

政协北戴河区委员会

民主党派·工商联

社会团体

法治建设

军　事

城乡建设

旅游·度假

农业和农村经济

工　业

北戴河经济技术开发区

商贸流通业

交通・通信

金融业

财税管理

综合管理

社会事业

社会生活

镇·街道

人　物

荣誉专版

附　录

特 载

解放思想 转型升级
全面实现“十三五”又好又快发展

——在区委十一届七次全会第一次全体会议上的报告

（2016年1月11日）

中共秦皇岛市委常委、北戴河区委书记 李学民

一、2015年及“十二五”时期主要工作回顾

（一）2015年主要工作回顾。过去一年，区委常委会深入贯彻落实中央、省、市重大决策部署和习近平总书记系列重要讲话精神，主动适应和积极引领新常态，围绕实现“两个率先”[1]、打造“国际名片”、建设“国际滨海休闲度假之都”的奋斗目标，团结和带领全区人民，扎实推进经济社会各项事业发展，取得了显著成绩。

一是坚持发展第一要务，持续推进经济健康发展。始终把发展摆在更加突出的位置，把项目建设作为经济发展的生命线，强化领导分包、跟踪服务和督导要账，中俄文化艺术合作产业园、同道电影坊、北部新城、北京富力集团五星级酒店等一批战略项目扎实推进。我区被评为“河北省文化产业十强县（市、区）”，中俄文化艺术合作产业园被评为“河北省十大文化产业项目”，成为全省唯一同时获得以上两项荣誉的县区，也是全省唯一两次获得文化产业十强县的县区。碧螺塔酒吧公园成为国内首批“中国互联网+景区大数据应用联盟成员”，碧螺塔旅游开发股份有限公司成功在北京新三板上市，成为全省旅游文化产业上市第一股。北戴河村片区及集发生态农业观光园荣获“中国农业公园”称号，是2015年北方地区唯一一家获此国家级殊荣的园区。北戴河特色民宿首获“2015中国旅游风云榜——2015中国特色民宿Top10”。积极稳妥地完成了区划调整，行政区划面积过百，人口达到近十万，这对北戴河具有里程碑意义。预计全区生产总值达到44.1亿元，增长5.5%；全社会固定资产投资47.39亿元，增长17.5%；全部财政收入完成7.85亿元，其中公共财政预算收入完成4.07亿元，分别完成全年预算的100.7%和100.8%；城市居民与农村居民人均可支配收入达到32700元和15433元，分别增长8.5%和9.1%。

二是坚持生态第一优势，强力改善城乡环境面貌。坚持把生态环境作为最大竞争优势，大力开展生态环境修复和植树造林，不断擦亮生态“金字”品牌。围绕打造“国际名片”，深入实施环境建设“四项行动”，着力提升城市功能和品质。按照欧风小城、万国建筑的城市风格，深入实施城区街景改造提升行动，首批17条道路及1个园区的改造于暑期前精彩亮相，好评如潮。以全省农村面貌改造提升行动九大精品示范片区建设为契机，深入实施连片建设美丽乡村行动，精心打造了北戴河村“艺术村落”等7个特色重点村，我区美丽乡村建设经验被《人民

日报》、央视新闻联播等重量级媒体相继报道，中央和省、市有关领导多次实地调研并给予高度评价。深入实施文明诚信经营专项行动，严厉打击强买强卖、欺客宰客等违规行为，游客投诉率同比大幅下降，招手揽客顽疾得到了根治。深入实施违法占地、违法建筑及近海非法养殖集中整治专项行动，联合执法，重拳出击，有效遏制了违法占地、违法建筑蔓延的态势。

三是坚持暑期第一任务，不断提升暑期工作水平。始终把暑期工作作为贯穿全年工作的主线，坚持和完善早晚碰头、联合执法、包街整治、一分钟快速反应等一系列行之有效的机制，安全保卫、城市景观、市政保障、物资供应、医疗保健、旅游服务、文化活动等工作均达到历史最好水平，圆满实现了“安全暑期、和谐暑期、简朴暑期、满意暑期”的目标，赢得了各级领导、广大游客与人民群众的广泛赞誉。借暑工作取得新进展，先后引进总部企业13家，争取到位资金1.2亿元。与保利集团就打造北戴河“夏拍”品牌达成合作共识，“2015保利•北戴河夏季艺术品公益拍卖会”以3190万元的成交额圆满收槌。

四是坚持民生第一追求，着力繁荣发展社会事业。坚持从群众最需要、工作最薄弱的地方入手，实施8项民心工程，着力解决联系服务群众“最后一公里”问题。大力实施科教兴区战略，科技创新能力不断增强，素质教育水平明显提升，民政、卫计、双拥、残疾人、妇女儿童等各项事业健康发展。实验小学、海北路小学被评为全省素质教育示范校，我区素质教育示范校比例达到50%。大力发展文化体育事业，春节灯会等特色文化惠民活动广受好评，成功举办北戴河国际轮滑节，我区被授予“中国轮滑名城”、“国际轮滑之都”称号，被国家体育总局评选为《全民健身实施计划》研制工作联系区，是我省唯一入选的县区。深入推进全民创业，不断提升群众在就业、创业、住房、医疗、社会救助等方面的保障能力，城乡保障体系建设总体走在全市前列。全年新增就业8035人，城镇登记失业率控制在2.4%以内；新农合参合率达到98%；城乡居民养老保险参保率达到99%，超过省级预定目标9%；城镇职工基本医疗保险、失业保险完成既定任务的127%和206.2%。

五是坚持稳定第一责任，全面加强和创新社会治理。深化平安北戴河建设，健全网格管理工作机制，着力打造网格化社会服务管理“升级版”。始终保持严打整治高压态势，全区刑事发案总数和万人发案率始终保持全市最低，社会面反恐防暴群防群治工作得到了中央和省领导的充分肯定。深入开展“信访隐患矛盾纠纷排查调处攻坚”专项行动，严格落实首问首办负责制和区级领导接访、约访、下访制度，全力排调化解信访案件，信访秩序明显好转。深入开展安全生产、食品安全、消防安全、道路交通等专项检查，实现安全生产零事故。全面推进精神文明建设，大力开展文明志愿服务活动，市民文明素质和城市文明程度持续提升。广泛宣传和积极践行社会主义核心价值观，打造社会主义核心价值观之城。

六是坚持党建第一保障，不断巩固夯实执政基础。坚持党要管党、从严治党，扎实做好党建各项工作，全面提升党建科学化水平。全面加强区委常委会自身建设，坚持政治理论学习，不断提高决策的科学化、民主化水平，充分发挥领导核心作用。明确把每次常委会第一项议题固定为理论学习，全年共开展集中学习32次。深入开展“三严三实”专题教育和解放思想大讨论，进一步擦亮工作状态激情化、作风建设常态化、人际关系简单化、生活作风高尚化干部队伍建设“四化”品牌。高度重视基层党组织建设，在全市率先完成村居“两委”换届工作，我区被评为省级村居“两委”班子换届工作先进单位，并在全省总结表彰大会上作经验交流。开展“基层党建规范年”活动，实施村级组织“五规范一创建”工作规程，推进“基层党建示范区”建设，打造北戴河村“七彩阳光”党建工程、东坨头村“1234”党建网格化管理服务体系等系列党建品牌，全市创建基层党建示范片区现场观摩会在我区召开。党员电教远教工作取得新进展，电教片《辞职》被中组部评为全国党员教育电视片观摩交流活动二等奖。树立正确用人导向，严格遵守《党政领导干部选拔任用工作条例》及相关文件精神，认真贯彻落实“德才兼备、以德为先”的干部选任原则，坚持“实干”和“基层”导向，先后选派5名机关年轻干部到乡镇挂任党委副书记、副镇长，选派12名优秀干部赴承德平泉县开展驻村帮扶工作，选派1名优秀年轻干部赴河北中烟工业有限公司挂职锻炼。在干部人事任免工作上，区委先后召开常委会9次，任免干部159人次，其中，提拔干部51人，调整交流干部108人次，消化超职数配备干部51人次。建立干部监督评议员和工作记账计量制度，坚持领导干部重大事项报告和交心谈心制度，加大领导干部经济责任审计力度，全年共对159名科级干部进行了离任和任前谈话，对17名科级领导干部实施了离任审计。修订完善《科级领导班子和科级干部综合考核评价办法（试行）》，积极推行领导班子和领导干部实绩档案、领导干部工作日志制度。全面落实党风廉政建设“两个责任”，健全完善责任清单、定期报告、述责述廉、责任追究等保障机制。严格落实“八项规定”和反对“四风”要求，聚焦党员干部“六大纪律”[2]，打出节日明查暗访、“为官不为”专项治理、作风纪律专项整治的“组合拳”，驰而不息正风肃纪，共查处党风政风类问题21个，处理33人。坚持挺纪在前，抓早抓小，对92名党员干部进行了谈心提醒教育，对43名拟提拔干部进行廉政考试，让新提拔的干部成为“廉洁增量”。大力推广“四风问题人人拍”网络软件，畅通信访举报渠道，认真开展“摸线索、除腐败、净环境”联合专项行动，广泛收集问题线索。深入推进纪律审查工作，以零容忍态度惩治腐败，全区纪检监察机关共审查违纪案件24件，处理违纪党员干部24人，涉及科级党员干部4人。

（二）“十二五”时期主要工作回顾。

“十二五”时期是北戴河跨越发展的加速期，也是全区经济社会发展取得新的重大成就的丰收期，必将在北戴河的发展史上书写浓墨重彩的一笔。回顾过往5年的发展历程，我们有理由欢欣鼓舞、倍感自豪，也有理由壮志满怀、憧憬无限。可以说，这5年是北戴河经济发展较快、城乡面貌巨变、社会全面进步、人民福祉提升的生动写照，是北戴河全体干部群众砥砺奋进、苦干实干、务实创新的光辉岁月。一是坚持解放思想不动摇，发展思路日渐清晰。始终把解放思想作为推动发展的第一动力，注重以思想的领先实现发展的率先，坚持战略思维和国际视野，不断深化区情认识，科学确立了“百年胜地·美丽之冠”的城市发展定位，提出了打造经济强区、世界名区，实现“两个率先”、建设美丽实力幸福北戴河的发展目标，连续三年实施“四大攻坚年”[3]活动，这些顶层设计和战略规划，使发展道路更具北戴河特色。二是坚持科学发展不动摇，经济实力日渐增强。牢固树立“发展就是尊严、发展就是出路”的理念，坚持以经济建设为中心，狠抓项目建设、产业升级、开放招商等各项工作，找准加快发展、壮大经济实力的增长点和突破口，不断实现发展新跨越。到2015年末，“十二五”规划各项目标任务圆满收官，全区生产总值、全社会固定资产投资、城市居民和农村居民人均可支配收入比2010年分别增长41.6%、85%、70.7%和86%。三是坚持生态立区不动摇，城乡面貌日趋优美。始终把生态环境作为核心竞争力，精心呵护这一“生命线”和金字品牌，以高品位、大手笔着力提升城市建设的国际化、人性化、精细化水平，城市功能、基础设施、服务管理、生态环保等方面实现了质的跃升，全域城市化稳步推进，“百年胜地·美丽之冠”的城市魅力日益彰显。四是坚持维护稳定不动摇，社会环境日趋和谐。牢固树立“稳定压倒一切”的思想，不断加强和创新社会治理，带着感情做好群众工作，以积极向上的社会正能量推动和维护社会的安定和谐，群众对社会治安的满意度位居全省、全市前列。五是坚持民生为本不动摇，人民生活日益改善。始终把保障和改善民生作为全部工作的出发点和落脚点，持续加大民生投入力度，2015年全区民生类支出占公共财政预算支出的比重达75%以上。坚持以城乡一体化为抓手，统筹提升城乡社会保障能力和基本公共服务水平，城乡居民享受到了更加均衡、便捷、全面的社会事业“福利”。群众的收入水平不断提高，城市居民和农村居民人均可支配收入五年来分别增加13543元和7134元，为率先全面实现“小康”奠定了坚实基础。六是坚持党的领导不动摇，政治生态日益清明。始终把加强党的领导贯穿于工作的全过程，充分发挥党领导一切的核心作用以及各级党组织、广大党员的战斗堡垒和先锋模范作用，团结带领全区人民，同心同德，奋发有为地做好工作，全区呈现出干部清正、政府清廉、政治清明的良好政治生态。

成功始于足下，拼搏铸就辉煌。五年来，北戴河的发展有目共睹，所取得的成就必将载入史册。回顾与总结发展的点滴，无不饱含着中央与省、市的大力支持和坚强领导，无不汇聚着社会各界的积极参与和鼎力支持，无不凝结着全区广大干部群众的辛勤汗水和无私奉献。在此，我代表区委常委会，向在座的各位同志，向全区各级党组织和广大党员干部，向中直北戴河服务局、国管局北戴河服务局、省办等驻区几大家及武警三支队、行业驻区单位、驻区休疗单位、驻区部队，向全区人民，致以崇高的敬意和衷心的感谢!

（三）当前全区发展存在的突出问题。成绩代表过去，问题迫在眉睫。站位更高的标准和更严的要求，我们的各项发展、各方面工作还有很多不足和较大差距，突出表现在以下五个方面：一是经济发展速度不快，质量和效益不高。经济总量偏小，一直是我区经济发展的突出问题，尤其是2012年天业通联和博硕光电公司迁出我区，使我区财税收入大幅流失，加之经济下行压力增大，骨干企业萎缩，导致经济总量始终在低位徘徊。产业层次不高，是困扰我区经济发展的又一突出问题，我区一二三产比例看似合理（一、二、三产业之比为3:19:78），实质上是一产和二产太弱小，而以旅游业为主的三产相对低端且没有形成支柱产业，加之旅游淡旺季矛盾始终未得到有效化解，导致产业品质和经济效益不高。二是城市建设规划滞后，建设与管理不严。相对于北戴河的名气和打造“国际名片”及全域旅游示范区的目标，城市规划档次偏低，城市特色不够鲜明；城市基础设施薄弱，建成区外各村供水、供气、供暖、排污等基础设施未实现全覆盖；城市管理标准不高，垃圾乱扔、违章乱建、欺客宰客等问题仍时有发生。三是环保工作力度不够，生态环境压力加大。虽然通过实施大气污染防治、近岸海域环境综合整治等工程，使空气质量、海水质量有明显好转，但整体情况仍不容乐观，而且还没有建立起综合整治的长效机制。对破坏环境、污染环境的行为处罚力度不够，绿色发展的意识还没有深入人心。四是城乡发展不够均衡，民生改善任务艰巨。城乡居民收入差距较大，2015年城市居民人均可支配收入为32700元，农村居民人均可支配收入为15433元，差距明显。民生投入虽然持续增长，但总量仍显不足，特别是面向农村和特殊人群的公共服务投入不够，欠账较多。五是思想解放程度不够，干事创业激情不足。谋事思路比较窄，创新意识不够强，解决问题的办法不够多；工作激情不足，担当精神不够，抓落实的力度不够大；逢旗必夺、事争一流的作风还没有普遍形成，“四化”品牌还没有全面唱响。以上问题，虽不是全区共性问题，但也绝非个性问题，不能小视。对此，我们将高度重视、努力改进，力争整体工作再上新水平。

二、关于当前及“十三五”时期的主要任务

“十三五”是北戴河跨越发展的重要时期，也是我们必须紧紧抓住并且可以大有作为的战略机遇期。对北戴河来说，千方百计做大经济规模和总量，提升发展质量和效

益，仍然是“十三五”时期经济发展亟需破解的主要矛盾。同时，广大群众追求美好生活的内容形式更丰富，水准要求更高，权利诉求更强烈，追求体面、尊严和高质量生活正在成为全社会的价值追求，落实以人为本，增进民生福祉，同样任务艰巨、刻不容缓。面对严峻的形势和挑战，全区各级党组织和广大党员干部要进一步增强责任感和使命感，坚决贯彻创新、协调、绿色、开放、共享发展理念，谋划做好“十三五”时期经济社会发展的各项工作，坚定不移地走一条以民生为导向的发展之路，全面开创北戴河更加幸福美好的未来。

为此，我们确定“十三五”时期全区经济社会发展的总体思路是：全面贯彻中央和省委、市委全会精神，认真落实习近平总书记系列重要讲话精神，坚持中央“四个全面”[4]的战略布局，坚持解放思想、转型升级、又好又快发展工作主基调，坚守发展、生态、安全三条底线，抢抓京津冀协同发展战略机遇，以实现“两个率先”、打造“国际名片”、建设国际滨海休闲度假之都为引领，以暑期工作为主线，深入实施“四大攻坚年”活动，统筹推进经济、政治、文化、社会、生态文明和党的建设，为建设世界名区、经济强区奠定更加坚实的基础。同时，综合考虑未来五年全区发展趋势和条件，初步确定“十三五”时期经济社会发展主要目标是：“两个率先”“两个提前翻番”“四个明显优于”。“两个率先”即在全市提前一年全面建成小康社会和率先实现城乡一体化。“两个提前翻番”即到2019年生产总值和城乡居民人均可支配收入比2010年翻一番以上。“四个明显优于”即发展质量效益、生态环境质量、群众幸福指数、城市文明程度明显优于周边地区。实现这一目标，关键要立足当前、着眼长远、统筹兼顾、突出重点，集中精力抓好以下六个方面工作。

（一）在项目建设和产业转型升级上实现新突破。围绕转型升级主线，推进供给侧结构性改革，加快产业结构调整步伐，大力培育高端旅游、总部经济、会展经济、文化创意产业、高新技术产业、健康养生产业和现代农业，打造以旅游业为主导的特色产业集群，构建三次产业协调融合发展新格局。坚持以建设国际旅游目的地为目标，以打造国家全域旅游示范区为抓手，加快旅游产业发展，促进旅游业由观光游向休闲度假游，由景点游、浴场游向城市游华丽转身。大力实施旅游精品战略，开展鸽子窝5A级景区创建工作，对区内所有景区进行全面升级改造，力争2至3年内消除3A级以下景区。抢抓京津产业转移的机遇，瞄准大企业、大集团和跨国公司、500强企业，争取在北戴河设立更多的地区总部、分支机构、采购中心和结算中心，着力打造北戴河总部基地，不断提升总部经济活跃度。抢抓国家休疗培训机构改革机遇，着力打造会议培训中心和论坛中心，积极引进具有国际影响力的永久性论坛会址，真正叫响“北戴河会议”的全新品牌，打造北戴河国际会议之都。深入实施文化兴区战略，积极引进文化产业项目，加快打造创意创作中心，着力把文化创意产业发展成为北戴河的支柱产业。坚持以“三退三增”[5]为突破口，促进农业全面转型升级，着力打造一、二、三产融合的“六次产业”[6]。以集发现代农业园区为龙头，加快现代农业示范园区建设，做大做强中国农业公园品牌。围绕建设北戴河生命健康产业创新示范区，以大北戴河国际健康城项目为依托，大力发展特色医疗、养生养老、康复健身等产业，积极引进休闲养生、高端康体、整形美容等项目，着力打造北戴河养老养生产业基地，把健康养生产业做大做强。坚持把项目建设作为发展主线和重要抓手，把培育大项目、好项目作为主攻方向，着力引进战略投资者，特别是谋划、储备和引进一批业态高端、民生改善、生态环保的重大项目，力争有更多项目进入国家和省、市级“十三五”项目盘子。加快推进中俄文化艺术合作产业园、布查特花园、北京富力集团五星级酒店等重点项目。

（二）在扩大开放和体制机制创新上实现新突破。坚持把扩大开放作为实现又好又快发展的优先战略和关键举措，抓住京津冀协同发展重大机遇，加快构建全方位开放新格局，着力打造全市开放发展的新高地和引领区。立足全区产业布局、功能定位，发挥比较优势，实现错位发展，全力承接非首都功能转移和疏解，重点以金融、文化、教育、医疗、康养、培训等功能与产业为主攻方向和突破点，推动首都高端生产要素与我区优质资源有机融合，成功打造一批京津冀协同发展的示范项目。进一步扩大对内对外交流与合作，寻求更多的战略合作伙伴，对标国际、国内城市，追赶发展。坚持把招商引资作为经济发展的突破口，着力吸纳、集聚符合城市定位和产业发展方向的域外生产要素，努力构建全方位、多层次招商引资工作新局面。坚持把暑期作为推动发展变化的重要平台，充分借助暑期资源优势，积极争取上级支持，促进城市发展建设年年有新进步、新变化。深化改革创新，逐步建立健全有利于科学发展的体制机制。深化行政管理体制改革，进一步转变政府职能，创新政府管理方式，强化社会管理和公共服务职能。深化行政审批制度改革，提高政府行政效能，着力建设服务政府、责任政府、法治政府、廉洁政府。完善金融管理体制，加强投融资体系建设，推动企业上市，推进政府融资方式创新，拓展多元化融资渠道。健全开发区管理体制，充分发挥其在招商引资、对外开放中的主力军作用，结合行政区划调整，积极推进开发区扩区，举全区之力做大做强开发区。创新招商机制，完善激励机制，切实建强招商引资专业化队伍，围绕“三中心一基地”[7]建设，充分吸引和利用国内外优势资源。加快推进创新创业公共服务资源共享，支持发展众创空间、科技孵化器和加速器，搭建一批全要素的众创、众包、众筹支撑平台。

（三）在生态建设和城乡统筹发展上实现新突破。牢固树立“窗口”意识和“精品”意识，大力实施全国文明城市、国家卫生城市、国家森林城市“三城同创”，着力打造精致、细致、极致的城市环境。以北戴河区近岸海域环境综合整治为抓手，加大湿地、林地、耕地保护力度，深入实施新河、戴河整治和入海排洪沟、农村污水管网完善等重点项目。完善环保基础设施建设，严格控制陆源污染源直排入海。大力实施植树造林、见缝插绿工程，推进大气环境污染治理工程，持续做好燃煤锅炉淘汰工作。畅导绿色生活理念，大力发展低碳建筑、低碳交通、低碳生活。围绕打造“国际名片”、建设国际滨海休闲度假之都目标，推进总规、控制性详规、土地利用总体规划调整衔接工作，以规划修编引领城市建设向高端化、国际化、现代化转变。深入实施城区街景改造提升行动，其中2016年的改造提升任务是“14+1”，涉改路段总长27.1公里。当前要全力做好开工前各项准备工作，确保3月初全面开工建设，确保五一前后实现部分工程竣工，6月底精彩亮相。坚持以连片建设美丽乡村行动为抓手，加快推进村庄改造提升，努力打造全市统筹城乡发展示范区。按照“全域统筹、点面结合、梯次推进”的原则，将2016年美丽乡村建设分为2015年重点村后续推进、原有区划内所有行政村全面达标、牛头崖片区示范村建设和旅游、民宿特色村打造“四个梯度”依次展开，确保暑期精彩亮相。坚持“建设美丽”与“经营美丽”并重，以北戴河村发展文化艺术产业为示范，积极推进“一村一品、数村一业”，促进艺术村落向创税型、创业型村落转变，确保6月1日前引进各类手作品牌原创工作室及手工艺体验坊等共40个院落，打造特色餐饮、个性民宿共10家。统筹城乡能源、交通、通信、水利、流通、环保、防灾等基础设施建设，推进城市供水、燃气、供热、污水、环卫向镇村延伸覆盖，努力构建城乡一体的新型基础设施体系。加快地下综合管网系统、天然气供应系统、热电联产集中供热、戴河片区污水管网和电力、通信及有线电视等市政设施建设，整体提升市政设施运行和承载能力。积极推进城市管理综合执法体制改革，实现城市管理和社区服务属地化、网格化、精细化。加快推进老旧小区物业公司化管理、环卫保洁、停车场管理、海浴场管理等工作，使城市管理和环卫保洁工作2016年6月达到河北一流水平，2018年达到全国一流水平。加强精神文明建设，围绕社会主义核心价值观教育，大力弘扬优秀传统文化，营造向上向善、诚信互助的社会风尚，促进城乡居民文明素质和城市文明程度的全面提升。

（四）在民生工作和社会事业发展上实现新突破。坚持把保障和改善民生作为全部工作的第一追求，按照人人参与、人人尽力、人人享有的要求，不断改善民生环境，完善制度体系，发展社会事业，促进社会公平，持续提升全区群众的幸福指数。围绕解决群众最现实、最关心、最迫切的问题，每年谋划实施一批民心工程。高度重视就业，加快完善城乡一体的就业服务体系，建立健全经济增长与扩大就业协调推进、重大项目与人力资源衔接等长效机制，加强对就业的政策扶持引导。深入推进“大众创业、万众创新”，着力打造北戴河创新创业示范基地，积极促进农民创业就业方式转变，全面提升城乡居民收入水平。积极推进教育发展布局优化调整，谋划实施初中、小学、幼儿园新建、迁建、改扩建工程，加快牛头崖镇中小学校舍改造和师资队伍建设，尽快实现全区教育均衡发展。继续加强素质教育，全面提升教育教学水平。加快发展卫生事业，推进医疗体制改革，完善医疗卫生服务体系，改善基层卫生基础条件，促进城乡居民逐步享有均等化的基本公共卫生服务。建立健全城乡一体化的公共服务保障体系，完善社会保险制度，继续扩大各项社会保险覆盖面，不断提升社会保障能力和水平。建立健全妇女、儿童、残疾人关爱服务体系，大力发展社会救助、社会福利和慈善事业。统筹城乡文化事业发展，深入推进国家公共文化服务体系示范区创建工作，以“文图”两馆建设为带动，促进各级各类文化设施完善提升和资源共享。继续擦亮“运动之春、浪漫之夏、时尚之秋、休闲之冬”四季品牌，以举办轮滑节、观鸟节、情侣狂欢节等原创性、地域性、特色性节赛活动为助推，着力打造具有国际知名度和影响力的文化品牌。

（五）在安全稳定和加强社会治理上实现新突破。牢固树立“稳定压倒一切”和“安全发展”的理念，继续推进社会矛盾化解、社会管理创新、法制建设三项重点工作，确保社会安全和谐稳定。大力推进平安北戴河建设，加快建设以信息化为支撑的社会治安立体防控体系，坚持信息化牵引，积极推进打防管控一体化、网上网下一体化，打造“升级版”网格化社会服务管理机制。建立健全社会稳定源头预防机制，把社会稳定风险评估作为定政策、做决策、上项目的前置条件和必经程序。健全大维稳工作机制，建立公安、国安、维稳、信访等部门和相关区域性互联互通的大情报信息网络，深层次掌握内幕性、预警性情报信息。积极推进“三位一体”[8]大调解体系建设，全面加强依法信访工作，用法治思维和方式排查、调处、化解社会矛盾纠纷和信访问题。严密网络安全监控，健全舆情引导机制，着力净化网络环境，传播正能量。加强民主法制建设，做好统战、民族、宗教和群团工作，推进国防后备力量建设和军民融合式发展。

（六）加强党对实施“十三五”规划的领导。要顺利实现“十三五”规划目标任务，必须充分发挥党的领导核心作用，突出党要管党、从严治党工作主线，全面提升党建工作科学化水平，最广泛地动员全社会力量，调动一切积极因素，凝聚改革发展的强大合力。一要提升领导发展能力。经济发展进入新常态，新情况新问题层出不穷，对领导干部的素质能力提出了新的更高要求。如果自身不加强学习调研、不能与时俱进，就很难抓到点子上，很难打开工作局面。全区各级干部要深入开展好解放思想大讨论活动，按照孟祥伟书记提出的“四找”要求，找出差距、找出目标、找出责任、找出办法，努力寻求破解制约发展瓶颈问题的方法和路径，持续向解放思想要动力、要智慧、要生产力。要善于用市场机制和市场手段配置资源要素，推动经济发展，善于运用法治思维和法治方式化解矛盾纠纷，解决现实问题，善于通过改革的思路和创新的办法完善体制机制，破解工作难题，千方百计把工作搞上去。要加强常委会自身建设，认真贯彻落实新修订的《中国共产党地方委员会工作条例》，进一步提高决策的科学化、民主化水平。要大兴学习之风，完善党委理论中心组学习制度，定期搞好专题学习，邀请先进县区领导和各行业专家讲课，开拓思维，增强学习能力、决策能力、创新能力。要加强基层党组织建设，大力实施“放权强镇”和“固本强基”两项工程，全面夯实基层基础。要加强对编制“十三五”规划纲要和专项规划的领导，落实中央、省委、市委全会精神和区委《建议》确定的发展思路、主要目标、重点任务、重大举措。各级各部门的规划编制，要从实际出发，制定具体方案，细化责任分工，确保区委部署落地生根。二要激发干事创业激情。当前北戴河面临的矛盾困难多，各项任务艰巨繁重，这正是对每一名领导干部的现实考验。现在有些干部不担当、不作为、不尽责，遇到矛盾绕道走，碰到问题往后拖，这样的工作状态，再多的机遇、再大的优势、再好的条件，发展也不可能搞上去。要从区党政班子成员做起，带头振奋精神、燃旺士气，逢旗必夺、事争一流。全区广大党员干部要时刻保持良好的精神状态，把全部心思和精力都放在工作上，真干、实干、苦干、巧干，使夙兴夜寐、激情工作成为常态，用党员干部的辛苦指数换取人民群众的幸福指数。要做到孟祥伟书记提出的“三个珍惜”要求，一是珍惜青年壮龄，我们都处于人生最辉煌的时段，年富力强，精力充沛，要把全部聪明才智贡献给这片热土和人民；二是珍惜在领导岗位时间，多为人民群众办实事、办好事，不要等离开岗位时回想自己什么也没干过，白白占据这个岗位；三是珍惜干事创业的好时代，党和人民给了我们这样的创业平台，我们没有理由不去为之努力、为之奋斗，决不能白白地从这个世上走一圈，留下遗憾。三要树立正确用人导向。要坚持正确的用人导向，按照总书记提出的好干部五条标准选人用人，大力选拔那些忠诚干净担当实干的干部。要注重把具有丰富基层工作经历，政治上靠得住、工作上有本事、作风上过得硬的干部选拔上来，并保持任期的相对稳定。要把培养选拔优秀年轻干部作为战略工作来抓，对那些有潜力、有激情、能干事的年轻干部，敢于放到基层和一线历练，表现优秀的选拔到关键岗位。要继续完善干部考核办法，从今年开始，全面实行工作日志法，坚持干部自我考核和组织考核相结合，把考核具体化。要按照菜单式分解、契约化管理、审计式验收、公开化奖惩的要求，把各项任务落在实处，让干部心思集中在干事上，最终通过党风政风的好转带动社会风气的好转，增强城市的正能量。四要加强党风廉政建设。要严格落实党风廉政建设主体责任和监督责任，严守政治纪律和政治规矩，严格执行党的廉洁自律准则和纪律处分条例。坚持抓早抓小、标本兼治、挺纪在前、纪严于法，加大纪律审查力度，加强领导干部经济责任审计，真正形成不敢腐、不能腐、不想腐的有效机制。要认真落实中央“八项规定”要求，巩固党的群众路线教育实践活动成果，持续深化“三严三实”专题教育，健全改进作风长效机制。要大力弘扬党的优良传统和作风，积极倡树工作状态激情化、作风建设常态化、人际关系简单化、生活作风高尚化“四化”品牌，不断加大对干部队伍执行不力、落实不到位的问责力度，着力构建干部清正、政府清廉、政治清明的政治生态，为“十三五”发展营造良好环境。

同志们，今后五年是北戴河改革发展一个非常特殊而关键的时期。实现“十三五”发展目标，前景光明，任务艰巨，责任重大。全区广大党员干部要紧密团结在以习近平同志为核心的党中央周围，深入贯彻落实中央、省委、市委全会精神，解放思想，坚定信心，抢抓机遇，奋发作为，团结带领全区人民把《建议》描绘的宏伟蓝图变成现实，为建设美丽实力幸福北戴河而不懈奋斗。

【附注】

[1]两个率先：在全市率先实现城乡一体化、率先全面建成小康社会。

[2]六大纪律：政治纪律、廉洁纪律、组织纪律、群众纪律、工作纪律以及生活纪律。

[3]四大攻坚年：连续三年实施项目建设、城市提升、全民创业、城乡一体化四大攻坚年活动。

[4]四个全面：全面建成小康社会、全面深化改革、全面依法治国、全面从严治党。

[5]三退三增："三退"即全面退出玉米等大田作物，退出养殖，退出低端民宿；"三增"即增加花卉苗木等经济作物，增加土地流转，增加特色高端民宿。

[6]六次产业：通过鼓励农户搞多种经营，即不仅种植农作物（第一产业），而且从事农产品加工（第二产业）与销售农产品及其加工产品（第三产业），以获得更多的增值价值，为农业和农村的可持续发展开辟光明前景。因为按行业分类，农林水产业属于第一产业，加工制造业则是第二产业，销售、服务等为第三产业。"1+2+3"等于6，"1×2×3"也等于6，这就是"六次产业"的内涵。

[7]三中心一基地：会议培训中心、论坛中心、创意创作中心和总部基地。

[8]"三位一体"大调解体系：把人民调解、行政调解、司法调解结合起来，实现三者联通互动，优势互补，建立长效工作机制，最大程度发挥大调解作用。

稿件来源：北戴河区委办公室

政府工作报告

——区第十四届人民代表大会第六次会议

（2016年1月21日）

北戴河区人民政府代区长　陈秋华

一、“十二五”回顾

“十二五”时期，是北戴河转型发展的关键期、跨越发展的加速期。五年来，我们在市委、市政府和区委的正确领导下，在区人大、区政协的监督支持下，围绕“1+4+2”[1]总体思路，瞄准“两个率先”、建设美丽实力幸福北戴河的宏伟目标，解放思想、攻坚克难、抢抓机遇、积极作为，顺利完成了“十二五”规划确定的目标任务。回顾“十二五”，我们主要取得了六个方面成就:

综合实力稳步提升。积极应对经济形势深刻变化，主动适应新常态、新形势、新要求，将稳增长、调结构、促转型作为经济发展的首要任务，综合实力稳步增强。初步测算，2015年，完成地区生产总值44.1亿元，比2010年增长41.6%；全社会固定资产投资完成47.3亿元，比2010年增长85.4%。五年累计实现全部财政收入43.1亿元，公共财政预算收入22.6亿元，分别是“十一五”时期的1.7倍、1.8倍。融入京津冀协同发展开局良好。累计引进内资144.1亿元、实际利用外资10958万美元，分别是“十一五”时期的3.6倍、1.3倍。民营经济不断发展壮大，至2015年底，全区市场主体达到13941户，比2010年增长117%，民营经济五年累计实缴税金30.8亿元，占全部财政收入的71.5%。

产业升级步伐加快。围绕构建现代产业体系，着力发展“四大产业”[2]，三次产业比例更加优化。将旅游作为北戴河的战略支撑产业，深入推进旅游产业高端化发展。华贸喜来登酒店、松石国际球会、海滨会馆等一批高端旅游项目建成使用。智慧旅游建设走在全省前列。多渠道投入11.8亿元实施旅游基础设施改造，旅游接待能力进一步提升。五年共接待国内外游客3570.6万人次，是“十一五”时期的1.43倍。面向具有较强品牌影响力的知名企业进行招商，引进各类总部企业271家。总部及文化创意产业实现税收17.7亿元，占全部财政收入的41%。大力推进文化产业融合发展，怪楼文化艺术产业园区建设日益完善，北戴河村“艺术村落”初具雏形，文化创意产业发展渐成规模。深入推进农业产业结构调整，累计实施农业产业化项目32个，设施农业种植面积比“十一五”末增加12%。

城乡面貌持续改善。加强规划体系建设，强化城乡规划管理，累计编制《北部片区城市设计》等13个专项规划。深入实施景观改造提升工程，多方筹资6.6亿元，对26条道路、1个片区进行了精细化、艺术化改造。实施水、电、路、气、讯等城乡基础设施建设工程，五年累计改造城市道路18836延长米，改造新建公厕24座、垃圾收集站55座。实施水质、大气、森林、湿地保护工程，生态环境质量明显改善。单位GDP能耗五年累计降低15.99%，提前一年完成“十二五”任务。深度推进农村面貌改造提升和美丽乡村建设，累计实施项目260个。着力提高农村基础设施建设水平，农村供水、供电、排水、通讯、交通等基础设施配套进一步健全。

人民生活更加幸福。五年来，我们带着感情和责任做好民生工作，累计投入5.4亿元，全力办好47件为民实事，解决了一批群众关心关注的热点难点问题。群众收入和生活水平不断提高，2015年，城乡居民人均可支配收入分别达到32700元、15433元，分别比2010年增加13543元、7143元。“十二五”期间累计新增就业8035人，城镇登记失业率连续5年好于全市水平。健全社会保障体系，城乡养老、医疗、失业等保险制度实现全覆盖。城乡低保标准比“十一五”时期大幅提升，保障水平走在全市前列。鼓励和扶持民宿业规范发展，至2015年底，星级民宿达到274家，其中四星级以上96家。

社会事业全面进步。深入推进创新型城市建设，组织实施科技研究与开发项目125个，科技成果推广示范项目29个，兰德科技公司“风洞数字天平”项目填补国内技术空白。启动中小学教育布局调整，顺利通过国家义务教育发展基本均衡县（市、区）督导评估认定。被评为“河北省文化产业十强县（市、区）”，成为全省唯一两次获此称号的县区。建成国家公共文化服务体系示范区，深入开展文化惠民活动，举办各类文化艺术展演5000余场次。“音乐文化人”被评为第十届中国艺术节项目类“群星奖”。加大对医药卫生体制改革的投入力度，区、镇、村三级全覆盖的医疗服务体系逐步完善。连续多年被评为国家级和省级“全民健身活动先进单位”。轮滑运动品牌走出国门，国际轮联授予我区“国际轮滑之都”称号。完成东经路社区、育花路社区、东山社区、宁馨苑社区标准化达标建设。提升军民融合发展和国防后备力量建设水平。创新网格化社会管理体制，持续加强安全生产监督管理，创建省级食品安全区，平安北戴河建设深入推进。工会、共青团、妇女儿童、老龄、残疾人和慈善事业稳步推进，统计、审计、物价、广电、外事侨务、民宗、人防、档案、地方志等工作取得新进展。

暑期工作成效显著。紧紧围绕“安全暑期、和谐暑期、简朴暑期、满意暑期”目标，严格按照“四个绝对、三个确保”[3]要求，认真做好安全保卫、物资供应、市政保障、环境治理等工作，服务暑期实现质的跃升，赢得中央、省、市领导和社会各届广泛赞誉。坚持服务与发展并重的理念，按照“两条线”[4]作战的要求，一手抓暑期服务、一手抓经济社会发展。通过服务暑期，街景、绿化、美化、亮化、城市秩序、市民素质得到全方位提升，城市形象显著改善。积极开展借助暑期工作，五年累计谋划借暑项目67项，到位资金11.23亿元。争取中央、省转移支付政策等方面取得重大突破。

各位代表，2015年是“十二五”收官之年。一年来，我们团结和带领全区广大干部群众，解放思想、抢抓机遇、奋发作为、协同发展，顺利完成了区十四届人大五次会议确定的各项任务。

一年来，我们坚持调结构、稳增长，运行质量稳中向好。探索“互联网+旅游”模式，成为“去哪儿网”国内北方地区首个战略合作伙伴。碧螺塔公司成为全省旅游企业上市第一股。探索农业与旅游、文化有机融合，艺术村落“文化体验周”活动有声有色。费石庄村、北戴河村、集发农业观光园荣获“中国特色村”“中国农业公园”等多项“国字号”荣誉。纵深推进全民创业攻坚年活动，新增市场主体1658个。鼓励金融机构为企业发放各类贷款9000余万元。19家科技型中小企业、1家科技“小巨人”企业通过省级认定。

一年来，我们坚持重改革、扩开放，发展后劲明显增强。全面推进预算管理制度改革，建立全过程绩效预算管理新机制。在更宽领域推行政府购买服务。实施“三证合一”“一照一码”[5]商事制度改革，完成登记560余件。深化行政审批制度改革，对“三类事项”[6]进行清理规范，全面取消非行政审批事项。完成区政府机构改革，直属事业机构由3个减至1个。持续扩大对外开放，中煤奥祥秦皇岛能源有限公司完成注册，中融泰富、焱达能源等一批注册资金超5000万元企业总部落户。与富力集团、绿地集团、兴隆大家庭商业集团等10余家知名企业进行深度接洽。深入推进项目建设攻坚年活动，中俄文化艺术合作产业园一期竣工，同道电影坊建成开业。

一年来，我们坚持抓统筹、优环境，城乡面貌显著变化。以城乡一体化攻坚年、城市提升攻坚年活动为抓手，深入推进城乡建设。完成海宁路中修、205国道改造和蔡各庄立交桥安全提升工程。新建、改造公厕5座，新建生活垃圾收集站5座。实施绿化、亮化提升工程，打造城市新景观。完成村庄绿化8.5万平方米。城乡环境容貌综合整治百日攻坚行动成效明显。持续加大违法占地和违法建筑整治力度，累计拆违15135平方米。完善农村环境长效管理机制，净化率达到100%。取缔燃煤锅炉123台、221.3蒸吨。淘汰黄标车185辆。

一年来，我们坚持强服务、保平安，暑期任务圆满完成。“两大战役”[7]成果显著，美丽乡村建设经验被《人民日报》、央视《新闻联播》报道。积极打造“阳光信访、责任信访、法制信访”，化解信访案件144件。加大综合执法力度，倡导文明诚信经营，招手揽客、欺客宰客等问题得到有效治理。圆满完成了安全保卫、物资供应、医疗保健等各项服务保障工作。深化“打非治违”和隐患排查，整改各类安全隐患974个。持续加大借暑力度，财政部正式将我区纳入重点生态功能区转移支付范围，年内落实转移支付资金1844万元。成功举办2015保利·北戴河夏季艺术品公益拍卖会。

一年来，我们坚持惠民生、促和谐，加快发展社会事业。持续加大就业创业扶持力度，城市登记失业率控制在2.4%以内。提高城乡低保补助标准，发放各类补贴资金213万元。投资393.6万元用于中小学校基础设施改造、教学仪器装备配置和教育城域网建设。2015年北戴河春节灯会观展人数达到76万人次。承办海峡两岸暨香港十大华语电影（秦皇岛）盛典。轮滑节、铁人三项赛、秦皇岛马拉松等城市品牌知名度日益提升。划转接收牛头崖镇18个村、2.7万人，接收面积37.1平方公里。各位代表，我们始终将2015年确定的8件为民实事作为向全区人民的庄严承诺认真办理，改造提升17个居民游园等7件实事按进度如期完成。但需要向各位代表如实报告的是，由于审批程序等原因，“7000延长米老旧城区和农村供水管网改造提升工程”未能如期完工。对此，我们将持续下大力气把这件实事办实办好，向全区人民交上一份满意答卷。

一年来，我们坚持转作风、夯基础，自身建设不断加强。扎实开展“三严三实”[8]专题教育，努力做到守纪律、讲规矩。认真落实党风廉政建设“两个责任”[9]，深入开展廉政教育，营造良好的政治生态环境。制定政府常务会学法制度，切实提高依法行政能力。自觉依法接受监督，全年承办市区人大代表建议78件、政协提案102件，满意和基本满意率100%。办理各类民情事项2543项，办复率100%。制定公开“两个清单”[10]，确定行政权力1242项、责任事项1059项。办结各类审批和服务事项33211件，办结率100%。清理规范性文件34件，审结行政复议案件2件。廉洁政府、效率政府、法治政府、阳光政府的形象得到进一步提升。

各位代表，走过“十二五”，我们欣喜地看到北戴河的发展步伐更加稳健，城乡环境更加优美，百姓生活更加殷实，社会建设更加和谐。我们深知，这些成绩的取得，是区委正确领导的结果，是区人大、区政协监督支持的结果，凝聚着全区人民的智慧和力量。在这里，我代表区政府，向全区人民、人大代表、政协委员，向各民主党派、工商联、无党派人士和人民团体，向各行业驻区单位、驻区休疗单位、人民解放军、武警指战员和公安干警，向所有关心支持北戴河发展的朋友们，致以崇高的敬意和衷心的感谢！

肯定成绩的同时，我们也清醒地认识到，北戴河的经济社会发展还存在不少困难和问题：一是在经济新常态下，发展速度还不够快，质量和效益不高，下行压力增大导致总量在低位徘徊，财政收支矛盾加大；二是城市规划档次偏低，城市特色不够鲜明，城乡一体化建设任务仍然繁重，城乡基础设施欠账还很多，城市管理标准还不高；三是城乡居民收入差距较大，部分群众生产生活还有困难，民生工作离群众期望还有差距；四是干部队伍建设任重道远，不作为、慢作为、乱作为、不会作为现象仍然存在，开拓创新意识和能力不足。对于这些问题，我们必须倍加努力，认真解决。

二、“十三五”展望

各位代表，“十三五”是全面建成小康社会的决胜期，也是实现“两个率先”目标、建设美丽实力幸福北戴河的冲刺期。综合分析北戴河目前所处的发展阶段、发展环境和发展基础，主要有三方面特点：一是目标更加高远。党的十八届五中全会确立发展新理念，省委提出“三个高于”“两个翻番”“一个全面建成”[11]目标，市委提出“着力打造生态好、产业优、百姓富、社会文明程度高的新秦皇岛”目标，为我们发挥自身优势、实现跨越赶超、全方位加强经济发展、城乡建设和民生保障指明了方向。二是机遇更加难得。京津冀协同发展战略效应将在未来五年加速释放，为我们深入推进北戴河国际化建设进程，打造“国际名片”和国际滨海休闲度假之都，实现“两个率先”和建设美丽实力幸福北戴河提供了最为重要、最富含金量的发展机遇。三是基础更加牢固。经过“十二五”的努力，我们收获了超出预期的成果和宝贵的经验。区域经济在下行压力持续加大中平稳增长，城乡面貌在对标一流中持续提升，人民生活在共建共享中不断改善，发展空间在区划调整后有效拓展，中央、省、市对北戴河的发展期待更大、要求更高、支持更多，我们累积的发展能量、创造的比较优势，将在今后一段时期集中回报。

按照中共北戴河区委十一届七次全会精神，我区“十三五”时期经济社会发展的总体要求是：全面贯彻中央和省、市、区委全会精神，按照“四个全面”[12]战略布局，主动适应引领经济新常态，深度融入京津冀协同发展，坚持创新、协调、绿色、开放、共享的发展理念，坚守发展、生态、安全三条底线，以实现“两个率先”、打造“国际名片”、建设国际滨海休闲度假之都为引领，加强生态环境建设，着力壮大主导产业，积极深化改革创新，推进城乡一体发展，切实保障改善民生，努力建设美丽实力幸福北戴河。

“十三五”时期，我区经济社会发展的总体目标，概括起来就是“两个率先”“两个提前翻番”“四个明显优于”。“两个率先”即在全市提前一年全面建成小康社会和率先实现城乡一体化。“两个提前翻番”即到2019年地区生产总值和城乡居民人均可支配收入比2010年翻一番以上。“四个明显优于”即发展质量效益、生态环境质量、群众幸福指数、城市文明程度明显优于周边地区。实现上述目标，我们必须更加深刻地认识和把握经济新常态，立足当前，着眼长远，统筹兼顾，努力在以下五个方面取得重大突破：

（一）打牢绿色生态基础，提升城市核心竞争力。将生态作为立区之本，以创建国家生态文明先行示范区为抓手，统筹生态保护、建设和开发，协调推进全域生态化、生态产业化。一是全面加强环境整治。继续实施近岸海域环境综合整治，以农村垃圾和污水集中处理为重点，力争海域环境明显改善。大力实施植树造林、见缝插绿工程。深入推进大气环境污染治理，开展压煤、降尘、减排、节能集中攻坚，确保“十三五”末空气质量达到优良标准的天数保持在320天以上。二是有效开展生态监管。建立健全生态文明制度，科学设定并严格遵守资源消耗上限、环境质量底线和生态保护红线，实行能源、水资源、建设用地的总量和强度双重控制。严把项目准入关口，做到源头严控、过程严管、后果严惩，筑牢生态安全屏障。落实区域大气、水污染联防联控和监测预警机制，完善实时在线监测网络和应急响应体系，加强重点行业和区域联防联治。三是树立生态发展理念。大力倡导低碳生活方式，积极发展循环经济，推广使用清洁能源和节能产品，全面推进建筑、交通、商务和公共机构等各领域节能减排，建设节约型社会。坚持绿色富区、绿色惠民，积极利用生态资源，挖掘生态附加值，大力发展生态旅游、生态农业等绿色经济，让北戴河的生态优势真正转化成经济发展胜势。

（二）着力壮大主导产业，加快建设经济强区。围绕转型升级主线，加快产业结构调整步伐，大力培育高端旅游、总部经济、会展经济、文化创意、高新技术、健康养生和现代农业，构建三次产业协调融合发展新格局。一是大力发展高端旅游。实施“旅游+”战略，发挥旅游产业的辐射带动作用，坚持走“旅游+文化+生态”的特色之路，着力实现其他产业的旅游化，促进旅游产业与其他产业高度融合。争创国家全域旅游示范区，大力实施旅游精品战略，加强高端旅游项目建设，提升旅游产业档次。对所有景区景点进行改造提升，力争2至3年内消除3A级以下景区。二是大力发展总部经济。抢抓京津冀产业转移机遇，持续加大面向京津地区的招商力度，着力打造北戴河总部基地。积极搭建总部经济发展平台，逐步建设高端开放、精品集聚、服务完善、管理规范的总部经济发展核心区。三是大力发展会展经济。充分发挥区位优势、环境优势、资源优势，整合休疗养院资源，打造北戴河会议精品品牌。加快会议会展市场化运作，重点培育专业化的市场主体。四是大力发展文化创意产业。深入实施文化兴区战略，积极引进文化产业项目，加快打造创意创作中心，着力把文化创意产业发展成为北戴河的支柱产业。五是大力发展高新技术产业。把握京津冀协同发展机遇，主动争取京津地区资金、技术、人才等辐射外溢。大力发展以新能源、新材料、电子信息、物联网、生物工程为重点的高新技术产业。六是大力发展健康养生产业。围绕建设北戴河国家生命健康产业创新示范区，大力发展特色医疗、健康养生、康复健身等产业，积极引进休闲养生、高端康体、整形美容项目，着力打造北戴河健康养生产业基地。以轮滑节、铁人三项赛等品牌活动为抓手，推进体育事业的市场化转型，着力发展体育产业。七是大力发展现代农业。以“三退三增”[13]为突破，促进农业全面转型升级，着力打造一、二、三产融合的“六次产业”[14]。大力发展生态观光和乡村旅游，依托绿水青山，打造特色高端民宿品牌。

（三）深度推进创新开放，培育经济发展新动能。推进供给侧结构性改革，是中央基于对新常态的正确认识和准确把握作出的重大判断，将是“十三五”时期经济改革和宏观调控的导向性措施。一是加强开发区建设。强化开发区在全区经济发展工作中的“主战场”地位。深化体制机制改革，完善以开发区为主体、“一区多园”的发展格局，结合区划调整着力推进开发区扩区，打造产业集群发展载体。扶持引导企业建立工程技术研究中心、重点实验室和技术中心，鼓励企业加大技改、研发投入，与科研机构开展合作，推动企业实现“有中生新”、转型升级。二是强化创新驱动。着力优化投资结构，创新融资方式，吸引更多社会资本参与项目、产业、基础设施建设。依托休疗养院资源，建设“双创”基地，打造众创空间，为文化型、科技型中小企业发展搭建平台，实现创意、创新、创业融合发展。三是努力扩大开放。坚持把扩大开放作为实现又好又快发展的优先战略和关键举措，抓住京津冀协同发展重大机遇，加快构建全方位开放新格局，着力打造全市开放发展的新高地和引领区。进一步扩大对内对外交流与合作，寻求更多的战略合作伙伴，对标国际、国内城市，实现赶超发展。四是建设高端项目。积极推进项目建设由产业项目向城市建设、民生事业、公共服务等方面拓展，实施、谋划、储备一批对经济社会发展具有引领作用的重大高端项目。对已经建设完成的项目加强引导，切实发挥带动和支撑作用。

（四）加强城乡建设与管理，打造靓丽宜居城市环境。以争创全国文明城市、全国卫生城市、全国森林城市为抓手，加快城乡统筹发展，力争到2019年，全区城镇化率达到100%，为在全市率先实现城乡一体化奠定坚实基础。一是强化规划先导作用。抓住行政区划调整契机，以城乡建设总体规划为引领，加快城市总体规划调编，统筹构建科学的规划体系，推进“多规合一”，实现“一张图”管理。启动编制《北戴河区城乡一体化规划》。做好控制性详细规划的动态调整工作。二是推进城市精品化建设。提高城乡绿化水平，不断增加公园、游园、庭院、道路、老旧小区、节点、村庄等绿地绿量。不断优化现有景观效果，推行智能监控和绿色照明，促进亮化景观提升。“十三五”期间完成所有街道景观改造提升工程。三是加快基础设施建设。完善供水、供电、供热、燃气、排水等基础设施，实现城乡基础设施全覆盖。加快实施金鸽路、金抚路、戴河二号路等道路新建工程，进一步完善路网功能。实施集中供热管网工程，力争全区域并入热网。全面取缔传统燃煤锅炉。四是提升城市管理水平。创新城市管理体制机制，建立分工有责、执行有力、监督有效的城管体制。提高城市管理数字化、市场化、社会化程度，建立无缝隙城管网络。加大“双违”治理力度，三年内依法整治所有违法占地和违法建筑，以强力措施坚决遏制新增“双违”。

（五）加快民生改善步伐，协调发展社会事业。一是完善社会保障体系。加快完善社会保险制度，继续扩大各项社会保险覆盖面。健全和完善面向老年人、残疾人和未成年人的福利补贴和重点人群分类施保制度，实现托底性民生保障的可持续发展。二是努力扶持就业创业。加强基层公共就业服务平台建设，建立健全城乡均等的公共就业服务体系。实施大学生就业促进计划和青年创业引领计划，促进高校毕业生多渠道就业创业，支持外出务工人员返乡创业。大力实施劳动预备制培训普及计划，组织开展农民工和下岗失业人员职业技能培训。三是加快发展社会事业。加快医药卫生体制改革，加强公共卫生服务体系建设，实现公共卫生服务全覆盖。完善学前三年教育体系，提高义务教育和高中阶段教育教学质量，适龄幼儿入园率达到100%。加强对民办教育、职业教育、继续教育引导和管理，多元化发展社会教育。推进国家公共文化服务体系示范区创建后续工作，精心开展群众文化活动，深入实施文化惠民工程。

三、2016年主要任务

各位代表，五年发展重在起步。做好2016年的工作，对于顺利完成“十三五”目标任务具有重要意义。2016年全区经济社会发展的主要预期目标是：地区生产总值增长9%；固定资产投资增长12%以上；公共财政预算收入增长7%以上；社会消费品零售总额增长8%以上；城乡居民人均可支配收入分别增长9%和10%；单位GDP能耗下降1.5%。围绕上述目标任务，我们将坚持做好六个方面工作：

一、坚持优化结构，提档升级，加快构建现代产业体系

做强做优旅游产业。将旅游作为全区的战略支撑产业，推动旅游与相关产业和领域融合发展，培育旅游新业态。大力推进高端旅游项目建设，富力集团五星级酒店项目实现开工，力促绿地集团旅游综合体取得实质进展。实施旅游管理体制机制改革，完成国有景区“三权”[16]分离，积极推进整体打包上市。加强旅游基础设施建设，实施鸽子窝公园5A级景区创建。提高旅游公共服务水平，高标准改造提升道路、公厕等基础设施。促进智慧旅游发展。加大旅游执法力度，倡导文明诚信经营，营造良好的旅游市场秩序。积极适应京津地区将要实行的周五下午加周末的“2.5天小长假”，有针对性推出旅游产品和路线。探索民宿业公司化、连锁化经营模式，打造特色民宿品牌。

加快发展新兴产业。瞄准京津地区的大企业、大集团，开展有针对性的总部招商，争取其在北戴河设立地区总部、分支机构、采购中心和结算中心。积极争取举办“双创”夏令营和“双创”论坛。借助休疗养院

的医疗优势，建设北戴河康养基地。充分利用怪楼文化艺术产业园区的示范带动作用，引进文化传播、影视制作等产业项目。以北戴河村“艺术村落”为示范，积极推进“一村一品、数村一业”，引进各类手作品牌原创工作室及手工艺体验坊等40个艺术院落。重点评选10个新兴企业，带动新兴产业加快发展。推进文化项目建设，中俄文化艺术合作产业园暑期前建成并投入使用，同道电影坊实现正式运营，文化艺术主题酒店项目完成形象进度，力促北戴河文创艺术生态园开园。探索将“艺术村落”项目整体打包，推行市场化运作，打造众创和创客基地。

推进农业转型升级。推进农业产业结构调整和转型升级，年内退出大田作物7000亩，积极推广设施农业，促进传统农业向现代农业转变。加强林地保护性开发利用，大力发展生态观光、特色农庄等乡村旅游产业。放大中国农业公园品牌效应，着力打造“一村一品、一村一景、一村一韵”的魅力乡村。谋划启动牛头崖大集商业综合体改造提升工程。扶持龙头企业发展，稳步提升农业产业化经营率。完善农业科技服务体系，引进推广优良品种，提高农业科技水平，加大农业实用技术成果示范推广和实用技术培训力度，促进农业结构调整和农民致富增收。

二、坚持创新驱动，开放先导，深度融入京津冀协同发展

强化开发区引领作用。依托开发区深入开展招商引资，通过联合招商、以商招商、中介招商等多种形式，吸引更多有实力的企业进驻。借助行政区划调整契机，深度谋划开发区功能布局和规划调整，提高承载能力，拓展发展空间。重点培植税源型企业，鼓励和扶持纳税1000万元以上的明星企业持续发展，做大做强。坚持“抓大不放小”，加大对本土中小企业的扶持和奖励力度，激发企业发展活力。加强责任体系建设，严格考核奖惩，强化约束机制，力争实现“一个突破”，努力建设“三大平台”，即2016年税收要有新突破，依托区划调整尽快启动建设文化出版和印刷创意园区、依托总部大厦建设打造总部发展平台、依托文创基地建设打造文化创意发展平台，真正将开发区打造成为企业的聚集区和孵化器。

推进大众创业、万众创新。以全民创业攻坚年活动为抓手，搭建创业平台、优化创业服务、培育创业主体。引导关联度高的企业优势整合，帮助有条件的企业转型升级，支持科技型企业研发推广设备和产品。审核推荐10家科技型中小企业通过省级认定，培育科技“小巨人”企业1家。完成创新创业大厦挂牌，实现企业入驻。推动北岛博智、飞马旅等创新创业支撑平台加快发展，力争引进20家“双创”企业。加大企业上市扶持引导力度，建立梯队式重点扶持上市企业库。积极探索设立股权投资引导基金，支持产业转型升级，推进创新驱动发展。

深度融入协同发展。认真落实与北京及国家部委“1+1”对接机制[17]，争取国家部委、央企将二级机构或二三级企业总部设在北戴河。积极承接首都经营性服务机构转移，争取央企总部和分支机构落户。巩固与北京朝阳区的合作关系，固化挂职学习交流制度。积极对接中煤集团销售公司，争取分支机构尽早在我区落户。积极对接保利集团，打造“北戴河夏拍”品牌。加强与京粮集团、博天环境等在京企业的联系沟通，力促尽早取得实质性进展。

三、坚持统筹发展，品质为先，着力改善城乡宜居环境

坚守城乡生态底线。深入实施大气污染物减排工程，进一步加大燃煤锅炉整治力度。加强农业面源污染治理，启动际牧牛业搬迁。继续开展暑期“封海”专项行动，对非法海上养殖行为进行严厉打击，净化海洋生态环境。深化近岸海域环境综合整治，推进供水、排水管网建设及浴场入海排洪沟整治、护岸修复工程。加强水环境整治及河道管理，促进海水水质不断改善。

提升城乡建设水平。实施全区增绿、增色以及节约型园林示范工程，着力打造绿化亮点，全区计划新增绿化面积500万平方米

以上。对重要节点、片区进行亮化提升，完善亮化远程智能控制系统，全面提高城市亮化水平。谋划采取PPP模式[18]，实施集中供暖管网改造。完善道路交通设施，完成海宁路、驼峰路沥青盖被改造工程。开展城乡基础设施摸底调研，有针对性提出改进方案，不断提升全区城乡基础设施建设水平。用足用好国家第四批专项建设基金资本金贷款，积极争取第五批。用好国家政策性贷款，力争赤土山村征收工作年内完成，推进太平庄村、拨道洼村拆迁收尾和杨各庄村、谢李庄村、车站村安置房建设收尾等工程，确保北部新城项目取得实质性突破。

提高城乡管理水平。探索实施城市管理体制改革，建立健全综合执法协调处置机制，全面落实“门前五包”制度，实行“一把扫帚扫到底”、坚持“以克论净”[19]，推行城市环境卫生精细化管理，提高城乡环卫保洁水平，改善环卫工人的工作条件，全部配备电动保洁车。年内使城市管理和环卫保洁工作达到省内一流，为争创全国一流奠定基础。探索农村宅基地管理新模式，建立规范高效的农村土地使用秩序。强力推动“双违”治理，维护城乡建设管理正常秩序。加强智慧城市建设，健全网格化管理体制，完善治安防控网络，有效净化社会治安环境。

全力打好“两大战役”。强力推进街区景观改造提升和美丽乡村建设工程。暑期前完成海宁路北段、驼峰路、复兴路等14条道路和牛头崖片区205国道两侧街区景观改造提升工程。以实现“四化四美”[20]为目标，大力推进省定12个专项行动，同步推进5个省级旅游专业村建设。继续推进2015年精品片区重点村建设，实施垃圾处理、厕所改造、道路修复、绿化美化和景观节点打造等工程。实施狮子河村、南新庄村、牛头崖村美丽乡村建设示范工程，以点带面促进牛头崖镇农村环境面貌整体提升。实施戴河镇、海滨镇美丽乡村建设提标工程，全力打造省级连片美丽乡村建设示范区。

四、坚持精细服务，借力发展，力促暑期工作水平不断提升

优质服务暑期。坚持把提升暑期服务水平作为贯穿全年的全局性工作，立足安全、优质、高效，全面提升物资供应、医疗保健、卫生防疫、市政保障等工作水平。加快推进医院病房楼改扩建等涉暑工程。深化平安建设，巩固社会稳定大格局，积极排查化解和妥善处理社会矛盾。整合志愿服务力量，发挥党员先锋、共青团员、道德模范等各类志愿者的带动作用，广泛开展环境保护、治安维护、文化宣传等志愿服务活动。

努力借暑发展。坚持“两条线”并重，充分利用暑期优势，积极申请上级转移支付资金和国债资金支持，努力将暑期优势转化为发展动力。结合暑期服务保障需要，围绕安全保卫、社会稳定、环境建设、市政保障、社会管理、服务接待等方面工作，科学谋划包装一批管当前、利长远的涉暑工程项目。针对全区产业发展、项目建设、品牌打造、旅游产品等方面资源优势和发展目标，广泛开展不同形式的宣传推介、合作洽谈、投资考察活动，争取在项目引进、招商引资、对接京津等方面取得新突破。

五、坚持民生为本，安民惠民，更好回应人民群众期盼

倾力办好为民实事。带着感情办好10件为民实事，努力让人民群众有更多获得感。1.继续推进教育布局调整，北戴河新初中开工建设，年底前完成教学楼主体工程；2.完成北四路、北五路、育花路等居民区周边道路环境改造提升和便民市场建设；3.完成2000户天然气扩户任务；4.建设1500平方米的社区卫生服务中心；5.完成“文图”两馆建设；6.启动2个老旧小区物业管理试点，实施部分小区照明提升工程；7.实施牛头崖镇18个村环境卫生市场化管理；8.建设基层社会服务管理智慧网格平台；9.为全区2.3万户农村家庭免费投保家庭财产保险；10.完成车站社区标准化建设。

着力强化民生保障。千方百计扩大就业，深入落实就业创业政策，健全就业培训服务体系，城镇登记失业率控制在2.8%以内。构建完善城乡全覆盖的社会保障体系，

注重对特定人群特殊困难的精准帮扶。推进机关事业单位养老保险制度改革，逐步提高基本医疗保险最高支付限额和住院费用报销比例。加大社会救助工作力度，做好双拥、优抚安置工作。实施农村饮用水水质监测和给水工程，春节前解决桃园村饮水问题。严格落实安全生产责任制，狠抓旅游、交通、消防、建筑施工、食药安全、特种设备等重点领域安全监管，严防重特大安全事故。强化生产、加工、流通、消费等环节的监督管理，保障食品安全。健全公共安全应急机制，提高突发事件应急处置能力。

统筹发展社会事业。推动中小学标准化建设，重点改善提升牛头崖片区办学条件。积极争取“北二外”分院落户北戴河。稳妥推进公立医院改革，完善基层医疗机构财政补偿机制。坚持计划生育基本国策，全面落实“二孩”政策。实施《全民科学素质行动计划纲要》，推进科普惠农、科普益民和科技强企。健全公共文化服务体系，深入推进文化惠民工程。探索体育赛事活动市场化运作，推进体育与旅游、文化融合发展。高标准改造轮滑基础设施，举办两岸三地速度轮滑邀请赛，实现赛事国际化升级。支持工会、共青团、妇女儿童、老龄、残疾人和慈善事业发展，做好统计、审计、物价、广电、外事侨务、民宗、人防、档案、地方志等各项工作。

六、坚持固本强基，提高效能，全面加强政府自身建设

深化改革，转变政府职能。坚持法定职责必须为、法无授权不可为，把政府职能切实转向公共服务、民生保障、市场监管、社会管理和环境保护等方面。创新行政审批体制机制，动态管理“两个清单”。推进全口径预算编制改革和行政事业单位经费管理改革，稳步推进公车制度改革。推进网上服务，实现行政审批事项网上一体化办理和联合审批，着力提升政府效能。

依法执政，规范权力运行。自觉接受人大的法律监督和政协的民主监督，高质量办理人大代表建议和政协提案，认真受理答复群众诉求。把公众参与、专家论证、风险评估、合法性审查、集体讨论决定作为重大行政决策法定程序，提高决策的公开、透明、科学性。全面推进政务公开和政府信息公开平台建设，畅通问政渠道，真正让行政权力在阳光下运行。

从严治政，保持优良作风。巩固深化群众路线教育实践活动和“三严三实”成果，坚持不懈反对“四风”[21]，严格执行“八项规定”[22]。唱响“四化”品牌[23]，持续加强作风建设。牢固树立过“紧日子”的思想，保障刚性需求支出，按比例压缩部门预算，将有限财力用于保运转、保稳定、保民生事业上。推进惩治和预防腐败体系建设，强化源头治理、制度反腐，严厉查处违纪违法案件，全力营造风清气正的良好风气。全面深化对“六大纪律”[24]的监督检查，从严治理领导干部不作为、乱作为、慢作为、不会作为行为，提振干部队伍干事创业精气神。

各位代表，“十三五”的美好蓝图已经绘就，我们唯有倾注全部热情与心血，才能担当时代重任，不负人民重托。让我们在市委、市政府和区委的坚强领导下，凝聚全区十万人民的智慧和力量，以更加昂扬的斗志、更加扎实的工作，乘势而上，开拓进取，争先进位，为建设美丽实力幸福北戴河而努力奋斗！

【附注】

[1]“1+4+2”总体思路：“1”即做好暑期工作，“4”即推进项目建设、城市提升、全民创业、城乡一体化四大攻坚年活动，“2”即加强党的建设、法治建设。

[2]“四大产业”：高端旅游、总部经济、高新技术、文化创意产业。

[3]“四个绝对、三个确保”：“四个绝对”即绝对忠诚、绝对尽心、绝对安全、绝对到位；“三个确保”即确保安全万无一失、确保水质万无一失、确保卫生包括食品卫生万无一失。

[4]“两条线”作战：即坚持一手抓服务暑期，一手抓经济发展。

[5]“三证合一”“一照一码”：“三证合一”即工商、质监、税务部门实现工商营业执照统一由一个窗口办理；“一照”即将工商执照、税务登记证、组织机构代码证合并成一个营业执照，“一码”即将执照、税证、代码证上的各个编码统一成18位的社会信用代码（社会信用代码：由登记管理部门代码、机构类别代码、登记管理机关行政区划码、主体标识码、组织机构代码、校验码五个部分组成）。

[6]“三类事项”：即行政许可事项、非行政许可审批事项和行政监管事项。

[7]“两大战役”：实施城市街区景观改造提升行动和连片建设美丽乡村行动。

[8]“三严三实”：2014年3月9日，习近平总书记在第十二届全国人民代表大会第二次会议安徽代表团参加审议时，关于推进作风建设的讲话中，提到“既严以修身、严以用权、严以律己，又谋事要实、创业要实、做人要实”的重要论述，称为“三严三实”讲话。

[9]“两个责任”：党的十八届中央纪委三次全会明确提出，落实党风廉政建设责任制，党委负主体责任，纪委负监督责任。

[10]“两个清单”：区政府部门行政权力清单和责任清单。

[11]“三个高于”“两个翻番”“一个全面建成”：河北省委八届十二次全会提出的全省“十三五”时期经济社会发展的主要目标。“三个高于”即经济保持中高速，增长速度高于全国全省平均水平；发展迈入中高端，质量效益提升幅度高于周边地区；环境治理大见效，生态改善程度明显高于以往。“两个翻番”即争取到2019年生产总值比2010年翻一番以上，城乡居民人均可支配收入比2010年翻一番以上。“一个全面建成”即确保如期全面建成小康社会。

[12]“四个全面”：指党的十八大以来，以习近平为总书记的党中央从坚持和发展中国特色社会主义全局出发，提出并形成了全面建成小康社会、全面深化改革、全面依法治国、全面从严治党的战略布局。

[13]“三退三增”：“三退”即全面退出玉米等大田作物，退出养殖，退出低端民宿；“三增”即增加花卉苗木等经济作物，增加土地流转，增加特色高端民宿。

[14]“六次产业”：一、二、三产业的融合，被称为六次产业。即如果第一产业以“1”代表，第二产业以“2”代表，第三产业以“3”代表，三者相加或相乘，结果均为“6”。2015年的中央一号文件提出，要推进农村一、二、三产业融合发展。

[15]“双违”治理：治理违法占地和违法建筑。

[16]国有景区“三权”分离：在确保国有资产不流失、且不断保值增值的前提下，通过实施所有权、管理权和经营权三权分离改革，使国有景区去行政化，真正成为市场主体，实现公司化运营，走上良性发展的轨道。

[17]“1+1”对接机制：按照市委、市政府要求部署，我区制定的对接京津工作举措。即重点对接北京朝阳区、一个区直部门对接一个国家部委或省厅部门。

[18]PPP模式：即公共私营合作模式，是公共基础设施中的一种项目融资模式。在该模式下，鼓励私营企业、民营资本与政府进行合作，参与公共基础设施的建设。

[19]“以克论净”：参照宁夏中卫、河北邢台等地环卫工作经验，制定我区道路清

扫保洁标准，即主次干道浮尘每平方米不超过5克，街巷路每平方米不超过10克。

[20]“四化四美”：通过开展清杂物、清残垣断壁和路障、清庭院、拆违章建筑“三清一拆”行动，进一步全面提升农村基础设施和公共服务设施配套水平，实现城乡等值化、环境美；通过不断壮大农村特色产业和“第六产业”，实现农业现代化、产业美；通过创新乡村治理机制，积极践行社会主义核心价值观，大力倡导好家风、好民风，实现社会治理和谐化、精神美；通过进一步提升村庄绿化水平，积极推广清洁能源开发利用，全面推行城乡一体化垃圾处理机制，实现生产生活绿色化、生态美。

[21]“四风”：形式主义、官僚主义、享乐主义和奢靡之风。

[22]“八项规定”：中共中央政治局会议审议通过的关于改进工作作风、密切联系群众的一项决议。主要内容有：改进调查研究、精简会议活动、精简文件简报、规范出访活动、改进警卫工作、改进新闻报道、严格文稿发表、厉行勤俭节约。

[23]“四化”品牌：区委提出的关于领导干部作风建设要求，即工作状态激情化、作风建设常态化、人际关系简单化、生活作风高尚化。

[24]“六大纪律”：考核党员干部的六大纪律，即政治纪律、廉洁纪律、组织纪律、群众纪律、工作纪律、生活纪律。

稿件来源：北戴河区人民政府办公室

专 题

提升街区景观环境 推进国际名片建设

2009年以来，北戴河区紧紧依托“碧海、蓝天、红瓦、绿树”的城市特点，深入挖掘、传承每条道路的历史文脉，确定了“景观+文化+业态”的改造理念，大力实施城市街区景观改造提升工程。截至2014年，先后对保二路、鸽赤路、红石路、黑石路、联峰路、东三路等15条道路两侧建筑外立面及街道景观进行了改造，改造路段总长23.2千米，整治建筑414栋，总面积43.88万平方米，更换牌匾1000余块，总投资5.12亿元。通过实施街区景观改造提升工程，全区城市形象得到不断美化提升，旅游环境进一步优化，得到各级领导和广大游客群众的充分肯定和广泛赞誉。其中，保二路两侧建筑及景观整治方案荣获中国建筑装饰协会《中国建筑装饰优秀设计一等奖》、2008年度全省优秀规划编制成果二等奖，保二路荣获“2011年度河北省十佳风貌街区”称号。

在新的发展形势下，中央、省、市各级对北戴河区寄予了更大的期望。为落实中央领导关于建设“国际名片”的要求，全区计划2017年暑期前，分3年实施44条道路、街区景观改造工程，其中，2015年暑期前完成东一路、剑秋路、中海滩路等17条道路和怪楼文化艺术街区景观改造，总体定位欧式风情小城，主要内容为改造沿街建筑立面，完善城市家具以及亮化、绿化、美化、业态提升及基础设施配套等，新建6个综合服务驿站，总面积1800平方米，改造道路总长17.5千米，改造建筑425栋，改造立面面积48万平方米，概算投资约3亿元。

在街区景观改造提升中，全区坚持定位提升，推动北戴河从旅游度假地向国家级休闲区华丽转身；坚持功能提升，促进北戴河从传统的旅游接待向人才服务、高端会议、文化创意等方面拓展；坚持形象提升，实现北戴河从城市环境改善向人文、艺术、体验层面转变，从而赋予街区景观更加丰富的内涵。通过充分运用“拆除、改造、刷新、整合、修饰”等多种手法，对道路街区进行综合整治，实现“亮化、绿化、净化、美化、有序”的整体效果，促进了北戴河城市街区建筑景观、业态发展、文化积淀及历史内涵四个维度的全面提升。在具体工作中，着重做了以下几个方面：

一、突出特色化、艺术化，高水平制定规划设计方案

在规划设计上，将道路街区景观改造提升作为展示北戴河生态风情画卷的重要载体，突出表现北戴河的浪漫风情、厚重历史和时代特色。一是定位世界一流，启动规划设计。坚持高起点规划、高水平设计，先后与中央美院、天津美院、哈尔滨工业大学、天津中怡公司、北京本土公司等国内多家知名景观建筑设计单位合作，立足区情实际制定方案，多次论证修改完善，保证了规划设计方案的科学、合理、特色。在具体规划设计中，绿化提升坚持以立体绿化及自然生态为主、亮化提升以强化品质确保节点景观效果为主、城市家具设置以体现人文关怀为主、业态提升以引导发展高端为主、文化提升以丰富区域历史文化内涵为主，努力提升每条街巷的精细化、人性化、艺术化水平。二是突出街区特色，展现别样风情。对于沿海风情街巷，以“拥抱”和“品味”为切入点，充分展现北戴河的优美和静谧，在提升外观风貌的基础上，通过设置独具特色的休闲座椅、果皮箱、饮水器等设施，同步完善服务承载功能；对于城市迎宾主干道路，着眼“印象”和“体验”，充分展现北戴河的热情和魅力，融入智慧、便捷、高雅、时尚元素，通过景观改造，促进交通组织改善、道路功能拓展、城市生态提升。三是融入文化艺术，激发街区活力。在街区景观改造中注重公共艺术的升华，将广告牌、指示牌、垃圾箱、地灯、公交站亭、窨井盖等设施均赋予不同的文化主题和色调，并在公共区域空间合理设置艺术小品和雕塑，使其成为展现北戴河文化的艺术名片。此外，通过形式多样的绘画创作，树干、变电箱、墙体、岩石等变身“书柜”“鱼缸”“海底世界”等，在城市的点滴之处体现文化艺术的魅力，让穿上文化艺术新装的市政设施充满生机和灵动气息。

二、突出高效化、全员化，高品质组织工程项目实施

在工程组织实施过程中，全区实行高效务实、全员参与的工作模式，采取一系列行之有效措施，全面推进工程组织实施。一是强化组织领导，全员参与改造提升。周密制定《工程实施方案》，成立工程指挥部及工作办公室，四大家领导牵头负责，整合全区力量，形成了“一条街巷、一个分包领导、一个工作团队”的工作格局。此外，还将工程划分为前期筹备、组织实施、检查验收三个阶段，每个阶段都提出具体进度要求，确保按时达到最优效果。二是创新工作方法，高效组织工程施工。不断简化相关手续程序，统一组织工程监理招标和政府采购等工作。设计单位派驻设计人员现场指导，根据施工现场情况及时调整设计施工方案。坚持因形就势、因繁就简，恰到好处地赋予原有闲置设施新的功能，起到“画龙点睛”的作用。例如，对七桥浴场原有入海雨水沟加盖防腐木，增设艺术围栏，形成了新的景观。在工程推进过程中，成立联合督导组，对工程进展和存在问题及时督导，定期通报和处理。定期向牵头领导呈报“明白卡”，向责任单位发放“提示卡”，将相关工作和时间节点向各牵头领导和责任单位进行提示，从而确保了工程整体进度和实施效果。三是广泛争取支持，合力推进工作开展。在工程设计和施工中，坚持到沿街单位和个人家中走访，充分征求和采纳业主对设计方案及施工组织、建筑材料、时间安排等方面的意见和建议。以区政府名义向涉及改造提升的沿街休疗单位及其上级主管部门致函，最大限度争取支持与配合。近年来，通过实施街区景观改造提升工程，累计带动社会投资1亿元用于改造提升街区周边环境形象，取得了良好的社会效果。

三、突出人文化、产业化，高起点融合经济社会发展

坚持将街区景观改造提升工程与加强人文关怀、提升旅游形象、促进产业发展相融合，不断增强和丰富工程的具体内涵。一是加强人文关怀，推动民生事业发展。在街区景观改造提升中，做到提升外在形象与满足民生需求的和谐统一，不仅着眼立面效果，还统筹实施周边相关民生工程，通过粉刷破旧居民楼外墙、为老旧小区加装保温层和屋顶、增设便民服务设施、拆除违法建筑等工作，得到群众的支持和赞扬。高标准完善水、电、气、讯等基础设施，精心抓好沿海木栈道建设，力求在细处突显城市的人文关怀。二是提升城市形象，助力旅游产业升级。实施街区景观改造提升工程以来，全区城市形象得到显著提升，目前来北戴河参观街巷、感悟异域风情和厚重历史文化已经成为新的备受欢迎的旅游线路和产品。尤其是今年对标世界知名滨海旅游目的地，拆除了原有沙滩临时建筑和设施，修建了包括淋浴、更衣间、卫生间等浴场基本服务功能的综合服务驿站，倾力打造“浪漫海滩”，再一次擦亮了北戴河的旅游品牌。三是改善投资环境，保障产业项目落地。街区景观改造提升工程更成为推动经济发展的重要杠杆，数十家总部企业的进驻无不归功于北戴河优美整洁的城市环境。特别值得一提的是，全区今年将全省重点项目——中国（北戴河）中俄文化艺术合作产业园所在地怪楼艺术园区的改造作为今年街区景观改造提升工程的重要内容之一加快组织实施，为重点项目落地和经济社会发展创造了更为优质的环境。

四、突出精细化、长效化，高标准加强街区后续管理

城市建设“三分建、七分管”，全区高度重视改造工程的后期管理工作，不断明确职责、细化任务，下大力将管理和维护措施落到实处，确保街景改造成果的持久性。一是努力做到无缝衔接、精细管理。为解决好前期施工与后续管护的衔接问题，在工程实施阶段，住建、园林、城管等部门和单位采取“保姆式”工作方法，结合各自职责并根据工程图纸和施工方案提前介入建设和管理，及时接管竣工的工程内容，确保市政、绿化、亮化、城市家具等设施得到妥善管理和维护。二是努力做到规范有序、长效持久。结合“门前五包”制度，向重点街区道路的经营业主下发规范经营通知，研究制定牌匾管理、店面维护等相关细则，沿街业主如改变经营内容，涉及店面装修、牌匾更换的均需经过规划部门的审批备案，以确保街区景观改造的整体风貌。三是努力做到积极引导、提升发展。街区改造提升不仅改变城市面貌，更在深层次上对繁荣市场经济、聚集游客人气有很大促进。积极引导改造完成的街区沿线商铺转变经营内容，发展时尚酒吧、特色餐饮等高端商业类型。以保二路为例，通过改造提升和积极引导，促使该片区从过去的低端化、同质化，以海鲜大排档为主的商业业态向高端化、时尚化、特色化的方向发展，目前周边已经云集了必胜客、赛百味、肯德基等国际连锁餐饮品牌和时尚购物店铺，逐渐形成了北戴河高端商业街区。

经过多年的努力，北戴河街区景观改造提升工作取得了一定成绩，这些成绩的取得，离不开中央省市领导和各级、各部门的关心支持，得益于明晰的责任体系和成熟的管理机制，在工作中坚持了分工明确、责任到人、职责清楚、考核严格、奖惩分明，为景观改造提升工作的推进提供了有力保障，还得到了广大群众的支持和参与，形成了全社会自觉理解、支持共建的良好氛围。

稿件来源：北戴河区人民政府办公室

依托区位优势　扮靓魅力乡村
建设美丽实力幸福北戴河

近年来，秦皇岛市北戴河区始终坚持习近平总书记提出的“中国要强,农业必须强；中国要美,农村必须美；中国要富,农民必须富”的发展要求和目标，坚持以城乡一体发展为导向，以中国农业公园创建为契机，积极引导农村多重业态融合发展，因地制宜推进美丽乡村建设，繁荣农村各项社会事业，取得了可喜成绩。2015年，人民日报头版、中央电视台新闻联播、全国政协报等媒体多次对我区农业农村工作进行宣传报道。

一、北戴河农业农村建设现状与成效

总结分析“十二五”期间我区农业农村建设的现状和成效，主要有以下几个方面：

农村经济快速发展。近年来，北戴河区围绕“农村稳定、农业增效、农业增收”这一主线，以创建富庶、文明、和谐，宜居、宜业、宜游世界一流名区为推手，认真落实党和国家各项强农惠农政策，全力推进农业“六化”（区域化、产业化、标准化、社会化、多元化、国际化）建设进程，农业产业结构逐步优化，美丽乡村建设成果丰硕，农业技术服务等综合保障体系逐步完善，农业综合生产能力显著提高，现代农业发展的整体水平全面提升，农村经济持续健康稳步发展，农村人均纯收入从2010年的8006元增长到2015年的12326元，年增长10%以上。

美丽乡村成果丰硕。自2013年以来，北戴河区紧紧围绕“避暑胜地·浪漫乡村”工作目标，以省定重点村为重点，坚持高起点规划、高品质设计、高水平建设，坚持“面子”和“里子”并重，坚持产业与文化融合，全力打造内外兼修的美丽乡村精品示范区。西古城村、西坨头村、车站村、谢李庄村被评为“河北省美丽乡村”，北戴河村、费石庄村成功入选“2015中国特色村”，北戴河村被评为2015全国“一村一品”示范村，北戴河区被评为“美丽乡村建设先进县区”。2015年开展的北戴河村、费石庄村等7个村美丽乡村建设，得到了中央、省、市各级领导的充分肯定。

转型升级步伐加快。以农业龙头企业、农民专业合作社、家庭农场、专业大户等为代表的新型农业经营主体不断壮大，成为推动和促进农业转型升级的重要力量，农业持续健康发展，种植结构不断优化，农业产业结构和农业区域布局不断优化，提高了农业综合效益和市场竞争力。基本形成设施蔬菜、果品、花卉苗木等优势产业，设施蔬菜种植比率70%以上。

先进科技广泛应用。农业科技培训和农业项目引进、示范推广成效显著。“十二五”期间，每年进行农业技术培训11期，累计培训农民技术骨干2500人次；通过新品种引进及旅游蔬菜品种引进展示，每年有50个粮食、蔬菜优良品种引进；实施蔬菜生态种植、绿色韭菜栽培、蔬菜百亩方、休闲农业园区建设、绿色蔬菜标准园创建、暑期叶菜基地、暑期农产品质量监管等重点项目，提高了全区蔬菜无公害种植水平、标准化种植水平和农产品质量。

质量安全有效保障。“十二五”期间，开展农资打假专项治理等各类执法检查，平均每年进行执法检查45次，出动执法人员180人次，检查农资门市180个，为农业生产安全提供了有力保障。5年未发生因销售假冒伪劣农资所造成的坑农害农事件及非法销售禁用高毒农药的大案要案。集发蔬菜基地每年暑期累计安全供应蔬菜120余万斤，对蔬菜生产企业生产和销售的蔬菜进行抽检，合格率保持98%以上。

新型主体迅猛发展。“十二五”期间，全区紧紧围绕创新农村经营体制机制这条主线，着力培育新型农业经营主体，发展多元服务主体，加快构建集约化、专业化、组织化、社会化相结合的新型农业经营体系，积极扶持和引导农民创办农民合作社、家庭农场，有力地促进了农业新科技推广应用、农业产业结构战略性调整和农民增收。截至目前，创建农民专业合作社50家，创办家庭农场33家，市级以上龙头企业5家，辐射带动周边农户约4万户。

二、“十二五”期间农业农村发展的实践和思考

虽然全区农业农村工作取得了长足发展，但是随着经济发展新常态、农业发展新要求、环境保护新形势的发展趋势，对全区农业农村各项工作提出了新的更高的要求，结合北戴河多年来农业农村发展的实践，准确把握农业农村发展新要求、新趋势，更加注重市场的适应性，功能的多样性，产业的融合性和发展的可持续性，全面提升农业农村发展水平。

更加注重市场适应性。立足区位优势，着眼建立现代农业体系和农业现代化目标，主动融入京津冀协同发展战略，集中力量发展特色优势明显、市场优势突出的农业产业，逐步从适应小市场向适应京津冀大市场转变，从适应单一市场需求向适应多样化的市场需求转变。

更加注重功能多样性。农业具有经济、生态、社会和文化等功能，全面提升发展现代农业必须坚持一手抓现代农业发展，一手抓农业产业链条延伸和农业各项功能拓展。加快完善城乡发展一体化体制机制，着力在城乡规划、基础设施、公共服务等方面推进一体化，促进城乡要素平等交换和公共资源均衡配置，形成以工促农、以城带乡、工农互惠、城乡一体的新型工农、城乡关系。

更加注重产业的融合性。依托资源优势，深挖中国农业公园内涵，推进农村一二三产融合发展，以“三退三增”为突破口，实现转型升级。围绕“环境美、生态美、精神美、产业美”以一产抓特色为主题，大力发展生态循环农业、观光农业、旅游农业、设施农业、休闲农业，积极推进智慧农业，打造现代农业园区建设暨一二三相融合等特色农业助推全区农业产业转型升级。挖掘农业文化内涵，探索农业与旅游、养生、文化创意的有机结合。

更加注重发展可持续性。更加注重农业资源的可持续利用和生态环境建设保护。从转变农业生产方式入手，促进农业发展适度规模经营，提高农业生产的规模化、集约化。

三、全面提升十三五期间农业农村发展水平的展望

（一）做好加法文章，着力提高市场竞争力

1.扩大园区建设。通过园区建设，改善农业种植结构，要主动出击，积极引进农业旅游观光项目。深度洽谈火星红航天种子试验园、郡清兰农庄、中药材展示基地项目。以集发生态现代农业园区为依托，整合戴河沿岸风景带19个村落资源的打造中国农业公园，示范引领全区农业园区建设。以1+2+3=6的模式暨三产结合，打造第六产业，着力推进农业经营方式向市场化、企业化、商品化和国际化转变，做到产加销环环紧扣，农工商紧密相联，实现农副产品的多次增值，使农业产业链条得到延伸。

2.提高基地质量。大力创建旅游农产品展示基地、北戴河区中草药基地、戴河湾农业生态环保科技产业园基地等基地建设。以集发生态 农业观光园为依托，引导农业向现代都市农业发展，推动农村土地集约开发，促进低效农业向高效农业转变。以农业规模化、基地化、产业化为主线，凸显外向、高效、生态、观光等现代农业的特色，对农民增收形成更有力的拉动，建设集农业生产深加工与观光旅游、养生养老为一体的特色基地。

3.增加有效投入。在严格落实上级农作物良种补贴、农机补贴、农资综合补贴、粮食直接补贴等一系列强农惠农政策的基础上，加大农业政策和资金投入力度，建立稳

定的农业投入增长机制。建议每年区财政安排资金一定资金用于支持农业发展。对产业化龙头企业、农民专业合作社、家庭农场、种植大户予以扶持。

（二）做好减法文章，着力提高现代农业水平

1.提高设施化水平，减少农业生产成本。坚持“一产抓特色”和“三退三增”为发展方向，逐步传统大田作物种植，农业功能要从农产品生产为主向生产、生活、生态功能并重转变。“三退”即全面退出玉米等大田作物，退出养殖，退出低端民宿；“三增”即增加花卉苗木等经济作物，增加土地流转，增加特色高端民宿。同时，积极与京津对接，吸引京津的资金发展休闲农业、生态循环农业、观光农业等特色农业。

2.提高素质化水平，改变农民弱势低位。把专业大户、家庭农场主、农民合作社负责人等作为重点培育对象，加强技能培训，强化政策扶持，发挥示范带动作用，引领主导产业发展。要深入开展农民职业技能培训，积极发展农业职业教育，强化农民教育培训体系建设，逐步扩大农民免费培训范围和规模，力争在全民创业和项目建设上实现新突破。

3.提高科技化水平，减少农业面源污染。大力推广一批农业科技成果。种植业重点推广旱作农业、模式化栽培、测土配方平衡施肥、膜灌滴灌等节水灌溉、营养块育苗、露地多茬立体种植、秸秆生物发酵还田、病虫害安全控制、设施蔬菜一网双膜、护花保果、有机肥无害化处理等技术；蔬菜方面重点推广病虫害综合防治、节水灌溉、设施蔬菜障阻防治方法、蔬菜轻简栽培、高效日光温室建造、蔬菜种植大处方等项目。大力实施“种子工程”，加快农作物优良品种的培育、引进、开发和推广，逐步减少农业面源污染。

（三）做好乘法文章，着力增强农业农村发展创新动力

1.深化改革体系。站位统筹城乡发展先行区的战略高度，坚持以农村稳定、农民增收为前提，突出抓好美丽乡村建设；以土地流转为抓手，做大做强现代农业，以产权制度改革为突破，促进农村综合改革。扎实开展农村土地承包经营权确权登记颁证工作，深化谋划农村产权交易平台建设，加快构建新型农业经营体系建设。

2.健全产业体系。构建集食物保障、原料供给、资源开发、生态保护、经济发展、文化传承、市场服务等产业于一体的现代农业产业综合体系。将农业产业相关环节紧密相连，构成一体化的、涵盖其价值的形成和分配的经济系统。通过科学规划农业产业布局，推进产业结构战略性调整。发展农业产业化经营，促进农产品加工业结构升级，扶持壮大龙头企业，培育知名品牌。

3.完善服务体系。加快发展农业科技、社会化服务、农产品加工、市场流通、信息咨询等为农服务的相关服务体系产业，提升农业现代化水平，提高农业抗风险能力、可持续发展能力。提供基础设施建设的服务体系，提供技术推广的服务体系，提供资金投入的服务体系，提供信息服务、政策服务和法律服务等，提供农业产前、产中、产后的各种三农服务。

（四）做好除法文章，着力增强可持续发展能力

1.优化农业发展布局。以规划为指引，以镇村功能重新定位为导向，加快农村产业结构优化升级步伐。制定优惠政策，营造宽松的发展环境。摸清农业资源和市场需求两张底牌，建立科技支撑和资金支撑两个体系，搭建农业综合信息平台，加强对农业生产功能、生活功能、生态功能和服务功能的开发，向功能开发要效益。

2.提升农业生态功能。注重农业的生态功能，建立人与自然、都市与农业和谐的生态环境，使北戴河农业成为城市的花园和绿色生态屏障。进一步转变农业发展方式，走特色发展、集约发展和绿色发展之路，进一步优化北戴河农业产业空间布局和调整农业产业结构，扩大区域合作，在发展规划、产业布局、生态涵养等功能，带动北戴河特色

农业产业板块加快形成。

3.大力发展互联网+农业。“互联网+农业”就是通过信息流打通各个环节形成一个完善的农业互联网生态圈,大力发展农业电商营销，通过互联网将从农业生产、流通、营销、服务等环节，进而变革市场和农户之间的关系，鼓励扶持发展智慧农业，将物联网技术运用到传统农业中去，运用传感器和软件通过移动平台或者电脑平台对农业生产进行控制，使传统农业更具有“智慧”，使北戴河现代农业更加精彩。

稿件来源：北戴河区人民政府办公室

大事记

1月

1日

北戴河区医保卡实现市级统筹，凡本区户籍居民可以在秦皇岛市范围内定点药店使用医保卡买药；职工将由原“双基数”缴费改为“单基数”缴费，即达到规定缴费年限的退休人员将不再缴纳基本医疗保险费；生育保险也从即日起实行市级统筹。

3日

“梦幻冰雪·浪漫世界”秦皇岛市欢乐冰雪节暨“休闲之冬·北戴河旅游嘉年华”开幕式在集发生态农业观光园举行。中共秦皇岛市委常委、宣传部部长杨长新，市委常委、北戴河区委书记李学民，副市长冯志永，市政协副主席宋占禹，中共北戴河区委副书记、区长刘学彬，区委常委、副区长周向东出席开幕式。此次冰雪节由北戴河区政府、秦皇岛市旅游局、市文广新局共同主办。

4日

中共北戴河区戴河镇党委完成所辖18个行政村党支部（总支）换届选举工作。选举产生的新一届支部（总支）委员90人，其中连选连任的村支部（总支）委员有64人，女性当选支部委员27人，所占比例比上届增长16.30%。

是日

中共北戴河区海滨镇党委完成所辖7个行政村党支部（总支）换届选举工作。选举产生党支部委员42人，其中大学生村官委员9人，妇女委员14人，占总人数的33.30%。党支部成员平均年龄44岁。村书记连选连任4人。

19—20日

政协北戴河区第八届委员会第四次会议在区党政综合办公楼三楼会议厅召开。应出席委员121人，实际出席110人。中共秦皇岛市委常委、北戴河区委书记李学民代表中共北戴河区委作重要讲话。会议听取并审议通过政协主席严彬所作的《政协北戴河区第八届委员会常务委员会工作报告》，政协副主席杨振久所作的《政协北戴河区第八届委员会常务委员会关于八届三次会议以来提案工作情况的报告》。听取并讨论《北戴河区人民政府工作报告》，讨论《北戴河区2014年国民经济和社会发展计划执行情况及2015年计划草案的报告》《北戴河区2014年财政预算执行情况和2015年财政预算草案的报告》《北戴河区人民法院工作报告》《北戴河区人民检察院工作报告》。会议通过政协北戴河区第八届委员会第四次会议政治决议。

20—21日

北戴河区第十四届人民代表大会第五次会议在区党政综合办公楼三楼会议厅召开。出席会议代表117人，列席70人。会议听取和审议了区人大常委会主任王玉海所作的《北戴河区人大常委会工作报告》，区长刘学彬所作的《北戴河区人民政府工作报告》，发展改革局局长冯松所作的《关于北戴河区2014年国民经济和社会发展计划执行情况及2015年计划草案的报告（书面）》、财政局局长高银山所作的《关于北戴河区2014年财政预算执行情况和2015年财政预算草案的报告（书面）》、法院院长黄滨所做的《北戴河区人民法院工作报告》、检察院检察长陈国栋所作的《北戴河区人民检察院工作报告》，并作出相应决议。

23日

中共北戴河区西山街道办事处党委完成所辖5个社区党支部换届选举工作。有226名党员参加选举投票，选举产生了5个支部的5名书记、10名委员。新一届班子成员中，支部书记平均年龄39.80岁，均具有大专以上学历；委员平均年龄40.50岁，大专以上学历占70%。

24日

中共北戴河区东山街道办事处党委完成所辖3个社区党支部换届选举工作。选举产生3个支部3名书记、10名委员。支部书记平均年龄42岁，委员平均年龄37岁，本科以上学历占70%，其中研究生学历1人。

是月

北戴河区高校毕业生失业补助金开始申领，标准为毕业生户籍所在地失业保险金最低标准的90%，领取失业补助金期限最长为6个月。

1月31日—2月1日

北戴河区轮滑运动员赴香港柴湾体育馆参加第十七届中国香港特别行政区青少年滚轴溜冰邀请赛。经过角逐，北戴河轮滑队获得2银3铜，2个第四名，1个第五名和1个第六名的好成绩。

2月

1日

由中国散文学会在京主办的“我与中国散文30年联谊会”上，北戴河区作家协会获“先进单位奖”，成为全国唯一受到该项表彰的县区基层文学社团。

7日

北戴河区人民政府与中国国际文化艺术中心在华贸喜来登酒店举行北戴河布查特花园项目合作签约仪式，全国首个布查特花园落户北戴河区。花园项目总投资5亿元人民币，占地15.73公顷，分为新境花园、意式花园、日式花园、法式花园、中式花园、玫瑰园等6个片区，主要建设植物主题花园、婚礼摄影基地、帆船博物馆、文化艺术品交易中心等，计划2016年暑期前部分园区运营开放，2017年年底竣工。

10日

2015北戴河“休闲之冬”旅游推介会在北戴河怪楼奇园大酒店召开，来自北京、天津、河北、山西、佳木斯等省、市的100余位旅游行业专家参加推介会。推介会展示了北戴河区历史文化、民俗风情、地理位置。本次活动由北戴河区人民政府、秦皇岛市旅游局主办。

27日

北戴河区人民医院采用全麻下颈椎后路双开门椎管成形术，成功为一患者进行颈椎病手术。术后生命体征平稳，第二天患者便可下地独立行走，术前的诸多不适症状也一并消失，解决了困扰患者两年的顽疾。

是月

北戴河区人民医院神经内科联手CT室、导管室，对患者进行首例动脉瘤致蛛网膜下腔出血病人颅内动脉瘤腔内介入治疗手术，效果良好。

是月

由中国文联出版社出版、区委宣传部和区文联组织编撰的《北戴河新文艺作品集》出版。作品集收录了1949—2014年北戴河500多位本土作者及与北戴河相关的精品佳作600余篇，众多作品在国家、省、市各级刊物中发表或在各类大赛中获奖。作品集分摄影、诗歌、诗词、散文、美术、书法、小说、音乐8卷和名人篇等9个部分。该书由区委常委、宣传部部长姚飞主编，区委宣传部副部长、区文联主席于红艳为执行主编。

3月

6日

北戴河区妇联在党政综合办公楼二楼会议室举办北戴河区庆“三八”表彰暨创建“美丽庭院”推进会。推进会为全区5个“美丽庭院”创建示范村、20户“美丽庭院”创建示范户标兵、15名“美丽庭院”创建先进工作者、10户“最美家庭”颁发了荣誉证书，车站村妇代会主任郑岩等4位“美丽庭院”创建工作示范村、示范户代表做了经验交流。

9日

2015年北戴河区农村（社区）干部培训班在秦皇岛市委党校报告厅开班，重点学习省、市农村工作会议精神，服务型基层党组织创建、党风廉政建设、农村（社区）干部自我成长和各地服务群众工作的成功经验做法等。

11日

区工商、质监部门正式由省级以下垂直管理改为北戴河区政府管理，作为区政府工作部门，相关编制、人员、资产等移交工作陆续展开。

16日

深圳华侨城集团一行11人到北戴河区就暑期演出项目进行实地考察。考察团先后到集发生态农业观光园、浅水湾浴场、碧螺塔酒吧公园、北戴河劳动人民文化宫等地，现场了解区内文化演出场所情况。先后与秦皇岛职业技术学院、燕山大学、秦皇岛市歌舞团进行接洽，希望从本地高校、歌舞团中选拔舞蹈人才充实其演艺团队，并与区内5家知名旅行社负责人对接。

23日

2015年北戴河中学爱心基金会正式启动。仪式上，基金会代表号召全校师生奉献爱心，捐款捐物帮助秦皇岛市爱心光明孤儿院的孤儿。

25日

北戴河区驻京联络活动首批7名干部赴北京市朝阳区开展为期2个月的挂职锻炼。

26日

秦皇岛市政府市长张瑞书在市委常委、北戴河区委书记李学民的陪同下，到北戴河区调研指导街景整治及农村面貌改造提升工作。张瑞书先后考察了东二路、中海滩路、剑秋路和老虎石海上公园等街景改造项目，详细了解北戴河区2015年街区景观改造提升工程整体情况、综合服务驿站设计方案以及各项目进展情况，并就外立面装修、树种选择、违章建筑拆除等问题提出指导性意见。

28日

秦皇岛市重点项目春季集中开工活动在北戴河区举行。总投资达13亿元的北戴河中俄文化艺术合作产业园项目和全区2015年街区景观改造提升工程集中开工。秦皇岛市委常委、北戴河区委书记李学民主持开工仪式，副市长杨春光参加活动并致辞，区党政领导班子成员及人大、政协主要领导，相关委办局主要负责人出席活动。

是月

北戴河区新的失业保险待遇调整全面展开，标准为在现行基础上平均每档上调70元。

是月

北戴河区农牧局渔政执法人员在东二路海域沿岸，救助1头刚刚出生10天左右的国家二级保护动物斑海豹，并将其送至海豹救助中心。小海豹体长约60厘米，重约10千克。斑海豹是目前唯一在中国繁殖的鳍足类海洋哺乳动物。

4月

15日

中国婚恋文化旅游产业联盟北戴河研讨会在北戴河区召开。来自安徽安庆文化旅游产业、江西庐山西海文化旅游产业、北戴河情海湾情侣文化产业项目负责人及北京大学专家学者，投资公司董事长等官方、企业及学术界代表参加了研讨会。区委常委、常务副区长于凤喜出席会议。

16日

中共秦皇岛市委书记田向利到北戴河区所辖街道办事处调研。市委常委、组织部部长陈书增，市委常委、北戴河区委书记李学民和相关单位负责人陪同调研。

是日

北戴河海事处开始对全区及周边38处船舶停泊点的210艘旅游船艇进行全面检查。

17日

北京医院与北戴河区人民医院心脏疾病协作中心正式成立。同时，北京医院心血管内科与北戴河区人民医院心血管内科合作签约暨揭牌仪式在区医院中心广场举行。此次合作通过多种形式在人才、资源等方面实现资源共建、共享，北京医院将在人才进修、科研项目、疑难杂症会诊等方面提供指导和帮助。届时将会有国内知名专家教授到北戴河区人民医院坐诊并且可以预约会诊、手术，极大地方便了患者就医。

是日

北戴河区人民医院神经内科对患者陈某实施DSA（数字减影血管造影）下左侧椎动脉狭窄处支架植入术。整个手术用时不到2个小时，术后患者恢复良好，已治愈出院。该手术在北戴河区人民医院尚属首例，也是目前唯一有针对性避免脑梗塞发生的介入治疗。

18—19日

集发生态农业观光园举办主题为“舞动春风，找回天真的你”首届风车节。10万余只风车把集发生态农业观光园变身“风车的王国”。

22日

秦皇岛市委书记田向利、市长张瑞书对北戴河近岸海域环境综合整治项目进行现场督导。市委常委、副市长邢留速，副市长孙国胜，相关县区负责人和市直有关部门负责人参加督导。

28日

“你是人间四月天”北戴河区精神文明建设总结大会在劳动人民文化宫举行，会议集中表彰了2014年北戴河区精神文明建设和文学艺术界涌现出来的各种先进典型。会上，第五届“五好”先进个人，首批北戴河季度好人，市级美德少年、美德少年标兵，省级优秀志愿者、省级优秀志愿服务品牌、优秀工作单位负责人以及活跃在该区文艺战线的各类先进典型共100余人受到表彰。全区各机关干部、两镇两街的村（居）民、学校师生、各文学艺术协会及部队官兵代表600人参加会议。

29日

北戴河区工会第四次代表大会在区党政综合办公楼三楼会议厅召开。大会应到代表121人，实到代表119人。选举产生区总工会新一届领导机构，张军生当选为工会主席，田宏为常务副主席，刘香萍为副主席和经费审查委员会主任。

是日

秦皇岛市汉字听写大赛在明珠学校举行，来自全市各县区的9支代表队45名选手参赛。北戴河区代表队获团体二等奖，北戴河第二中学的刘蕴萱获得个人组比赛第二名。

是月

为解决农村特困群众“看病难”问题，区民政局全额资助特困群众参加新农合，372名特困群众享受到新型农村合作医疗的各项惠民政策，标准为每人每年110元，资助金额共计40920元。

是月

北戴河区人民检察院官方微博、微信开通运行。“双微”平台以工作动态和普法宣传为主，以举报受理和舆情收集为辅，为群众提供全方位、多层次、多角度的便民服务。

5月

1日

第十一届国际轮滑节暨第九届全国少年速度轮滑锦标赛在奥林匹克大道公园开幕。本届轮滑节以“轮行山海·滑向未来”为主题，来自国内30多个省、市的69支代表队云集北戴河。开幕式上还启动了2015年阳光体育“轮滑神州”校园行活动。此次轮滑节由国家体育总局社会体育指导中心、河北省体育局、中国轮滑协会主办，北戴河区人民政府、秦皇岛市体育局承办。

1日

国际轮滑联合会主席巴蒂诺·阿拉库到北戴河参加第十一届国际轮滑节暨第九届全国少年速度轮滑锦标赛，并题词“北戴河国际轮滑之都”。

是日

亚洲轮滑联合会中央委员会会议在北戴河区召开，国际轮联主席及亚轮联中央委员会成员14人参加会议。会议对第十七届亚洲轮滑锦标赛申办陈述，亚轮联网站建设，亚轮联章程修改等具体事宜进行讨论和研究。市委常委、区委书记李学民，区委常委、副区长周向东出席会议。这是北戴河区首次举办国际规格的轮滑会议。

是日

北戴河区国有资产停车场正式运营，对全区51个停车场，6514个停车泊位进行收费。

9日

“中国观鸟之都——秦皇岛”命名授牌仪式暨中国·北戴河第五届国际旅游观鸟摄影大展启动仪式在秦皇岛鸟类博物馆举行。来自北京、天津、香港等地以及英国、荷兰等国家的200余名观鸟、鸟类摄影爱好者参加仪式。中国野生动物保护协会副秘书长赵胜利宣读中国野生动物保护协会关于授予秦皇岛市“中国观鸟之都”称号的决定。中国野生动物保护协会会长赵学敏向秦皇岛市政府授予“中国观鸟之都”牌匾，秦皇岛市副市长王亚洲代表秦皇岛市政府接牌。本次活动由中国野生动物保护协会、河北省林业厅、河北省旅游局、秦皇岛市人民政府主办。

10日

北戴河作协诗词研究会成立10周年庆典暨第四届“牡丹之约”诗友联谊会在碣石园举行，来自秦皇岛市各诗社的诗友100余人参加，此次活动由北戴河区文联、北戴河作家协会、北戴河诗词研究所主办。

17日

“中国梦·燕赵行”河北省迎奥运万人轮滑启动仪式暨“滑启杯”河北省首届轮滑锦标赛在奥林匹克大道公园轮滑场隆重举行。本次赛事为期2天，来自石家庄、秦皇岛、唐山、承德、保定、廊坊的16支代表队165名运动员参加比赛。

20日

吉林省农委考察团一行7人到北戴河区，就农村面貌改造提升行动及美丽乡村建设情况进行实地考察。秦皇岛市委常委、北戴河区委书记李学民，河北省委农工部副巡视员、省提升办副主任张保强，区委副书记李宁波，区委常委、区委办公室主任、农工委书记赵启伟陪同考察。

22日

“心海情缘·山盟海誓”中老年爱情旅游产品活动首次在北戴河举办。活动以孝老、敬老、爱老为主题，来自河南、山西、湖北等地的40对“金婚”、“银婚”老人，穿着礼服在海边重温结婚时的喜悦，追忆青春。此活动由北戴河区旅游局与秦皇岛逸游国际旅行社有限公司共同主办。

27日

秦皇岛市杨蔼莉初中语文名师工作室在北戴河第一中学正式授牌成立，名师工作室旨在搭建促进中青年教师专业成长以及名师自我提升的发展平台。目前，已吸纳包括北戴河区7名骨干教师在内的来自全市各县区共计19名优秀教师共同参与。

30日

北戴河区妇联在西山街道平安路社区举办“北戴河区家庭教育心理辅导站”挂牌仪式，区委副书记付顺义，区政府副区长、政府妇儿工委主任付红为“北戴河区家庭教育心理辅导站”挂牌。

是月

北戴河区城乡居民养老保险基础养老金由原每人每月55元提高到每人每月75元，其中的5元由河北省财政负担。

是月

北戴河区教育局与北京市朝阳区教研中心在北京签署《联合教研协议书》。按照协议，北京市朝阳区教研中心将成为北戴河区教师专业成长培训基地，双方就教研合作和教师培训进行深入探讨，实现长期合作。

是月

北戴河智慧旅游建立旅游服务监控体系，联网整合旅游咨询服务中心、各景区、游客集散地的监控设备，实现集中监控。同时，还建成智慧旅游平台、触游北戴河APP等智慧旅游服务体系。

6月

4日

河北省首家滨海四星级房车营地——碧螺塔酒吧公园房车营地投入运营。此次交付使用的房车有35辆，成为秦皇岛市乃至京津冀区域高品质休闲度假产业发展的新亮点。

是日

2015年“中国梦.我的梦——阳光下成长”艺术作品展暨书画讲座活动在北戴河区劳动人民文化宫举行。共展出全区第一中学、第二中学、第三中学、实验小学、育花路小学、海北路小学、蔡各庄小学、海宁路小学、西山小学9所学校百余幅书法、绘画、摄影、篆刻等学生作品。本次活动由区教育局主办，区文广新局、团区委承办。

8日

由北戴河区森源投资集团研发生产的2台套25千瓦碟式斯特林光热发电系统，完成安装调试，成功并网发电。这套系统具有高聚光性、高转化率、高发电质量等特点，意味着秦皇岛市本土企业掌握了世界领先的发电技术。

8日

北戴河区森源投资集团与北京大学数字中国研究院签订合作协议，就共同研发碟式斯特林太阳能热发电系统开展战略合作。市委常委、常务副市长马宇骏，市委常委、北戴河区委书记李学民现场观摩并出席签约仪式。

9日

2015年河北中小企业发展名家讲坛活动走进北戴河，为全区中小企业讲授“微营销之道”。清华大学继续教育学院特聘教授、山东企业家微营销发起人、《微启动》创始人、企业微营销系统落地植入第一人李海亭作题为《移动互联网创新商业模式》的讲座。

12日

2015年全国轮滑等级教练员、裁判员培训班在北戴河开班。来自北京、天津、广东、宁夏、新疆、辽宁、黑龙江、河南、贵州、湖南、山西、江苏等地的教练员、裁判员50余人参加培训。培训班由国家体育总局社会体育指导中心、中国轮滑协会主办，区体育局承办。

15日

河北省公安消防总队总队长魏捍东一行对特勤一中队、中共中央直属机关事务管理局北戴河服务局、国务院机关事务管理局北戴河服务局、刘庄村、单庄村进行消防安全检查。河北省公安消防总队防火部副部长孙立新，秦皇岛市消防支队政委王长忠、支队长王毅飞、副支队长兼北戴河大队长戴保江等人陪同检查。

18—20日

亚太环境保护协会执行会长、世界文化地理研究院学术院长、中国国土经济发展研究中心主任乔惠民带领中国村社促进会考察团到北戴河区考察中国农业公园建设。考察团实地考察了北戴河村、车站村、西坨头村、西古城村、乔庄村和集发生态农业观光园。

26日

在北戴河区戴河入海口渔港举行近岸海域赤潮灾害应急消除演练。

27—28日

“首届中国·北戴河互联网+创新产业峰会”在北戴河区举行。本次峰会以“改变、创新、连接”为主题，其中，全面引入互联网+商业、互联网+传统产业、互联网+金融等，以及能否将传统产业资本化、证件化及互联网化都成为峰会议题。来自国内外互联网行业的知名专家、领军人物云集于此，共同探讨如何深入推动互联网、云计算、大数据、物联网等与现代制造业结合，从而带动传统企业导入互联网思维和行业转型发展，激活并提升企业竞争力。

30日

秦皇岛市集中拆除燃煤锅炉行动在北戴河区启动，标志着全市拆除燃煤锅炉集中行动全面展开。

是月

北戴河区“亲情关爱”示范基地——滨海情港湾挂牌成立，将为失独老人提供免费心理疏导服务。滨海情港湾坐落在北戴河海滨镇计生服务站，内设沙盘游戏治疗室、休闲活动室、休息室。基地聘请秦皇岛职业技术学院国家二级心理咨询师，为失独老人提供免费心理疏导。“亲情关爱”项目基地由区人口计生局、区计划生育协会、团区委、区妇联、区工会、区残联、秦皇岛职业技术学院心理指导中心等多部门通力合作，通过医疗、生活照料和精神慰藉等综合方式对失独家庭开展救助帮扶。

是月

由北戴河兰德科技公司实施的“航空航天器风洞数字天平系统的研发”项目，被列为2015年第一批河北省级科技计划项目，并获得50万元省级科技资金支持。该项研发成果将使中国航天器在风洞测试领域有一个革命性的创新。

是月

北戴河区中小学生艺术节圆满落幕，全区中小学生创编优秀表演类节目44个，创作水粉画、毛线画、伞画等绘画、书法、摄影作品以及各类手工作品等100余类共计5529件。

是月

北戴河区西山小学与新疆巴州博湖县第二小学建立手拉手书信伙伴关系，确立首批61对“手拉手书信伙伴”。

7月

1日

河北省公安厅副厅长张士良对北戴河区养老院及幼儿园等进行消防安全检查，秦皇岛市公安局副局长魏顺安、消防支队政委王长忠、副支队长兼北戴河大队大队长戴保江等陪同检查。

是日

北戴河区村卫生室开始实施基本药物零差率销售，将于年底基本实现村卫生室基本药物零差率销售全覆盖。

7日

河北省民办教育协会北戴河培训中心在北戴河区成立。

8日

北戴河区“三证合一”（营业执照、组织机构代码证和税务登记证）登记制度改革正式启动。该制度的实施，简化了准入手续，缩短办理时限，登记制度更加便利化。

是日

心海相约——山东潍坊·河北北戴河书画精品交流展在北戴河区劳动人民文化宫开展。共展出山东潍坊著名书画家孙元富、中和子、秦勇、郑重等4人近百幅书画作品。本次书画交流展由中国画都点墨轩画苑、区文广新局、区文联联合主办。

11日

河北省副省长、省公安厅党委书记、厅长董仚生到北戴河暑期警卫一线检查指导工作。海警总队筹备组组长路健英及总队、支队前指领导陪同检查。

是日

河北省副省长、省公安厅厅长董仚生到北戴河边防派出所检查指导工作。

是日

2015华语电影（夏季）推介会在北戴河碧螺塔酒吧公园举行。导演张纪中和30多家院线公司的代表、10多家影视公司代表以及海峡两岸电影人成龙、奚美娟、张思涛、吴思远等参加盛典。活动以“融合交流、文化互惠、共筑梦想、推动产业”为主题，经过评选，《黄金时代》（内地/香港合拍）、《亲爱的》（内地）、《归来》（内地）、《白日焰火》（内地）、《争气》（香港）、《打工老板》（内地）、《智取威虎山》（内地/香港合拍）、《推拿》（内地/法国合拍）、《西藏天空》（内地）、《寒蝉效应》（台湾）等十部影片入选。会议由中国电影报社社长皇甫宜川主持。

12日

秦皇岛市市长张瑞书到北戴河区费石庄村调研农村面貌改造提升、乡村旅游和村域经济发展情况。市委常委、北戴河区委书记李学民，副市长冯志永陪同调研。

是日

澳籍华裔女艺术家刘秀鸣油画作品展，在北戴河浪淘沙艺术馆开幕。展出作品采取梦幻写实的手法，既有奥地利维也纳的“红色华尔兹”系列，又有“北戴河湿地印象”系列，体现了东西方不同文化的碰撞和融合，展期25天。此次展览由区文广新局主办，浪淘沙艺术馆承办。

15日

同道电影坊在北戴河怪楼文化创意产业片区揭牌，中国·北戴河世界纪录电影展开幕式同时举行。同道电影坊是以北京师范大学艺术与传媒学院教授、纪录片中心主任、著名纪录片学者和制作人张同道的名字命名。该项目总投资8000万元，建筑面积4200平方米，包含电影文化（博物）馆、影视创意“硅谷”区等6大功能区间。同时具备影视创意、制作、作品展映观摩、艺术人才培训、高端交流研讨等功能。

是日

北戴河区轮滑运动员赴新疆克拉玛依石油城参加2015年中国（克拉玛依）速度轮滑公开赛。经过角逐，北戴河区选手获少年女子甲组300米个人计时赛第二名、少年女子甲组500米争先赛第二名、少年女子甲组1000米计时赛第二名、少年女子甲组10000米积分淘汰赛第三名及获得少年女子甲组总分第二名的好成绩。

16日

北戴河区旅游局与去哪儿网签订“互联网+旅游”战略合作协议。协议重点就线上市场推广、营销活动、旅游客源引流、优秀企业评选、优质媒体宣传、淡季旅游开发、互联网培训等方面达成多项共识。

18日

国务委员、公安部部长郭声琨视察武警河北省总队第三支队五中队和八中队，亲切慰问一线执勤官兵。

是日

武警部队司令员王宁到武警河北省总队第三支队五中队检查指导工作。

是日

北戴河区费石庄村第一届桃果采摘节暨生态养生美丽乡村游拉开帷幕。活动旨在发展特色农业、弘扬地域文化、促进旅游发展，同时，以活动拉长产业链条，打出“生态养生美丽乡村游”金字招牌，使乡村旅游成为北戴河旅游经济和农村经济发展的新亮点。

是日

联峰山俄罗斯艺术馆正式开馆。中华全国工商联合会原副主席、全国政协委员、中华全国工商联书画院院长孙晓华与秦皇岛市委常委、北戴河区委书记李学民，为联峰山俄罗斯艺术馆揭牌。联峰山艺术馆是区园林局与中华全国工商联合会书画院油画分院、哈尔滨春风文化传播有限公司共同创办的。

18—27日

渤海情深——津门书画作品展在北戴河龙腾书画院开展，共展出天津5位书画家彭英科、王金厚、王惠民、刘士忠、李根友近百幅书画作品。活动由秦皇岛市美术家协会、北戴河区文广新局共同主办。

18—29日

“纯化的自然——当代水墨邀请展”在北戴河·梅墨生艺术馆开幕。本次展览集中展出李庚、南溪、桑火尧、张诠、尚春、张锰 6位艺术家的作品，这是北戴河区首次举办当代前卫艺术的水墨展览，由享悦艺术机构、秦皇岛市美术家协会、区文广新局联合主办。

20日

第十二届（2015）中外避暑旅游口碑金榜开榜，北戴河区被列为2015中国避暑休闲百佳县榜上第三，成为“2015中国避暑休闲十佳县”；戴河镇和集发生态农业观光园以“美丽田园，绿色联村”位列第二，成为“2015中国十佳避暑小镇”。此届主持评价机构为亚太环境保护协会。

是日

秦皇岛市公交公司对34路、37路公交线路和部分站点进行调整，新增北戴河火车站至刘庄夜线公交。北戴河火车站至单庄村的37路公交线路新增北戴河村委会站点，首末班时间不变，票价为2元；34路公交线路终点站将由海滨汽车站延伸到崔各庄汽车站，新增站点有：北戴河交警队、避暑园小区、包钢宾馆、北戴河区政府、秦皇岛高等职业技术学院、崔各庄汽车站。首班时间为5：50，夜线末班时间为22：00。票价为2元起价，1元进制，全程票价4元；新开通北戴河火车站至刘庄村公交夜线路线为：北戴河火车站、燕兴小区、戴河镇政府、五七一一家属区、东坨头村、西坨头村、太平庄村、集发生态农业观光园、集发股份公司、西古城村、慧集寺、二八一医院、陆庄村、丁庄村、乔庄村、费石庄村、崔各庄村、联峰山公园、北岭三区、北岭花园、北四路、北戴河区人民医院、海滨汽车站、刘庄村。夜线首班时间为19：30，末班为22：00，票价2元。

22日

公安部边防局局长武冬立到北戴河边防派出所东山旅游码头督导检查工作。

24日

根据河北省《关于修改〈河北省人口与计划生育条例〉的决定》，再婚夫妻一方无子女，另一方有两个以下子女的或者再婚前各有一个子女的，可以再生育一个子女。

25日

国务委员、国务院秘书长杨晶到武警河北省总队第三支队检查指导暑期警卫工作。

是日

“新界——中国当代新锐艺术家作品邀请展”在北戴河蒋世国美术馆开幕，共展出杜小同、贾秋玉、蒋非然等18位水墨和油画不同领域的青年艺术家作品70幅。本次活动由市文联、市文广新局、北戴河区政府主办，区文广新局、蒋世国美术馆承办。

27日

王铁教授作品、文献展暨佩奇大学工程信息学院博士院北戴河博士工作站挂牌仪式，在北戴河怪楼艺术园区王铁艺术馆举行。

是日

北戴河文化志愿者协会成立。文化志愿者协会除参加公益文艺演出、写生绘画外，还同时为市民和游客提供文化宣传、旅游咨询、紧急救助等志愿服务。市委常委、宣传部部长杨长新，市委常委、区委书记李学民，市文明办主任薛顺平，区委副书记、区长刘学彬，市志愿服务基金会理事长曹丽荣等参加成立仪式。

30日

在政府机构改革中将卫生局、计生局整合组建卫生和计划生育局，将区工商局、区质量技术监督局、区食品药品监督管理局、区食安办整合组建市场监督管理局；将城市管理局更名为城市管理综合执法局，由区属事业调整为政府工作部门。

是月

北戴河区启动餐厨垃圾分类处理工作，对城区餐饮经营单位和个体餐饮户进行调查摸底，建立档案台账，上门实地登记，掌握管理对象的基本情况，并配发蓝色120升餐厨垃圾专用桶。区环卫处派出餐厨垃圾专用运输车，每天上门收集各餐饮单位产生的餐厨垃圾，做到日产日清。

8月

3日

公安部副部长傅政华率公安部警卫局一行8人到武警河北省总队第三支队检查指导工作。

是日

“童眼观生态——全国青少年生态文明教育体验活动”成果展在北戴河国家湿地公园举行。此次活动由国家林业局、团中央、全国政协人口资源环境委、环保部、中国科协、全国少工委等单位于2014年启动，全国30多万青少年积极参与，共征集作品5万余份。中共中央政治局委员、国家副主席李源潮，中共中央书记处书记、全国政协副主席杜青林在北戴河参观了成果展示。河北省委常委、秦皇岛市委书记田向利，河北省副省长沈小平陪同参观。

是日

为纪念中国人民抗日战争暨世界反法西

斯战争胜利70周年，“八月的海天——诗意中国·北戴河”主题诗歌朗诵会在北戴河区劳动人民文化宫举行。诗歌朗诵会以放歌时代、放歌祖国、放歌家乡为主题，播音艺术家虹云、张家声、雅坤、刘纪宏、方明，京剧表演艺术家李维康，琵琶演奏家吴玉霞，歌唱家刘秉义、孙丽英、程志，舞蹈家朱妍、周兆辉、王浩等演绎了名篇名段。此次诗歌朗诵会由市委、市政府主办，市委宣传部、北戴河区委、北戴河区政府承办。

6日

2015保利·北戴河“一带一路”文明展暨夏季艺术品公益拍卖会在北戴河华贸喜来登酒店举槌。拍卖会分为紫砂壶、现当代艺术、名贵腕表、珠宝翡翠、近现代书画、中国陈年名酒、中国古董珍玩7个专场，圆明园十二兽首中的虎、猴、猪、牛，清康熙帝的《清慎勤》，齐白石的《山水十二条屏》，张大千的《峨眉接引殿》等珍品吸引了百余名省内外的收藏家前来竞买。拍卖会共有拍品579件，经过竞价，350件艺术品竞拍成功，总成交金额3190.20万元。此次拍卖会是公益性质，拍卖会所得佣金将全部用于公益事业。拍卖会填补了秦皇岛在拍卖行业发展的空白。

是日

“澹染清风”——第十五届秦皇岛之夏中国书画精品收藏展在北戴河梅墨生艺术馆开幕。市委常委、市委宣传部部长杨长新，市政协副主席王桂鹏同广大书画爱好者参观展览。展出的70余幅书画作品，全部来自秦皇岛市收藏家的藏品，其中除了吴昌硕的《福禄图》、齐白石的《紫瀑》、张大千的《芙蓉国里尽朝晖》、徐悲鸿的《高唱图》等近现代大师的佳作，也有周思聪、范曾等当代名家的作品，还有启功、李可染等近世文人名士的书法作品。本次展览由市委宣传部和北戴河区委、区政府，市农业局，市文广新局，市文联主办，市收藏协会、市书画院、市格雅文化发展有限公司承办。

7日

北戴河新三板与节能环保行业发展论坛暨秦皇岛红土创业投资有限公司签约仪式在秦皇岛市举行。同时，秦皇岛红土创业基金正式设立。

9日

武警部队政委孙思敬率工作组到武警河北省总队第三支队，对中共中央直属机关事务管理局北戴河服务局外围警卫区、国务院机关事务管理局北戴河服务局中浴场、五中队营区和支队机关视察指导。

10日

北戴河村天然气管网入户第一次集中“点火”。

11日

北戴河区北戴河村被农业部命名为“全国一村一品示范村”，成为2015秦皇岛市唯一获此荣誉的村庄。

是日

第三届北戴河国学论坛在北戴河举行。作家王蒙、中国社会主义学院党组书记兼第一副院长叶小文、中国人民大学孔子研究院院长张立文、北京师范大学资深教授周桂钿、曲阜师范大学教授骆承烈、中国人民大学孔子研究院教授罗安宪、中央党校哲学部教授王杰、澳门大学教授施议对等10余位知名专家、学者及国内20多家国学社团代表、国学爱好者300多人参加活动。论坛发起人为秦皇岛市国学研究会会长郑安纲。

12日

“八月的海天——北戴河本土艺术家书画、摄影精品展”在北戴河区劳动人民文化宫开幕。此次书画、摄影展共展出作品69幅，其中摄影作品24幅，书画作品45幅，展期为期一周，集中展示了本土艺术家在美术、摄影领域所取得的成绩。精品展由区文联、区文广新局共同举办。

16—18日

河北省委书记赵克志到秦皇岛市调研。其间，在北戴河村考察了以燕山大学教师为主体设立的艺术家和设计师院落——王年文工作室、天大创想工作室和美丽庭院示范户。

23日

国际新闻摄影比赛（华赛）十年获奖

精品展在北戴河奥林匹克大道公园开展。《克什米尔地震的难民》《告别加沙》《母爱·地震》等百余张照片选自华赛举办十年间数千幅获奖摄影作品，这些照片作为记录过去十年间世界风云变幻的珍贵影像。本次精品展由中国新闻摄影学会、秦皇岛市委宣传部、市文联主办。

27日

公安部、河北省政府授予秦皇岛市公安消防支队北戴河特勤中队“忠诚为民模范消防中队”称号。

28日

牛头崖镇及所辖牛头崖村、狮子河村、南甸子村、南新庄村、卢王庄村、蒲兰村、桃园村、满井村、岭上村、北坊村、柏新庄村、渠子口村、老鸦窝村、沙坡张庄村、马庄村、贲庄村、大泥河村、小泥河村、枣园村、都寨村、王各庄村、西陆庄村、洋河套村、蒋营村、白玉庄村、孟庄村、南戴河村、洋河口农业村、洋河口渔业村29个行政村划归北戴河区。同年12月25日，都寨村、蒋营村、王各庄村、枣园村、洋河套村、西陆庄村、南戴河村、孟庄村、白玉庄村、洋河口农业村和洋河口渔业村11个行政村从牛头崖镇析出，划归北戴河新区管辖。至此，北戴河区由原来25个行政村增加到43个行政村。北戴河区辖海滨镇、戴河镇、牛头崖镇3个镇，东山、西山2个街道办事处，9个社区居民委员会，2个社区家属委员会，1个省级经济技术开发区。

28日

中共河北省委副书记赵勇，省委常委、秦皇岛市委书记田向利看望了在秦皇岛市第一医院重症病房住院治疗的北戴河区西海滩警务站站长赵晓玄。暑期间，赵晓玄带领全站民警完成上级领导安排的工作任务，抓获网上在逃人员等各类违法人员，热心帮助广大游客解决难题。由于过度劳累导致身体不适，赵晓玄被迫暂时离开工作岗位，进入市第一医院住院治疗。秦皇岛市委常委、政法委书记闫五一，副市长、市公安局局长杨春光一同看望慰问。

是月

2015年北戴河区民宿星级评定工作完成。参加民宿星级评定的有176家，评选出五星级5家，四星级37家，三星级104家，二星级30家。其中五星级民宿为单庄村的花神民宿和猫宅咖啡民宿，西古城村的沐鼎雅苑民宿，崔各庄村的赵露民宿，大薄荷寨村的兴博民宿。

9月

6日

金税三期系统正式上线运行，北戴河区地方税务局受理第一批预约纳税人业务办理工作，共受理网报10户，发票发售15户，POSS缴税2户，社保征收12户，预缴开票1户，受理业务成功率100%。

6—7日

“乐退族海纳杯”第二届全国中老年文化艺术节在北戴河碧螺塔酒吧公园举行。来自北京、内蒙古、江苏、河南、湖南、广东、安徽、山东、黑龙江、陕西、云南等全国20多个省市、55支代表队的千余名中老年朋友参加。舞蹈表演艺术家陈爱莲应邀担任评委。此次活动由乐退族、秦皇岛老年学学会联合主办，海纳国际旅行社承办。

10日

北戴河区大气污染防治领导小组办公室协同巴洛特热能科技有限公司、杭州恒一暖通设备有限公司、秦皇岛市北戴河明慧商贸有限公司等3家清洁能源产品生产厂家联合举办清洁能源产品推介会。加快全区燃煤锅炉取缔步伐，确保取缔任务与居民供暖实现无缝对接。区内18家休疗企事业单位负责人参加此次推介会。

12日

美洲狮轮滑·中国行活动在北戴河奥林匹克大道公园轮滑场举行。来自秦皇岛美洲狮红魔轮滑俱乐部的轮滑小朋友们带来了轮滑平花表演、轮滑球体验和趣味小游戏。

13日

2015中国体育彩票北戴河铁人三项赛在北戴河区老虎石海上公园举行，来自西班牙、摩尔多瓦等国的外籍选手和中国各地的200多名选手参加了此次比赛。大赛全程51.50千米，其中游泳1.50千米、自行车40千米及10千米长跑赛。参赛年龄最小的19岁，最大的65岁。此活动由河北省体育局、秦皇岛市人民政府主办。

14日

北戴河区十四届人大常委会第二十五次会议召开，会议通过区人大常委会决定，任命陈秋华为北戴河区人民政府副区长、代理区长。区人大常委会主任王玉海，副主任刘海平、韩新民、曹艳红、张军生出席会议。区领导付顺义、于凤喜、孙谓青、高银山及区法院、区检察院、区委组织部、区政府办、区财政局、区发改局、区审计局和区人大机关相关委室负责人列席会议。会议听取并审议了区政府《2014年区本级预算执行情况的审计工作报告》《关于2014年财政决算情况的报告》《2015年1—6月份全区财政预算执行情况的报告》《2015年1—6月份国民经济和社会发展计划执行情况的报告》，并听取了区政府关于制定《北戴河区利用河北省保障住房投资有限公司棚户区改造赤土山项目国家开发银行贷款资金管理办法（试行）》相关情况的报告。

16日

全国政协经济委员会副主任、辽宁省政协原主席岳福洪，全国政协常委、中国科协副主席、书记处书记陈章良，全国政协委员、中央纪委驻农业部原纪检组长、农业部原党组成员朱保成率领全国政协专家调研组到北戴河区专题调研“调整优化农业结构，加快推进农业现代化”课题，调研组一行参观了北戴河村、集发生态农业观光园和西古城村。秦皇岛市副市长王亚洲，市政协副主席肖明地，北戴河区副区长任晨陪同调研。

20日

中国广场舞联谊会暨乌兰齐齐格新歌发布会在北戴河举行。来自新疆、江西、湖南、甘肃、黑龙江、广东等全国33个广场舞代表队的500多位舞友参加了活动。中国广场舞联合会主席杨艺、2015中国广场舞大赛形象大使“鬼马天后”应子、“野草天后”春英、“蝴蝶天后”王梅、“花痴天后”格格带领参会舞友与蒙古族歌唱家乌兰齐齐格联袂演出了《陪你一起看草原》《马鞍上的花》等歌舞。此次联谊会由中国广场舞联合会主办。

21日

北戴河区实验小学、育花路小学和海北路小学被教育部认定为2015年全国青少年校园足球特色学校。

28—30日

总投资1.20亿元，占地6.67公顷的北戴河文创艺术生态园项目在“秦皇岛产业链招商推介洽谈会”顺利签约。建成后的生态园将由创客空间、特色风情街、开心农场、树屋艺术营地、展览交流中心5部分构成。

是月

北戴河区社会管理综合治理委员会办公室与北戴河人保财险公司签订农村治安家庭财产险保单，由政府出资为全区1.50万户农村家庭提供1.70亿元的家庭财产保险保障，覆盖面达到100%。

10月

11日

在云南省丽江市玉龙县召开的第十五届全国“村长”论坛上，秦皇岛市北戴河区北戴河村、费石庄村成功入选“2015中国特色村”，并被吸纳为中国村社发展促进会特色村发展委员会成员单位。

21日

碧螺塔旅游开发股份有限公司在北京“新三板”（“新三板”行业名称为“全国中小企业股份转让系统”）上市，股票名称：碧螺塔，代码：833194。这是河北省旅游文化产业上市第一股，碧螺塔旅游开发股份有限公司主体项目为“碧螺塔海上酒吧公园”，属国有资产景区。

27日

团区委“点亮微心愿”活动正式启动。活动以关爱贫困留守儿童为重点，在全区广泛征集贫困留守儿童的“微心愿”，区内各直属团组织及爱心人士参与、认领“微心愿”，争做圆梦人。全区首批次征集的156个“微心愿”全部被认领。

28日

总投资2亿元的北戴河文化艺术主题酒店项目开工。秦皇岛市委常委、北戴河区委书记李学民主持开工仪式，副市长杨春光，区委副书记、代区长陈秋华，区党政领导班子成员及人大、政协主要领导，相关委办局的主要负责人出席活动。

是月

北戴河区人民医院介入科相继完成2例晚期食管癌食道内支架植入术，术毕患者即可进流食，术后3天可正常饮食，改善了食管癌食管梗阻患者生活质量。

10月31日—11月1日

“滑启杯”秦皇岛市第二届轮滑锦标赛暨首届高校自由式轮滑交流赛在北戴河区开赛。全市21支代表队近300名运动员参加，经过角逐，有11支代表队获得体育道德风尚奖。此次赛事由市体育局主办，区体育局、北戴河梦奥轮滑俱乐部承办。

11月

1日

北戴河中国农业公园授牌仪式在北戴河区举行，农业部农村经济研究中心主任、中国村社发展促进会副会长兼秘书长宋洪远为北戴河村授予“中国农业公园”牌匾，这是北方地区唯一一家获国家级荣誉的园区。

4日

北戴河区第八届班主任基本素质大赛在区教育局举行，大赛分为教育故事演讲、才艺展示、班会课活动设计、情景答辩等4个环节，第二中学苏艳彦、枣园中学宋丽莉、海宁路小学刘倩以及卢王庄中学陈亮等4位老师获得此次比赛一等奖。

5日

区委副书记、代区长陈秋华会见东胜中国董事局主席、中国康辉旅游集团总裁石保栋一行。区领导于凤喜、裴耀辉，区旅游局、规划局等相关工作人员参加会见活动。

是月

北戴河区被国家体育总局确定为全省唯一的全国《全民健身计划（2016—2020年）》研制工作联系城市。

12月

25日

第五届中国旅游产业发展年会暨首届中国（国际）冰雪旅游峰会在哈尔滨举行，北戴河特色民宿首获“2015中国旅游风云榜——2015中国特色民宿top10”奖项，成为本届年会上河北省唯一获此殊荣的特色民宿，也是唯一以整体区域打造的民宿品牌。

是日

在第五届中国旅游产业发展年会暨首届中国（国际）冰雪旅游峰会上，北戴河冰海日出入选2015年度“中国十大冰雪景观”。

是月

北戴河公安分局出入境办证大厅正式投入使用，可为河北省内户籍人员（除国家限制出境外的人员）办理护照、港澳通行证、大陆证（大陆居民往来台湾通行证）。

是月

京津冀民政部门签署《京津冀民政事业协同发展合作框架协议》，三地将协同规划布局养老机构，引导鼓励养老服务业向北京外疏散转移，探索跨区域养老新模式，开展跨区域购买养老服务试点。

是月

北戴河区教育局组队参加秦皇岛市第八届中小学班主任基本功素质大赛，其中有6名中小学班主任分获小学组一等奖，初中组特等奖以及高中组二等奖，初中组团体成绩第一名，高中组团体成绩第二名，并获得优秀组织奖。

是年

完成北戴河区东山街道办事处的3个社区“两委”班子换届选举工作。选举产生党支部书记3人、委员9人；居委会主任3人、委员17人。社区工作人员共20人，其中35岁以上15人，占75%；35岁以下5人，占25%。事业编制5人，分流人员7人，社区工作者6人，社区直选2人。

是年

中共北戴河区牛头崖镇党委完成24个行政村党支部（总支）换届选举工作。选举产生89名农村党支部委员，其中女委员18人。村委会换届完成22个，选出村书记23人，村主任22人。书记、主任“一肩挑”1人，两委交叉任职8人。产生57名村委会委员，其中妇女委员9人。

是年

北戴河区政府为全区户籍居民投保“民生保险”。受惠涵盖全区69043名户籍居民，每名承保居民最高赔付限额11万元，保障范围包括自然灾害、公众责任、见义勇为责任以及火灾、爆炸和空中物体坠落无责救助责任等保障内容，总计承担风险保障75.94亿元。这是区政府在履行抗击自然灾害职责过程中，提高救灾水平、转移财政风险的有效保障形式。

区情综述

自然环境

【位置面积】 北戴河系秦皇岛市辖区，位于渤海湾北岸中部，河北省东北部，地理坐标为北纬39° 47′ 48″ ~39° 53′ 17″ ，东经119° 24′ 08″ ~119° 31′ 58″ 。东北与海港区毗连，北、西部与抚宁县接界，东西最长11.20千米，南北最宽10.15千米，总面积72.90平方千米，海岸线23千米（区划调整后未进行堪界）。区政府驻地东北距秦皇岛市中心19千米，西距首都北京约270千米。京（北京）哈（哈尔滨）铁路、205国道从境内通过。102国道临境，京（北京）沈（沈阳）高速公路从境北附近通过，境内建有高速公路北戴河出口至崔各庄路口连接线，是关内特别是华北连接东北的咽喉，地理位置优越。

【地形地貌】 北戴河地质构造复杂，加之外力的作用，新太古以前生成的东西方向与燕山期后生成的北北东向断裂各4条，把北戴河大地切割成许多规则的块体；25亿年前形成的新太古界变质花岗岩广泛出露，形成了境内形态多样的地貌类型。

域内北部为剥蚀平原，地势低平，略有起伏；南部为低山区，山岭连绵，群峰屹立；东北部为海积平原，分布有海生次成沙丘，局部有沿海沼泽地；西部为洪冲积平原。海拔大多在10米以下，最低海拔1.50米；最高点东联峰山，海拔152.10米。域内戴河和新河两条河流分别在西部和东部入海。海岸线东起黑河口西至戴河口，全长23千米，其中岩石岸线10.80千米，占河北省岩石岸线的52%。海域宽阔，沿岸分布着平均15米宽的绵软沙滩。

海蚀地貌 主要有活海蚀崖和死海蚀崖。其中，活海蚀崖分布在鸽子窝至金山嘴一带。伸入海中岬角的岩石受拍岸浪的拍击、掏蚀，岩石沿节理面崩塌，海岸线向陆地方向后退，一方面形成与海面大致相当的波切台，另一方面形成高达20余米的海蚀崖；死海蚀崖主要特点是形成海蚀阶地和礁石群，主要分布在金山嘴至戴河口之间的岩岸地段。

海积地貌 除滨海低平原外，还有沿海沙滩、连岛沙坝、潮坪、岩滩、河口沙嘴。

【气候类型】 北戴河区属暖温带半湿润大陆性季风气候。气候特点是四季分明，冬季冷而干燥，夏季多海风，潮湿凉爽，是避暑的好地方，春、秋温暖适中。年平均气温11.10℃，年平均降水量602.30毫米，降雨集中在每年的5−9月，7月最多。

2015年，北戴河区天气气候特点：气温、降水接近常年。年平均气温为11.0℃，属正常年份。年极端最高气温36.50℃，出现在7月13日，年极端最低气温−15.40℃，出现在12月27日。年降水量为591.1毫米，属正常年份。

冬季（2014年12月至2015年2月）平均气温−2.80℃，属正常年份。其中2014年12月平均气温较常年偏低1.60℃，1月平均气温较常年偏高1.30℃，2月平均气温接近常年。

春季（3—5月）平均气温11.10℃，较常年高0.30℃，属正常年份；3月、4月、5月平均气温均与常年持平。

夏季（6—8月）平均气温23.40℃，属正常年份。其中6月、8月平均气温接近常年，7月平均气温较常年偏低0.70℃。

秋季（9—11月）平均气温11.5℃，属偏低年份。其中9月、10月平均气温接近常年，11月平均气温较常年偏低2.30℃，11月极端最低气温达-14.10℃，为有气象记录以来同期最低值。

2015年北戴河区各月平均气温一览表

表1 单位：℃

月份	平均气温	月份	平均气温
1月	-3.50	7月	24.10
2月	-1.40	8月	24.80
3月	4.10	9月	19.80
4月	11.60	10月	12.70
5月	17.60	11月	2.10
6月	21.20	12月	-1.50

2015年北戴河区降水量591.1毫米，比常年偏少11.20毫米，属正常年份。

冬季（2014年12月至2015年2月）降水量21.30毫米，属显著偏多年份。其中12月降水较常年偏多54%，1月降水较常年偏少53%，2月降水较常年偏多264%。

春季（3—5月）降水量101.0毫米，属正常年份。其中3月降水量异常偏少，4月降水量异常偏多，5月降水量显著偏少。

夏季（6—8月）降水量370毫米，较常年偏少41.50毫米，属正常年份。其中6月降水量较常年偏多32%，7月降水量较常年偏多28%，8月降水量较常年偏少75%。

秋季（9—11月）降水量103.50毫米，属正常年份。其中9月降水量较常年偏多26%，10月降水量较常年偏少63%，11月降水量较常年偏多201%。

2015年北戴河区各月降水量一览表

表2 单位：毫米

月　份	降水量	月　份	降水量
1月	1.40	7月	213.50
2月	14.20	8月	38.90
3月	0.20	9月	64.90
4月	76.20	10月	10.30
5月	24.60	11月	28.30
6月	117.60	12月	1.00

无霜期202天，较常年偏长。初霜日出现在10月29日，终霜日出现在4月9日。

最大冻土深度32厘米，出现在2月，较常年偏浅；结冰日数126天；冬季最大积雪深度4厘米。

年日照时数2586.10小时，年日照百分率58%，接近常年。

年平均相对湿度69%，接近常年；雾日44天。

年平均风速1.80米/秒，多西北风。

【气象灾害】 2015年，北戴河区出现的主要天气气候事件有雾霾、寒潮降温、风雹等。

大雾　出现大雾天气44天，其中2月6天，3月1天，4月3天，5月2天，6月3天，7月7天，8月4天，9月4天，10月6天，11月4天，12月4天。雾霾天气对本区设施农业、交通运输安全、市民生活产生不利影响。11月受持续阴天、雨雪、雾霾天气影响，平均日照时数仅为3小时，月日照百分率30%，为有气象记录以来同期最小值，低温寡照天气造成全区设施蔬菜减产。

降温　2015年出现了中等强度以上降温天气，其中达到强降温级别的日期有：1月22日、2月8日、10月27—28日、12月27日。

风雹灾害　6月1日晚18时—23时，北戴河区遭遇风雹灾害。戴河镇部分村庄受灾，其中受灾最严重的是太平庄村，为未回迁户现住的临建房屋。严重损坏房屋9间，损坏房屋户数5户，受灾人口15人，紧急转移安置7人。此次风雹灾害造成直接经济损失约为20万元，家庭财产损失约为15万元。

（齐义君）

自然资源

【土地资源】　北戴河区土地总面积为7289.89公顷，其中耕地737.47公顷，园地586.13公顷（全部为果园）、林地1546.31公顷（有林地1339.17公顷、其他林地207.14公顷）、草地28.05公顷（全部为其他草地）、城镇村及工矿用地3017.59公顷（城市2017.36公顷、建制镇465.54公顷、村庄489.75公顷、风景名胜及特殊用地44.94公顷）、交通运输用地486.04公顷（铁路用地86.15公顷、公路用地323.39公顷、农村道路76.5公顷）、水域及水利设施用地637.57公顷（河流水面132.36公顷、坑塘水面107.62公顷、沿海滩涂361.93公顷、沟渠29.4公顷、水工建筑用地6.26公顷）、其他土地250.73公顷（设施农用地229.94公顷、田坎8.19公顷、裸地12.60公顷）。

【水利资源】　北戴河地势微倾于海，地表径流迅速入海。又因北戴河地层为新太古代晚期花岗岩，为弱贫水层或无水层，水资源贫乏。水资源总量为1410万立方米，其中，地表水为1046万立方米，地下水资源量为503万立方米，重复计算量为139万立方米。人均水资源占有量为199立方米/人，低于秦皇岛市人均水资源占有量290立方米/人。降水是地表水的唯一来源。地下水资源分布不均，区域特点明显，多分布在两个断层带：戴河、新河与其他河流的沿岸及较大水库、塘坝等地下水补给排泄区内。地下水为流域积层孔隙潜水与基岩裂隙浅水，蓄水性差，没有开采价值，除部分村庄利用不稳定的流层地下水作为饮用和部分农田灌溉用水，全区用水主要靠抚宁洋河水源地和引青龙河水入境供水。

【海洋资源】　北戴河南临渤海，在海区及周边海区有鱼类68种。其中主要鱼种有：日本鲤鱼占52.60%，鲈鱼占9.40%，斑鱼祭鱼占5.80%，银鲳鱼占5.10%，绿鳍马面豚占5%，蓝点鲅占3%，牙鲆占2.70%，黄益鲽占1.10%，白姑鱼占1%。上述鱼种之和占海区鱼类生物量的85.70%。此外还有黄棘头梅童鱼、焦氏舌鳎、青鳞鱼、梭鱼、带鱼、黄鲫、孔鳐等。

无脊椎动物，主要种类为软体和甲壳类动物。软体动物中有短蛸、长蛸、日本枪乌贼、曼氏无针乌贼。甲壳类动物中有三疣梭子蟹、日本鲟、中国对虾、鹰爪糙对虾、日本鼓虾、脊尾白虾、菖氏长臂虾、脊尾褐虾、虾蛄。无脊椎动物的生物量，以三疣梭子蟹为多，占总生物量的42.90%。其次为虾蛄占22%，日本枪乌贼占14.60%，曼氏无针乌贼占6.10%，日本鲟占4.20%，短蛸占3.40%，中国对虾占3.20%，其他占3.60%；底栖生物共11类150种。其中，软体动物56种，甲壳类35种，多毛类27种，棘皮动物9种，鱼类7种，腔肠动物5种，脊索动物4种，益虫2种，星虫、帚虫、纽形动物、扁形动物、腕足类各1种。

金山嘴一带海域为高生物量分布区，海底断面生物量38.14克／平方米，生物密度428.90个／平方米。主要为文昌鱼、海豆芽、毛蚶、凸镜蛤等。在金山嘴近岸10千米一带的海底生物栖息密度高达8033个／平方米，其中98.13%为文昌鱼；在岩礁区和沙底浅海中，蕴藏海参。

潮间带生物有163种，群落以双壳类、甲壳类为多。

【植物资源】 北戴河植物区系在世界植物地理上属于泛北极植物区的中国日本植物亚区。植物起源于第三纪植物区系，未受到第四纪大规模冰川的直接侵袭，受中亚干燥化的影响也不太大，所以第三纪植物区系未遭受根本性破坏，一直保留到现在。如豆科的合欢，苦木科的臭椿，无患子科的栾树，壳斗科的板栗等，在区内都有零星分布，它们都是第三纪植物区系的直接后代。中国日本区系的特产植物，如百禾科的知母，大戟科的猫儿眼，菊科的泥胡菜等在这里均有分布。

植物有海生植物、入药植物和木本植物。海生植物中常见的有海白菜、龙须菜、昆布、海菊花等。入药植物有麻黄、荆介、麦冬、薏米等近200种，多分布在东、西联峰山，海滨林场和滨海沙滩。木本植物种类繁多、可分为43个科，共137个品种。主要有油松、刺槐、栎等，较为珍贵稀有的桑橙、牡丹、爬地柏、垂柳等，有古树298株，名木168株，稀有树木16株。其中1株国槐树龄已达600余年，属国家一级古树。

本地的地带性植被，为温带常绿针叶林和落叶阔叶混交林。此外，还分布有灌丛草坡、盐生灌丛和盐生草甸等。

【动物资源】 北戴河南临渤海，在海区及周边海域，有可供开发利用的游泳动物、底栖动物。又由于北戴河海岸与烟波浩渺的大海、绵延起伏的山脉，以及沿海的平原形成鲜明对比，有利于过路鸟的辨认，因此这里又是鸟类动物乐园。此外还有环节、软体、节肢类、兽类等野生动物。

野生动物有8个种类450余种，最为丰富的是鸟类资源，有20目61科415种，其中，国家一级保护的12种，二级保护的49种；留鸟36种，候鸟369种，是中国第一个候鸟保护区。位于赤土山附近的“北戴河湿地”，被纳入“国际湿地保护网络”，2011年被列入国家湿地公园试点，每年吸引着众多的中外观鸟爱好者，被誉为“观鸟的麦加”。

两栖、爬行类。两栖动物有青蛙、蟾蜍。爬行动物有蛇、蜥蜴、壁虎、龟等。

兽类。主要有：狐狸，冬季在东联峰山偶有，数量不多。目前，在本地常见的兽类有獾、山狸、野兔、黄鼬、刺猬、蝙蝠等。

环节、软体、节肢类。环节动物有蚯蚓、蚂蟥。软体动物有河蚌、蜗牛。节肢动物有蝴蝶、蜜蜂、野蜂、蝼蛄、螳螂、蜻蜓、蟋蟀、蚂蚁、金龟子、椿象、河虾、河蟹、蜈蚣、蚰蜒、蜘蛛等。

建置沿革

北戴河历史悠久，远在新石器时代，先民就在这块土地上繁衍生息，开始了半渔猎、半农耕的生产劳动，创造了具有明显的龙山文化特征的文明。

据史载，北戴河上古属幽州，商、周属孤竹国，春秋战国时为燕国，秦、汉、隋属辽西郡，唐为河北道营州，明、清属永平府。清光绪二十四年（1898），清朝廷将北戴河海滨辟为避暑区。

中华民国初，改属直隶省津海道临榆县。民国21年（1932）6月，北戴河避暑区改称北戴河海滨自治区。民国23年（1934）3月，北戴河海滨自治区与临榆县正式实行划界，直隶河北省。民国25年（1936）12月，改称北戴河海滨风景区。民国34年（1945）7月，改北戴河风景区为北戴河海滨区管理局，隶属河北省公署。

1948年11月26日，北戴河解放。建海滨区公所，属河北省秦榆市。1949年4月28

日，改秦榆市为秦皇岛市，海滨区隶属之。1954年2月，改海滨区为北戴河区至今。

行政区划

2015年8月28日，根据《国务院关于同意河北省调整秦皇岛市部分行政区划的批复》进行区划调整，牛头崖镇划归北戴河区管辖。其所辖牛头崖村、狮子河村、南甸子村、南新庄村、卢王庄村、蒲兰村、桃园村、满井村、岭上村、北坊村、柏新庄村、渠子口村、老鸦窝村、沙坡张庄村、马庄村、贲庄村、大泥河村、小泥河村、枣园村、都寨村、王各庄村、西陆庄村、洋河套村、蒋营村、白玉庄村、孟庄村、南戴河村、洋河口农业村、洋河口渔业村等29个行政村划归北戴河区。12月25日，经市政府常务会议研究决定牛头崖镇原所辖的都寨村、蒋营村、王各庄村、枣园村、洋河套村、西陆庄村、南戴河村、孟庄村、白玉庄村、洋河口农业村和洋河口渔业村11个行政村从牛头崖镇析出，划归北戴河新区托管。至年末，北戴河区辖海滨镇、戴河镇、牛头崖镇3个镇，43个行政村（刘庄村、草厂村、陆庄村、丁庄村、河东寨村、单庄村、赤土山村、北戴河村、西古城村、车站村、 西坨头村、拨道洼村、太平庄村、蔡各庄村、朱庄村、苏庄村、东坨头村、乔庄村、甘各庄村、谢李庄村、费石庄村、大薄荷寨村、小薄荷寨村、崔各庄村、杨各庄村、牛头崖村、狮子河村、南甸子村、南新庄村、卢王庄村、蒲兰村、桃园村、满井村、岭上村、北坊村、柏新庄村、渠子口村、老鸦窝村、沙坡张庄村、马庄村、贲庄村、大泥河村、小泥河村）；北戴河区东山街道办事处、北戴河区西山街道办事处2个街道办事处，9个社区居民委员会（育花路社区、东山社区、东经路社区、英才社区、安居社区、西山社区、剑秋路社区、平安路社区、车站社区），2个社区家委会（河北外国语职业学院家委会、五七一一家委会）和北戴河经济技术开发区。

人口状况

2015年年末，全区户籍人口95939人，其中城镇常住人口77143人，城镇化率80.41%。另有流动人口20894人。总人口中，男性46686人，占48.66%，女性49253人，占51.34%。人口出生率7.48‰，人口死亡率5.81‰，人口自然增长率1.67‰。按原统计口径不含牛头崖镇人口数为68839人，其中18岁以下9458人，占13.74%；18～60岁44267人，占64.31%；60岁以上15114人，占21.96%。总人口中（不含牛头崖镇人口），以汉族为主，达63044人，占91.58%；有满族、回族、蒙古族、朝鲜族、土家族、苗族、侗族、彝族、藏族、壮族、锡伯族、鄂温克族、黎族、达斡尔族、仫佬族、瑶族、哈尼族、傣族、布依族、仡佬族、俄罗斯族、裕固族、畲族、傈傈族、景颇族等25个少数民族、5795人，占8.42%；超过25人的有满族、回族、蒙古族、朝鲜族、土家族、壮族6个民族，其中满族4335人，占少数民族人口的75%； 蒙古族460人，占8%。

宗　教

区内有佛教、天主教、基督教，信教群众317人，有1个基督教福音堂活动场所。

历史文化

【名胜古迹】 北戴河有一碧万顷的蓝色海洋，峰峦叠嶂的绿色青山，茂密葱郁的城市森林，蜿蜒起伏的金色沙岸，白墙红顶的别墅楼房，构成了“雨水苍茫万里情”的巨幅画面。古迹有秦代的行宫遗址，明代的古刹观音寺等，并形成以联峰山、中海滩、碧螺塔、鸽子窝四大景区为特色的风景名胜网络。

鸽子窝景区　位于北戴河海滨东北端，因鸽子窝公园而得名。景区内除鸽子窝公园外，还有野生动物园、奥林匹克大道公园、怪楼奇园等景观。

碧螺塔景区　位于海滨东南端，与鸽子窝景区相连，因碧螺塔酒吧公园而得名。主要景观有碧螺塔酒吧公园、金山嘴、南天门、秦皇行宫遗址、游览码头等。

中海滩景区　与北戴河海滨中心相连，东起海滨七桥南路，西至平水桥，以沿海多游园和海浴场为特色，以老虎石景点为中心，南面是一望无垠的大海，北面是绚丽多姿的楼阁亭榭，站在海岸高大的岩石上，可南观大海，西眺联峰山。主要景点有老虎石海上公园、平水桥公园和滨海绿带。

联峰山景区　西起戴河入境发端，东至平水桥，主要景观有东联峰山，西联峰山，集发农业示范观光园。景区以登山览胜，林中探幽，赏花垂钓为特点。景区东部怪石林立，掩映在苍松翠柏中的石洞，千姿百态，骆驼石、卧牛石，石石怪异；通天洞、桃源洞、老虎洞，洞洞新奇。

【老别墅群】　“层楼近水倚群峰”讲的是北戴河别墅的诗境。蓝天绿树映衬下的红顶、素墙、太阳台构成北戴河别墅群独特的建筑风格，以此而闻名中外，具有很强的观赏性。

北戴河的别墅始建于清光绪十九年(1893)，首由英国传教士史德华开其端，至光绪二十四年（1898）清政府辟为避暑区后，外国人及中国的官僚政客纷纷来此建屋，别墅楼房从西山到东山连缀成片，至1948年北戴河解放，已达719幢，居中国所有避暑别墅区第二位。

北戴河的别墅在布局上十分注意与自然环境融合与协调，一般别墅只占用地总面积的15%左右，或依坡就势，或取“悬”用差，依联峰之势，逶迤海岸，此所谓“层楼近水倚群峰”。别墅之间互不相连，中间以绿地花木相隔，围墙高仅至膝，成为意趣自然的庭院，具有浓厚的田园情调。

这些别墅的显著特征，依山面海，疏密有致，山巅、海边、峰回路转之间，斜坡溪涧之旁，诸多别墅，掩映在苍松翠柏之中，其建筑风格迥异。中式建筑多以石为墙，深宅大院，繁荫巨干，香花绿地，以保自然之本色；西式别墅屋必有廊，廊必深邃，以蔽骄阳，多以刺槐、刺松、侧柏为墙，墙高及肩，不碍远眺。

漫步别墅石径小路，既可领略中国浓郁的园林风韵，又能欣赏西方庭院的色彩，给人以美的享受。加之今日中国园林式别墅和现代新建单元式别墅拔地而起，使北戴河的建筑名闻遐迩。

北戴河别墅的另一个特征是名人别墅多。民国7年（1918）后，中国的官僚政客到北戴河疗养的日益增多。袁世凯、周学熙、朱启钤、张作霖、张学良、吴鼎昌、段芝贵、傅作义、孙科、顾维钧等都曾到北戴河或建或购有别墅。当地曾流传着一首民谚，叫“吴家楼、段家墙、霞飞馆的大草房”。吴家楼坐落在东联峰山下，其主人吴鼎昌（1884—1950）浙江吴兴人，时任北洋政府中国银行总裁、财政部次长，后任南京国民政府实业部部长、贵州省主席，民国37年（1948）任蒋介石总统府秘书长。段家墙，指段芝贵（1869—1925），安徽合肥人，北洋政府时曾任东三省巡按使，北京京畿警备司令，定国军前敌总指挥，别墅及院墙位于中直北戴河服务局院内。霞飞馆位于联峰山莲花石公园内，现已无存。

【名人名迹】　北戴河古属碣石地域，自春秋战国以来，燕昭王、秦始皇、汉武帝、魏武帝、唐太宗等8位皇帝都曾裹足驻跸。嬴政、曹操、李世民等又都触景生情，面海抒怀，分别留有《碣石门辞》《观沧海》《春日观海》等遗篇佳作。

北戴河在中国现代旅游史上有“开山鼻祖”的美誉，被人们称为中国旅游业发展的“摇篮”。早在20世纪20年代，就曾被誉为“东亚避暑地之冠”，成为中国著名的四大避暑区之一。当时北戴河拥有世界上最时髦、最新奇的休闲方式，其中海水浴、网球竞赛、仕女骑驴踏青、夜晚莲花石舞会是“最前卫、最流行”的旅游项目。众多名人云集北戴河：有康有为、徐世昌、张学良、朱启钤、周学熙、顾维钧、梅兰芳、徐志摩、吕碧成等；英籍女作家韩素音、著名记者和作家海伦•斯诺以及司徒雷登、赫德、费正清等都曾到这里休闲度假。

从20世纪中叶，党和国家领导人开始到北戴河办公休息。他们在这里商讨国内外大事，接见外国党派领导人、国家元首、外交使团，以及中国的知名人士和劳动者中的优秀代表，几乎所有的中央领导人都曾到过北戴河。毛泽东、朱德、陈毅、叶剑英、郭沫若等，在此写下不朽之作。其中毛泽东主席生前10次到北戴河，他的一首《浪淘沙•北戴河》成为千古绝唱。

据不完全统计，自新中国成立以后，有来自世界各地的近百位外交使臣、外国党的主席、国会、参议院议长、国家元首等贵宾到过北戴河；美国纽约州立大学石溪分校杨振宁教授、美国哥伦比亚学院李政道教授、美国麻省理工学院丁肇中教授、美国加州理工学院马库斯教授和美国马普学会生物物理研究所米歇尔教授5位诺贝尔奖获得者以及菲尔茨奖获得者、美国哈佛大学丘成桐教授等，在2000年8月同期到北戴河并受到党和国家领导人的会见；南非大主教德斯蒙德图图也曾到过北戴河，而且他是第一个访问中国的南非宗教界领导人。

悠久的历史，旖旎的风光和众多的名胜古迹，吸引着百余位中国的政界精英、优秀的作家、诗人到北戴河，并以他们特有的感悟书写出200余篇诗词、散文，为北戴河区人民留下宝贵的精神财富。

组织机构

【中共北戴河区委及工作部门负责人】

书　记：李学民

副书记：刘学彬　（8月免）
陈秋华（8月任）
付顺义（3月任）
李宁波（2月任 挂职）
单慧英（3月任 挂职）

区委常委：李学民
刘学彬（8月免）
陈秋华（8月任）
付顺义（3月任）
李宁波（2月任）
单慧英（3月任）
卢彦昌
张　杰
于凤喜
周向东
姚　飞
李韶云
丁新杰（3月任）
赵启伟

区委委员：（按姓氏笔画排序）
丁新杰（3月任）　于凤喜　王玉海
王希江　卢洪文　冯志远
付顺义（3月任）　任立民　刘卫平
刘学彬（8月调出）　齐淑丽（女）
孙谓青　陈秋华（8月任）　严　彬
李宁波（2月任）　李学民　李韶云
张　杰　张　敏　张立星
单慧英（女）　周向东　周金捍
赵启伟　赵国祥（6月调出）
姚　飞　裴耀辉

区委候补委员：（按得票多少排序）
姜维秀　李运臣　杜占山　冯　松

区委办公室主任：赵启伟

组织部部长：单慧英（女，3月免）
丁新杰（3月任）

宣传部部长：姚　飞

统战部部长：单慧英（女，兼4月免）
丁新杰（兼，4月任）

区精神文明建设委员会办公室主任：
冯静宇

老干部局局长：孟　军

党校校长：单慧英（女，兼3月免）

马贺荣（女，6月任）

信访局局长：张占华

机要局局长：李增光

区委保密委员会办公室主任、保密局局长：李增光（兼）

区信息化办公室主任：李春兰（女）

区暑期工作领导小组办公室主任：杨世滨

区委农工委书记：赵启伟（兼）

机构编制委员会办公室主任：孙秀琪（女）

【区委派出机构负责人】

中共北戴河经济技术开发区工作委员会

书记：单慧英（女，3月任）

中共北戴河区区委直属工作委员会

书记：徐　斌

中共北戴河区休疗旅游工作委员会

书记：胡　权（兼）

中共北戴河区西山街道工作委员会

书记：杜占山

中共北戴河区东山街道工作委员会

书记：姜维秀

【北戴河区人民代表大会及工作部门负责人】

人大常委会主任：王玉海

副主任：刘海平

韩新民

曹艳红

张军生

人大常委会委员：（按姓氏笔画排序）

未淑云（女，蒙古族）　李志强

李铁林（满族）　李淑花（女）

李集周　张继宏　陈永祥　赵永军

赵德全　袁利梅（女）　晁建东

徐占明　高劲松　董晓峰

程淑颖（女）

代表委主任：李铁林

文卫委主任：卢志民

财经委主任：高劲松

法工委主任：赵永军

【北戴河区人民政府及工作部门负责人】

区　长：刘学彬　（9月免）

陈秋华（副区长、代理区长　9月任）

副区长：于凤喜

周向东

李海泳（1月免）

任　晨

付　红（女）

丁新杰（5月免）

孙谓青

董立宏

裴耀辉（挂职）

陈　曦（5月任挂职）

辛志贤（5月任挂职）

区政府办公室主任：冯志远

区突发公共事件应急委员会办公室

主任：王英明

档案馆馆长：付艳美（女，6月任）

发展改革局局长：冯　松

卫生和计划生育局局长：李运臣

审计局局长：陈春华

财政局局长：高银山

统计局局长：张东海

区机关事务管理局局长：赵英士

教育局局长：王晓光

旅游局局长：胡　权

旅游促进中心主任：胡　权（兼）

物价局局长：闫文章

政务服务中心主任：张志军

广播电视台台长：李文彬

文化广电新闻出版局局长：李春光

农牧局局长：谢海龙

园林局局长：齐淑丽（女）

民政局局长：张寅生

住房和城乡建设局局长：张　敏

城市管理综合执法局局长：张　利

环境保护局局长：李宝明

交通运输局局长：陈自彬

人力资源和社会保障局

局长：田秋燕（女）

市场监督管理局局长：于志勇

安全生产监督管理局局长：毕青春

科学技术局局长：冯志远（兼）
供销社书记、主任：徐庆荣

【政协北戴河区委员会及工作部门负责人】

政协主席：严　彬
政协党组副书记：孙　晨（5月任）
副主席：陈艳霞（女）
　　　杨振久
　　　卢洪文
　　　高银山（满族）
政协常委：（按姓氏笔画排序）
王文义　王树忠（蒙古族）　王智华
田欣华（女）　刘立辉　刘润秋
李　伟（满族）　李文彬　杨立荣
杨国栋　张志强　张振江　聂庆平
傅德礼　薛　伟　蘧桓彬
行政办公室主任：李洋洋（4月免）
　　　　　　　　刘　金（女，4月任）
委员工作委员会主任：周学年
提案委员会主任：王丽艳（女）

【中共北戴河区纪律检查委员会及工作部门负责人】

区委常委、区纪委书记：张　杰
区纪委副书记、监察局局长：王笑杰
区纪委副书记：董晓峰
区纪委办公室主任：孙静（6月任）
第一纪检监察室主任：孟祥勇
第二纪检监察室主任：马文刚
党风政风监督室主任：侯静元
区纪委常委：（按姓氏笔画排序）
马文刚　王笑杰（女）　张　杰
孟祥勇（2月免）　侯静元　董晓峰
区纪委委员：（按姓氏笔画为序）
马文刚　王笑杰（女）　左德成
任　晨　刘卫平　齐淑丽（女）
张　杰　孟祥勇　侯静元　贾志勇
高新荣　曹印武　曹晓军　程黎明
董晓峰　谢海龙

【北戴河经济技术开发区及工作部门负责人】

开发区管委会主任：裴耀辉
副主任：王立刚（11月免）
　　　　王贵君
　　　　王晓青（女）
　　　　周金捍（11月免）
经济技术开发区纪工委书记：
　　　　　　　　周金捍（11月任）
投资促进局局长：李学博
综合办公室主任：左德成
财政局局长：张海燕
经发局局长：孙立新

【法治国防系统工作部门负责人】

北戴河区委政法委书记：李韶云
北戴河区委政法委副书记、
　区综治办主任：刘益深
北戴河公安分局局长：陈　曦
北戴河公安分局政委：李宪友
北戴河区人民检察院检察长：陈国栋
北戴河区人民法院党组书记、院长：
　　　　　　　　　　　　黄　滨
北戴河区司法局局长：苏万峰
武警河北省总队第三支队支队长：
　　　　　　　　　　　　刘文喜
武警河北省总队第三支队政治委员：
　　　　　　　　宋胜昔（3月免）
　　　　　　　　李东辉（3月任）
北戴河消防大队大队长：戴保江
北戴河消防大队教导员：
　　　　　　　　贾虎刚（3月任）
海警支队特勤队队长：靳　雳
北戴河边防派出所所长：岳旭光
北戴河边防派出所教导员：孙海涛
北戴河区人民武装部部长：卢彦昌
北戴河区人民武装部政治委员：荀　斌
北戴河区人民防空办公室主任：
　　　　　　　　　　张　敏（兼）

【人民团体系统工作部门负责人】

北戴河区总工会主席：张军生（兼）
共青团北戴河区委书记：李　佳（女）
北戴河区妇联主席：袁利梅（女）
北戴河区科学技术协会主席：张新志

北戴河区残联理事长：王巧燕（女）
北戴河区文学艺术联合会主席：
于红艳（女）
北戴河区工商业联合会主席：
陈艳霞（女）
北戴河区工商业联合会党组书记：
李　军

【镇街道办事处工作部门负责人】

北戴河区海滨镇党委书记：李继文
北戴河区海滨镇党委副书记、镇长：
程黎民
北戴河区海滨镇人大主席团主席：
李志强
北戴河区戴河镇党委书记：
赵国祥（6月免）
陈永祥（6月任）
北戴河区戴河镇镇长：
任立民（6月免）
李江华（6月任）
北戴河区戴河镇人大主席团主席：
李淑花（女）
北戴河区牛头崖镇党委书记：翟春利
北戴河区牛头崖镇镇长：刘志国
北戴河区牛头崖镇人大主席团主席：
孙凤英（女）
北戴河区东山街道办事处主任：
李洋洋（4月任，10月免）
北戴河区西山街道办事处主任：陆　忠

【省、市主要驻区单位负责人】

中国银行北戴河支行行长：张建星
中国工商银行北戴河支行行长：
夏　群（2月免）
马洪波（2月任）
中国农业银行北戴河支行行长：丁大勇
中国建设银行北戴河支行行长：
王启滨（8月免）
张晓涛（8月任）
交通银行北戴河支行行长：
董继红（女）
秦皇岛银行北戴河支行行长：辛树彬
中国人民财产保财险股份有限公司北戴河支公司经理：李　阳
中国人寿保险股份有限公司北戴河支公司经理：孙月娇（女）
河北财达证券有限责任公司秦皇岛海宁路证券营业部经理：郭永广
北戴河区邮政局局长、书记：刘庆华
中国移动通信集团河北有限公司
北戴河分公司经理：费立军
中国电信北戴河分公司经理：冯海忠
中国联通北戴河分公司经理：赵卫国
秦皇岛电力公司北戴河供电分公司
经理：张振强
秦皇岛北戴河供水总公司经理：苏　魁
河北广电网络集团秦皇岛渤海在线北戴河分公司经理：鲁铁铮
秦皇岛燃气总公司北戴河公司经理：
公佩山

【垂直管理机构负责人】

国土资源局秦皇岛市北戴河区分局
局长：张　宽
秦皇岛市规划局北戴河区分局局长：
王希江
北戴河区国家税务局局长：杨　禹
北戴河区地方税务局局长：杨连盛

国民经济和社会发展

【概况】　2015年，全年实现地区生产总值49.31亿元，较上年增长5.50%；全社会固定资产投资完成47.30亿元，较上年增长17.30%；全部财政收入达到7.85亿元，比上年下降10.50%，其中区级公共财政预算收入达到4.07亿元，比上年下降20.30%。城市居民人均可支配收入达到32700元，较上年净增2362元，比上年增长8.50%；农村居民人均可支配收入达到15433元，比上年增长9.10%。全区金融机构各项存款余额98.11亿元，比上年增长7.50%，其中，城乡居民储蓄存款72.96亿元，比上年增长

5.20%；各项贷款余额37.96亿元，比上年下降7.70%。

【农业】 全年粮食播种面积2376公顷；油料播种面积374公顷。粮食、油料类总产量完成17365吨、1512吨。完成禽蛋类产量2842吨、蔬菜产量59184吨、奶类总产量3261吨、水产类产量1195吨、肉类产量495吨。

农村用电量9498万千瓦时，比上年增加200万千瓦时；年末农业机械总动力达到18881千瓦，比上年减少656千瓦；农业化肥施用折纯量491吨，比上年增加8吨；农田有效灌溉面积980公顷。

【工业】 全年实现全部工业增加值3.68亿元，比上年增长0.70%。其中规模以上工业企业实现增加值2.75亿元，增长0.20%；实现总产值11.75亿元，比上年下降29%；累计实现利润1.17亿元，比上年增长4.70%。

【固定资产投资】 年内完成全社会固定资产投资47.30亿元，比上年增长17.30%；其中固定资产投资完成46.49亿元，比上年增长17.60%。

【交通运输】 全年公路客运量完成229.60万人次，客运周转量4134.30万人千米，公路货运量完成153万吨，公路运输周转量完成3825.5万吨千米。

【邮电通信】 邮电通信业务收入累计完成7521.3万元，比上年下降18.60%。接入互连网的计算机年末达到21354台，移动电话年末达到94841部。

【旅游业】 2015年，接待中外游客771.32万人次，比上年增长3.88%，其中入境游客1.16万人次，比上年下降60%；辖区景点门票收入13643万元，比上年增长13.30%，其中区属景点门票收入7082万元，比上年增长8.60%。

【国内贸易】 随着城乡居民生活水平不断提高，居民消费升级步伐加快及旅游业日渐成熟，旅馆饭店等服务性行业市场稳步增长，全年实现社会消费品零售总额57.41亿元，比上年增长9.80%。

【对外及对外省市经济】 全年批准内资项目48个，累计引进内资20.51亿元，比上年下降48.10%；实际利用外资2026万美元，比上年下降14%；进出口总额完成983万美元，比上年增长6.70%。

【民营经济】 区内4家规模以上工业企业完成增加值2.75亿元，比上年增长0.30%；综合能源消费量2395吨标准煤，比上年增长16.80%。新增科技型中小企业19家，全区科技型中小企业达到35家。兰德科技公司研制的航空航天器风洞数字天平系统，填补国内技术空白，聚源铝业成为市百家产值过亿重点监控企业。

【金融财政】 全年完成财政总收入78526万元，比上年下降10.50%，其中区级公共财政预算收入40685万元，比上年增长20.30%。全部公共预算支出99212万元，比上年增长27%。金融机构各项存款余额98.11亿元，其中城乡居民储蓄存款余额72.96亿元，分别比上年增长7.50%和5.20%。各项贷款余额37.96亿元，比上年下降7.70%。

【社会事业】 科技 全年有10个科技成果获市科技进步奖。其中二等奖2项。组织申报13个项目列入2015年度省市科技计划项目，获省科技资金支持50万元。全年授权专利34项。组织推荐认定河北省科技型中小企业19家。

教育 加快迈入教育城乡一体化高质量均衡发展新阶段，成功承办全市教学工作现场会，顺利完成牛头崖学区接收工作。改造实验小学操场，新建蔡各庄小学水冲厕所，采购升降式课桌椅200套；投资189万元为北戴河中学建设智慧教室教学系统，为北二中、实验小学等部分学校补充、更新多媒体设备，加速提升全区教育信息化基础设施建设水平；完成第二期学前教育管理信息系统的数据采集和录入工作，全区幼儿入园率达99.8%。与韩国九里市建立友好联系，暑假迎接15名韩国中学生的回访交流。

文化　大力推进文化产业融合发展，怪楼文化艺术产业园区建设日益完善，北戴河村“艺术村落”初具雏形，文化创意产业发展渐成规模。春节灯会观展人数达到76万人次。承办海峡两岸暨香港十大华语电影（秦皇岛）盛典。建成国家公共文化服务体系示范区，深入开展文化惠民活动，举办各类文化艺术展演5000余场次。“音乐文化人”被评为第十届中国艺术节项目类“群星奖”。被评为“河北省文化产业十强县（市、区）”，成为全省唯一两次获此称号的县区。全区有线电视数字用户28632户，入网率97%。

卫生　扎实推进医药卫生体制改革，加大对医药卫生体制改革的投入力度，区、镇、村三级全覆盖的医疗服务体系逐步完善。完成集体产权村卫生室6个，基层公共卫生服务标准提高至每人每年40元。新农合参合率达到98%。

体育　成功举办第十一届轮滑节，国际轮联授予北戴河区“国际轮滑之都”称号。轮滑节、铁人三项赛、秦皇岛国际马拉松赛等城市品牌知名度日益提升。北戴河区运动员在省级以上各类比赛中获金牌15枚，银牌13枚，铜牌17枚。

【居民生活和社会保障】　城乡人民生活水平进一步提高。全区城市居民年人均可支配收入32629元，比上年增长8.20%；农村居民年人均可支配收入15348元，比上年增长8.50%。

社会保障体系日臻完善。全区企业养老保险参保覆盖人数17764人，机关事业养老保险参保覆盖人数6736人，城乡居民社会养老保险参保人数20783人。城镇职工基本医疗保险参保11378人，生育保险参保7753人。失业保险参保人员9388人。企业职工养老保险、机关事业养老保险、城乡居民养老保险基金征缴分别达到7518万元、10317万元和750万元；城镇职工基本医疗保险、生育保险基金征缴分别为4052.91万元和223.59万元；失业保险基金征缴达到631.59万元。

中共北戴河区委员会

综　述

【概况】　2015年，全区工作以学习贯彻中共十八届五中全会和习近平总书记系列讲话精神为主线，主动适应和积极引领新常态，围绕实现“两个率先”（在全市率先实现城乡一体化、率先全面建成小康社会），打造“国际名片”，建设“国际滨海休闲度假之都”的奋斗目标，扎实推进经济社会各项事业发展。中俄文化艺术合作产业园、同道电影坊、北部新城、北京富力集团五星级酒店等一批战略项目扎实推进。实施环境建设“四项行动”，着力提升城市功能和品质，实施连片建设美丽乡村行动，精心打造北戴河村“艺术村落”等7个特色重点村。提升暑期工作水平，繁荣发展社会事业，全面加强和创新社会管理，为建设世界名区，经济强区奠定更加坚实的基础。

重要决策

【便民服务】　2月4日，中共北戴河区委办公室、北戴河区人民政府办公室印发《关于实施第二批便民服务措施的通知》。深入推进党的群众路线教育实践活动，切实“让群众好办事、为群众办好事”。

【建立健全安全生产责任体系】　2月6日，中共北戴河区委、北戴河区人民政府印发《北戴河区安全生产“党政同责、一岗双责”实施办法》。进一步落实全区各级党委、政府及其工作部门和党政领导干部的安全生产（含职业卫生）工作责任，建立健全“党政同责、一岗双责、齐抓共管”的安全生产责任体系。

【崇尚实干，狠抓落实】　4月10日，中共北戴河区委印发《省委巡视组反馈意见整改落实工作方案》。深入学习贯彻习近平总书记系列重要讲话特别是关于巡视工作的重要讲话精神，紧紧围绕“崇尚实干、狠抓落实”的工作主题，全面整改在党风廉政建设和反腐败工作、落实中央八项规定精神和作风建设、执行党的政治纪律和民主集中制、干部选拔任用等方面存在的主要问题。

【完善干部考核评价机制】　5月1日，中共北戴河区委印发《关于进一步完善〈北戴河区科级领导班子和科级干部综合考核评价办法（试行）〉的通知》。进一步加强和改进干部考核工作，形成系统完备、科学规范、有效管用、简便易行的综合考核评价机制。

【党风廉政建设】　10月10日，中共北戴河区委印发《北戴河区党风廉政建设主体责任和监督责任追究办法（试行）》。确保党风廉政建设主体责任和监督责任的落实，严肃责任追究。

【京津冀协同发展】　12月20日，中共北戴河区委、北戴河区人民政府印发《关于加快推进京津冀协同发展建立与国家部委及北京县区“1+1”对接机制的实施方案》。贯彻落实市委、市政府办公厅《关于建立市直各单位与国家对口部委、各县区与北京区县“1+1”对接机制的通知》文件精神，抓住京津冀协同发展重大机遇，利用区位优势，积极承接北京非首都功能疏解和产业转移，推动协同发展、转型发展、创新发展，进一步加强与省厅及国家部委、北京县区的沟通联系。

【干部队伍建设】 12月24日，中共北戴河区委办公室印发《关于在全区开展领导班子成员分工调整和干部轮岗工作的指导意见》。切实加强领导班子和干部队伍建设，深入推进干部人事制度改革，加强党风廉政建设和反腐败工作，强化重点领域、重要岗位的监督管理。

重要会议

【区委常委会会议】 2015年，区委召开12次常务委员会会议。

1月16日，中共北戴河区委召开十一届第49次常委会会议。会议研究《区政府工作报告》，研究《北戴河区2014年度国民经济和社会发展计划执行情况暨2015年计划草案的报告》《2015年北戴河区政府预算草案》及《北戴河区2014年财政预算执行情况和2015年财政预算草案的报告》。

2月25日，中共北戴河区委召开十一届第50次常委会会议。会议传达习近平、王岐山在第十八届中纪委第五次全会上的讲话和报告精神、陈超英在秦皇岛调研时的讲话精神、秦皇岛市纪委十一届五次全会精神和北戴河区贯彻落实意见，研究《关于开展“摸线索、除腐败、净环境”专项行动实施方案》，传达河北省农村工作会议精神，传达全省农村面貌改造提升行动动员会精神、全市超职数配备干部问题专项整治工作调度会议精神，研究《关于区级领导干部带头转变作风、狠抓落实的规定》，听取春节灯会相关情况汇报。

4月3日，中共北戴河区委召开十一届第51次常委会会议。会议研究北戴河区《省委巡视组反馈意见整改落实工作实施方案》《2015年度引进总部企业目标任务分解表》《中共北戴河区委中心组学习制度》和《关于进一步加强全区各级党组织基层中心组学习工作的通知》；听取集中整治违法用地和违法建筑行动月、国土资源部疗养院家属楼搬迁安置、北戴河区光雕项目情况，区级机关会议费、培训费、差旅费管理，区中小学、幼儿园教师招聘工作等情况汇报；研究机构编制相关事宜；研究干部事宜。

4月30日，中共北戴河区委召开十一届第52次常委会会议。会议传达市暑期准备工作汇报会议精神及汇报全区暑期准备工作情况，听取关于当前反邪教斗争形势和开展“无邪教创建”活动情况报告，研究《关于建立北戴河区农村“五规范一创建”管理体系的实施办法（试行）》《关于在全区党员干部中开展争当百姓喜爱的好官活动的实施方案》《关于科级领导班子和科级干部综合考核评价办法（试行）》，补议区总工会第四届委员会换届人选；研究干部事宜。

6月14日，中共北戴河区委召开十一届第53次常委会会议。会议传达市暑委会2015年第一次全体（扩大）会议精神，研究《北戴河区人民政府职能转变和机构改革方案》、市场监督管理局设立党委等事宜，研究干部事宜。

6月30日，中共北戴河区委召开十一届第54次常委会会议。会议研究《关于2014年度平安建设先进集体、先进个人表彰的决定》。

7月10日，中共北戴河区委召开十一届第55次常委会会议。会议研究燃煤锅炉取缔及冬季供暖、暑期文化活动安排、北戴河区人民政府机构改革工作实施意见、北戴河区人民政府涉改部门编制和领导职数核定意见、机构编制等事宜。

8月22日，中共北戴河区委召开十一届第56次常委会会议。会议传达省委副书记赵勇在中国人民抗日战争暨世界反法西斯战争胜利70周年纪念活动期间信访维稳工作电视电话会议上的讲话精神，研究《关于做好纪念抗日战争胜利70周年期间维护社会稳定工作的实施方案》，传达各级领导对北戴河暑期工作肯定性评价，研究《关于北戴河区行政区划调整工作实施方案》《国开行赤土山棚户区改造贷款资金管理办法》，研究北戴河区歌华营地、同道电影坊土地权证办理相关事宜。

8月27日，中共北戴河区委召开十一届第57次常委会会议。会议研究干部任免事宜。

8月31日，中共北戴河区委召开十一届第58次常委会会议。会议研究暑期总结表彰大会筹备事宜，研究《关于表彰2015年度暑期工作先进单位、先进集体和特殊贡献人物、工作模范、先进个人的决定》《暑期一线优秀共产党员表彰决定》《关于表彰2015年暑期安保维稳先进单位、先进个人的决定》《关于表彰2015年度优秀暑期民宿大学生志愿者的决定》《关于进一步加快“国际轮滑之都”建设的意见》《2016年街区景观改造提升工作方案》，研究2015年度为北戴河添光彩先进个人表彰事宜。

9月30日，中共北戴河区委召开十一届第59次常委会会议。市委常委、区委书记李学民传达省领导赵克志、张庆伟在省委中心组学习会上的讲话精神和9月28日市委常委会议精神，区委副书记、代理区长陈秋华传达赵克志、张庆伟、赵勇在新型城镇化与城乡统筹示范区建设专题研讨班上的讲话精神，区委副书记付顺义传达赵克志到秦皇岛调研时重要讲话精神，区委副书记单慧英传达田向利、梁田庚、孟祥伟在秦皇岛市领导干部会议上的讲话精神，区委常委、纪委书记张杰传达中纪委通报《强化责任追究把从严治党落到实处》《秦皇岛市党风廉政建设主体责任和监督责任追究办法（试行）》和市纪委“把纪律和规矩挺在前面”部署会议精神。

10月30日，中共北戴河区委召开十一届第60次常委会会议。会议学习中国共产党十八届五中全会精神，传达市委书记孟祥伟在北戴河村调研时的讲话精神，研究区贯彻落实意见，研究2016年街区景观改造提升工程实施方案，观看市容环境秩序与违法违章建筑问题幻灯片，研究关于城市环境容貌综合整治百日攻坚行动、完善创新环卫工作长效机制和门前“五包”实施方案相关事宜，研究区市场秩序暨环境整治动员大会相关事宜、2016年北戴河春节灯会活动方案及招商方案、《北戴河区餐饮行业诚信经营管理办法（试行）》，传达市委干部考核领导小组关于印发《秦皇岛市领导干部工作日志管理办法（试行）》的通知，研究区委全面深化改革领导小组相关事宜。

11月20日，中共北戴河区委召开十一届第61次常委会会议。会议学习《中国共产党巡视工作条例》《中共河北省委常委十项公开承诺》，研究区2014年度科级领导班子和科级干部考核情况、机构编制事宜、干部事宜。

12月22日，中共北戴河区委召开十一届第62次常委会会议。会议学习《中国共产党廉洁自律准则》《中国共产党纪律处分条例》，传达学习统战工作会议精神，研究《关于表扬2014—2015年度文明单位、文明镇村的决定》《关于运用法治思维和法治方式化解社会矛盾纠纷的实施方案》《2016年北戴河区美丽乡村建设实施方案》，研究牛头崖镇党代表、人大代表、政协委员接收工作事宜，研究《全区“解放思想、抢抓机遇、奋发作为、协同发展”大讨论推进方案》和区委大讨论领导小组及其办公室组成人员名单，研究《关于在全区开展领导班子成员分工调整和干部轮岗工作的指导意见》《北戴河区领导干部工作日志管理办法（试行）》，听取卫片图斑整治和违法建筑拆除情况汇报，研究2015年军转干部安置方案。

12月23日，中共北戴河区委召开十一届第63次常委会会议。研究干部事宜。

12月31日，中共北戴河区委召开十一届第64次常委会会议。会议学习中央和全省经济工作会议精神；研究区委十一届七次全委（扩大）会议方案、《北戴河区国民经济和社会发展第十三个五年规划的建议》《关于加强区镇人大工作和建设的意见》；汇报2015年全区信访工作情况，研究《关于进一步规范和加强信访工作的意见》；传达全省农村基层党建工作会议精神，研究区贯彻落实意见；研究全省组织工作会议精神贯彻落实意见、补选区人大代表候选人建议名单。

【全区性会议】 1月22日，市委常委、区委书记李学民主持召开2015年区党政联席会议第1次会议，专题研究推进农村面貌改造提升工作。全区副县级以上领导干部及相关单位负责人出席会议，李学民在会议结束时讲话。

1月23日，市委常委、区委书记李学民主持召开2015年区党政联席会议第2次会议，专题研究推进街区景观改造提升工程。全区副县级以上领导干部及相关单位负责人出席会议，李学民在会议结束时讲话。

2月15日，市委常委、区委书记李学民主持召开全区直属党（工）委书记抓基层党建工作述职评议会议。区委各直属党（工）委书记围绕中央和省、市、区委部署的教育实践活动中进一步加强基层党组织建设各项任务进行述职，区委领导点评，邀请有关方面代表评议。市委组织部领导，区委常委，区委组织部常务副部长、分管基层党建工作副部长，各直属党（工）委书记、分管副书记、组织委员（党办主任），部分党代会代表、人大代表、政协委员及基层党员干部群众代表出席会议，李学民在会议结束时讲话。

2月27日，市委常委、区委书记李学民主持召开2015年区党政联席会议第3次会议。专题听取全区"四大攻坚年"活动情况汇报，安排部署下步工作。全区副县级以上领导干部及相关单位负责人出席会议，李学民在会议结束时讲话。

6月28日，区委副书记、区长刘学彬主持召开暑期工作动员大会。会议贯彻中央、省、市暑期工作有关会议精神，对2015年暑期工作进行再动员、再部署，就圆满完成暑期任务进行誓师。区委、区人大、区政府、区政协四大家领导班子成员，中共中央直属机关事务管理局北戴河服务局（以下简称中直），全区副县级以上领导干部，区各部门、各单位主要负责人，各镇街工作人员、包村（社区）干部、各社区、农村两委班子成员和治保主任，涉暑单位，部分驻区休疗单位主要负责人代表，部分驻区部队，全区生产性企业负责人等出席会议，会上市委常委、区委书记李学民和区委副书记、区长刘学彬讲话。

6月30日，市委常委、区委书记李学民主持召开2015年区党政联席会议第4次会议。传达中央、省暑期工作会议精神和有关领导到北戴河区调研讲话精神，研究城区街景改造提升、农村面貌改造提升及暑期经济运行等工作。全区副县级以上领导干部及相关单位负责人出席会议，李学民在会议上讲话。

7月27日，市委常委、区委书记李学民主持召开2015年区党政联席会议第5次会议，专题调度城乡"两大战役"事宜。全区副县级以上领导干部及相关单位负责人出席会议，李学民在会议上讲话。

8月19日，市委常委、区委书记李学民主持召开2015年区党政联席会议第6次会议，专题听取"8•18"草厂村居民楼起火事故处置情况及全区安全生产工作情况的汇报，安排部署下步安全生产工作。全区副县级以上领导干部及相关单位负责人出席会议，李学民在会议上讲话。

8月27日，市委常委、区委书记李学民主持召开2015年区党政联席会议第7次会议。听取《北戴河区2015年燃煤锅炉取缔工作实施方案》及相关任务分工的汇报，听取2016年街区景观改造提升工作安排汇报。全区副县级以上领导干部及相关单位负责人出席会议，李学民在会议上讲话。

9月2日，区委副书记付顺义主持召开北戴河区2015年暑期工作总结暨后四个月重点工作推进会。总结暑期工作，表彰暑期工作中涌现出的先进典型，对今后四个月重点工作及下年度暑期重点工作进行安排部署。区四大家领导班子成员，全区副县级以上领导干部，全区各部门、各单位主要负责人，各镇街工作人员、包村（社区）干部、各社区、农村两委班子成员和治保主任，全区涉暑单位，部分驻区休疗单位主要负责人代表，部分驻区部队，受表彰的先进代表等出席会议，会上市委常委、区委书记李学民和区委副书记、代区长陈秋华讲话。

11月18日，区委副书记付顺义主持召开2015年区党政联席会议第8次会议。会议传达省委八届十二次全会文件精神及市委书记孟祥伟在解放思想大讨论地厅级老干部座谈会上的讲话。全区副县级以上领导干部及相关单位负责人出席会议，市委常委、区委书记李学民讲话。

12月10日，市委常委、区委书记李学民主持召开2015年区党政联席会议第9次会议。会议学习孟祥伟书记到北戴河区调研时讲话精神并结合分管工作就如何抓好孟祥伟讲话精神的贯彻落实、对全区“十三五”规划的意见建议作发言。全区副县级以上领导干部及相关单位负责人出席会议，李学民讲话。

（李晓娜）

区委办公室工作

【概况】 2015年，区委办公室紧紧围绕区委中心工作和整体部署，以“三严三实”教育实践活动和解放思想大讨论活动为抓手，牢固树立大局意识，时刻遵循“唯大局、求实是、致于行”的工作理念，进一步完善包括文秘综合、督导检查、信息调研、机要保密、公务接待、文明礼仪、车辆管理、财务管理、会务筹备等内容的《办公室工作细则》。全年起草、修改、整理各类综合材料270余篇，纪要48篇，办公室通报9篇，完成文字工作量300余万字，组织、协调各类会议200余场，圆满完成各项任务395次。完成区委重大事项和领导重要活动的材料收集整理工作，编写《2014-2015年区委大事记》和《北戴河区历届党代会、全会资料汇编》30余万字。

【督查工作】 全区所有重点工作全部进行菜单式分解，逐项明确责任领导、责任人、落实措施、阶段性目标和完成时限，建立6套全区重点工作台账。按照“一切项目化”原则，全年督办落实事项460余件，开展专项督查活动150余次，刊发《督查工作动态》58期，上报区主要领导专项汇报5件次。完成市委督查室各类交办件71件、现场督办事项8件，平均3个工作日反馈1件督办事项。2015年制定街景改造验收、暑期参观考察、新春慰问等各类方案和路线64套，跟踪服务140余人次。

【调研工作】 紧紧围绕四大攻坚年、城乡“两大战役”等全区重点工作组织开展专项调研工作，营造人人重调研、重实践的务实工作氛围。全年编写、上报各类调研文章3篇。

【信息工作】 全年编发《北戴河信息》83期，收录信息850余篇（条）；编发《暑期工作动态》71期，收录信息700余篇（条）。上报各类信息2.20万余篇（条）。其中长篇信息《河北省秦皇岛市北戴河区认真贯彻落实张高丽副总理重要指示精神精心谋划实施街区景观改造提升工程全面加快“国际名片”建设进程》获得张高丽副总理的肯定批示，《燃旺“冬季旅游”星星之火映红“百年胜地”城市品牌》《迸发战斗激情助推华美嬗变——北戴河区全面打响城市街区景观改造提升和农村面貌改造提升城乡“两个战役”》等10余篇被省委办信息中心《呈阅件》采用，并获得省委主要领导的肯定批示。

【文秘工作】 全年起草、修改、整理各类综合材料270余篇，完成文字工作量300余万字。完成区委全会、区委常委会、党政联席会等各类会议200余场次，安排各级领导调研30余次。健全完善文件档案管理制度，全年接收上级文件933份，下发文件66份，传阅区委主要领导批示856份，校核文件65份。

【暑期工作】 着眼“安全暑期、和谐暑期、简朴暑期、满意暑期”目标，不断强化全区53个包街单位和1665名包街队员的培训管理，督促有关单位做好暑期应急处置、噪声治理等工作，协调解决暑期各类问题400余件。突出做好暑期重要任务服务，建立健全暑期重要点位5分钟快速反应、任务提醒报告、事前两次以上实地踏线、打前站、各部门任务联动、现场督导等工作机制，完成保障任务395次。启动联合督查机制，自5月1日，会同区纪委监察局、区政府督查室组成暑期工作联合督导组，重点对市容环境、设施维护、安全稳定、浴场管理、卫生保洁、噪声治理、海蜇伤人防治、停车场管理等开展“日巡查”，按照“事不过夜”要求，80%以上问题在当日得到妥善解决，暑期督导解决事项400余件次。针对暑期区党政班子领导集中办公的实际情况，区委机要局安排2人轮流值班全天候办理涉密涉暑电报，为区领导提供及时、高效的随行服务。办公室承担暑期省派出台密码通信任务，为省主要领导办理电报500余份，实现机要服务“零停留、零失误”。

【机要工作】 不断强化密码工作规范化管理，全年共收发各类电报1100余份，出专报61期，送阅400多人次，无一错办、漏办。按照所有电报“零停留”的要求，均在第一时间内完成电报的传输办理工作。先后送阅涉密文件90余份，确保省领导在北戴河区办公期间密码通信的安全、畅通。

【保密工作】 注重加强对基层单位的业务指导，开展信息员、督查员、保密员、防范员培训活动，对全区34家重点单位的136台互联网计算机进行保密安全检查，并通过提示卡、突击抽查、涉密人员培训、硬件改造、高规格的保密警示教育活动等措施提高保密工作水平。认真对待群众的来信来访来电，全年共妥善处理接待群众来信来访来电1800余次。

【政务信息化管理】 编印《北戴河2015》画册，协助其他单位完成《美丽乡村2015》画册、乡村蝶变摄影展、《阳光路上》反邪教文艺演出、楼道展板、视频制作等工作。围绕服务招商引资、会议考察等重大活动，精心制作多媒体影像资料，全年共拍摄照片3万余张，制作PPT演示片10余个，利用图片1000余幅。

（李晓娜）

信访工作

【概况】 2015年，信访工作坚持每月召开一次联席会议，暑期和重大敏感期启动日报告、日调度机制，对突发重大信访问题集体研究。区委、区政府联合制发《关于进一步规范和加强信访工作意见》，逐步完善矛盾排查、调处、稳控、督查督办、责任追究等机制。严格落实党政领导公开接访、约访、包案下访等制度，区党政主要领导每月接访1次，其他党政领导每周安排轮流接访，暑期、全国“两会”等重大敏感期每天安排1名党政领导面向群众公开接访。

【群众来访】 全年，接待信访群众585批3461人次，分别比上年上升11.60%、6.50%。其中集体访164批2780人次，分别比上年上升30.20%、14.70%。全区信访部门、有权机关及时受理率分别为98.60%、100%，有权机关按期答复率为98.60%，参评群众对信访部门、有权机关满意率分别为95.50%、94.10%。依法行政拘留31人次，刑事拘留3人次；分别对恶意欠薪和有问题村干部启动司法程序各1人，对2个群访严重的村进驻联合调查组。

【联合接访中心工作】 整合职能部门力量，坚持联合办案接访，统筹安排入住单位做好值班。建立定期培训学习和重大信访事项会商等协调联动机制，形成“一站式接待、一条龙服务、一揽子解决”的信访工作格局。开辟信访工作“绿色通道”，加大网上信访知识宣传，降低群众信访成本和社会管理成本。信访局与区“两办”督查室、人大信访科、纪检信访室、群工办、民情办、区长热线电话、书记区长信箱、涉法涉诉中心、民事调解中心密切联系、协调联动，掌握群众的诉求问题和热点难点，对重大突出问题进行定期沟通会商，提出解决意见和预警性信息。全年共协调解决初信初访案件130多件次，有效地避免了重复访和越级访。

【矛盾排查与案件办理】 开展大排查、大调处活动，深入基层了解矛盾纠纷和不稳定因素，把问题发现、解决在基层。区、镇（街）、村（居）三级分别建立信访矛盾排查工作网络，实现网络全覆盖。排查工作坚持日排查、周汇总、月调度，突发重大隐患做到随发现、随报告、随研究、随部署。在各级人大、政协“两会”，暑期等敏感时段前，集中开展三级大排查活动，逐一进行梳理排队，对重大隐患建立信访台账，列入包案，做到情况清，底数明。对全区33件重点案件落实“五包一”责任，包案区领导对包信访案件具体抓、抓具体，促进了群众诉求的就地解决。省、市交办的8件积案，已办结6件，息访5件；区内的29件积案，已办结27件。区财政拿出100万元用于解决信访疑难案件，全年解决信访疑难案件9件。

（韩振东）

纪检监察工作

【概况】 2015年，北戴河区纪委、监察局始终围绕“三转”（转职能、转方式、转作风）要求，聚焦全区发展大局，全面落实挺纪在前各项要求，持之以恒纠正“四风”，把纪律管到位、严到份，切实把从严治党要求落到实处，为推动全区各项事业更快更好发展营造良好的政治生态环境。年内，全区纪检监察机关共审查违纪案件24件，其中立案24件，结案24件，处理违纪党员干部24人，涉及科级党员干部4人。

【党风廉政建设】 区委制发《关于落实党风廉政建设党委主体责任和纪委监督责任的意见（试行）》，明确领导班子、党委书记、班子成员3个层面18项主体责任、纪委7项监督责任和多项保障机制。制发《北戴河区党风廉政建设主体责任和监督责任追究办法（试行）》，明确21种主体责任和12种监督责任的失责追究情形。与全区各部门、各单位73名主要负责人签订《落实党风廉政建设党委主体责任公开承诺书》。2次召开落实党风廉政建设责任制专题会议，对全区落实党风廉政建设主体责任情况进行年中专项检查，及时督促整改问题、持续跟踪问效。完成对全区97家单位、349名科级干部2015年度落实党风廉政建设责任制情况的考核，把考核结果作为奖惩依据。全年有10人因落实党风廉政建设主体责任不力、履行“一岗双责”不到位被追究责任。

【查办案件】 全年接受群众信访举报64件，其中检举控告类19件。深入开展“摸线索、除腐败、净环境”联合专项行动、“拍蝇除霸”专项行动和集中排查化解检举控告类信访积案攻坚活动。落实“一为主、两报告”（即查办腐败案件以上级纪委领导为主，浅处置和案件查办在向同级党委报告的同时必须向上级纪委报告）制度，建立全区“两报告”范围人员信息库。建立问题线索信息数据库。开展协作办案、交叉办案，推动审查违纪案件方式转型升级。探索网络化、信息化、智能化审查模式，提高审查效率。落实审查案件主办人制度和签字背书制度，实行审查案件终身负责制。年内，全区纪检监察机关审查违纪案件24件，其中立案24件，结案24件，处理违纪党员干部24人，涉及科级党员干部4人。

【巡查工作】 完成对区发改局、安监局等6家单位的年度巡察，发现领导班子建设、民主决策监督等方面问题45个，提出整改建议45条，发现问题线索1条，立案3件，给予2名科级干部和1名监察对象纪律处分，收缴违纪资金12.41万元。

【谈心提醒教育】 制发《关于进一步开展领导干部谈心提醒教育的通知》，立足抓早抓小抓苗头，坚持告诫在先、提醒在先、警示在先。健全完善谈心提醒问题收集、分析研判、分级谈心提醒和跟踪监督、结果反馈等制度，推动谈心提醒教育纵向向镇街、村居延伸，横向向重点部门、重要岗位和关键环节延伸。年内，对92名党员干部进行了谈心提醒教育，其中正科级31人，副科级53人，普通党员干部8人。

【廉政教育】 结合“三严三实”教育活动，由各级一把手讲廉政党课，党员干部主动查摆问题。设立“廉政文化墙”，在电视台和党建网上开设专栏。开展送纪下乡活动，举办“廉政大讲堂”，受教育干部群众达2万余人次。组织镇村干部60余人到河北省监狱管理局冀东分局参观接受教育。围绕《中国共产党廉洁自律准则》《中国共产党纪律处分条例》开展“学党纪、讲规矩、守纪律”专题教育活动。抓住传统节日的敏感时期，制发警示文件5件。对43名拟提拔干部进行廉政考试。

【作风建设】 全年开展检查178次，查处党风政风类问题21个，处理人员33人，给予党政纪处分14人。《中国纪检监察报》对北戴河区推进狠刹“四风”专项整治行动进行了报道。制发《联合督查快讯》39期，下发《督办卡》107件，督导解决问题385个。全面开展“六大纪律”、机关食堂专项检查、“中梗阻”“为官不为”等专项治理工作。开展领导干部在企业参股兼职清纠工作，对涉及的7名党员干部逐一进行调查核实，均不属于在企业参股兼职情况。组织全区70余家单位约1500人下载安装“四风人人拍”软件。

（吴靖雨）

组织工作

【概况】 2015年，全区组织工作以深入贯彻落实中共十八大精神为指引，积极践行“三严三实”要求，着力培养选拔信念坚定、为民服务、勤政务实、敢于担当、清正廉洁的好干部，切实推进基层党组织和党员队伍建设，大力提升人才工作水平，为进一步唱响改革开放创新主旋律、建设美丽实力幸福北戴河提供坚强的组织保证。

【“三严三实”专题教育】 以书记讲党课的方式启动专题教育开局，全体县级以上领导干部分别到联系点和分管部门讲专题党课50余场，受众达4200余人次。广大领导干部深入基层，走访党员群众450余户，召开不同层面座谈会70余场，帮助解决实际问题230余个，向区委区政府提出意见建议30余条。以图表、漫画、专家点评、编选权威解析等多种学习方式，全方位解读“三严三实”深刻内涵。中心组成员集中学习参学率达到100%，个人撰写学习笔记和心得体会达到2万字以上。在怪楼奇园打造“三严三实”专题教育基地，在区电视台、《北戴河时报》、北戴河党建网等主要媒体开设专栏。县级以上领导干部对照《河北省党员干部政治纪律和政治规矩“十不准”》和全市“不严不实”的50种问题具体表现，查出问题140余个。在城区街景改造提升和连片建设美丽乡村“两大战役”中，每个街区、村都由1名县级干部牵头挂帅，带头践行一线工作法，现场调度指挥，确保事不过夜，得到中央和省、市各级领导的高度肯定。

【干部队伍建设】 开展优秀年轻干部基层挂职培养选拔锻炼，推荐10名年轻干部参加全市科级优秀年轻干部挂职遴选，其中5名干部挂任重要领导岗位；安排2名2014届北大清华定向选调生试用期满后到两镇任职副镇长。探索实行政企双向挂职培养锻炼模式，积极与河北中烟工业有限公司沟通联系，选派1名优秀年轻干部赴企业挂职锻炼。按照《关于做好2015年省直单位选派干部下基层工作的通知》要求，从乡镇和机关干部中选派12名优秀干部赴承德平泉县开展驻村帮扶工作。开展干部档案专项核查，确保干部档案信息界定准确无误。

【干部选拔任用】 2015年，区委先后召开7次常委会，任免干部188人次，其中，提拔干部45人，调整交流干部94人次（因政府部门机构改革调整配备干部48名），共计消化整改超职数配备干部49人。

【干部考核】 修订完善《科级领导班子和科级干部综合考核评价办法（试行）》，调整考核主体结构，扩大驻区垂直管理单位考核范围，新增设“驻区垂直管理单位综合考核评价体系”，将交警支队五大队、安全分局、邮政局等19家单位纳入考核范围；细化考核评价指标，提高定量考核指标体系分值，明确加减分标准，提高激励约束项目的可操作性；加强优秀等次评定管理，适当调整科级干部优秀等次比例。3月，区委成立6个由县级干部任组长的考核小组，完成对全区94个单位的年度考核工作。在136名正科级以上领导干部及33名市管干部中推行工作日志和实绩档案制度，加强日常考核管理力度。

【干部监督管理】 落实干部监督关口前移工作机制，坚持抓早、抓小、抓苗头。在干部选拔任用工作中，组织拟提拔干部如实填报“个人有关事项报告表”“家庭成员及重要社会关系报告表”，对是否存在违法违纪问题事前征求区纪检、统战、计生等部门意见，在科级干部中广泛开展个人有关事项报告、清理企业兼职（任职）及因私出国（境）证件收集等工作，严格落实诫勉谈话、离任审计、新提拔干部廉政考试和领导干部出国（境）政审制度。《北戴河区“四条线”织就干部管理监督“天网”》在《河北组工信息》刊发。

【干部教育培训】 围绕学习贯彻习近平总书记系列重要讲话和中共十八届四中全会精神，通过召开理论中心组学习、组织宣讲活动、编发刊授教材等多种方式做好宣传教育工作。结合农村、社区“两委”换届选举工作，举办全区农村（社区）干部培训班，邀请河南省新乡县刘庄村委会副主任刘俊荣就“史来贺精神”进行专题宣讲。坚持“借力育才”，组织新提拔及交流科级干部、选调生、大学生村官共计160余人次参加全国政协培训中心、全国人大休养院、团中央培训基地等干部培训班，借助京津冀协同发展有利契机，先后选派20余名科级干部、优秀年轻干部和技术骨干到北京市委办公厅、人民日报社、国家信访局、朝阳区发改委等单位跟班学习、挂职锻炼。

【基层组织建设】 完成农村（社区）“两委”换届工作　实现组织意图、党员意愿、群众公认三个统一。全面提高农村干部基础职务补贴标准，纳入区级财政预算，在全市率先按期足额发放到位。北戴河区被评为省级村“两委”换届工作先进单位，并在全省总结表彰大会上作书面经验交流。全区2个街道10个社区的“两委”换届工作已同步完成，通过“三个一批”配齐配强社区工作力量，即原有社区干部留任一批、企事业单位分流一批、面向社会招聘一批，为每个社区配备了5～9名专职社区工作者，并按照相关程序全部进入社区“两委”班子。目前社区干部67人，交叉任职33人，社区党支部书记与居委会主任“一肩挑”达到100%。制定出台《北戴河区社区工作者年度考核办法》。

深入推进后进村整顿转化工作　研究确定戴河镇甘各庄村、小薄荷寨村，海滨镇草厂村、河东寨村4个后进村。牛头崖镇划转至北戴河区前已确定了卢王庄村、满井村、张庄村、岭上村4个年度后进村。在“一村一组”县级以上领导干部包村基础上加强分包力度，由区主要领导再包8个后进村，全程指导帮扶工作。各镇党委书记、副书记、组织委员，共同承担重点帮扶村的提升工作。为8个后进村分别选派1名区直机关干部担任村党组织第一书记，根据村实际情况分别制定具体工作方案，实施帮扶。在整顿转化工作中，通过新建、规范农村“两室”（农村党支部办公室、党员活动室），解决了甘各庄村“两室”狭小不能正常使用的问题。通过加强教育引导，规范发展党员工作流程，有效破解了小薄荷寨村等3个村3年不发展党员问题。

“基层党建规范年”活动 印制500本《北戴河区农村“五规范一创建”工作规程》工具书（即规范村级组织工作职责、村级组织议事规则、农村党务工作运行、农村村务工作运行、农村干部教育管理），内附各类涉农工作流程60条，发放到全区3个镇43个行政村，做到镇村干部人手一册。印发《图说“五规范一创建”工作规程》小人书2500册，在重点村绘制主题漫画墙。在全区普遍推行村党支部、村委会、村代会和村监会“四位一体”的新型村级治理机制。进一步明确各类村级组织、村干部等权力主体的岗位职责，完善“四议两公开”（四议：党支部提议、“两委”会商议、党员大会审议、村民代表会议或村民会议决议；两公开：决议公开、实施结果公开）村级组织议事规则和决策程序，细化发展党员、“三会一课”（定期召开支部党员大会、支部委员会、党小组会，按时上好党课）、集体财务财产管理、合同管理等党务村务财务工作流程，基本实现村级组织和村干部行使村务权力内容的全覆盖，力争做到一切工作有程序、一切程序有规范、一切规范有依据。

基层党建示范区建设 围绕农村面貌改造提升行动，连片打造美丽乡村基层党建示范区，每个村总结提炼一个特色鲜明、内涵丰富的党建品牌，如北戴河村实施“七彩阳光”党建工程，东坨头村探索“1234”党建网格化管理服务体系，苏庄村打造“党小组+合作社”产业党建品牌等，全市创建基层党建示范片区现场观摩会在北戴河区召开。6月底启动“践行三严三实、助力精彩暑期”主题实践活动，对刘庄家庭旅馆、集发农业观光园、石塘路市场、海浴场管理处、鸽子窝公园、海宁路游客服务中心等重要点位进行集中打造，设立55个“港城先锋•红色义工”党员志愿服务台，统一购置配备“便民服务百宝箱”，相关信息被新华网、凤凰网、《中国组织人事报》《河北日报》《秦皇岛日报》等媒体多次报道。8月2日，秦皇岛市委组织部部长陈书增到北戴河区调研指导工作，对北戴河区特色做法给予充分肯定。

【人才工作】 开展“人才工作宣传月”活动，利用北戴河智慧远教微信平台、城市LED电子屏等新兴媒体优势，积极宣传人才工作，多角度报道优秀人才先进事迹。组织区科技、人社、医院等多家单位专业技术人员50余人举办人才宣传科普大集活动，设置政策宣传、专家义诊、法律援助等多项服务内容，发放宣传资料2100余份，现场接待群众咨询50余人次，为80余名群众进行免费义诊。编发《北戴河区人才工作学习资料汇编》。加强人才智力对接，做好省管优秀专家暑期到北戴河休养工作，协调中国航天集团九院十三所专家与兰德科技有限公司就声呐放大器专用模块及风压测试系统等技术进行智力对接。充分发挥“艺术写生基地”“暑期社会实践基地”等基地式“人才洼地”效应，邀请北京、天津及石家庄高校师生，在平水桥公园、月季园、中海滩老虎石段、中海滩东二路段、东经路等路段绘制树洞画50余幅，完善树干画和电表箱画40余块，对全区100余块井盖进行涂鸦。

【党员电教及远程教育】 将北戴河区“智慧远教”手机党建平台，作为移动互联网时代党员教育管理的主要载体。在农村和社区各选取一个试点，依托北戴河区“智慧远教”微信公众帐号，将村居党员先锋岗进行网络公示，办事指南和服务规范进行网络公开，逐步实现村居工作互联网化，为提升基层党组织服务群众“最后一公里”搭建数字化桥梁。结合“暑期一线优秀共产党员”表彰和“百姓喜爱的好官”评选，挖掘基层暑期工作者先进事迹，拍摄工作纪实片，利用“智慧远教”微信工作圈的叠加效应，形成“示范一个、带动一块、影响一片”的良好氛围。在“港城先锋•我身边的共产党员”DV电视片观摩交流活动中，北戴河区报送的《奉献》《价值》两部DV电视片，分获全市二等奖和优秀奖；撰写的《传统媒体融合新兴媒体在党员教育管理中的应用》调研报告，获市级组织工作优秀调研成果奖；与市委组织部联合拍摄的电视片《辞职》（宣传优秀共产党员戴河镇车站村党支部书记李成同志先进事迹）获全国党员教育电视片观摩交流活动典型事迹片二等奖、全省党员教育电视片观摩交流活动一等奖、第20届河北省影视艺术奔马奖党建类工作专题片一等奖；与区电视台联合拍摄的理论文献片《诗画北戴河》获全省二等奖；在全省开展的收看电视系列片《践行群众路线好榜样》系列评选活动中获优秀组织奖，戴河镇车站村被评为全省优秀远程教育终端站点。

（刘叶楠）

【老干部工作】 2015年，全区有离休干部53人，其中本地待遇离休干部42人，易地安置11人；享受副地级1人，正县实职4人，副县实职1人，享受副县级待遇21人，其他27人。全区有退休干部1000余人，其中县级实职25人。

老干部政治待遇 走访慰问78名离休、县级实职退休干部；召开全区离退休干部经济形势通报会，通报区情及老干部局工作，征求意见建议；与区人民医院党支部联合开展3期健康讲座；“七一”走访慰问中华人民共和国成立前入党的老党员，送上慰问金，并为老干部免费体检；8月26日，组织离退休干部30余人参观区农村面貌提升改造重点村——北戴河村、朱庄村、苏庄村；9月1日，区委书记、区长走访慰问抗日期间参加革命的离休干部，并向每人发放慰问金5000元；组织抗日离休干部座谈会，一同观看阅兵式；举办象棋、扑克、跳棋比赛，全区60余名离退休干部参赛；为全区离退休干部征订《老人世界》杂志，为老干部党支部订阅《共产党员》《学习参考》《党风廉政建设》等党报党刊。12月8日，召开全区老干部工作政策业务培训会，全区各单位60余人参训。

老干部生活待遇 坚持落实老干部生活待遇与个性化服务相结合，向更加注重个性化服务转变。落实好“两费”发放工作。建立离休干部医药费报销畅通机制，实行“规定范围内按季度实报实销、定额预发、节约归已”制度，全年实报实销医药费426万元。开展亲情关怀活动，对部分行动不便或独居老干部采取送医、送药等上门服务。全年看望生病住院老干部10余人次，上门服务20余次。年内，办理离退休老干部善后工作8人，家属满意率100%；妥善做好遗属工作，及时办理各项补贴、抚恤金，保障遗属生活待遇。

老干部文体活动 推进老干部活动中心、老年大学建设。开设摄影、声乐、模特、诗词等特色教学班，有学员100多名。利用老干部活动室，组织开展适合老干部高龄化心理生理特点的“老年麻将、棋牌”“老年书画”“老年舞蹈”等活动；4月，声乐班全体学员与老科协摄影团联合开展庆“五一”联欢会；5月，老年大学摄影班开展“以花会友”联谊活动，全市摄影爱好者齐聚碣石园，赏花，拍照。

关心下一代工作 区关工委到西山社区看望白血病患儿陈思瑶。4月1日，在海北路小学举办“讲述红色故事·继承革命传统”红色报告会，参加师生共300余人。“六一”儿童节前夕，与西古城村联合开展迎“六一”儿童轮滑比赛活动。继续拓展“五老”进校园活动，深入蔡各庄小学等3所学校，对同学们进行革命传统教育，为同学们开设摄影、诗歌、书法、绘画等课程。育花路小学选送的2幅老干部与学生共同创作的书画作品，分别获得“老少共画中国梦”全国书画创作巡展活动二、三等奖。

（袁　芳）

【党校工作】 2015年，党校工作围绕区委的中心工作，开发、利用好市委党校、本区休疗培训机构的优质资源，采取联办、协办等多种办学办班形式，利用网上党校、刊授教材等宣传教育培训载体，加强对党员干部的教育培训。丰富网上党校工作动态、领导讲话、网络课堂、政策法规、新闻视角、专题活动等栏目，利用“网上党校”资源，开设主题活动学习专栏，上传区委、区政府的安排部署和相关资料，宣传党的路线方针政策。编发刊授教材12期，其中以宣传党的理论知识为内容的刊授教材6期、以党风廉政建设为内容的刊授教材2期、以反邪教警示教育为内容的刊授教材3期、以国防教育为内容的刊授教材1期。为东经路社区送去《论共产党员的修养》《中华文化四十七讲》《“四个全面”学习读本》等60余本图书。配合区纪委做好反腐倡廉网评工作，以《 切记腐败碰不得》《新条例 新要求 新起点》《我们不做糊涂官》等为主题编写网评文章7篇并及时上报。与区委组织部联合举办全区入党积极分子培训班1期，对来自58个基层党支部的130多名入党积极分子进行培训；配合区委组织部举办科级干部培训班5期，组织科级干部参加市委党校组织的中青班学习，与组织部联合举办选调生、大学村官培训3期；与东山街道联合举办“大讲堂”，邀请市委党校老师作题为“以核心价值凝聚精神力量”的讲座。年内，配合区委组织部组织科级干部、部分选调生、大学村官、师资库人员参加市委党校组织的培训班9期。印发《北戴河区委党校关于加强对师资库管理的工作提示》，分两批次组织师资库人员到市委党校学习。师资库人员对全区党员干部进行法治、信访、计生等方面培训15次。

（倪玉舫）

宣传思想工作

【概况】 2015年，北戴河区宣传工作主动把握新常态、唱响主旋律、打好主动仗，在理论教育、舆论宣传、文明创建和文化建设等方面都取得较大突破，为打造国际名片、建设国际滨海休闲度假之都和实现“两个率先”奋斗目标提供强大的思想保证、舆论支持、精神动力和文化条件。在各级各类媒体发稿1775篇（幅）。组织区委理论中心组集中学习16次，组织“三严三实”知识考试1次，举办区级宣讲报告会6场。举办“你是人间四月天”精神文明建设总结大会，表彰“五好”先进典型、“北戴河好人”及省级优秀志愿者56人。评选“为北戴河添光彩”先进个人166人，评选区级文明单位106个、文明村镇12个。组建区级志愿服务队伍70余支。加强社会主义核心价值观宣传，建设微长廊5个、微广场3个、微公园4个，制作微展牌4000余个，张贴微标语5000余条，绘制微文化墙1000延长米。出版“中国梦”第三套小人书——《梦萦北戴河》，在区电视台策划推出《诗意中国·北戴河》《我的价值观》《可可小爱》《北戴河镜头》《文化·印记》《开眼了》6个百集大型社会主义核心价值观宣传电视节目。《梦萦北戴河》《文化 印记》被评为2015年度全市优秀外宣品，区委宣传部被评为2015年度全市外宣品工作优秀组织单位。北戴河区继2012年获得“省首批文化产业十强县”后再度获得此项殊荣，中俄文化艺术产业园被评为“河北省十大文化产业”项目。

【宣传工作】 制发《关于进一步加强在中央和省市主要新闻媒体宣传北戴河的实施意见》，确定信息联络和上报、反馈机制。举办2期新闻宣传培训班，召开1次新闻发言人专题培训会。依托区电视台和《北戴河时报》，开通“北戴河微视听”“北戴河微理论”“北戴河之声”3个微信平台和“北戴河发布”官方微博，6大载体融合构成宣传媒体矩阵，传统媒体与新兴媒体优势互补、资源共享，拓宽对外宣传新渠道。2015年，在各级各类媒体共发稿1775篇（幅），其中市级以上报纸发稿305篇（幅）、电视台发稿193篇、网站发稿1277篇。全年在中央级报纸发稿16篇，中央电视台发稿5篇，《秦皇岛日报》《秦皇岛晚报》发稿179篇。刊发《北戴河时报》58期18万份，发表新闻稿件、图片、散文等各类文章1000余篇（幅）。在《秦皇岛日报》头版、河北电视台、新华社、《人民日报》等上稿率均取得新突破。

【理论教育】 全年组织区委理论中心组集中学习16次，组织“三严三实”知识考试1次，举办区级宣讲报告会6场。县级干部人均撰写心得体会和调研文章5篇。全区各级党组织理论学习常态化，结合“3•23赶考日”、纪念中国人民抗日战争胜利70周年、“中国梦•赶考行”第二期百姓故事会大型宣讲等主题实践活动，举办微党课、知识竞赛、实地参观等宣教活动600余场次，举办宣讲报告会180余场。《打造核心价值观高地 高扬文明北戴河风尚》《利用新媒体开展思想政治工作探析》等3篇理论文章被评为市级思想政治工作优秀研究成果。宣传部政研会获得2015年度秦皇岛宣传文化系统（政研会）先进集体称号。制发《区委理论中心组学习制度》《关于进一步加强全区各级党组织基层中心组学习工作的通知》和《关于2015年全区党委（党组）中心组深入学习习近平总书记系列重要讲话精神有关安排的通知》等文件。围绕习近平总书记系列重要讲话、党风廉政建设、“一带一路”、京津冀协同发展、中共十八届五中全会等主题编印中心组学习读本21期；开辟“北戴河微理论”微信公众号，坚持每日更新；辑印“解放思想大讨论”研讨特刊1期；编印“解放思想大讨论118问”学习读本，发放至党政机关干部和村居普通家庭。延续巩固会前学习制度，将学习固定为区委常委会、党政联席会前第一项议题。

【精神文明建设】 评选表彰“五好”先进典型、“北戴河好人”及省级优秀志愿者56人；评选“为北戴河添光彩”先进个人166人；评选区级文明单位106个、文明村镇12个。王惠远夫妇被评为全省十个“善行河北•善美家庭”之一，是秦皇岛市唯一获得家庭。开展“五好”“为北戴河添光彩”“寻找最美北戴河人”等精神文明创建活动，区财政每年拿出20万元专项资金，专门用于表彰先进典型和慰问困难道德模范。举办“你是人间四月天”精神文明建设总结大会，集中表彰各类精神文明建设先进典型。将志愿服务队的组建和志愿服务活动开展情况同申报文明单位结合，按照区级文明单位每季度开展两次、市级文明单位每月开展一次活动的标准进行考核。依托河北志愿服务网“志愿云”系统，全区各机关、镇街、企事业团体均注册建立志愿服务队，并实现全员注册。

【社会主义核心价值观宣传】 精心打造以保四路社会主义核心价值观主题路为代表的10条主题道路、以平水桥公园及沿海服务驿站为主要节点的社会主义核心价值观主题海岸线和“四个全面”等理论微广场3个，建设微长廊5个、微公园4个、微展牌2000余个、微标语5000余条、微文化墙1000延长米。编印《图说我们的价值观II》小人书5万册，出版“中国梦”系列第三套小人书——《梦萦北戴河》，免费向市民群众发放。设计印制有北戴河特色的社会主义核心价值观招贴画8000套，在各类公共场所、家庭等地进行广泛张贴。出品《我的价值观》《可可小爱》《诗意中国•北戴河》《文化•印记》《开眼了》等6个百集社会主义核心价值观电视节目。《梦萦北戴河》《文化•印记》被评为2015年度全市优秀外宣品，区委宣传部被评为2015年度全市外宣品工作优秀组织单位。以戴河镇7个行政村为重点，精心打造社会主义核心价值观文化、感恩文化、家风培育、民情文化、党建文化、国学文化、传统文化等主题村落。北戴河区社会主义核心价值观宣传工作得到中宣部及省市领导的肯定。

【文化产业事业】 全年谋划举办2000余场文化活动，涉及文化展演、体育竞技、书画展览、艺术讲座、艺术品拍卖等6大类。王俊峰、任连义获得“燕赵文化之星”称号，张光明作词铁成作曲的男声独唱《那就是你》、李波作词王俊峰作曲的男声独唱《妈妈的手》在“放飞中国梦 相聚在北京——2015全国大型音乐展演盛典”活动中分别获词、曲创作一等奖。结合纪念抗日战争胜利70周年，于8月3日晚举办《八月的海天——诗意中国•北戴河》诗歌朗诵会。中华经典诗词贯穿整场演出，晚会通过朗诵、歌曲、舞蹈、京剧等高雅艺术形式弘扬新时期爱国主义精神和社会主义核心价值理念。举行首届戴河人才、北戴河文艺繁荣奖评选表彰。2015年，北戴河区被评为“河北省文化产业十强县”，中俄文化艺术产业园被评为“河北省十大文化产业”项目。这是北戴河区第二次获得“文化产业十强县”荣誉，是全省唯一同时获得两项荣誉的县区。

【网络监管】 编发《互联网舆情参考》40期，组织网评员撰写原创网评文章1365篇、帖文2138篇，发布新闻跟帖1421条，撰写舆情信息720篇，发布原创微博700多条，转发“人民日报”“河北发布”“秦皇岛发布”等微博760余条。组建“宣传思想文化工作”QQ群，区网信办统筹管理40名区直单位网评员，按照市网信办舆情引导要求组织网评员新闻跟帖、发表网评、采写舆情信息。加快建立互联网突发事件新闻报道的快速反应和组织协调机制，及时发现和有效引导关于拆违、供暖、城市管理、民政等热点网络舆情。

（赵 凯）

机构编制管理

【概况】 2015年，机构编制工作贯彻执行行政事业单位管理体制、机构改革以及机构编制管理的方针、政策和法规；研究、拟订全区行政、事业单位管理体制和机构改革总体方案并组织实施；承担行政审批制度改革、事业单位分类改革和管理工作；开展机构编制实名制管理、党政机关网站开办审核、标识管理及中文域名注册工作，实施编制核准制度；按照管理权限提出或受理区党政群机关、事业单位机构设立、撤销、合并、升格、更名、人员编制和领导职数核定与调整、职责配置与调整等编制事项并报批执行。负责事业单位的法人登记和年度报告公示工作；负责机构编制的信息统计工作。

【行政审批制度改革】 成立推进职能转变协调小组，重点开展7个方面12大项65小项任务改革工作。规范清理各类审批事项，并于6月底前完成政府“权力清单”和“责任清单”的编制公开工作。认真开展清理规范行政审批中介服务，保留区政府行政部门审批中介服务事项25项，纳入区政府部门行政审批程序的技术性服务事项2项。认真做好行政审批事项的“接、放、管”工作，先后下发了衔接落实文件4个，汇总制定《北戴河区历次衔接上级取消行政审批事项目录》，年内，衔接上级下放行政审批事项48项，取消行政审批事项57项，取消职业资格许可和认定事项11项，改为后置审批的工商登记前置审批事项134项。制定《北戴河区人民政府机构改革工作实施意见》，在全市率先完成政府机构改革任务。将卫生局、计生局整合组建为卫生和计划生育局；将区工商局、区质量技术监督局、区食品药品监督管理局、区食安办整合组建为市场监督管理局；将城市管理局更名为城市管理综合执法局，由区属事业单位调整为政府工作部门。同时做好涉改部门“三定”工作。改革后，区政府工作部门19个，直属事业机构由3个削减为1个。全年开具编制使用通知单19份，机关事业单位人员编制使用卡70份。188家单位完成中文域名注册及续费工作。

【权责清单制定和公开工作】 《北戴河区政府部门行政权力清单》确定区行政权

力1242项，其中行政许可171项，非行政许可25项，行政处罚794项，行政强制73项，行政征收12项，行政给付12项，行政裁决3项，行政确认10项，行政奖励10项，行政监督92项，其他行政权力40项，《行政权力清单》实行动态管理；《北戴河区政府部门责任清单》共涉及27家政府相关部门、单位，包括主要职责308项，具体工作事项1059项，与相关部门职责边界管理事项137项，事中事后监督管理制度119项，公共服务事项119项。向全区印发《北戴河区政府部门行政权力清单》《北戴河区政府部门责任清单》通知，在区机构编制网络红页上公开了“两个清单”具体事项，同时将权力清单及责任清单分别编印成册下发至各单位。

【非行政许可审批事项清理工作】 以区政府名义印发《关于取消区政府部门非行政许可审批事项的决定》，取消或调整区级实施的25项非行政许可审批事项，其中取消1项；调整为行政许可审批事项1项；调整为政府内部审批事项6项；调整为行政确认2项；调整为其他行政权力15项，今后不再保留“非行政许可审批”这一审批类别，全面完成清理工作。

（韩　强）

统一战线工作

【概况】 2015年，统战工作紧紧围绕区委、区政府的中心工作，把握团结、民主的主题，认真履行统战工作职责，积极做好民主党派、工商联、无党派人士以及民族宗教、对台和海外统战等工作，精心谋划群众路线教育实践活动，发挥和调动统战干部和统战成员的积极性和创造性，统战工作取得新的成绩。

【多党合作与政治协商】 结合“三严三实”教育实践活动，深入贯彻落实中央、省、市统战工作会议精神。以《统战专刊》的形式将统战工作会议精神及《统一战线工作条例》向各民主党派、工商联、无党派人士进行宣传并组织学习。对党外干部集中进行政治理论、市场经济知识、城市管理等方面的培训，举办新提拔干部培训班、科级干部培训班及专题讲座。推荐4名党外干部参加省委统战部举办的年轻党外干部培训班。年内，提拔3名党外干部，均为大学以上学历，年龄在45岁以下，年龄结构和知识结构得到了进一步优化。

【对台工作】 做好暑期“三胞”（台湾同胞、港澳同胞、海外侨胞）的接待服务工作，年内，接待台胞和眷属4人，为2位台属办理赴台探亲手续。继续做好“三胞”眷属的思想政治教育工作，协调解决生产、生活中的困难和问题，做好招商引资牵线搭桥工作，在“三胞”眷属中开展“五个一”活动（即向海外亲友“发一封信、打一个电话、传递一个信息、联系一个项目、引进一笔资金”）。

【民主党派工作】 抓好班子建设。组织各民主党派主委认真学习统一战线理论和方针政策，学习中共十八届四中、五中全会精神及统战工作会议精神，推动民主党派开展形式多样、内容丰富的主题活动。民进北戴河工委邀请青龙满族自治县小峪岭后小学30多名师生到北戴河区参观现代化校园，并为他们送去爱心礼物。民建北戴河总支为北戴河区牛头崖镇蒲兰小学师生捐赠了价值3万元的钢琴1架和笔记本电脑1台。民盟北戴河支部慰问青龙县采桑峪小学的留守儿童，为其进行免费体检，并捐赠了足球、篮球、羽毛球、象棋及书籍和文具用品。抓好组织建设。年内，九三北戴河支社进行换届，区委统战部与九三市委对主委及副主委候选人在思想、政治、能力等方面把好关，确保政治坚定、工作能力强的优秀人才充实到九三北戴河支社的领导班子中。

【非公有制经济人士工作】 成立由区委常委、组织部部长、统战部部长任组长，区政府副区长、开发区管委会主任和区政协副主席、区工商联主席任副组长的活动领导小组，并以两办名义下发了《关于在全区开展“干部进民企促发展”活动的实施方案》。6月中旬，召开“干部进民企促发展”活动动员大会，首批10名挂职干部和分包单位及企业代表出席了会议。制定《“干部进民企促发展”活动挂职干部守则》，对挂职干部工作职责和工作纪律提出具体要求。不定期召开调度会对挂职干部工作开展情况进行跟踪督导，及时发现存在的问题和困难，并组织企业及挂职干部进行问卷调查。引导会员企业承担社会责任，推动光彩事业全面发展。“两节”期间，组织部分民营企业家开展走访慰问活动。

【民族宗教工作】 宗教维稳工作作为区统战工作、特别是暑期工作的重中之重，结合宗教维稳网络建设，加大力度对全区宗教工作进行周密部署。在原有的宗教三级信息通报联络网的基础上，继续加强管理网络建设，建立三级宗教工作网络，完善镇（街）、村（居）两级宗教工作责任制，做到层层有人抓，时时有人管，处处全覆盖。7月，区宗教工作领导小组下发《关于进一步加强暑期期间宗教稳定工作的通知》。要求各休疗旅游单位提高对宗教维稳重要性的认识，对接待会议、培训时的会议内容及参会人员要进行涉宗维稳排查。区委统战部、区民宗局、区公安分局组成督导检查组，对全区旅游接待重点单位进行督导巡查，确保暑期不发生宗教影响稳定事件。

【统战宣传】 全年上报信息和宣传稿件15篇，被市委统战部网站县区讯息栏采用2篇，分别为《北戴河区委常委、组织部长、统战部长丁新杰到企业调研》《北戴河区开展“干部进民企促发展”活动》。与区民宗局联合印发《宗教工作手册》下发到各镇（街）、村（居）。举办全区统一战线知识竞赛。

（宁　萌）

工委工作

【区委直属工委工作】 2015年，北戴河区直工委所属基层党组织87个，其中，党总支6个，党支部81个。党员1444人，其中，女性党员554人，35岁以下党员262人，大专以上学历党员980人，少数民族党员58人，在职党员1003人，提前离岗、离退休党员356人。

思想政治建设 举办区直机关学习贯彻习近平总书记系列重要讲话精神报告会、交流会、研讨会，开展争做“三个表率”主题征文活动。深化党的群众路线教育实践活动。“七一”前后，围绕“警醒日”“党章学习日”“党员活动日”，组织开展慰问生活困难党员、请老党员为入党积极分子讲党课等。组织“共筑中国梦、岗位做贡献”“我的中国梦——与改革同行”等系列主题征文活动，共收到征文30余篇。以纪念中国人民抗日战争胜利70周年暨世界反法西斯战争胜利70周年为契机，组织30余名预备党员开展入党宣誓、浅水湾木栈道捡垃圾等多种形式的宣传教育活动。5月，石塘路市场支部对30余名经营者党员举办市场营销专题讲座。

组织建设 深化开放型、服务型基层党组织建设。扎实推进建强基层班子、建好服务队伍等重点工作任务落实。搞好基层党组织换届选举工作，为机关事务管理局、发改局等37个支部配齐领导班子成员。开展“基层党建规范年”活动，强化各领域党建工作运行、党内政治生活、议事决策、党务公开、资产管理等方面制度建设。开展对系统内55个支部党费收缴专项检查工作，发现问题限时整改。开展积极分子、预备党员拓展训练，组织党员前往爱国主义教育基地参观学习。严格履行《北戴河区发展党员工作规程》，完善发展党员档案管理制度，做好区直机关发展党员工作。健全党内激励、关怀、帮扶机制，帮助生活困难党员解决实际问题。暑期慰问9家涉暑一线单位，表彰92

名暑期优秀党员志愿者。全年发展预备党员18人，30名预备党员转为正式党员。深化“港城先锋•红色义工”活动，开展文明引导志愿服务活动。突出重点行业，开展“和谐村居•关爱健康”义诊服务活动和节水宣传周活动。加强党群共建，组织开展慰问孤寡老人、孤儿活动。抓好区直武装部工作，深入推进机关民兵预备役的整组工作，共完成11个分队381人的整组任务。组织园林局森林扑火排、住建局抗洪抢险排等共150人开展民兵对检观摩军事考核活动。进行征兵宣传，召开大学生士兵退伍事迹报告会。完成应征入伍新兵的政审、定兵工作及新兵欢送仪式。

作风建设　巩固提升教育实践活动成果，抓好整改任务落实“回头看”，重点抓好整改立制和21项专项整治工作。建立健全作风建设督查机制，开展机关作风评议监督工作。开展领导干部双重组织生活情况检查，党员党性分析评议活动。督促推动《建立健全惩治和预防腐败体系2015年工作规划》贯彻落实。建立党支部书记考评机制。

（张　晔）

【开发区工委工作】　思想建设　组织开展“三严三实”专题教育和“解放思想、抢抓机遇、奋发作为、协同发展”大讨论活动，加强道德大讲堂、图书室等载体平台建设，完善集中学习制度，创建学习型、创新型机关。深化巩固走访活动，践行一线工作法，组织干部党员下企业、进社区，帮扶基层解决实际问题。

反腐倡廉和作风建设　全年召开4次工委会议，布置专项工作，配备纪工委专职书记，突出工委主体责任和纪工委监督责任。通过开展法治、政治品德、职业道德、社会公德、廉洁自律、核心价值观、“中国梦”及正反典型等教育，提高拒腐防变意识。贯彻执行《中国共产党廉洁自律准则》《中国共产党纪律处分条例》，严格遵守“八项规定”，坚决反对“四风”，全面推进权力公开透明运行，自觉接受监督。

打造和谐稳定开发区　实施环境保护网格化管理，狠抓节能减排，扎实开展燃煤工业锅炉改造、洁净型煤推广工作。开展“六五普法”“文明城市”创建活动等。完善工会、妇联等群团组织建设，开展“港城先锋•红色义工”志愿服务和“践行三严三实、助力精彩暑期”主题教育活动。参加秦皇岛国际马拉松赛、迎新年休闲跑、篮球乒乓球比赛、职工广场舞等重大文体赛事活动，职工广场舞大赛获得全区第二名，选送的舞蹈《正途》参加市、区“反邪教”文艺汇演，获得区级比赛一等奖，被评为“2014—2015年度区级文明单位”。

（王　伟）

【区委农工委工作】　2015年，区委农工委贯彻落实习近平总书记系列讲话精神，围绕全区“1+4”工作格局，统筹推进“三农”工作。坚持以农村稳定、农民增收为前提，突出抓好美丽乡村建设；以土地确权流转为抓手，做大做强现代农业产业；以特色项目为重点，打造山区发展新亮点；以产权制度改革试点村为突破，促进农村综合改革；以促进农村发展为目标，加强基层组织建设和队伍建设。统筹争取上级资金4212万元。农工委2015年被评为全市统筹“三农”工作优秀单位、全市农业农村调研工作先进单位、信息报送工作先进单位，被省妇联、省提升办评为“美丽庭院创建工作先进单位”。戴河镇北戴河村获农业部“全国一村一品示范村”称号。北戴河村和费石庄村成功入选“2015年中国特色村”，集发生态农业观光园和北戴河村片区中国农业公园项目全面启动。

全力推进城乡一体化建设　按照《北戴河区城乡一体化攻坚年活动实施方案》要求，围绕城乡一体化6大任务，30项具体工作，指导调度全区各相关部门结合各自职能和工作实际，全力推进城乡一体化建设进程。继续深化与和君集团就北戴河区城乡一体化研究的战略合作，完善《北戴河区城乡一体化现状调研分析报告》，就城乡一体化建设工作开展专题培训。按照“一产抓特色”的要求，大力发展生态观光、设施果蔬等特色农业。全年退出大田作物种植约33.33公顷，加快一、二、三产业融合延伸，中国农业公园项目已获得专家组评审，全年新增市级以上龙头企业2家。“农场+专业合作社+农户”的经营模式日益完善，品牌效应明显提升。启动实施北部片区污水管网、加气母站、河道治理、自来水管网等重大基础设施建设项目，共铺设主、支污水管线1.40万米；北戴河水系治理三期工程完成初步审批。甘各庄村、丁庄村、太平庄村及河东寨村增设4座地埋式生活垃圾收集站；7个重点村完成绿化面积5.77万平方米。建立完善的村庄环境长效管理机制，牛头崖镇农村垃圾处理采取了市场化运作模式，分步实现垃圾处理城乡一体化。推进新三中及谢李庄村幼儿园建设工程；农村中小学区级以上骨干教师占教师总数8.20%；对赤土山村、太平庄村、蔡各庄村和乔庄村等4个村文化活动室建设进行了摸底调查并制定专门的工作计划；大力实施村史馆和文化墙建设，绘制文化墙1897平方米，新建村史馆6处；全年新增村级卫生室9个；在全区范围内深入开展“三访三解三促”行动。落实就业见习政策，2015年共征集见习岗位51个；推进创业园区孵化基地建设，集发公司就业创业孵化基地被认定为秦皇岛市首批创业园区；新型农村社会养老保险和城镇居民社会养老保险合并为北戴河区城乡居民社会养老保险。海滨镇、戴河镇城乡居民养老保险参保20847人，其中缴费12586人，参保率和缴费率分别达到99.49%和93.35%；养老金按时足额发放率达到100%。城乡医保实现全覆盖。基本实现城乡公共服务的均等化。完善农村土地管理制度，基本完成17个村的地籍调查和测量工作，其中8个村已全部完成，同时大力推进农村金融制度改革和农村户籍改革制度。

深入推动“美丽乡村”建设　围绕“避暑胜地　浪漫乡村”的总体定位，明确北戴河村、苏庄村、朱庄村、费石庄村、东坨头村、甘各庄村、乔庄村等7个村为北戴河片区建设和美丽乡村攻坚战的重点村，抓住工程项目建设、精神文明建设、长效机制建设和基层组织建设四项任务，推进省定“五大工程”“15件实事”建设。其中北戴河村为“水岸田园　艺术村落”。把艺术村落建设工作与精品片区建设理念紧密结合，定位引进艺术家和艺术机构，与村庄本土艺术和民间艺术有机融合，着力打造艺术家工作室、民间艺术坊、乡土艺术展馆和艺术品超市等，逐步形成艺术品创作、展示、交易、投资为一体的产业链。费石庄村定位为“休闲旅游•世外桃源”，依托生态绿道、磨盘广场、休闲木屋、桃林观景台等旅游资源，每年都精心打造集文艺演出、桃花春宴、游园踏青、文艺座谈会、摄影及征文大赛等多项活动为一体的“费石庄村桃花节”“采摘节”，同时加大游客接待中心、乡村大舞台等旅游设施建设，大力发展集旅游休闲观光、采摘住宿餐饮为一体的“桃园经济”，促进乡村观光农业和农家乐的发展。乔庄村定位为“异域风情•醉美乡村”，依托葡萄酒庄园项目，结合自身优越的地理位置和优美的自然环境，大力发展婚纱摄影基地及配套服务项目。东坨头村定位为“旅游商贸•和谐乡村”，该村结合区位优势，与周边村庄形成产业互动，大力发展旅游接待和商贸服务业。苏庄村定位为“设施农业•生态绿野”、朱庄村为“智慧农业•花卉之村”、甘各庄村为“生态农业•绿色田园”，3个村结合自身产业特点，重点发展设施农业、智慧农业和高校后勤连接的蔬菜种植产业。各重点村确保通过片区建设，真正实现“一村一品、一村一特色”。

全年共谋划片区建设项目110个，概算投资7396.72万元，一期工程于暑期前完成，共投入资金5238.73万元。铺设主支污水管线1.4万米，村庄绿化完成5.77万平方米，栽植苗木3.07万株，1个村燃气管网、3个村自来水管网及4个村管线入地预埋工程随污水管网开挖同步施工已完工，并在暑期精彩亮相，赢得了孙春兰、赵克志、张庆伟、赵勇、田向利等中央和省领导一致好评。市级以上新闻媒体对全区改造提升成果报道40余次，包括国家级报道4次、省级报道8次、市级报道29次。8月10日中央电视台《新闻联播》对北戴河村农村面貌改造提升行动进行题为《河北北戴河村：让美丽长驻乡村》，时长2分55秒的专题报道；中央电视台新闻部以《北戴河建设新美丽乡村，将文化植入村民生活》为题制作了长达6分钟的专题报道；8月9日的《人民日报》头版头条刊登了题为《望得见山水、留得住乡愁、摸得到实惠——秦皇岛，让美丽长驻乡村》的报道，重点对北戴河村艺术村落打造工作进行了报道；8月11日河北电视台新闻联播节目对北戴河村改造提升情况进行题为《秦皇岛北戴河村：让美丽长驻乡村》的专题报道。北戴河村和费石庄村获得“2015年中国特色村”称号。

加大山区综合开发力度　依托联峰山西北部综合开发建设示范区、中国农业公园、集发生态农业观光园等辐射带动作用，发展民宿、旅游服务、创意文化、观光休闲、精品农业等产业。组织开展了包括秦皇岛市北戴河集发农业综合开发股份有限公司投资项目和奥东农业生态园项目等2个建设项目。组织奥东生态园基地扩建项目申报市级山区开发资金扶持，资金已到位。

推进农业产业化建设　把加快农业产业化发展与美丽乡村建设、城乡一体化攻坚年活动结合起来，坚持科学把握农业和农村经济发展方向，以“立产业、强龙头、活市场、增效益”为发展思路，深入实施农业产业化发展战略。8月，北戴河村被农业部授予“全国一村一品示范村”称号。年内，全区有市级以上重点龙头企业7家，其中省级龙头企业2家（秦皇岛市北戴河集发农业综合开发股份有限公司、秦皇岛龙聚森食品有限公司）。7家龙头企业现拥有总资产53409万元， 2015年销售总收入35493.65万元，利润总额3645万元，从业人员3267人，带动农户7400余户，户均年增收1.1万元。组织集发公司蔬菜基地设施扩建项目申报市级农业产业化资金扶持，现资金已到位。

深化农村产权制度改革　年内，全区农村集体建设用地、宅基地使用权调查工作范围涉及两镇21个行政村（太平庄村、拨道洼村、杨各庄村、谢李庄村为拆迁村除外），已完成地籍调查工作，13个村完成测量工作。通过加强政策宣传、加大扶持力度、推行规范化建设等措施，促进全区农民专业合作社、家庭农场等新型农业经营主体的发展。目前，有农民专业合作社12家，辐射带动周边农户6000余户。其中，集发农业专业合作社和冬清水产农民专业合作社被评为省级示范社；集发农业专业合作社、冬清水产专业合作社、苏庄裕旺果品专业合作社、裕发蔬菜专业合作社、农旺毛皮动物养殖专业合作社被评为市级示范社。全区共发展家庭农场25家，各农场正积极实施“农场+专业合作社+农户”的经营模式，努力打造属于自己的产品品牌。

加强农村垃圾治理长效机制建设　开展全区农村环境容貌综合整治百日攻坚行动。建立健全《农村环境卫生标准》《农村环境卫生设施管理标准》《农村环境卫生保洁人员工作职责》《农村环境卫生管理考核办法》《农村环境卫生考核细则》《农村生活垃圾转运站操作管理规定》等规章制度。向村民发放“农村垃圾治理明白纸”，在各村适当增设地埋式生活垃圾收集站，同时按照每百户配备1名保洁员的标准组建完善农村保洁员队伍。督导组每天对农村垃圾治理工作进行督导检查并刊发《督查专报》，年内编发《督查专报》15期。

（徐金凤）

【区休疗旅游工委工作】　2015年，休疗旅游工委共有党员972人。年内，转正党员6人，发展预备党员4人。

开展“三严三实”专题教育活动　邀请市委常委、区委书记李学民为全区休疗旅游系统200余名党员干部上“三严三实”专题教育党课。打造“三严三实”活动基地，组织旅游局全体干部职工100余人到活动基地参观学习。

基层党组织建设 开展党费收缴、使用和管理情况自查工作。对2014年后党费的收缴进行认真自查，对工委900多名党员交纳党费的基数、比例和数额进行认真核算，并及时向全体党员进行公示，保证按时、足额收缴党费并及时全额上缴相关部门。开展党组织基层中心组学习活动，建立健全集中学习制度、课题调研制度、成果交流制度、学习考勤制度、档案管理制度等。创建休疗工委党建品牌。建立“1＋1＋N”工委委员联系基层的工作机制，明确1名班子成员对应1个部门，负责1—2个基层党组织，每月至少下基层开展一次“面对面心贴心”活动，实地了解基层党组织存在的困难，帮助基层党组织解决实际问题。开展“争当百姓喜爱的好官”活动，广泛开展“唠一次嗑、做一顿饭、扫一次庭院、下一趟田、办一件事”为主要内容的“五个一”走访活动。开展在职党员到农村报到争做“两个先锋”活动，免费为民宿户开展培训活动，免费进行一次集中宣传，收集民宿户的信息、图片，在北戴河智慧旅游网免费为民宿户进行宣传推广。送书下村，组织干部职工献书，并选送一些宣传品、文化图书充实到村图书馆。组织党员干部定期进行环境卫生清理活动。在民宿党员经营户中成立临时党支部。开展民宿培训、星级评定、民宿推广、志愿服务等形式多样的活动。在基层休疗单位、景区、游客咨询服务中心设立“港城先锋•红色义工”服务站，为服务站配备“百宝箱”。党员志愿者佩戴党徽和“港城先锋•红色义工”胸牌，为游客提供咨询服务、游客疏导、道路指引、纠纷调解医疗救助、寻人寻物等服务1万余次。召开暑期党建工作会，工委下属各级党组织负责人及主要党务工作者60余人参加会议，就发展党员流程、党费系统更新、党员全面排查、党风廉政建设等方面工作进行安排部署。开展“七一义诊送健康”活动。组织部分疗养院的党员干部、医护人员走上街头、社区开展党员义务奉献活动。开展休疗系统拓展训练。组织休疗旅游单位120余名党员、团员干部在共青团中央北戴河培训基地开展拓展训练活动。

党风廉政建设 结合休疗工委工作实际，有针对性地制定下发了2015年休疗系统纪检监察工作要点。层层签定党风廉政建设责任书。采取定期（每周至少一次）和随机抽查的办法，对机关和所属单位所有人员职责履行、制度执行、工作纪律情况进行督查，发现问题及时纠正并按相关规定处理。制作暑期“督导提示卡”，加强督查力度和频率。采取个别谈心与集体谈心相结合、登门访谈与主动约谈相结合的双向互动方式，在领导干部存在苗头性问题时进行谈心提醒教育，上半年共谈心提醒30余人次。配齐配全了纪委委员，提高履职能力。

（苏　丹）

北戴河区人民代表大会

区人民代表大会会议

【北戴河区第十四届人民代表大会第五次会议】 1月20—21日，在区党政综合办公楼三楼会议厅举行，出席会议代表117人，列席70人。会议听取和审议区人大常委会主任王玉海所作的《北戴河区人大常委会工作报告》，区长刘学彬所作的《北戴河区人民政府工作报告》，区发改局局长冯松所作的《关于北戴河区2014年国民经济和社会发展计划执行情况及2015年计划草案的报告（书面）》、区财政局局长高银山所作的《关于北戴河区2014年财政预算执行情况和2015年财政预算草案的报告（书面）》、区人民法院院长黄滨所做的《北戴河区人民法院工作报告》、区人民检察院检察长陈国栋所作的《北戴河区人民检察院工作报告》，并作出相应决议。

区人大常委会会议

【第十四届人大常委会第十九次会议】 1月6日召开，常委会组成人员王玉海、刘海平、韩新民、曹艳红、张军生、未淑云、李志强、李铁林、李淑花、李集周、张继宏、陈永祥、赵永军、袁利梅、徐占明、高劲松出席会议，列席会议的有区委常委、区政府常务副区长于凤喜，区人民法院院长黄滨，区人民检察院检察长陈国栋，以及区政府办、区环保局、区财政局、区住建局、区园林局、区城管局的主要负责人和人大常委会各工作委员会和办公室（以下简称委室）负责人。会议听取和审议区政府《关于大气污染防治和新能源建设情况的报告》《关于节能减排情况的报告》，听取和审议区政府关于依法行政、政府职能优化转变情况及关于代表建议办理情况、关于为民办实事情况的报告。会议接受李海泳辞去北戴河区人民政府副区长职务，任命申国东、刘秦、李晓红、张秀云、张洪萍、杨絮飞、侯宏坤、夏建军、董强等为北戴河区人民法院人民陪审员。会议研究通过评选优秀代表的决定，研究通过关于召开十四届人大五次会议的有关事项，研究通过区人大常委会工作报告。

【第十四届人大常委会第二十次会议】 1月19日召开，常委会组成人员王玉海、刘海平、韩新民、曹艳红、张军生、未淑云、李志强、李铁林、李淑花、李集周、陈永祥、赵永军、袁利梅、晁建东、徐占明、高劲松、董晓峰、程淑颖出席会议，列席会议的有区委常委、区政府常务副区长于凤喜，区政协副主席、财政局局长高银山，区人民法院院长黄滨，区人民检察院检察长陈国栋，以及人大常委会各委室的负责人。会议听取和审议区政府《关于2014年财政预算执行情况和2015年财政预算草案的报告》。

【第十四届人大常委会第二十一次会议】 2月27日召开，常委会组成人员王玉海、刘海平、韩新民、曹艳红、张军生、未淑云、李志强、李铁林、陈永祥、赵永军、袁利梅、高劲松、董晓峰出席会议，列席会议的有区人民法院院长黄滨，区人民检察院检察长陈国栋，以及人大常委会各委室的负责人。会议研究通过关于接受马超群辞去区人大代表职务的决定。

【第十四届人大常委会第二十二次会议】
5月5日召开，常委会组成人员王玉海、刘海平、韩新民、曹艳红、张军生、未淑云、李志强、李铁林、李集周、李淑花、陈永祥、张继宏、赵永军、袁利梅、晁建东、徐占明、高劲松、董晓峰、程淑颖出席会议，列席会议的有区委常委、区政府常务副区长于凤喜，区人民法院院长黄滨，区人民检察院检察长陈国栋，区委组织部、区政府办公室以及人大常委会各委室的负责人。会议研究通过《关于接受丁新杰同志辞去北戴河区人民政府副区长职务的决定》；决定任命陈曦任北戴河区人民政府副区长（挂职），严峻任区人民法院副院长，鄂晶晶、周林岩、邵美玲任区人民检察院检察员，朱红、刘树民、刘军、刘和军、李洪达、李志富、李建国、李佳、吴黎明、高健等10人任区法院人民陪审员；研究通过《关于接受王志新同志辞去市人大代表职务的决定》。会议通报万强试任区人大办公室副主任、田芸试任区人大财经工作委员会副主任职务期满，经2015年4月23日区人大常委会第25次主任会议决定，同意以上两人按期正式任职。会议研究《关于北戴河区采暖方式的调研报告》。

【第十四届人大常委会第二十三次会议】
6月24日召开，常委会组成人员王玉海、刘海平、韩新民、曹艳红、张军生、未淑云、李志强、李铁林、李集周、李淑花、赵永军、袁利梅、晁建东、徐占明、高劲松、董晓峰、程淑颖出席会议，列席会议的有区委常委、区政府常务副区长于凤喜，区政府办、区财政局、区住建局以及区人大常委会各委室的负责人。会议研究区政府申请国家政策性贷款事宜。会议同意区政府提出的《关于申请国家政策性贷款的请示》。

【第十四届人大常委会第二十四次会议】
7月29日召开，常委会组成人员王玉海、刘海平、韩新民、曹艳红、张军生、未淑云、李志强、李铁林、李集周、李淑花、陈永祥、赵永军、袁利梅、晁建东、徐占明、高劲松、董晓峰、程淑颖出席会议，列席会议的有区委常委、区政府常务副区长于凤喜，区人民法院院长黄滨，区人民检察院检察长陈国栋，区委组织部、区政府办、区人社局以及区人大常委会各委室的负责人。会议研究决定任命辛志贤任区人民政府副区长（挂职一年）；会议研究决定免去李运臣区卫生局局长职务，免去李春光区文化广电新闻出版（版权）局局长职务，免去张新志区科学技术局局长职务，免去贾志勇区人口和计划生育局局长职务；任命于志勇任区市场监督管理局局长，张利任区城市管理综合执法局局长，李运臣任区卫生和计划生育局局长，李春光任区文化广电新闻出版局局长；会议研究决定免去刘海英区人民法院民事审判第一庭庭长职务，免去毕起平区人民法院民事审判第一庭副庭长职务，免去马军区人民法院民事审判第一庭副庭长职务，免去石建华区人民检察院检察委员会委员职务；决定任命冯英乔任区人民法院审判委员会委员，毕起平任区人民法院民事审判第一庭庭长、审判委员会委员，马军任区人民法院立案庭庭长、审判委员会委员，马志军任区人民法院刑事审判庭副庭长，刘吉健任区人民法院民事审判第一庭副庭长，常玉凤任区人民法院戴河人民法庭副庭长，陈萍媛任区人民检察院检察委员会委员。会议通报赵爽任区人大办公室副主任（试用期一年），周春梅任区人大代表人事工作委员会主任科员，不再担任区人大办公室副主任职务。

【第十四届人大常委会第二十五次会议】
9月14日召开，常委会组成人员王玉海、刘海平、韩新民、曹艳红、张军生、未淑云、李铁林、李集周、李淑花、陈永祥、赵永军、袁利梅、晁建东、徐占明、高劲松、董晓峰、程淑颖出席会议，列席会议的有区委常委、区政府常务副区长于凤喜，区人民法院院长黄滨，区人民检察院检察长陈国栋，区委组织部、区政府办公室、区财政局、区发改局、区审计局、区人大常委会各委室的负责人以及牛头崖镇人大主席团主席孙凤英。会议研究通过《关于接受刘学彬辞去区人民政府区长职务的决定》；任命陈秋华任北戴河区人民政府副区长、代理区长。

会议听取和审议区政府《关于2014年区本级财政预算情况的审计工作的报告》《关于2014年财政决算情况的报告、关于2015年1至6月全区财政预算执行情况的报告》《关于2015年1至6月全区国民经济和社会发展计划执行情况的报告》。会议听取区政府《关于制定北戴河区利用河北省保障住房投资有限公司棚户区改造赤土山项目国家开发银行贷款资金管理办法（试行）》相关情况的报告。

【第十四届人大常委会第二十六次会议】 11月27日召开，常委会组成人员王玉海、刘海平、韩新民、曹艳红、张军生、未淑云、李铁林、李集周、李淑花、陈永祥、赵永军、袁利梅、徐占明、高劲松、董晓峰、程淑颖出席会议，列席会议的有区委常委、区政府常务副区长于凤喜，区政府副区长付红，区人民检察院检察长陈国栋，区委办、区人民法院、区政府办公室相关部门和人大常委会各委室的负责人。会议还特邀省人大代表单建军、区人大代表陆绍增和牛头崖镇人大主席团主席孙凤英列席会议。

会议决定任命刘磊、李兵、王静、谢玮恒4人任区人民检察院检察员。会议听取和审议区政府《关于基本公共卫生全覆盖工作情况的报告》，听取和审议区政府《关于预算调整情况的报告》，会议批准区政府关于预算调整情况的报告，决定批准2015年财政预算调整方案。

区人大常委会以“简政放权、职能转变、优化发展环境”为主题，对区政府发展环境建设工作进行了专题询问。区政府向区人大常委会汇报了总体工作情况，省、市、区三级人大代表面对面询问了区政府相关工作开展情况。

【第十四届人大常委会第二十七次会议】 12月28日召开，常委会组成人员王玉海、刘海平、韩新民、曹艳红、张军生、未淑云、李铁林、李志强、李集周、李淑花、陈永祥、赵永军、袁利梅、徐占明、高劲松、董晓峰、程淑颖出席会议，列席会议的有区政府副区长董立宏，区人民法院院长黄滨，区人民检察院检察长陈国栋，区政府相关部门、人大常委会各委室的负责人和牛头崖镇人大主席团主席孙凤英。会议还特邀省人大代表单建军，区人大代表陆绍增、王秋菊3人列席会议。

会议听取和审议区政府《关于2015年改善民生、为民办实事工作落实情况的报告》《关于区十四届人大五次会议代表建议、批评和意见办理情况的报告》《关于节能工作情况的报告》《关于减排工作情况的报告》。会议通报根据市人大办公厅《关于我市部分行政区划调整有关问题的通知》要求，牛头崖镇甘卫东等13名人大代表正式划转到北戴河区。

区人大常委会主要工作

【概况】 2015年，区人大常委会围绕区委中心工作确定人大工作重点，推动全区重大决策部署和中心工作的落实，采取多种形式对区政府、区法院、区检察院开展监督工作。年内召开常委会会议9次，主任会议12次，听取和审议区政府、区人民法院、区人民检察院专项工作报告10次，开展执法检查1次，专题询问1次，视察调研19次，作出决议决定和审议意见18项，依法任免国家机关工作人员42人，完成鹰角路道路改造和甘各庄村面貌提升工作。

【依法行使监督权】 2015年，区人大常委会确立24项重点监督事项和议题。围绕全区经济运行、重点项目、环境建设和民生实事等方面，先后开展集中供热改造、服务外包产业发展、社区矫正、司法公开制度落实情况及医药卫生体制改革等专项调研工作。听取和审议区政府关于国民经济和社会发展计划、财政预算执行情况及全口径预算执行情况、节能减排、基本公共卫生全覆盖等方面的专题报告。常委会注重民生实事办理，成立4个调研组，分别视察8件民生实事的办理情况，并专题听取和审议区政府《关于改善民生、为民办实事工作情况的报告》。

【依法行使任免权】 坚持党管干部和人大依法任免的有机统一，在人事任命前，安排任前法律知识考试，并把考试内容与被任命人员业务工作相结合，提升国家机关工作人员依法行政的自觉性。完善和规范任前表态发言等程序。2015年，区人大常委会依法任免国家机关工作人员42人。

【代表工作】 区人大常委会举办提升代表履职能力专题培训班，邀请省市专家就“京津冀一体化”、代表如何履职、新《中华人民共和国预算法》和“十三五规划”等内容，对省市区镇四级代表进行培训；每次常委会都邀请部分代表列席，以会代训促进素质提升。全年组织代表参加视察、调研、检查等监督工作98人次。2015年收到代表建议81件，办理满意率和基本满意率达100%。常委会注重完善代表建议办理、代表履职登记、代表联络等工作机制，坚持重大事项和重要工作向代表通报、代表列席常委会会议、代表团团长例会等制度，用机制为代表发挥作用搭建平台。常委会先后走访慰问劳模代表、连任多届老代表和离退休人大工作者，及时帮助解决问题；召开政情通报会，使代表全面了解掌握党委政府的工作重点；及时总结、宣传推荐优秀代表事迹，举办“用行动诠释职责，让成果温暖民心”代表履职成果展。

【法律监督】 常委会坚持依法履职，带头践行法律法规，在审议政府专项工作报告前，组织代表开展视察检查，对区人大常委会组成人员和参与监督工作的代表进行相关法律法规的培训，做到依法审议、依法履职。以组织代表视察、检查、调研北戴河区全口径预算工作、食品安全工作、社区矫正工作、大气污染防治工作为载体，促进《中华人民共和国预算法》《中华人民共和国食品安全法》《中华人民共和国大气污染防治法》和《社区矫正实施办法》等法律法规的严格实施。抓住秦皇岛市人大常委会被赋予立法权这一契机，积极开展立法工作调研，在环境保护、城乡规划、旅游资源和历史文化资源保护等方面向市人大常委会和市人大建设研究会提出了立法建议，得到了市人大常委会的认可。常委会通过执法检查和询问等监督手段，推动政府简政放权，加快法治政府建设进程。组成4个检查组开展了《中华人民共和国行政许可法》专题执法检查，检查涉及政府14个组成部门，内容包括《中华人民共和国行政许可法》执行情况、行政审批项目精简与程序简化情况、行政审批行为规范情况等4方面17项具体问题，形成了执法检查报告，上报省、市人大常委会，并得到上级人大常委会的充分肯定。在“简政放权”询问会上，各级代表询问了区政府及5个部门21个方面的问题。常委会开展司法公开情况专题调研，听取区人民法院、区人民检察院（“两院”）的专题汇报，广泛征求代表和群众的意见建议，提高司法公开的社会认知度、参与度和影响力。组织开展庭审评议工作，全年共评议法官、检察官、律师8人次。到“两院”就司法队伍建设情况开展调研2次，在每次任免“两院”工作人员前，组成考核小组对拟任命人员的工作能力和任职条件进行核查。

【人大代表变更情况】 北戴河区第十四届人民代表大会代表名额为137名，2014年度实有代表133人。2015年1月补选单慧英、赵启伟、陈曦、赵国祥、梁强5人为区人大代表。刘学彬、王志新、李海泳、丁茂春、田涛、赵国祥、宋胜昔7名代表调离北戴河区，其代表资格自行终止。马超群辞去区人大代表职务。唐国柱去世，其代表资格自然终止。2015年12月因行政区划调整，接收牛头崖镇翟春利、聂春生、祖克敏、甘卫东、徐涛、孙永利、李刚、宋志强、张玉华、陈东生、苑卫甜、徐立忠、高慧君13名人大代表。2015年度实有代表142人。

区十四届人民代表大会代表

共142人，按姓氏笔画排序。其中杨立民代表被暂时停止执行代表职务。

于凤喜　王文玺　王玉海
王秋菊（女）　王晓臣　王晓光
王晓青（女）　未淑云（女、蒙古族）
甘卫东　冯　松　冯利辉
冯树坤（女）　母四川　朱凤霞（女）
朱新生　刘　伟　刘　秦（女）
刘　新　刘兰山　刘利燕（女、满族）
刘海平　刘振田　刘海复
刘海燕（女）　江秀山　孙永利
孙晓华（女）　孙景余　杜占山
杨　文　杨　武　杨　玲（女）
杨立民　杨占武　杨加胜
杨明信（满族）　杨家平（满族）
苏文庆　苏君柱　李　成　李　刚
李文侠（女）　李天宝　李志国
李克梅（女）　李志强　李学民
李春华　李春兴　李建平　李徊林
李继文　李铁林（满族）　李宝泉
李淑花（女）　李梦群（女）　李集周
李智勇　严　彬　肖海东（女）
员　杰　宋志强　宋振平　宋福贵
张　利　张　敏　张凤华（女）
张玉华（女）　张军生　张秀云（女）
张志田　张志加　张学军　张洪华
张洪萍（女）　张继宏　张福利
张德开　陆绍增　陈　敏　陈　曦
陈山河　陈东生　陈永祥　陈自彬
陈金富　陈秋华（满族）　陈国栋
陈维生　苑卫甜　范彦杰（女）
岳彩合　金　晶　金国胜（满族）
金树学　周建华　周金捍　单士忠
单建军　单慧英（女）　尚勇利
胡　权　胡荣田　赵　伟　赵永军
赵庆国　赵启伟　赵洪岐　赵德全
侯亚东　祖克敏　姜维秀　秦宝军
袁利梅（女）　聂春生　晁建东
徐　涛　徐占明　徐立忠　徐庆荣
郭　权　高劲松　高树萍（女）
高银山（满族）　高慧君（女）
黄　滨　曹志明　曹艳红（女）
梁　强　韩月萍（女）　韩新民
董晓峰　董继新　程香女（女）
程淑颖（女）　谢明琪　谢海龙
蔡文利　裴世保　裴耀辉　翟春利
薛洪滨

（赵　爽）

北戴河区人民政府

重要会议

【区政府常务会议】 2015年，区十四届政府召开12次常务会议。

1月13日，区十四届政府召开第19次常务会议。审定《2015年政府工作报告（征求意见稿）》《北戴河区2014年国民经济和社会发展计划执行情况及2015年计划草案的报告（征求意见稿）》《北戴河区2014年财政预算执行情况和2015年财政预算草案的报告（征求意见稿）》。

3月6日，区十四届政府召开第20次常务会议。研究推进依法行政、建设法治政府相关工作，学习修改后的《中华人民共和国行政诉讼法》。

3月28日，区十四届政府召开第21次常务会议。研究《区政府行政审批事项目录（2014版）》事宜，研究《2015年新型农村合作医疗实施方案》事宜，研究清理规范税收等优惠政策相关事宜，研究区级机关会议费、培训费、差旅费管理办法事宜。

4月25日，区十四届政府召开第22次常务会议。研究干部事宜。

7月20日，区十四届政府召开第23次常务会议。研究人事任免事宜，研究干部处分事宜，研究区政府领导分工调整事宜，研究2015年上半年安全生产工作事宜，研究《区政府部门权力清单》《区政府部门责任清单》，研究《关于成立区政府推进职能转变协调小组方案（审议稿）》《推进简政放权放管结合转变政府职能工作方案（审议稿）》，研究2014年冬季退役士兵安置事宜，研究《北戴河区自然灾害生活救助暂行办法》。

8月12日，区十四届政府召开第24次常务会议。学习《中华人民共和国信息公开条例》，研究调整区政府领导分工事宜，研究《进一步加快“国际轮滑之都”建设的意见》。

8月21日，区十四届政府召开第25次常务会议。学习《中华人民共和国担保法》，研究安全生产大检查相关工作，研究北戴河歌华营地土地权证办理相关事宜，研究2013年怪楼奇园提升改造项目超出审批金额相关事宜，研究东三路街景改造提升工程超出审批金额相关事宜，研究2015年农村面貌改造提升北戴河村相关改造工程事宜，研究太平庄村安置房项目供电、供气工程所需资金纳入项目建设总成本事宜，研究2015年小街小巷改造工程相关事宜，研究车站村污水收集工程相关事宜，研究联峰山防火泵房改造工程相关事宜，研究冀东沿海重点区域林业有害生物应急防控体系建设项目配套资金相关事宜，研究老旧小区基础设施维修相关事宜。

9月17日，区十四届政府召开第26次常务会议。学习《中华人民共和国知识产权保护法》，研究恢复执行《北戴河区鼓励投资和设立总部企业的扶持政策》《北戴河区全民创业活动实施方案》《北戴河区全民创业若干扶持办法（试行）》，研究加快国际轮滑之都建设并听取迎国检工作进展情况汇报，研究北戴河区小型水利工程管理体制改革事宜，研究《北戴河区临时救助实施办法》，研究政府领导班子建设事宜。

11月20日，区十四届政府召开第27次常务会议。研究区“三打”工作领导小组办公室设置事宜。

12月5日，区十四届政府召开第28次常务会议。研究区政府部门非行政许可审批事项清理事宜，研究干部事宜，学习修改后的《中华人民共和国食品安全法》。

12月18日，区十四届政府召开第29次常务会议。学习《中华人民共和国公路法》；研究赤土山村国有土地上房屋征收延期问题。

12月23日，区十四届政府召开第30次常务会议。研究人事任免事宜。

【区长办公会议】 2015年，召开16次区长办公会议。

3月6日区长办公会。研究2015年园林工程项目事宜，研究西部快速路绿化养护事宜，研究中俄文化产业园土地出让事宜，2015年道路街区景观改造提升工程资金补贴事宜，研究签订文化馆、图书馆委托设计合同事宜，研究金穗军粮供应储备有限公司仓房设施维修改造专项资金增项、金穗军粮供应储备有限公司仓房设施维修改造（续建）事宜，研究北戴河片区建设相关事宜，研究食品药品安全区创建工作事宜。

3月28日区长办公会。研究城管局2015年重点涉暑项目事宜，研究怪楼奇园及艺术片区绿化、亮化、道路维修改造事宜，研究青少年校外教育中心新建附属功能楼事宜，研究中小学、幼儿园教师招聘事宜，研究《北戴河区深化县级公立医院综合改革实施方案》、新建戴河镇卫生院和卫生监督所办公用房项目事宜，研究集中整治违法占地和违法建筑行动月工作事宜，研究国土资源部北戴河干部培训中心职工住宅搬迁事宜，研究北戴河火车站片区拆迁改造工作相关事宜，研究光雕项目协议相关事宜，研究秦皇岛市海益旅游开发有限公司上市有关事宜。

4月25日区长办公会。研究第十一届北戴河“运动之春”轮滑节系列活动事宜。

5月8日区长办公会。研究东山街道居民区绿地养护事宜，研究西山街道老旧小区基础设施改造事宜，研究“17+1”街景改造工程相关事宜，研究双人骑摊位设置、承租方式及经营管理事宜，研究青少年校外教育中心附属功能楼完善建设手续事宜，研究2015年教育系统基建维修项目事宜，研究渔船非法载客治理和渔港噪音治理工作政府购买服务事宜，研究省人教中心北戴河基地外立面改造事宜，研究2015年公路小修和标线施划工程事宜，研究兴凯湖路南延伸工程征拆补偿事宜，研究《村卫生室实施国家基本药物制度实施方案》。

5月18日区长办公会。研究农村面貌改造提升相关工程事宜，研究原北戴河广播电视局办公楼用地改造项目土地出让事宜，研究国有资产出租管理工作相关事宜。

5月25日区长办公会。研究新河小薄荷寨村段应急处理工程事宜。

6月14日区长办公会。研究暑期反恐防暴涉及公共安全事宜，研究沿海驿站及木栈道工程增项事宜，研究浴场更衣、寄存等设施改造事宜，研究城市历史文化标识工程委托监理事宜，研究鹰角路街景改造工程新增街心游园项目事宜，研究海宁路南段街景改造工程增项事宜，研究怪楼艺术园区改造工程库房变更事宜，研究怪楼艺术园区污水管线、水车停车港湾改造事宜，研究农村面貌改造提升工程项目调整变更事宜，研究光雕项目前期整理相关事宜，研究新河小薄荷寨村段应急处理工程事宜，研究北戴河火车站商业门市房维修事宜，研究宁馨苑社区用房改造事宜，研究收储大为房地产开发有限公司用地成本测算事宜，研究免收中国环境管理干部学院新校址土地管理费事宜，研究国开行、农发行贷款相关事宜，研究近岸海域环境综合整治省级专项资金事宜。

7月20日区长办公会。研究《北戴河区社区工作者年度考核办法（暂行）》，研究建立西山街道综合居家养老服务中心事宜，研究草厂西路一段3、4号楼体粉刷事宜，研究2015年春节灯会超出审批金额事宜，研究北戴河医院建设临时过渡性病房和病房楼改扩建工程事宜，研究暑期绿化应急工程相关事宜，研究2015保利•北戴河“一带一路”中华文明五千年文化展暨夏季艺术品拍卖事宜，研究2015年西部快速路暑期应急维修相关事宜，研究2015年1－5月市政设施维修事宜，研究石塘路市场维修工程事宜。

8月12日区长办公会。研究社区卫生服务中心项目建设事宜，研究七桥南路改造提升工程事宜，研究更换党政综合办公楼中央空调制冷机组相关事宜，研究国开行棚户区改造贷款资金使用管理办法事宜，研究鸽赤路音乐喷泉工程资金相关事宜，研究城管局暑期重点工程增资增项相关事宜，研究奥林匹克大道公园维修相关事宜，研究加强机关事业单位临时用工管理事宜，研究海北路增加中间隔离护栏相关资金事宜，研究其他重点工作事宜。

9月17日区长办公会。研究爱辉旅游学院相关资产处置管理事宜，研究火车站东侧商业门市房楼顶维修事宜，研究火车站片区商业安置房楼顶维修事宜，研究市政建设项目事宜，研究核定经济适用房一期销售基准价格事宜，研究区法院预征草厂村土地问题，研究划定北戴河区城市周边永久基本农田相关事宜，研究其他当前重点工作。

10月7日区长办公会。研究戴河片区污水支细管网工程项目建设事宜。

10月8日区长办公会。研究北戴河中学燃煤锅炉改造相关事宜，研究区热力公司2015年度燃煤购买及锅炉维修事宜，研究全区供热规划方案。

11月6日区长办公会。研究爱辉旅游学院相关资产处置事宜，研究2014年度土地违法用地图斑及北京督察局例行督察涉及问题整改工作事宜，研究河北省秦皇岛市环滨海森林重点火险区综合治理三期项目配套资金和工程实施事宜，研究社区卫生服务中心建设项目相关事宜，研究城区道路路灯照明提升工程（BT融资）债权债务转让事宜，研究站南大街与205国道交叉口西侧广告牌工程事宜，研究北戴河村艺术村落院落收储启动资金事宜。

12月5日区长办公会。研究《北戴河区“门前五包”实施方案》，研究黄标车整治相关工作，研究保障农民工工资支付工作事宜，研究牛头崖镇生活垃圾处理相关事宜，研究北戴河村艺术村落“自强街”项目建设事宜，研究雇佣专业船只和人员清理非法占海养殖相关事宜，研究鸽子窝公园创建5A级景区提升改造相关事宜，研究全区旅游景区提升改造相关事宜，研究2016年百姓灯展相关事宜，研究第四届北戴河春节灯会相关事宜。

12月18日区长办公会。研究中国环境管理干部学院新校址大门西侧路域环境综合整治事宜，研究党政机关综合办公楼更换电梯事宜，研究《全面深化县级公立医院综合改革实施方案》，研究2016年街区景观改造提升工程招标事宜，研究北戴河村、朱庄村污水提升泵站建设事宜，研究新建轮滑设施选址及建设事宜，研究调整城乡居民最低生活保障和农村五保供养标准事宜。

12月23日区长办公会。研究暑期加班奖金发放事宜；研究天洋公司办公楼资产处置事宜。

【全区性会议】 1月7日，区委常委、常务副区长于凤喜主持召开全区道路交通安全工作会，区委常委、副区长周向东，副区长董立宏出席，区道路交通安全委员会成员单位负责人参加。会议明确各有关部门和单位担负的道路交通安全责任，并就近期工作进行安排部署。

1月12日，区委常委、常务副区长于凤喜主持召开近岸海域环境综合整治等国家资金支持重点工程项目调度会，副区长任晨、丁新杰、孙谓青，区政协副主席、财政局局长高银山出席，区发改局、区住建局、区卫生局、区水务局、区农牧局、区审计局负责人参加。会上各相关部门分别汇报所承担重点工程项目进展情况、存在问题及下步重点工作，于凤喜提出具体要求。

1月13日，区委副书记、区长刘学彬主持召开2015年北戴河春节灯会调度会，区委常委、副区长周向东，副区长付红、董立宏、孙谓青出席，灯会组委会各工作组组长、副组长参加。在详细听取各工作组具体工作方案和工作进展情况汇报后，刘学彬提出具体要求。

1月26日，副区长任晨主持召开现代农业项目建设座谈会，区委农工委、区农牧局、戴河镇及秦皇岛鸿杰商贸有限公司相关负责人参加会议。会议听取了鸿杰商贸公司关于建设花卉“百亩方”现代农业项目相关情况介绍，与会人员就项目规划选址、资金运作、技术支持、销售渠道等问题进行了讨论研究，任晨提出具体要求。

1月27日，副区长付红主持召开2015年“幸福北戴河”春节灯会文化活动协调会，研究部署春节灯会文化活动方案及各专场演出活动方案，明确工作职责和任务分工，区文广新局、区教育局、区直工委、戴河镇、海滨镇、东山街道办事处、西山街道办事处及集发公司有关负责人参加会议。付红对确保活动安全、顺畅、有序进行提出要求。

1月27日，副区长付红主持召开全区文化系统安全生产工作会，市文广新局副局长李秀钢应邀到会指导。会议通报了2014年全区文化系统安全生产大检查情况，部署了2015年文化系统安全生产工作任务。付红提出具体要求。

2月6日，区委常委、常务副区长、区道路交通安全委员会主任于凤喜主持召开区道路交通安全委员会第一次全体会议，区领导周向东、董立宏出席，区交通安全委员会全体成员单位参会。会议传达了上级有关加强春运及全国两会期间道路交通管理工作的会议精神，对农村道路交通安全工作开展情况进行了通报。就做好2015年全区道路交通安全工作，于凤喜提出具体要求。

2月10日，副区长董立宏主持召开油气输送管道安全隐患整治攻坚战动员部署会，区安监局、区发改局、区住建局、区公安分局、区国土局、区规划局、区质监局、戴河镇、海滨镇、东山街道办事处、西山街道办事处以及油气输送管道企业主管负责人参会。与会部门分别结合各自职责对当前油气管道占压清理安全隐患工作进行了汇报。董立宏提出具体要求。

2月12日，区委副书记、区长刘学彬主持召开全区安全生产工作会议，区委常委、常务副区长于凤喜，副区长董立宏、孙谓青出席，区安委会成员单位主要负责人参加会议。会上，区政府与区安委会成员单位代表签订《2015年安全生产责任状》，于凤喜、董立宏、孙谓青分别就消防、道路交通、森林防火安全等工作进行总结部署。刘学彬就切实做好全区安全生产工作提出要求。

2月25日，区委常委、副区长周向东主持召开海宁路街景改造工程调度会，责任单位旅游局、戴河镇主要负责人参加。会议听取了各责任单位前期工作开展情况汇报，围绕加快推进海宁路街景改造工作，周向东提出具体要求。

2月28日，区委副书记、区长刘学彬主持召开打击违法用地、违法建筑工作专题会议。市委常委、区委书记李学民，区领导张杰、于凤喜、李韶云、任晨、孙谓青以及区人民法院、区人民检察院、公安分局主要负责人出席，区综合执法协调办公室、区国土分局、区规划局、区住建局等15家单位主要负责人参会。会上，区综合执法协调办公室、国土分局、规划分局分别就当前“双违”治理工作存在的主要问题、工作开展情况以及下步安排进行了详细汇报，与会领导就“双违”治理有关问题提出了意见。

3月13日，区委常委、常务副区长于凤喜召开中俄文化艺术合作产业园项目协调推进会，区环保局、区住建局、区文广新局、交警五大队负责人及项目方负责人参会。会议重点对中俄文化艺术合作产业园项目建设过程中遇到的项目提前施工介入手续、夜间施工噪音等问题进行专题研究。于凤喜提出要求。

3月21日，区委副书记、区长刘学彬主持召开打击违法用地、违法建筑集中行动专题会议，区领导于凤喜、李韶云、任晨、董立宏、孙谓青出席，区政府办、区综合执法协调办公室、区城管局、区国资公司、区住建局、区农牧局、区食品稽查大队、区工商局、区规划分局、区国土资源分局、公安分局、区法院、戴河镇、海滨镇、东山街道办事处、西山街道办事处、供水总公司、供电分公司负责人参加会议。会议听取有关部门和单位关于打击违法用地、违法建筑工作情况汇报，刘学彬讲话，孙谓青就组织开展集中执法行动进行了具体安排部署。

3月27日，副区长董立宏主持召开基层安全生产监管规范化建设推进会，区安监局、开发区、戴河镇、海滨镇、东山街道办事处、西山街道办事处分管负责人参会。会议传达全省乡镇安全监管规范化建设工作会议精神，对区安委办制定下发的《北戴河区安全监管规范化建设实施方案》《关于镇街安全监管规范化建设指导意见》进行了解读。为进一步加快推进基层安监规范化建设工作，董立宏提出要求。会后，区安委办组织与会人员赴“省级基层安全监管规范化建设标杆示范点”青龙县朱杖子乡安监站现场观摩学习。

4月17日，区委副书记、区长刘学彬主持召开全区大气污染防治及水环境治理工作会，区领导刘海平、董立宏、孙谓青出席，区政府办、区环保局、区住建局、区发改局、区城管局等部门和单位主要负责人参加。会议通报了区2015年大气污染防治目标任务，传达全市大气污染防治工作会议精神，剖析了当前存在的困难和问题。刘学彬、刘海平、董立宏、孙谓青分别就做好大气污染防治及水环境治理工作提出要求和具体意见。

4月24日，区委副书记、开发区工委书记单慧英主持召开北部片区建设工程专题会议，市委常委、区委书记李学民，区委副书记、区长刘学彬，区领导于凤喜、刘海平、董立宏、孙谓青、杨振久、高银山，开发区管委会副主任周金捍出席。会议宣布成立北戴河北部片区建设工程指挥部，详细介绍了北部片区建设有关情况。李学民讲话，单慧英对下步具体工作进行了安排部署。

4月28日，区委副书记、区长刘学彬主持召开杨各庄蔬菜批发市场项目调度会，区领导周向东、孙谓青出席，区商务局、规划分局、戴河镇及开发企业相关负责人参加。会议听取杨各庄蔬菜批发市场项目前期基础工作情况，就项目功能定位、合作方式等进行深入研究。刘学彬提出具体要求。

5月6日，区委常委、常务副区长于凤喜主持召开涉农资金专项整治行动启动部署会议，副区长任晨，区政协副主席、财政局局长高银山出席，全区涉农各有关单位负责人参加。会议传达国家、省市相关会议精神，印发《北戴河区关于开展涉农资金专项整治行动的实施方案》，于凤喜就做好相关工作提出具体要求。

5月8日，区委副书记、区长刘学彬主持召开打击非法占海养殖非法盗采海砂专项行动专题会议，区委副书记付顺义，副区长任晨、孙谓青，副区长、公安分局局长陈曦，市海警支队参谋长巩世宏出席，区农牧局、财政局、公安分局、国土分局以及海滨镇、北戴河海警特勤大队、边防派出所有关负责人参加。会议通报了当前全区海域管理工作中存在的突出问题，农牧局、公安分局、北戴河海警特勤大队、边防派出所等部门和单位分别就海域管理工作进行了表态发言，与会领导分别结合各自分管工作对海域管理提出了意见要求。刘学彬讲话。

5月15日，区委副书记、区长刘学彬主持召开2015年全社会固定资产投资目标任务分解工作会议，区委常委、常务副区长于凤喜出席，区发改局、区统计局、区住建局、区园林局、区旅游局、区商务局、区文化局、区科技局、区教育局、区水务局、区卫生局、区城管局、区供销社、区交通局、区农牧局、区环保局、开发区经发局及戴河镇、海滨镇主要负责人参加。会议下发《北戴河区2015年全社会固定资产投资目标任务分解表》，并就项目列统标准、必要条件、注意事项等进行讲解。刘学彬讲话，于凤喜针对固定资产投资任务分解及相关工作提出具体要求。

5月22日，区委常委、常务副区长于凤喜主持召开光雕公园项目建设协调会，区发改局、区城管局、区财政局、区住建局、区规划局、戴河镇相关单位负责人及隆基泰和集团、光雕公园项目投资方代表参加。会议就光雕公园项目建设施工涉及土地平整、临时停车场及道路修建、周边围挡、用水用电、园内基础设施建设、村民墓地迁移等事宜进行安排部署，于凤喜提出具体要求。会后，于凤喜带队赴光雕公园项目现场进行实地踏查。

5月25日，区领导周向东、陈曦主持召开2015秦皇岛国际马拉松赛工作部署会，区政府办、公安分局、区体育局等相关单位负责人参加。会议对2015秦皇岛国际马拉松赛北戴河区段的安全保卫、宣传告知及服务保障等工作进行责任分工，细化完善工作方案和应急预案，做实做细宣传告知、安全排查、信访稳控及环境整治等各项工作。

5月25日，区委副书记、区长刘学彬主持召开戴河沿岸污水整治调度会，区领导董立宏、孙谓青、高银山出席，区发改局、区住建局、区环保局、区水务局、戴河镇等部门和单位主要负责人参加。会议听取住建局关于戴河沿岸污水整治方案的汇报，并就下步工作进行安排部署。刘学彬提出具体要求。

5月27日，区委副书记、区长刘学彬主持召开怪楼片区基础设施建设现场会，区委常委、常务副区长于凤喜，副区长付红出席，区园林局、区住建局、区文广新局、区规划局、公安消防大队、排水管理处、供电分公司、供水总公司、广电网络等部门和单位负责人及中俄文化艺术合作产业园、壮阁艺术馆、同道电影坊项目方代表参加。刘学彬实地踏查了片区内道路建设及各项目供水、供电、排污等线由走向，对个别项目涉及的消防、供电、绿化取水等问题进行现场协调，提出解决方案。

6月4日，副区长董立宏主持召开全区燃煤锅炉专项整治工作会议，区发改局、区住建局等16个部门和75个燃煤锅炉重点整治单位参加。会议总结了2014年大气污染防治工作情况，安排部署2015年燃煤锅炉整治重点工作，区燃气公司、供电分公司就管网接入等优惠政策进行简要说明。董立宏要求各相关部门和单位要充分认识燃煤锅炉取缔攻坚的紧迫性，加快燃煤锅炉取缔、清洁能源替换落实进度，确保全区空气质量持续良好。

6月19日，区委常委、常务副区长于凤喜主持召开政府职能转变暨行政审批制度改革工作推进会，区领导孙谓青、高银山出席，全区推进职能转变协调小组各专题组主要负责人及行政审批制度改革工作实施单位相关负责人参加。会议由副区长孙谓青主持，会上传达《省政府办公厅关于报送推进职能转变工作机制等有关事项的通知》，宣读《成立区政府推进职能转变协调小组的方案（草案）》及《行政审批制度改革工作要求》，对相关工作进行安排部署。于凤喜提出要求。

6月29日，区委常委、常务副区长于凤喜主持召开专题推进会，副区长孙谓青，区政协副主席、财政局局长高银山出席，区委宣传部、区文广新局、区城管局、区住建局、区旅游局、区安监局、区园林局、区卫计局、区物价局、国税局、地税局、规划局、公安分局、公安消防大队、市场监管局、重点项目办、区政府督查室等相关部门和单位负责人及中俄文化艺术合作产业园项目方代表参加。会议就俄罗斯风情街区7月10日正式营业前涉及施工、手续等相关工作进行研究部署，与会单位结合各自职能就各相关手续办理及需要注意事项进行发言。于凤喜讲话，区领导孙谓青、高银山分别就安全生产、加强工作协调等方面工作提出具体要求。

6月30日，全市集中拆除燃煤锅炉行动在北戴河区启动，标志着全市拆除燃煤锅炉集中行动全面展开。秦皇岛市市长张瑞书，市政府办公厅、市环保局、市城管局、市工信局、市质监局等相关部门主要负责人出席活动，北戴河区领导刘学彬、董立宏出席启动仪式。张瑞书在仪式上讲话，刘学彬表示，将不遗余力地推进燃煤锅炉整治，坚决完成市政府下达的任务，不断改善空气环境质量。

7月5日，区委常委、常务副区长于凤喜主持召开暑期经济工作推进会，区领导裴耀辉、辛志贤、高银山出席，区发改局、区统计局、区文化局、区人社局、开发区投资促进局主要负责人参加会议。会议结合《北戴河区2015年暑期经济工作发展目标及任务分解表》，对2015年暑期经济工作进行安排部署，对相关工作提出具体要求。于凤喜讲话。

8月2日，副区长董立宏主持召开噪声治理工作调度会，区环保局、区文广新局、区市场监管局、公安分局等噪声监管单位分管人参加。董立宏对各单位进入暑期以来噪声治理工作付出的辛苦和取得的成绩给予充分肯定，同时提出要求。

8月3日，北戴河区召开暑期电梯安全保障工作会议，市质监局局长纪振勇，副区长董立宏出席，区市场监管局、区安监局、戴河镇、海滨镇、东山街道办事处、西山街道办事处和电梯重点使用、维保单位负责人参加。董立宏提出要求。

8月20日，全区企业上市宣讲会召开。副市长李永平，市政府副秘书长、金融办主任田鸿彦，区领导刘学彬、于凤喜、周向东、任晨、董立宏、辛志贤、高银山，开发区管委副主任王贵君出席，区直有关部门负责人和区内重点企业主要负责人参加。

8月23日，区委常委、常务副区长于凤喜主持召开暑期经济工作总结和经济指标调度会，区领导裴耀辉、辛志贤、高银山出席，区政府办、区发改局、区统计局、区国税局、区地税局、区人社局、区编办、区重点项目办、开发区投促局主要负责人参加。会议按照《北戴河区2015年暑期经济工作发展目标及任务分解表》工作要求，逐项听取完成情况汇报。于凤喜提出具体要求。

8月27日，北戴河区组织召开2015年全区燃煤锅炉整治攻坚大会。市委常委、区委书记李学民，区委副书记、区政府党组书记陈秋华，区四大家有关负责人出席，各相关责任部门及全区54家休疗、企事业单位的主要负责人参加。会上宣读《2015年全区燃煤锅炉整治攻坚战实施方案》，对燃煤锅炉取缔任务进行明确分工，并就全面完成燃煤锅炉取缔淘汰任务进行周密安排部署。

8月31日，副区长任晨主持召开发展科技型中小企业工作调度会，开发区管委副主任王立刚出席，区政府办、区发改局、区农牧局、开发区、牛头崖镇及科协负责人参加。任晨提出具体要求。

9月7日，区委常委、副区长周向东主持召开2015北戴河铁人三项赛协调会，市体育局、区政府办、区体育局、区城管局、公安分局、交警五大队等相关部门和单位负责人参会。会议通报了2015年铁人三项赛前期筹备情况，对各部门和单位责任分工进行了细化明确，周向东分别从提高重视程度、严格工作标准、切实履职尽责、确保绝对安全等方面提出具体要求。

9月25日，区委常委、常务副区长于凤喜主持召开洁净型煤推广工作协调会，区委宣传部、区财政局、区发改局、区环保局、区市场监管局、区农牧局、开发区经发局及戴河镇、海滨镇、牛头崖镇、东山街道办事处、西山街道办事处等相关部门主要负责人参加会议。会上下发了《北戴河区2015年洁净型煤推广工作实施方案》，对市政府下达北戴河区的“推广2.60万户、1.40万吨洁净型煤，置换型煤专用炉具1837台”的任务，明确各责任单位。于凤喜提出具体要求。

9月29日，区委副书记、代区长陈秋华会见了到秦皇岛参加产业链招商推介洽谈会的中国国际文化艺术中心副主任刘仕杰、兴隆大家庭商业集团经理荣明辉、富力集团投资部经理刘阳、美岸文化投资有限公司董事长安诗美等重要客商，并就推进项目合作进行深入洽谈，区领导于凤喜、裴耀辉，开发区管委副主任王晓青参加会议。

10月8日，区委副书记、代区长陈秋华主持召开全区燃煤锅炉取缔及冬季供暖工作调度会，区领导单慧英、于凤喜、周向东、董立宏、高银山出席，区政府办、区环保局、区住建局、区教育局、区城管局、区规划局、戴河镇、海滨镇等相关单位和部门负责人参加。陈秋华对确保按时保质完成燃煤锅炉整治任务和冬季正常供暖提出要求。

10月14日，区委常委、副区长周向东主持召开全区景区景点整治工作动员会，区旅游局、区园林局、区城管局、区安监局、区市场监督管理局等部门和单位相关负责人以及全区各景区景点负责人参加。会议传达了省、市景区景点整治工作会议精神，对整治工作进行了安排部署。周向东提出具体要求。

11月2日，全区市场秩序暨环境整治动员大会，市委常委、区委书记李学民，区委副书记、代区长陈秋华出席会议并讲话。区党政班子成员，区人大、区政协主要领导，全区各部门、各单位主要负责人和分管负责人，各镇（街）主要负责人和主管负责人，各村（社区）主要负责人，各休疗单位主要负责人，各景区、景点、旅行社主要负责人，各安全生产企业主要负责人以及各森林防火责任单位负责人参会。会议组织观看市容环境秩序与违法违章建筑问题资料片，宣读《北戴河区城乡环境容貌综合整治百日攻坚行动工作方案》和《北戴河区旅游行业整改提升暨旅游市场秩序整治专项行动方案》。李学民在会议上讲话。

11月7日，区委副书记、代区长陈秋华主持召开区属景区升A工作调度会，区领导于凤喜、周向东、孙谓青、高银山出席会议，区旅游局、区园林局、区城市管理综合执法局主要负责人及各区属景区负责人参加。会议听取了怪楼奇园、联峰山、老虎石3个景区对照AAAA标准开展整改提升工作前期情况，重点研究了各景区停车场、游客中心、公厕设施、外租商亭改造提升等问题。陈秋华提出具体要求。

11月9日，区委常委、常务副区长于凤喜到北部新城光雕公园施工现场进行实地踏查，初步确定春节灯会布展范围，并召开专题调度会就灯会相关筹备工作进行安排部署，区政府党组成员高明，区发改局、区旅游局、区文广新局负责人参加会议。于凤喜提出具体要求。

11月10日，副区长孙谓青主持召开育花路街区景观改造提升工作会议，区规划局、区城管局、区住建局、区教育局、区体育局、东山街道、海滨镇相关负责人参加，会议听取了北京本土设计公司关于育花路街区景观改造提升设计方案的说明，就育花路街区景观改造涉及的相关问题进行安排部署。

11月12日，副区长董立宏召开冬季大气防治工作动员会，区环保局、区城管局、区住建局、区市场监管办、区交通局、区发改局及镇街等15家部门和单位参会。会议传达全市冬季大气污染防治工作动员会议精神，宣读北戴河区《2015—2016年度冬季大气污染防治工作方案》，通报了当前空气质量。董立宏提出具体要求。

11月12日，副区长孙谓青主持召开城市环境容貌综合整治百日攻坚行动调度会议，区政府办、区城管局、区园林局、区交通局、区住建局、区团委、区直工委、戴河镇、海滨镇、东山街道办事处、西山街道办事处等部门和单位相关负责人参加。孙谓青就城市环境容貌综合整治百日攻坚行动相关工作进行安排部署，对全区环卫保洁精细化工作提出具体要求。

（宋丽娜）

为民办实事

【概况】 2015年《政府工作报告》确定8件利民实事，至年底，7件已完成，1件正在积极推进。

【改造提升公共游园】 概算投资208万元，对平水桥园、六座楼园、月季园、听涛园、天簌鸣湾、友谊园、和逸园、红石路游园、鲁迅园、怡情园、北岭花园、怡水园、秋韵园、碣石园、鸽子窝对面游园、老干校游园、北五路游园、北五路西侧游园、交行门前游园等全区范围内所有公共游园内的基础设施进行维修改造，改造维修内容包括供水排水改造、木栈道维修更换、垃圾外运、座椅维修、刷漆等。

【农村污水管网配套工程】 概算投资1100万元，在北戴河西片区、太平庄村、车站村、杨各庄村、苏庄村、朱庄村、北戴河村、谢李庄村、蔡各庄村、甘各庄村及暑供片区内新建5000延长米污水管网，铺设钢筋混凝土管道。该工程于5月底开工，6月底竣工，共完成北戴河村、朱庄村、苏庄村污水主管道2700延长米，支管2300延长米。

【新建、改造公厕、垃圾站】 概算投资204万元，新建、改造城乡公厕12座、生活垃圾收集站5座。对北四路、防疫站、康复路中段、平水桥等4座公厕进行维修改造，在三角地休闲广场新建高标准公厕1座，在沿海线新建7座驿站（含公厕），包括剑秋路驿站（300平方米）、七桥驿站（370平方米）、东二路驿站（337平方米）、老虎石驿站（822平方米）、浪淘沙驿站（382平方米）、东山码头驿站（233平方米）和东一路驿站（60平方米）；在外交人员宾馆、甘各庄村、丁庄村、西港码头、太平庄村新建5座垃圾收集站。所有工程年内全部竣工并投入使用。

【残疾人免费体检】 区残联于5月13日开始组织全区487名残疾人陆续到北戴河体检中心免费体检。区财政累计支付体检费用12.4万元。

【农村改厕】 结合7个重点村农村面貌改造提升行动，暑期前完成水冲式厕所改造787户（其中北戴河村515户，苏庄村154户，朱庄村58户，东坨头村60户），暑期后完成双瓮式厕所改造241户（其中北戴河村85户，费石庄村156户），共计完成厕所改造1028户。

【教育布局调整】 启动学校旧址整合及新校建设，计划投资1.73亿元，利用大约3年时间，对当前中小学布局进行重点规划调整建设，将北一中、北二中整合，实验小学、海宁路小学整合，迁建北三中。目前，已按照预定计划完成了年度目标任务：制定了海宁路小学、北一中、老二中3个地块的补偿意见；完成了北三中20户平房的搬迁安置；3户企业已委托评估公司进行资产评估，其中1户已达成初步意见，另2户正在积极协商；已完成北二中和北三中的土地性质变更，北二中由教育用地变更为其他商业用地，北三中由教育用地变更为居住用地，市、区规划部门正在办理北一中和海宁路小学的土地性质变更事宜；新二中建设项目选址在区政府大楼后预留的教育用地，市教育局已批准，区规划部门正积极与市规划部门协调规划调整事宜，下一步，将进行前期测绘工作。

【居民天然气扩户】 2015年天然气改造任务共涉及东山街道（含海滨镇单庄区域）1400户，西山街道615户。已经全部按计划完成室内外施工，待验收后统一点火。

【城乡供水管网改造提升工程】 实施7000延长米老旧城区和农村供水管网改造提升工程，计划对海北路等路段实施新建管线铺设工程，对海宁路等路段及草厂等片区实施老旧管网改造工程，对北岭7个居民小区实施管线改造工程，共计铺设给水管线33.55千米。该项目属于中央预算内资金投资项目，审批手续非常严格。自2015年5月工程初步设计完成后，区住建局多次向市规划部门申报办理工程规划许可证，并按照规划部门要求陆续提交了相关工程资料。目前，区住建局正在按照市规划部门要求，通过政府采购方式依法委托专业机构对全线地下管线进行勘测，近期将出具勘测结果，并上报市规划部门审批。下一步，待取得工程规划许可后，将进行招投标工作。

（王嘉川）

区政府办公室工作

【概况】 2015年，区政府办公室坚持

以习近平总书记系列重要讲话为指导，以能力作风建设为抓手，紧紧围绕全区“1+4+2”总体工作思路，继续发扬“潜心谋事、扎实干事、努力成事”的优良作风，充分发挥参政辅政、服务保障、综合协调、督导落实等作用，较好地完成所承担的工作任务。年内，获省级奖励2项、市级奖励2项、区级奖励1项。

暑期服务优质高效　围绕“安全暑期、和谐暑期、简朴暑期、满意暑期”目标，自觉放弃节假日，全员投入暑期工作，积极协调做好安全稳定、物资供应、卫生防疫、市政保障、海蜇蜇人防治等暑期各项任务。认真落实“两条线”工作要求，坚持服务暑期和借暑发展“双轮驱动”，全方位做好保利集团、康辉集团、富力集团等大企业、大集团到北戴河区考察接待工作。

品牌活动精彩纷呈　与相关职能部门密切配合，成功承办了2015春节灯会、“运动之春”第十一届轮滑节、2015秦皇岛国际马拉松赛、2015保利·北戴河夏季艺术品公益拍卖会、2015北戴河铁人三项大赛等品牌活动。

办文办会规范严谨　严格履行收文登记、传阅、交办及发文审核、签发等公文处理程序，全年共处理上级来文1400件、下级请示报告860件、群众来信和领导批示370件，制发区政府和区政府办公室文件359件，利用市、区电子公文交换平台接收、上报、下发各类文件1185件次，向区内各部门、单位转办文件3960余件次，处理电话记录139件次，均做到了及时、准确、规范，不错发、不遗失。高标准、高质量完成会务组织任务，全年组织召开政府常务会12次，区长办公会16次，全区性大型综合会议10余次，其他各类中小型专题会议190余次，迎接省、市各级督导检查汇报会20余次。

【文秘工作】　完成全区暑期动员大会、总结表彰大会、经济工作会、安全生产会等大型会议领导讲话起草工作，完成2015年区政府工作要点及《政府工作报告》等重要文稿起草。全年起草撰写各类综合材料439篇，区政府文件、办公室文件、区长办公会议纪要359篇，提供区政府领导活动信息236条，成稿文字量超过250万字。完成了《全面市场化运作是北戴河轮滑节可持续发展的必选之路》《充分发挥比较优势促进旅游品质提档升级》等16个调研课题。

【政务督查工作】　坚持“铁腕抓督查”，采取一线检查、跟踪督办、联合督查等多种形式，重点围绕《政府工作报告》目标任务、为民办实事、项目建设、经济指标、安全生产、街景整治、农村土地确权登记调整、近岸海域环境综合整治、城乡环境容貌综合整治等重点热点工作开展专项检查。全年下发政务督办卡97份，编写《政务督查专报》45期，《联合督查快讯》42期，被市政府办公厅评为“全市督查工作先进单位”。

【信息工作】　紧紧围绕全区重大决策部署和亮点工作整理报送政务信息，全年共编发《政务时讯》64期，刊发各类信息600余篇（条），上报各类信息300余篇（条），市政府信息刊物采用100余篇（条），省政府《要情快报》采用15篇、《政务交流》采用3篇（长篇），2篇经省政府办公厅上报国办，省采数量创历史新高，政务信息排名位居全省县区第2名，全市县区第1名。

【应急管理工作】　组织防汛抗旱、森林防火、医疗救助、安全疏散等10余次综合性应急演练，提高对重大突发事件的应急处置能力。开展危险化学品、油气管道、道路水上交通、建筑施工、消防、城市燃气、人员密集场所、特种设备、有限空间作业等行业领域专项整治。全区共出动执法人员1477人次，执法检查用车724辆次，检查企业及重点部位1667家次，排查各类隐患974处，完成整改974处，整改率达100%。

【民情工作】　发挥区长公开电话、网络问政平台、区长信箱和市长热线等载体作用，为广大人民群众解决了一批热点难点问题。

全年受理民情事项2543件，其中市长热线电话转办单2174件，区长公开电话369件，办复率均达到100%。收到群众的感谢来电、来信共19件。

【科技工作】 坚持“自主创新、重点跨越、支撑发展、引领未来”的科技方针，以“创新型城区”建设为统领，促进全区经济社会发展和科技进步。大幅增加科技型中小微企业数量，完成市政府下达的审核推荐19家科技型中小企业、1家科技小巨人企业的任务。建立完善创新创业服务平台，完成注册企业41家。全区共有2项科技成果获市科技进步三等奖。

【金融工作】 建立《金融工作联席会议制度》，提升金融服务水平。引导银行服务网点向农村延伸，全区助农取款点增至8个，新装POS机280台。开展企业上市培训和宣传，扶持企业挂牌上市，完成市下达的企业上市目标任务。完善小额贷款公司监管机制，努力帮助企业融资扩大规模。加大非法集资打击整治力度，维持全区良好的金融环境和秩序。

【民宗外事工作】 依法加强对民族宗教各类场所的监管，推进旅游景区内非宗教活动场所专项整治行动，切实维护民族宗教团体和信教群众的合法权益。全年未发生影响民族宗教安全稳定的事件。严格外事审批程序，全年共办理随团出国考察1批次、中学生对外交流1批次、邀请外国人来访2批次，接待来自日本、韩国等外事人员10批100余人次。

【提案工作】 加强与区人大、区政协的沟通联系，采取联合调研、现场办理、集中答复等“开门办理”方式，保质保量完成承办工作任务。全年办理各级人大代表建议78件、政协委员提案102件，满意和基本满意率为100%。

【法治工作】 全年组织开展学法活动5次。完成规范性文件清理工作，清理34件，其中保留21件、废止13件。受理行政复议案件3件（2件维持，1件未审结），未发生行政复议决定引起的行政诉讼案件。严格规范行政执法行为，组织全区358名执法人员进行行政执法证件年检培训考试，参考率、合格率均达到100%。

【地方志工作】 《北戴河年鉴》编纂工作 编纂《北戴河年鉴》2015年卷。根据区情和各编纂单位工作特点，经过调研、论证、协商，对2015年卷的篇目进行谋划，基本篇目为27个类目、140余个分目、600余个条目，初稿约45万字，已交付出版社审核。《北戴河年鉴》2012年卷已出版。

村镇志编修工作 自2014年全面启动村镇志编纂工作以来，地方志办公室从北戴河区镇、村实际出发，挖掘探讨本区与其他县区、村镇的异同，从中找出北戴河区村镇的特点特色，将戴河镇、海滨镇单独立卷，名为《北戴河区村镇志•海滨镇卷》《北戴河区村镇志•戴河镇卷》。在此基础上，方志办采用不同形式对各村镇进行走访、调研，征求意见建议，结合村镇历史和现实情况，找特色、抓亮点。

《海滨镇卷》突出其城区中心政治地位，设置“夏都小镇、优雅的自然环境、中国旅游避暑地摇篮、中国夏季政治中心、老一辈无产阶级革命家在海滨、旅游事业、民俗、民间传说、历史传说”等27个类目、70余个分目、110个条目；《戴河镇卷》以北戴河火车站、戴河及农业种植为特色，设置“戴河明珠、自然环境、基础设施、经济与社会发展、文化、教育、卫生、民俗、民间传说、人物等25个类目、70个分目、近100个条目。经过篇目的调整，海滨镇卷、戴河镇卷的共同点是在彰显各卷特征的基础上，力求完整地反映北戴河区独特的地理位置、优美的自然环境、适宜的气候和良好的空气质量。

志书、年鉴发行工作 做好省、市年

鉴2015年卷北戴河部分稿件的编写、新老志书和《北戴河年鉴》2011年卷发行、销售、交换工作，新志书30余册、年鉴80余册；为省、市、区各单位、个人提供咨询、查阅等60余人（次）。同时结合文明生态村建设，地方志办公室承担了北戴河村、朱庄村村史馆、乔庄村碑全部文字工作，并为东坨头村村史馆提出建设意见。

（张　磊　马　颖）

人事工作

【机关事业人员管理】 2015年，全区有公务员566人（包括戴河镇、海滨镇、东山街道办事处、西山街道办事处政府系统人员），参照公务员管理事业人员40人，群团22人。事业单位人员2584人，其中管理人员460人、专业技术人员1668人、工勤技能人员456人。

对全区机关、事业单位的一般工作人员进行年度考核，其中机关174人参加考核，优秀25人；机关工勤人员106人参加考核，优秀11人；事业2652人参加考核，优秀407人。

为29家事业单位调整了岗位设置，涉及人员492人。对45家单位进行了补聘，涉及人员1389人，其中管理人员18人、专业技术人员1282人、工勤技能人员89人。

【专业技术人员管理】 2015年，全区专业技术人员评审、初定177人，其中高级职称82人、中级职称48人、初级职称47人。至年末，全区事业单位共有专业技术人员1668人，其中教育系统1040人、卫生系统309人、其他部门319人。按照专业技术职称分高级职称238人，中级职称788人，初级职称642人。

办理考取职称资格证书83本，其他各类职称资格证书256本。有1829名管理和专业技术人员全部通过“继续教育证书”审验。

（王　林）

政务服务工作

【概况】 北戴河区人民政府政务服务中心共进驻23个职能部门，涉及185项行政许可、非行政许可和便民服务事项。中心主要办理国内外投资者在北戴河区申请投资经营性项目等相关行政主管部门的审批及审核上报，核发各种审批文件、证照，办理相关经济组织和居民申领的有关证照，同时还受理有关咨询和投诉，是集咨询、行政许可、收费、管理、协调和监督为一体的政务综合服务机构。中心建有对外办事窗口30个，皆采用敞开式对外服务，并设有电子触摸屏、大屏幕、饮水机、书写桌椅等设施，为服务对象提供必备实用的办事环境和配套商务、金融等服务机构，方便企业和群众办事。2015年，中心共办结各类审批和服务事项33211件，比上年增长14.40%，累计办结率为100%。收储金额3300多万元。收到锦旗2面，表扬信92封。评选出区环保局、区地税局、区市场监督管理局窗口为年度文明示范窗口，政务服务中心被授予区级文明单位称号。

【项目审批服务】 组织召开优化建设项目审批流程工作协调会。中心由发改、人防、园林（林业）、水务、消防、民政、供水等窗口部门组成的建设项目流水线已正常运行。按照承接经济管理权限下放相关文件精神，就承接下放审批权限做好人员、软件、场地等相关准备。坚持以规范化管理为主线，协调住建局将产权交易流水线中的产权和评估环节纳入中心办理。“三证合一、一照一码”作为一项鼓励“大众创业、万众创新”的商事制度改革，打破了工商、质监和税务部门的办证界限，通过信息化手段，将“工商营业执照”“组织机构代码证”“税务登记证”合并为一个证照，将这一个证照的号码规范为“统一社会信用代码”，企业只需领取“一照一码”的营业执照，整个登记过程不需缴纳任何费用。改革后，申请人只需到工商部门一个窗口，提交一套材料，办一份证照即可完成登记，由工商部门将纸质档案制成电子档案，通过信息互认实现资料共享。6月1日至9月30日，新办“三证合一”营业执照31件；10月1日至年底，共办理“一照一码”执照260件。对重大项目积极与市中心项目领办处协调联动，落实联合踏勘、联合指导、联合方案会审、施工图联合审查、联合竣工验收等全过程联合审批制度。配合市中心项目领办处办理建设项目共21件；中心对符合法律法规的重点项目开通绿色通道，全程领办帮办，对有利于全区经济发展的重大项目，企业提出申请，在不违背法律法规原则的前提下，采取先签后补的办法，促项目尽早落地；对群众急需办理的事项，推行延时服务、预约服务和上门服务。全年，提供上门服务35次。在网站开通国地税网上预审批试点，登录区中心网站，进入“国、地税预申报”，即可“线上”提交电子版申报材料，由国地税窗口对申报的行政审批事项所需材料进行预审。预审批合格后，再由申请人或者申请单位根据要求将申报材料递交国地税窗口进行联合税务登记，提高效率。

【便民利企举措】 年内，开通“政务服务直通车”，接待咨询1000余人次，发放各类宣传资料1000余份。自1月1日起，市场监督管理局组织机构代码证办理窗口取消了对小微企业（含个体工商户）的组织机构代码证书收费。免征金额包括证书工本费和技术服务费108元。取消组织机构代码证书收费495件，为创业企业节省开支5.34万元。

【镇街政务服务中心建设】 设立为民服务全程代办工作领导小组及办公室，实现三级政务服务体系全程代办工作的指导和监督；区、镇（街）中心分别设立代办服务窗口，选派工作人员专门负责代办工作。年内，三级服务体系有代办员86人，共为百姓提供代办服务6.78万件。向企业、群众全面公开各级代办机构的代办事项、联系方式和办事流程，建立政务体系地理信息系统。召开镇街服务中心负责人会议，为每个镇街中心设立独立的管理员权限，对信息录入进行培训。同时，加大对所辖镇（街）中心、村（社区）便民服务室信息录入情况的督导检查力度。明确要求办理事项、代办员等信息有变化的及时更新。下发《4S标准星级政务服务中心考核方案》《4S标准星级政务服务中心考核细则》，于9月份对镇街中心进行考核。

（于莉莉）

机关事务管理

【概况】 北戴河区机关事务管理局负责为党政机关综合办公楼提供安保、保洁、会议、维修、餐饮等后勤保障工作和全区公共用能机构等日常节能减排工作及临时交办任务。

【日常服务】 在日常维护维修工作中，严格落实双岗24小时值班、定期检查、按期保养、以旧换新和维修登记等各项工作制度，及时更换和修理各类灯具、门锁、防盗门、高层玻璃、下水管件等，并及时做好了电梯维保、消防检查、水泵更换、配电柜清理等维护维修工作，保证了大楼的正常运转。加强对职工食堂的管理，严把采购、入库、出库、加工检验等多道卫生关口，加强成本核算，逐项细化落实责任，稳控销售价格，做到方便实惠、物美价廉。不断丰富和变换菜肴品种，减少浪费，加强青菜、成品、炊具、日常易耗品的合理利用率，多重分解、变废为宝。加强政府广场的管理，安排专人负责，合理开启和关闭广场的各种用电设备，并加强24小时巡查工作，及时发现和解决设备维护维修问题，及时更换各类彩灯射灯、破损地砖，并刷新车位线、道路标线和护栏，清理花坛及周边环境。办公楼整体保洁工作严格按照卫生工作标准，对于楼道、电梯间、会议室、卫生间、垃圾道等重点部位做到全天候保洁，定时进行蚊蝇消杀，每天4次进行逐项检查。会议服务、文件印刷、报刊投递等各项日常性服务已形成了较为稳定的工作程序，无任何贻误情况。

【安保工作】 强化工作各项制度，加强重点部位24小时电子监控。对外来办事人员，进行询问和登记，严格执行各项进出登记手续，专门安排1名保安人员在门口进行逐人询问，杜绝可疑人员进入大楼，5月27日，执勤保安人员在例行来客登记时，及时发现并移交110指挥中心1名诈骗嫌疑人。完善消防应急预案，及时检查各项消防设备，疏通消防通道，对配电间、垃圾道等火险高发区域实施不间断监控。专人专组，坚持白天不少于4次，晚间不少于5次定时巡逻，带班领导随时对各岗位进行检查，发现问题及时处理。做好上访群众的引导和劝阻工作，通过耐心细致的劝说，多次将上访群众引导到信访部门，并积极协调好“五人小组”的值班工作，发现问题及时处理汇报，多次受到区委主管信访工作副书记付顺义的表扬。

【公共机构节能】 做好全区的公共机构节能宣传工作，增强各单位节能环保意识，进社区、进一线，对各用能单位进行检查和指导，逐步淘汰老旧的用能设备设施，使全区电、水、煤、天然气、汽油、柴油等主要能源资源消耗量人均值较上年度均有下降。全面落实《公共机构节能条例》，提高中央空调等大型用能设备的自主管理和维护能力，保证按照规定标准使用的基础上，不断稳控水、电消耗，节约运行成本。

（王　欢）

档案管理

【概况】 2015年，北戴河区加大档案信息化建设、档案法制化建设、档案资源建设和档案干部队伍建设的力度，创新服务方式，优化服务平台，认真履行档案事业行政管理和档案保管利用两大职能，努力实现全年工作目标。

【档案行政管理】 举办档案业务培训班 区档案馆业务骨干详细讲解了档案的归档整理、安全保管、全宗指南编制规范等业务知识，解读《秦皇岛市归档文件整理办法实施细则》《秦皇岛市档案收集管理办法》等文件。多次组织区各机关档案人员参加市档案局举办的档案业务培训班，累计培训92人次。

档案事业统计年报工作 采取3项措施按时保质完成统计年报数据收集工作，共采集47家机关事业单位的数据，如实反映了区基层档案室的基本情况。

农村档案建设工作 采取以点带面、整体推进的工作方式，做好农村居民最低生活保障、土地承包、林权改制等文件材料的归档、立卷指导工作，让农民群众能够方便地利用档案，使档案能有效地服务新农村建设。

立卷归档指导工作 继续抓好北戴河区2014年度归档文件整理工作。按照《归档文件整理规则》的要求，高标准、高质量地完成任务，全区年度立卷归档合格率达到96%以上。

开展重点项目档案管理工作 “北戴河中俄文化艺术交流中心”是河北省的重点建设项目，其档案资料对于该项目的管理、推进、验收、稽查等工作十分重要，是项目建成投入运行后不可或缺的重要资料。随着工程建设的逐步开展，同步加强指导、跟踪服务，确保该项目顺利通过竣工验收。

【档案开发利用】 贯彻市、区机构改革文件精神，做好撤并机构档案接收工作，同步接收纸质档案和数字化档案。全年共接收进馆档案2378件，并全部完成数字化扫描。将1985年前应开放的档案经过鉴定划控后开放，全年共提供利用档案1102卷次。

【依法治档】 从10月9日开始，区档案馆对全区档案工作进行年度检查，检查内容包括机关档案工作组织管理、档案业务建设、档案基础设施建设、档案信息化建设和档案开发利用工作以及2014年度档案归档文件整理情况等。检查采用新的标准和办法，严格按照年检所要求的程序、步骤进行。从检查整体情况看，各单位都能按照有关标准，科学有效地开展工作。

【数字化建设】 加快馆藏档案数字化扫描进度。至2015年末，共配置微机4台，扫描复印一体机1台。全年数字化档案增至113万页，文件级目录20万条。充实完善档案信息网站内容，利用网络服务民生。

（姚海鹏）

政协北戴河区委员会

政协全体委员会议

【政协北戴河区第八届委员会第四次会议】

1月19—20日，政协北戴河区第八届委员会第四次会议在区党政综合办公楼三楼会议厅召开。应出席委员121人，实际出席110人。特邀区委、区人大、区政府、区纪委和人武部的领导，离退休的原区政协主席、副主席，公安分局、区人民检察院、区人民法院以及行业驻区单位主要负责人参加会议，各镇街、区直各部门主要负责人列席会议。中共秦皇岛市委常委、北戴河区委书记李学民代表中共北戴河区委讲话。会议听取并审议通过政协主席严彬所作的《政协北戴河区第八届委员会常务委员会工作报告》，政协副主席杨振久所作的《政协北戴河区第八届委员会常务委员会关于八届三次会议以来提案工作情况的报告》。全体委员列席了北戴河区第十四届人民代表大会第五次会议，听取并讨论《北戴河区人民政府工作报告》，讨论《北戴河区2014年国民经济和社会发展计划执行情况及2015年计划草案的报告》《北戴河区2014年财政预算执行情况和2015年财政预算草案的报告》《北戴河区人民法院工作报告》《北戴河区人民检察院工作报告》。会议通过政协北戴河区第八届委员会第四次会议政治决议。

区政协常委会会议

【政协第八届委员会常务委员会第十二次会议】 1月9日，召开区政协八届十二次常委会，会议由政协主席严彬主持。常委会通过顾东辞去第八届区政协委员，拟增补孙晨、王丽艳、金涛、骆建伟、徐国强、李阳、具文忠7人为第八届区政协委员；审议通过关于召开区政协八届四次会议的决定、区政协八届四次会议的有关事项、区政协八届委员会常务委员会工作报告及区政协八届委员会常务委员会提案工作报告。

【政协第八届委员会常务委员会第十三次会议】 1月20日，召开区政协八届十三次常委会，会议由政协主席严彬主持。会议听取政协八届四次会议期间各小组讨论情况汇报，审议通过区政协八届四次会议提案审查情况报告（草案）、区政协八届四次会议政治决议（草案）。

【政协第八届委员会常务委员会第十四次会议】 3月25日，召开区政协八届十四次常委会，会议由政协主席严彬主持。审议通过区政协常委会2015年工作要点；研究确定2015年重点提案、重点调研课题及任务分解；学习2015年全国人大、政协“两会”精神；围绕全区发展及政协工作开展讨论、建言献策。

【政协第八届委员会常务委员会第十五次会议】 9月1日，召开区政协八届十五次常委会。会议由政协主席严彬主持。通过刘金、李洋洋、张秀凤、朱广恩的人事任免事项；通过李志国、赵国祥辞去第八届区政协委员，拟增补刘金为第八届区政协委员；听取区政协上半年工作开展情况和各委员活动组引进总部企业目标任务完成情况汇报，安排部署下半年工作；审议通过调研报告《关于解决暑期停车难问题的建议》和《关于近代建筑保护与利用的探讨》；学习传达《关于加强人民政协协商民主建设的实施意见》文件精神。

【政协第八届委员会常务委员会第十六次会议】 12月11日，召开区政协八届十六次常委会，会议由政协主席严彬主持，区委常委、常务副区长于凤喜及有关部门负责人列席会议。会议听取区政府2015年为民办实事工作落实情况的报告、区政府关于政协八届四次会议提案办理情况的汇报；审议通过《政协北戴河区委员会关于表彰2015年度优秀提案及优秀提案者的决定》；通报接收牛头崖镇和南戴河街道办事处政协委员22人，其中政协常委3人。

区政协主要工作

【协商议政】 八届四次会议期间，组织委员认真听取了《政府工作报告》和其他报告，围绕全面深化改革、重点项目建设、区域经济发展等全局性问题，通过小组讨论、提案、反映社情民意等形式，提交意见建议100余条。常委会议围绕政府为民办实事、引进总部企业等重点工作，认真开展专题协商，所提出的意见建议得到区领导及有关部门的重视和采纳。各专委会、委员活动组紧密联系相关部门，先后就民营经济发展、城乡一体化发展等多项工作，深入开展对口协商和界别协商，促进了有关问题的解决和落实。

【提案工作】 围绕人民群众普遍关注的热点、难点问题，运用提案、调研、视察等形式，积极开展咨政监督活动。八届四次会议以来，审查立案提案102件，确定重点提案4件。提案办理中，通过主席领衔督办、走访承办单位、召开专题座谈会、开展办理情况“回头看”等方式，最大限度地提高了提案成果的转化率。至2015年底，102件提案已全部答复完毕，提案反馈率、满意或基本满意率均达到100%。

【视察调研】 先后组织各界别委员围绕民宿品牌化建设、重点项目建设、街区景观改造提升、农村面貌改造提升、食品安全、公共文化服务体系建设等工作开展专项视察活动，提出了20余项意见建议，部分建议已经被相关部门采纳并运用到实际工作之中。就基层医疗机构建设、康养产业发展、暑期停车难、近代别墅保护与利用、小微企业发展、依法治区建设、休疗养院改制等课题开展专题调研，形成了一批较高质量的调研报告。其中《关于解决暑期停车难问题的建议》《关于北戴河近代建筑保护和利用的探讨》和《对标先进找差距，解放思想促发展》3份报告，得到区委主要领导的充分肯定，做出批示要求区政府及相关部门进行认真研议，推进工作落实。

【民主监督】 积极推荐政协委员担任政府职能部门的行风评议员和特邀监督员，定期参加各部门开展的执法执纪、调研、检查等活动，对基层单位、窗口行业的政风行风建设进行民主评议。多次组织委员旁听法院庭审，对有关法律、法规执行情况实施民主监督。

【晋冀鲁豫县级政协工作经验交流会】 6月24—26日，区政协主席严彬一行4人赴河北省磁县参加晋冀鲁豫县级政协工作经验交流会第四十次会议。北戴河区政协结合工作实际，介绍了区政协“发挥政协优势，服务深化改革全力助推区域经济跨越发展”的经验做法，并与参会的县区政协进行交流探讨。会议期间，与会人员观看了《冀南新区》宣传片，参观考察了磁县林坦工业园卓达新材料科技产业园、马头经济开发区中邯硼业科技有限公司、冀南新区展示馆、磁州窑博物馆、磁县规划展示馆、中共直南党史馆、磁县经济开发区、薰衣草项目等。

【政协委员变更】 区政协八届十二次常委会增补孙晨、王丽艳、金涛、骆建伟、徐国强、李阳、具文忠7名政协委员，减少1人：顾东（因工作调离）。区政协八届十五次常委会增补刘金为政协委员；减少2人：李志国和赵国祥（因工作调离）。区政协八届十六次常委会接收牛头崖镇和南戴河街道办事处政协委员22人。至2015年底，有委员141人，特邀列席委员5人。

区政协委员名单

共141人，按姓氏笔画排序。

于志勇　卫丽敏（女）　马秀芬（女）
马海明　王　东　王　芳（女，满族）
王　青　王　惠（女）　王凤清（女）
王文义　王文胜　王东升　王亚东
王有奇　王丽艳（女）
王树忠（蒙古族）　王铁军　王鸿雁
王雅婷（女）　王朝满　王智华
王墨江　公晨艺　计春江
艾　琳（女）　卢玉平　卢洪文
田　宏（女）　田欣华（女）
田春来　白　鹤　冯树合
毕青春（满族）　师建国（满族）
朱　红（女）　朱晓东　刘　明
刘　金（女）　刘凤波（女）　刘立辉
刘宇飞（女）　刘彦保　刘艳红（女）
刘艳柱　刘润秋　刘景平　刘锁华
刘渤江　孙　晨　严　彬
杜娅楠（女）　李　扬（女）
李　伟（满族）　李　伟　李　阳
李　军　李文忠　李文彬　李其滨
李宝明　李建春　李春兰（女）
李柏林　李洋洋　李振旭　李霄霏
杨　宏　杨立更　杨立荣　杨仲秋
杨国兴　杨国栋　杨振久
杨静媛（女）　肖　敏（女）
吴庆红（女）　谷平海　宋汝位
宋景昌　张小五　张东海　张立柱
张红艳（女）　张志强　张振江
张家祥　张海燕（女）　张寅生
张盘成　张福宽　陈国刚
陈秋菊（女）　陈艳霞（女）　金　涛
具文忠　采蓉梅（女）　周义民
周学年　周维忠　郑国滨
孟香爽（女）　赵洪辉　逄忠利
祖述俭　姚占来（满族）　骆建伟
秦　明　聂　林　聂庆平　夏建军
徐国强　高志强
高丽杰（女，蒙古族）　高春华
高银山（满族）　郭　晨　郭一心
郭永广　郭红娟（女，满族）　郭路祥
姬献平（女）　黄　伟
曹晓军（满族）　曹瑞旺　常孟庚
崔　颖（女，满族）　崔兆文　崔国利
商洪林　梁军涛　蒋玉斌
蒋丽艳（女）　韩　勇　韩英山
韩英河　傅德礼　管　茁　滕运林
潘颖丽（女）　薛　伟　蘧恒彬

特邀列席委员（共5人，按姓氏笔画排序）：

王　铁　冯　军　李　蘅（女，满族）
张秀兵　徐轶尊

（周　杨）

民主党派·工商联

民主党派

【中国国民党革命委员会北戴河区支部】（简称民革北戴河支部）现有党员25人。有副主任医师职称的4人，教授职称的2人。主委：逄忠利，北戴河医院副主任医师；副主委：采蓉梅，女，北戴河二中高级教师。支部党员中有市政协特邀委员2人，区政协常委1人，区政协委员7人。6月，民革京津冀基层组织助力京津冀协同发展研讨会在秦皇岛举行，北戴河支部积极配合民革市委的大会组织工作，从会议服务到医疗保障无任何纰漏。北戴河支部在与北京、天津医疗专家座谈时，积极寻求各大医院支持，北戴河医院神经内科、骨科与北京宣武医院神经内科、天津市四中医院骨科达成合作意向，推动了北戴河医院医疗水平再上新台阶。2015年北戴河支部共撰写提案7篇，民革北戴河支部获“河北省优秀支部”称号。

【中国民主同盟北戴河区支部】（简称民盟北戴河支部）支部现有盟员23人，年内新入盟1人。其中有副主任医师职称的4人、主任医师1人、高级工程师1人。主委：刘润秋，北戴河二中高级教师；副主委：杨力伟，北戴河国税局开发区分局副局长。支部盟员中有市政协委员1人，区政协常委1人，区政协委员2人。支部组织盟员到青龙采桑峪小学对留守儿童进行慰问，人民医院冯文杰等医务工作者为学生和村民进行义诊。盟员韩英河担任北戴河区书协主席，参加“北戴河送文化下基层”活动，为百姓免费书写赠送春联和福字400余幅；参加由省书协组织的“书法进万家——2015新春书法下基层”活动；陪同省、市书协主席在山海关第一关广场现场书写并赠送春联。支部提出的《整合教育资源、加快教育事业发展》的建议被列为4项重点督办提案之一。《我区义务教育均衡发展》的调研报告中的建议被区委区政府采纳并付诸实施，适当并校的工作已经开展。在支部主导下完成了关于《增强全民法制意识，推进依法治区》的调研报告。

【中国民主建国会北戴河区总支委员会】（简称民建北戴河总支）现有会员31人，年内新入会2人。主委：周学年，北戴河区政协委员工作委主任；副主委：李新，秦皇岛保险公司；潘颖利，女，东方爱婴早教中心。会员中有市政协委员1人，区人大常委1人，区政协常委1人，区政协委员5人。总支组织会员认真学习中共十八大及十八届四中、五中全会精神，并组织会员为北戴河区牛头崖镇蒲兰小学师生送去了总价值3万元的钢琴1架和笔记本电脑1台。

【中国民主促进会北戴河区工作委员会】

（简称民进北戴河工委）工委分为2个支部，现有会员35人，年内新入会1人。工委主委：李伟，北戴河第一中学；副主委兼第一支部主委：郭晨，秦皇岛广播电视大学北戴河分校教务主任。第二支部主委：冯树合，北戴河区联峰山公园管理处副主任。会员中有市政协委员1人，区人大代表1人，区政协常委1人，区政协委员4人。各支部定期召开提案、信息研讨会，就社会热点问题讨论、研究，并集思广益，深入调查，撰写了《关于北戴河区计划生育失独家庭情况》《拆除门前障碍　共建和谐社区》《关于规范北戴河医院就医秩序的建议》《关于人性化管理有线电视信号的建议》《关于取缔非法营运车辆的建议》等调研报告和建议。11月，邀请青龙满族自治县小裕岭后小学的36名师生到北戴河观海，并为每位学生购买了书包、文具盒和笔本，民进北戴河第一支部的副主委王慧还为小裕岭后的每位师生购买了保险。

【中国农工民主党北戴河区支委会】 （简称农工党北戴河支委会）支委会现有党员16人，年内新入党2人，从其他支部转入2人。其中有主任医师职称2人、副主任医师职称4人。主委：王晓臣，北戴河区医院医保科主任；副主委：李春风，女，国家电网公司北戴河疗养院内科主任。支委会党员中有区人大代表1人，区政协常委1人，区政协委员1人。支委会组织党员认真学习中共十八届三中、四中、五中全会精神；定期组织全体党员学习统战工作会议精神，传达市委会议精神；圆满完成农工党市委下达的各项任务。撰写了《与外地医疗院所机构合作提升北戴河医疗水平的建议》《将秦皇岛疗养院改造成养老中心促进京津冀跨省疗养》调研报告。党员薛伟获2015年暑期食品安全保障工作先进个人，李乔的“PSG多导睡眠监测对脑卒中后药物指导相关性”获得秦皇岛市科研立项。

【九三学社北戴河区支社】 （简称九三北戴河支社）支社现有社员24人，有工程师职称的9人、副主任医师职称的2人。主委：张志强，北戴河区工程质量监督站站长；副主委：蒋玉斌，北戴河冰都工贸公司总经理；张东明，女，秦皇岛职业技术学院外事办副主任。社员付红为市委委员。社员中有市政协委员3人，区政协常委1人，区政协委员3人。年内，支社圆满完成换届。社员蒋玉斌春节为困难户捐款1000元，“六一”儿童节为区小学捐款1000元。北戴河支社为离退休老社员订阅了《益寿文摘合订本》《生活文摘报》。支社社员、中粮华夏长城葡萄酒公司总工程师严斌获得“2015年全国劳动模范”称号。

（宁　萌）

北戴河区工商业联合会

【概况】 2015年，北戴河区工商业联合会有会员460人，其中非公有制经济代表人士140人、基层组织 2 个。工商联围绕区中心工作，结合区民营企业发展的实际，拓展服务领域，充分发挥自身优势，坚持“感情立会、服务兴会、创新促会、维权凝会”的理念，认真履行部门职能，扎实开展各项工作。

【基层组织建设】 建立健全《主席办公会议制度》《主席驻会轮值制度》等一系列规章制度。按照面向工商界、以民营经济及代表人士为主体、广泛性和代表性相结合的原则，做好会员发展工作。调整补充了11名执委、会员。坚持主席办公会议制度和工商联兼职副主席轮值制度。建立北戴河工商联网站，初步建立了会员、执委、会员组织数据库，实行动态管理，定期更新数据库。建立北戴河工商联执委微信群，加强了会员之间的沟通联系。

【非公有制经济人士工作】 把非公经济宣传作为工商联工作的重要内容，通过拓展信息平台，组织各类培训及参观考察等方式，多渠道、多层次宣传工作，尤其是通过上报信息和编写工商联信息（共12期）、召开座谈会等，拓宽与民营企业的沟通渠道，提高了民营企业的社会声誉。组织民营企业参加在团中央疗养院举办的由著名经济学家、国务院发展研究中心研究室主任、中央电视台特邀财政观察员徐东华“2015下半年中国宏观经济走势与装备制造业发展战略”报告会；并参加了在喜来登酒店举办的“宏观经济形势与中小企业发展战略讲座”。在宏观经济形势特别是融资环境相对紧缩的情况下，围绕走科技创新为主的发展之路、企业转型升级、中小企业上市等举办“企业上市基础知识”讲解，新三板成功上市的碧螺塔旅游开发有限公司总经理、区工商联副主席王有奇在会上介绍了上市的经验，引起与会企业家的热切关注，会后有3家企业谋划上市。

【联谊工作】 开展对位学习交流活动，有针对性地不定期组织企业家到北戴河集发农业综合开发股份有限公司、北戴河兰德科技有限公司、北戴河艺术村落、滦州古城等参观考察学习。召开工商联六次执委会，并就确定议题邀请部分相关会员参加，以“企业沙龙”“经验交流”活动为载体，增进企业沟通交流。开展对会员企业的走访活动。加强对外交流，与绥化市绥棱区、兰西县、肇东市等8家工商联签订了合作协议。2015年工商联引进河北澜潮环保科技发展有限公司等3家企业，引进资金1400万元。

【参政议政】 区工商联围绕区委、政府中心工作，针对非公有制经济发展中的热点、难点问题和区域经济发展的新特点，积极引导非公经济人士关心社会事务，关注区域经济发展，融入京、津、冀协同发展的大环境；认真做好调研，在政协八届四次会议上提交了2份提案。

【服务会员】 完善了工商联网站，为会员企业提供法律、技术、人才、合作、行业动态以及会员企业各种信息等，搭建相互交流的平台。走访掌握企业经营情况，协调解决困难矛盾，为企业发展建言献策。建立健全了区委、区政府领导联系非公有制企业代表人士和市四套班子领导联系商（协）会制度，组织企业家参加“十三五”编制征求意见等有关重要会议和重要活动。引导协助企业申报政府各类奖励补助资金。协助有关部门为秦皇岛隆达科技开发有限公司等3家符合条件的企业完成河北省中小型高科技企业的申报。帮助企业上市融资，已有3家有意愿的企业在新三板上市。其中2家企业的上市工作正在进行中。

【光彩事业】 两节期间，工商联组织部分民营企业家对区内25户低保困难户进行了一对一帮扶，在春节之前给每户送去了米、面、油等节日用品和500元现金。“六一”儿童节前夕，组织区民营企业家代表，联合团区委，到北戴河区第一幼儿园、北戴河区实验小学开展慰问活动，送去了价值近5000元的玩具、体育用品、书籍等。同时集中对非公企业近年来各类捐助和投资光彩事业项目情况进行摸底，建立会员企业光彩事业数据库，整体打包，典型引导，倡导结对帮扶、“造血”帮扶。

（郑铁桥）

社会团体

北戴河区总工会

【概况】 2015年，区总工会贯彻落实省总工会“大事做到位、善事做精准、要事做规范、有影响的事做成品牌”的要求，围绕中心，服务大局，改革创新，各项工作取得新进展。4月，举办“中国梦•劳动美”主题征文、摄影大赛；10月，举办“远离邪教、科学健身、舞动梦想、幸福飞扬”广场健身舞大赛。在省级媒体上发表资讯8篇、市级媒体发表10篇，在中央电视台新闻频道《共同关注》《河北新闻联播》、秦皇岛电视台《新闻报道》3件次。“幸福雨”帮扶项目被评为河北省工会“一会一品”服务职工创新项目和全省工会工作创新成果二等奖；区总工会被评为市级工会工作先进单位、2014—2015年度区级文明单位。

【北戴河区工会第四次代表大会】 4月29日，北戴河区工会第四次代表大会在区党政综合办公楼三楼会议厅召开。大会应到代表121人，实到代表119人，区各部门、企事业单位及工会负责人应邀列席会议。会议回顾总结了区工会第三次代表大会以来北戴河区工会工作，讨论确定今后5年的主要任务，审议通过了区总工会第三届委员会工作报告、财务工作报告和经费审查工作报告，选举产生了区总工会新一届领导机构。市委常委、区委书记李学民，市总工会常务副主席安颖欣，区领导付顺义、单慧英、王玉海、严彬、卢彦昌、周向东、丁新杰、赵启伟、卢洪文出席会议。

市委常委、北戴河区委书记李学民就做好新时期工会工作作重要讲话。安颖欣代表市总工会向大会的召开表示热烈祝贺，对区工会第三次代表大会以来的工作给予充分肯定。张军生代表区总工会第三届委员会作《坚持创新发展，凝聚职工力量，为建设美丽实力幸福北戴河建功立业》工作报告。

大会分别以无记名投票方式差额选举产生区总工会第四届委员会委员17人：马春生、王应飞、左德成、田宏（女）、朱玉忠、刘金友、刘香萍（女）、刘滨和、孙振彦、李文侠（女）、李江华、宋福贵、张军生、陈敏、赵洪辉、单爱红（女）、高向春，等额选举产生经费审查委员会委员5人：于坤（女）、王会恩、刘香萍（女）、李伟（女）、赵静（女）。

在举行的区总工会四届一次全委会和一次经费审查委员会上，选举张军生为工会主席，田宏为常务副主席，刘香萍为副主席和经费审查委员会主任。

【帮扶解困】 精准帮扶，继续打造“幸福雨”活动品牌。通过发放生活补贴、帮帮门店结对帮扶、组建帮帮车队、成立粮油直供店和困难职工体检中心等系列帮扶措施，对困难职工提供贴心服务。至年底，已发放“幸福雨”生活补贴1.44万元，发放帮帮门店工资1.20万元，提供用车服务30多次，提供粮油资助3万多元，免费健康体检87人次，建立困难职工健康档案87份。年内，新增河北省总工会北戴河工人疗养院、东山社区、旅游服务咨询中心等10个“劳动者驿站”。暑期高峰，在驿站内设置保温桶，坚持每天两次为一线职工熬制、发送绿豆汤。全年为广大职工提供求职岗位10个，提供职业介绍40人次；为园林、环卫、典型企业等10余个窗口行业和劳动密集型企业发送

3万余元的解暑慰问品；为环卫车设计安装标有“工会为您送清凉”字样的遮阳伞100余把；为12名困难职工大学生子女发放助学物资近4万元；新年、春节期间，在区劳动人民文化宫为87户困难职工集中发放粮油、慰问金共计9万余元。围绕重点，发挥工会保障职能。春节期间，区总工会对春节灯展指挥部、联峰山防火大队的一线职工进行慰问；暑期前对困难职工进行调查走访，结合端午节开展集中救助活动，为困难职工发放物资6万多元；组织开展“温暖冬日、关爱职工”走基层慰问、送文化进企业、助梦行动等系列帮扶活动。为民解忧，开展大病医疗互助。11月，启动实施2016年度职工大病医疗互助工作。

【开展劳动竞赛】 开展服务旅游兴区、节能减排、安康杯、职工职业技能等劳动竞赛。联合区交通局在全区旅游大巴中评选出10辆“工人先锋号”车组。联合区旅游局开展全区民宿从业人员培训活动，全区2000名从业人员参加业务学习、实地演练。开展“创建学习型组织，争做知识型职工”、创建“职工之家”“工人先锋号”“能工巧匠”评选等活动。年内，成功申报市级能工巧匠1人，市级劳模4人，暑期，组织“劳模志愿者”服务队，在重点路段进行巡查，开展志愿服务工作。区总工会圆满完成七批800名全国劳动模范的接待任务。

【促进劳动关系和谐稳定】 制定出台《北戴河区协调劳动关系三方会议制度》，进一步完善劳动关系三方协商机制。加大督导检查力度，对全区建筑工地、开发区企业、餐饮行业等重点用人单位开展联合检查，形成职工队伍稳定、劳资共赢的和谐局面。制定《2015年北戴河区构建和谐劳动关系工作意见》，召开镇街、开发区及重点企业布置会，对构建和谐劳动关系工作进行安排部署。完善与区人社局、区司法局、区法院、信访部门维权维稳工作联络员制度，建立“沟通对话”机制和劳动关系矛盾“四色预警”机制，预防劳动关系矛盾发生。帮助、指导基层工会与企业依法建立平等协商和集体合同制度。推进“双亮双树”、群众工作室和企业职工生活后勤保障“四提升”建设。

以12·4法治宣传日、法律讲堂进企业等活动为契机，开展普法宣传，发放《职工维权读本》《中华人民共和国劳动合同法》等宣传资料。开展“安康杯”竞赛活动，增强职工安全意识。定期走访慰问劳模。组织市级以上劳模进行健康体检。把困难劳模纳入困难职工帮扶体系及时给予救助。

【基层组织建设】 2015年，全区基层工会434家（牛头崖镇、南戴河街道总工会分别划拨62家、34家基层工会），新建工会组织10家；工会会员28435人（牛头崖镇、南戴河街道总工会分别划拨会员6863人、4073人），新增会员152人。

（王会恩）

共青团北戴河区委员会

【概况】 2015年，全区共有直属团组织35个，团员4200余人，团干部79人。农村团组织建团率100%，国办学校建团率100%。北戴河团区委围绕“四个坚持”深入践行“三严三实”要求，贯彻落实区委和团市委各项工作部署，加强青年思想教育引导力度，助力全区暑期及各项事业，为青少年提供优质服务、创新成长平台，夯实团组织建设、深化党建带团建工作，全面推动共青团事业稳步、健康、持续发展。团区委获得贯彻落实第七次全国少代会精神专题辅导员培训班“优秀组织奖”，共青团河北省委“小手拉大手、贯彻新《规定》、合力保安全”爱路护路主题宣传教育活动优秀组织单位，团省委第十一届“河北省青年志愿服务优秀项目奖”，秦皇岛市优秀志愿服务团队、“秦皇岛市未成年人思想道德建设工作”先进单位等称号。育花路小学获“2015年童眼观生态——全国青少年生态文明教育体验活动”

优秀组织奖，实验小学等3家单位被评为河北省优秀青少年维权岗，第一中学被评为2014—2015年度河北省少先队活动创新示范校，蔡各庄小学被评为共青团河北省委“小手拉大手、贯彻新《规定》、合力保安全”爱路护路主题宣传教育活动优秀组织单位，西古城村团支部被评为河北省优秀农村团支部，中国煤矿工人北戴河疗养院团支部与鸽子窝公园团支部被评为省级青年文明号集体，李佳被评为第十一届“河北省优秀青年志愿者”，陈玲被评为河北省优秀少先队辅导员，何雨欣被评为河北省优秀少先队员。北戴河区西山街道团工委等3家团委被评为秦皇岛市“五四红旗团委”，鲍娜等3人获市级“新长征突击手”，张海超等3人被评为秦皇岛市优秀共青团干部，马坤等5人被评为秦皇岛市优秀共青团员。

【组织建设】 团区委充分整合资源，与辖区内20余家休疗单位、企业、高校、商家、社会组织成立青年共建委员会，采用轮值制，每季度设立一个值班单位负责全面工作。完成（戴河镇、海滨镇）村级团组织换届，选举产生79名团干部，平均年龄为29岁。

提升团干部及青年带头人理论素养。组织机关、镇街、企业、教师、大学生村官等各行业优秀青年代表参加北戴河区2015年“学习贯彻习近平总书记系列重要讲话精神”青年读书班。读书班共举办9期，720余名青年参加读书班。在建团93周年之际召开共青团北戴河区委“五四”表彰大会，全区各级团组织负责人、青年团员代表、武警官兵共300余人参会，全区共表彰12个先进集体和30名优秀个人。

【青少年思想政治工作】 *培育树立社会主义核心价值观* 为车站村、西坨头村等村绘制中国梦、社会主义核心价值观等内容的文化墙1500多平方米。在全区各基层团组织单位、青年示范岗和青年标兵门店、民宿经营户张贴印制有北戴河特色的社会主义核心价值观宣传画2000套。参与编印《图说我们的价值观》连环画，并向全区团员青年、学生和广大游客免费赠阅。以主题团队日、征文、演讲等形式在中小学深入开展“共圆中国梦，践行社会主义核心价值观”主题教育实践活动。4月28日，举办共青团北戴河区委“五四”表彰大会暨青年读书班开班仪式，会上对优秀团支部、团干部和团员青年进行了表彰。5月29日，联合区教育局、区文广新局举办了“中国梦·我的梦——阳光下成长”艺术作品展暨书画讲座活动，展出全区9所学校百余幅学生作品。10月27日，在蔡各庄小学举办“胸怀爱国志·心系家乡情”践行社会主义核心价值观主题教育活动，全区社会各界1000余人参加。

开展“团干部如何健康成长”大讨论活动 组织基层团支部书记参加2015年第一期全国团干部能力素质提升及共青团工作创新发展培训研讨班，与全国各地团干部就如何做好共青团工作、实现自我健康成长等话题深入讨论交流；组织区少先队辅导员、少先队小干部参加2015年秦皇岛市少先队辅导员、少先队小干部培训班；组织全区各团工委、支部书记开展了以“自省自励、虚功实做，坚定信念、远离贪腐”为主题的团组织生活会。

【青少年法制宣传教育】 团区委与区司法局联合成立青少年法制教育宣讲团，由全区律师、法制副校长、法制辅导员以及法治宣讲志愿者等30人组成，深入各个学校开展“法律进课堂”活动，为青少年讲解法律知识，树立法治思维。区人民法院团支部积极组织青年干警赴交通主干道及居住区，搭设法律咨询台，共提供咨询服务近百人次，发放普法材料百余份。开展反邪教进校园、进企业、进社区、进集市的“四进”集中活动，发放宣传资料1400余份、宣传劳保用品800余份。12月4日为国家宪法日，到三角地广场进行法制宣传活动，将“无邪教创建”活动和开展法制宣传活动结合起来，发放宣传册、宣传单1000余份。

【志愿服务工作】 设立暑期青年志愿服务指挥分中心，开通服务热线；组成“港城先锋•红色义工”青年志愿者服务小分队；在中小学生中开展“平安出行文明礼让”交通小卫士活动，为游客进行文明交通义务劝导、文明旅游宣传、海蜇蜇伤自救等活动，这一活动已经连续坚持15年；在车站、交通路口、景区附近的青年商户中开展“爱心驿站”活动。

团区委承办冬季旅游“幸福北戴河•春节灯谜会”活动，为广大游客提供猜灯谜、义卖祈福卡、展示民间艺人才艺等活动和表演；组建青年志愿者服务队，为“休闲之冬•2015年北戴河春节灯会”提供服务。

【“青年文明号建功美丽乡村”活动】 开展“青年文明号建功美丽乡村”活动，实现农村面貌改造提升重点村与青年文明号集体“一对一”帮扶。组织开展“保护母亲河•美丽中国梦”系列活动及“携手志愿社区行”环保宣传活动，组织青年志愿者深入街道、社区宣传环保知识，并对戴河沿岸进行环境卫生专项整治。在西部快速路附近组织义务植树5000余棵。组织团干部和青年志愿者每月对全区所有公交站亭开展集中清理活动，沿东海滩路至西海滩路一线开展“激扬青春梦•公益环保行”活动。开展“青年文明号建功美丽乡村”、青年文明号优质服务等一系列创建活动，动员和组织广大青年文明就业、创先争优。在涌现出的优秀青年集体和个人中，选拔树立典型，表彰先进，共选拔树立全区8个青年文明号集体，1个青年文明号标杆和2个青年文明号号长。

【服务青年工作】 成立区各级青年中心，搭建综合性服务平台。采用“专职工作者+基层轮值团干部+志愿者”的运作模式，青年中心使用面积200平方米，内设团功能室、心理咨询室、青年书画室、图书阅览室、模拟法庭等多个独立功能区，实现基础团务、心理咨询、就业创业、婚恋交友、维权助困、文化交流等综合性服务功能。被评为省级示范区级青年中心。

开展多项实践活动，提供多向学习交流机会。组织基层团委主动联系优秀返乡青年、在外大学生与当地机关、学校、企业青年对接，召开以“奋斗的青春”“心系海滨”等为主题的青年分享会和联谊会。动员基层团干部参加“深入践行‘五个坚持’，提升暑期服务能力”知识竞赛活动，在医疗卫生支部中开展“青年护士技能比武大赛”，在开发区团工委开展“岗位能手创新竞赛”，在休疗单位团支部开展“立足本职岗位，提高服务技能”知识竞赛。推动“圆梦助学”系列活动，先后开展“城乡手拉手北戴河一日游”“送医下乡”活动。

【青年小额贷款邮储项目】 制定《共青团北戴河区委促进科技型中小企业发展实施方案》，为秦皇岛龙聚森食品有限公司和秦皇岛市大开电子有限公司提供帮扶，在科技培训辅导、提供政策咨询、搭建实习基地组建律师团队以及申请贷款等方面提供服务和引导，帮助龙聚森食品有限公司完成企业认证。开展“贷动青春”青年小额贷款邮储项目，2015年，帮助19位青年提供贷款126万元，用于旅馆、餐饮、工程等方面的创业；建立青年就业创业见习短期实践基地，为8名高校毕业生提供就业岗位，为30余名在校青年提供暑期见习岗位。

【希望工程】 开展“春雨行动”爱心慰问、“爱心在你我手中传递”孤儿院捐赠、“关爱孤残儿童”义诊、“六一”爱心慰问、“点亮贫困留守儿童微心愿”等活动，在点亮微心愿等活动中，征集认领贫困留守儿童微心愿156个，累计捐助2万余元，结成一对一帮扶对子16个。

【青少年合法权益和维权工作】 完善工作机制，多次召开预防青少年违法犯罪领导小组办公室会议，研究新形势下预防青少年违法犯罪工作的新特点，制定预防青少年违法犯罪的计划措施。向全区中小学生发放文明上网宣传手册。开展“优秀青少年维权岗”“青少年法治学校”创建活动、“五四”普法活动、社区青少年远离毒品行动、“青春红丝带”艾滋病防治知识面对面宣传、失足青少年社区矫正等活动，营造青少年健康成长的社会环境。

（贾文龙）

北戴河区妇女联合会

【概况】 2015年，区妇联紧紧围绕区委、区政府的中心工作，认真贯彻中共十八届三中、四中、五中全会精神，以“党政所急、妇女所需、妇联所能”为根本任务，谋求工作新思路、新举措，妇联工作取得了显著成效。北戴河区妇联被省妇联、省提升办评为“美丽庭院创建工作先进单位”，被市文明办评为“秦皇岛市未成年人思想道德建设工作先进单位”。

【巾帼建功活动】 暑期开展“巾帼文明流动岗”示范竞赛活动。将创建活动与“巾帼志愿者文明伴我行”活动相结合，定期检查、表彰，使流动岗真正发挥示范带动作用，展示女性经营者的风采。

【“双学双比”活动】 开展“巾帼乡村旅游示范户”创建活动。暑期中，区妇联结合“美丽庭院”示范户创建活动，在农村面貌改造提升重点村打造巾帼乡村旅游示范户。为示范户制作“五美”装饰框，制作反映家庭文化底蕴的照片墙，宣传家庭文化。

【“最美家庭”活动】 2015年，全区各级妇联以家庭文明建设为统领，广泛开展寻找“最美家庭”活动。于“三八”节期间进行表彰。9个家庭被评为秦皇岛市“最美家庭”，其中王惠远家庭获得秦皇岛市十佳“最美家庭”称号。联合区文联以10户“最美家庭”为内容拍摄“最美家庭”台历，发放到“最美家庭”手中。各社区、村开展“讲讲我的家风”小故事、家规家训书法作品展、“晒晒我的幸福生活随手拍”等活动。与西古城村妇代会联合举办“传承家庭美德　共谱文明家风”家规家训书法比赛，以家庭文明新风支撑起好的社会风气。

【维权工作】 2015年，确定特困母亲64人，特困儿童59人，区妇联从特困母亲及儿童基金中拿出1.61万元进行节日慰问。区领导分别到特困母亲张雪莲、特困儿童张颖家中进行慰问。开展三八妇女维权周活动。各基层妇联通过板报、宣传栏、广播等形式宣传《中华人民共和国妇女权益保障法》等法律法规。充分发挥妇女法律服务处、家庭暴力投诉站、人民陪审员、信访代理员、维权志愿者的作用，逐步形成“普法教育、信访接待、法律援助、心理疏导、人民调解、救助帮扶”六位一体的妇女维权模式。年内，区妇联共接待妇女群众来电来访11件，均给予协调解决。

【儿少工作】 5月30日，区妇联在西山街道平安路社区举办“北戴河区家庭教育心理辅导站”挂牌仪式。辅导站由区妇联与海悦心理卫生服务中心、平安路社区共同运作成立，每个月定期开展家庭教育活动。同时，组织举办“巧手绘我家”亲子互动课堂。海悦心理卫生服务中心主任、国家二级心理咨询师张凌华，带领儿童及家长开展互动游戏，引导家长用鼓励的方式与孩子沟通。六一前夕，对全区涌现出的207名优秀少年儿童和23个优秀中队、75名德育先进工作者、4个优秀家长学校进行表彰。5月31日，戴河镇妇联主办的第四届六一儿童轮滑赛在戴河镇西古城村村民中心广场举行，有60名儿童参赛，项目有速滑、障碍、钻杆等。

【美丽庭院创建工作】 3月6日，区妇联举办北戴河区庆三八表彰暨创建“美丽庭院”推进会，来自全区的各界妇女代表150余人参加。费石庄村等5个“美丽庭院”创建示范村、吴振清等15名“美丽庭院”创建先进工作者、侯旭等20名“美丽庭院”创建示范户标兵受到表彰。美丽庭院创建工作示范村车站村、费石庄村，示范户代表侯旭、刘丽梅、于芳芳就创建“美丽庭院”工作进行交流。

【巾帼志愿服务】 开展“母亲健康快车村村行”巾帼志愿服务活动，由区妇幼保健医院、区人民医院和计生服务站的医护人员组成的专业体检队伍，到乔庄村、杨各庄村、朱庄村和苏庄村为女性群众提供健康义诊服务，130余名妇女免费享受到了妇科健康体检。巾帼志愿者还对参加体检的妇女发放各种保健常识、疾病预防知识等宣传资料。“三八”节期间，邀请北戴河医院外科副主任白守宇、妇产科副主任张红为女性朋友们讲解乳腺癌的早期发现与预防、妇科肿瘤的相关知识。

（曾　媛）

北戴河区科学技术协会

【概况】 2015年7月，根据区委办公室、区政府办公室印发的《北戴河区人民政府机构改革工作实施意见》，科学技术协会独立设置，列入群团组织。年内，北戴河区科协有专业科协2个，会员3000人。围绕“科普惠农、科普益民、科技强企”三条工作主线，扎实推进了科普和全民科学素质提升。

【提升全民科学素质】 协助秦皇岛职业技术学院开展“天秦”杯第八届大学生科技文化节活动。区科协参加科技节开幕式和科普宣传日活动，并为该院提供500本科普宣传册。区科协与教育局联合下发《关于印发北戴河区2015年中小学科技活动安排的通知》，在全区举行第十五届中小学科技节活动。年底，区科协联合区教育局共同对本年度的科技教育活动进行评比总结表彰。争取上级科协支持，投资10多万元分别在东山社区、平安路社区、区青少年校外活动中心、北戴河二中安装云科普网络触摸屏终端，同时建立科普“云空间”，方便了社区居民和青少年学生学习科普知识。

【科普益民】 组织“中国科协社区科普益民计划”项目获奖单位平安路社区开展一系列的社区科普活动。开设“健康教育大课堂”，定期组织科普培训、讲座等活动。建立室内科普橱窗，展示各类草本花卉、贝壳和科普书籍等内容。开展以“崇尚科学、反对邪教”为主题的科普教育活动。开展航模、拼图等系列青少年科普活动，普及3D打印技术知识。组织社区家庭亲子科普活动。举办“家庭节能我参与”科普知识讲座。邀请市环保专家为社区50余名居民讲授“家庭如何节能”的科普课。

【科普惠农】 组织农技人员进村入户开展现场技术指导活动；深入农村大集进行“科技、卫生、法律”普及宣传活动，活动中发放科普图书300余本，农业种植技术用书200余本，健康保健知识等宣传资料2000余份。5月21日，组织区全民科学素质成员单位30多人到蔡各庄农贸集市开展“科技文化卫生”下乡宣传活动，发放科普图书1500余本、农业种植技术用书700余本、花卉栽培及病虫害防治手册300余份、法制宣传材料1000余份、计生用品100套，为群众提供咨询、就诊医疗服务100多人。

【协会工作】 协助市科协发起成立秦皇岛市健康管理科学联盟。区科协会同河北省气功疗养院、中国煤矿工人北戴河疗养院、黑龙江劳模干休所成为联盟发起单位。区海悦心理学会在各社区开展8场次心理健康课堂科普讲座，受益公众达1000多人次。

【帮扶科技型中小企业】 年内，选择景顺电子公司、隆达润滑技术研发有限公司、北戴河金财保温材料有限公司3家公司进行帮扶。深入企业调研，宣传科技型中小企业政策，根据认定条件和企业现状有针对性指导，帮助填报申报认定材料。3家企业均被认定为河北省科技型中小企业。

【全国科普日系列活动】 组织区内20家相关单位和人员参加“秦皇岛市云科普”网络平台“云空间”建设比拼竞赛等活动，在全市竞赛评比中，有9个单位分获三个组别的一、二、三等奖，区科协在协会（学会）组别中获得唯一的一等奖。带领区内部分社区、青少年活动中心等单位10余人到市开发区“3D打印设计制造中心”参观考察，学习了解“3D打印”新技术知识。购置3台3D打印机，向青少年和社区居民推广普及。开展“崇尚科学、反对邪教”为主题的科普宣传活动，将三角地广场科普画廊内容进行更新。结合区法治宣传日活动，上街开展以“崇尚科学、反对邪教、科学健康生活”为主要内容的科普宣传。在科普“云空间”增设了“崇尚科学、反对邪教”板块和内容，通过网络向公众进行宣传。

（田一婧）

北戴河区文学艺术联合会

【概况】 河北省委宣传部组织开展了2015年度燕赵文化之星的选拔工作，区音乐舞蹈家协会主席王俊峰、民间文艺家协会副主席任连义入选。4月，举办“你是人间四月天”精神文明建设总结大会，首次评选出戴河人才7人，文艺繁荣奖45人，并对其进行了表彰与奖励。区级文艺繁荣奖的评选在全省范围内是首例。11月19日，42名南戴河书法爱好者正式成为北戴河区书法家协会会员。

【文化艺术活动】 2月28日，举办“诗词歌赋贺新春”主题晚会，讴歌社会主义核心价值观，彰显北戴河特色。“三八”节期间，与区妇联开展为“最美家庭”拍摄全家福活动，并制成大幅全家福和精美台历，将每个家庭的家风、家训等进行展示。与区妇联开展了打造独具特色的书香家庭活动。结合农村面貌改造提升和打造最美庭院活动，与费石庄村开展了“第二届桃花节征文、摄影大赛”。“五一”期间，与区总工会开展“中国梦•劳动美”摄影、征文大赛，在报刊、电视台、文艺期刊上展示环卫工人、工厂劳动者等美好的劳动身影。6月30日，区文联特邀请著名书法家李国胜为全区书协会员进行“国展”应对技巧的讲座培训，并特聘李国胜为北戴河区书法家协会顾问。7月2日、8月27日，与青龙县文联联合举办“山海情缘”——北戴河•青龙书画摄影精品交流展，分别在北戴河、青龙展出50余幅精品。7月8日，举办“心海相约”——山东潍坊•河北北戴河书画精品交流展，共展出来自山东潍坊近百幅书画精品。7月21日，结合区委、区政府开展的城区街景改造提升、农村面貌改造提升“两大战役”，开展了蝶变——北戴河“两大战役”摄影、征文大赛，选出部分优秀作品进行了展览。9月7日，与区文广新局共同主办“大道之行”——张国兴国画精品展。展出作品57幅，展示了本土艺术家张国兴描绘的“大道治国、贤能齐进、艺荣民乐”的景象。10月22日，赴山东省潍坊市开展“那一片碧海”北戴河书画摄影精品展，共计展出50余幅作品。11月1日，与区反邪教协会联合开展反邪教优秀艺术作品征集活动，遴选出35件作品，题材涵盖了音乐、书法、摄影、小说、诗歌、散文等。10日，召开小说创作座谈会，20余名小说作者参加。采用请知名作家辅导、点评作品和作者之间各抒己见相结合的交流形式，深入探讨小说创作中的各种问题。11月15日，由北京市文联、北京书法家协会和央视数字书画频道主办的“笔歌神州”第八届北京电视书法大赛总决赛在北京举行，北戴河区90后书协会员郝峥夺得本届大赛成人组金奖，张慧获得本届大赛成人组二等奖。12月16日，与区文广新局联合举办“送文化下基层”活动，走进牛头崖镇南甸子村进行了首场文艺演出。26日，与区文广新局联合举办“爱的力量”北戴河新年原创音乐会，共有29名原创音乐人参加，呈现了全区歌曲创作近10年来优秀成果中的部分作品。29日，与区文广新局共同举办迎新春书画、摄影精品展，展出北戴河区书法、绘画、摄影精品共94幅。

【获省以上奖项作品】 2015年，全区文学艺术工作者创作了大量的文学艺术作品，其中20余篇（幅）在省级以上媒体刊载发表和获奖。

2015年北戴河区文学艺术作品获省以上奖一览表

表3

作　者	作品名称	类别	奖项内容	举办单位
郝　峥	《蕙风词话选抄》	书法	笔歌神舟——第八届北京电视书法大赛成人组金奖	北京市文联、北京电视台、北京市书协
郝　峥	《录〈习近平总书记在北师大的讲话〉》	书法	勿忘国耻 筑梦中华——纪念中国人民抗日战争暨世界反法西斯战争胜利70周年“人民之声”书画艺术精品展二等奖	河北省人大、河北省工艺美术学会、河北省书画院
韩英河	廉政名句	书法	河北省挥写廉政书法大赛三等奖	河北省书法家协会
张　慧	《图写江山》	篆刻	笔歌神舟——第八届北京电视书法大赛成人组二等奖	北京市文联、北京电视台、北京市书协
张　慧	毛主席诗词《菩萨蛮·大柏地》	书法	勿忘国耻 筑梦中华——纪念中国人民抗日战争暨世界反法西斯战争胜利70周年“人民之声”书画艺术精品展优秀奖	河北省人大、河北省工艺美术学会、河北省书画院
刘志明	《咏兰词》《金刚经》	书法	庆祝中国共产党成立93周年全省书画作品展优秀奖	河北省委宣传部、河北省文联
李春光	《对话》	纸上绘画	2015意大利佛罗伦萨国际艺术双年展，纸上作品“主席荣誉奖”	意大利佛罗伦萨国际当代艺术双年展组委会
张　见	国画	国画	纪念中国人民抗日战争暨世界反法西斯战争胜利70周年河北省美术作品展优秀奖	河北省文学艺术联合会、河北省美术家协会
徐占明	《江南人家》	国画	勿忘国耻　筑梦中华——纪念中国人民抗日战争暨世界反法西斯战争胜利70周年“人民之声”书画艺术精品展优秀奖	河北省人大、河北省工艺美术学会、河北省书画院
张光明	作词《最美在创新追梦里》	音乐	2015全国群众创作歌曲展评金奖	中国社会音乐研究会

续表3

作　者	作品名称	类别	奖项内容	举办单位
张光明	作词《那就是你》	音乐	“放飞中国梦　相聚在北京——2015全国大型音乐展演盛典”作词金奖	中国大众音乐协会
王俊峰	作曲《妈妈的手》	音乐	“放飞中国梦　相聚在北京——2015全国大型音乐展演盛典”作曲金奖	中国大众音乐协会
王俊峰	作曲《只要想想你》	音乐	纪念中国人民抗日战争暨世界反法西斯战争胜利70周年全省文艺作品征集评选活动二等奖	河北省文化厅
孙庆丰	《绝版的太行山大峡谷》	散文	首届“壶关大峡谷杯”全球华文太行散文奖征文大赛三等奖	中国散文学会
王树魁	诗词	诗词		中华诗词研究会
吴　卫	《念奴娇　神州崛起》	诗词	首届诗词世界杯中华诗词大赛一等奖	中华当代文学学会诗词世界杂志社
张洪艳	《北戴河之恋》	诗词	第二届中外诗歌散文邀请赛一等奖	中华散文网、华夏博学国际文化交流中心
李雪根	优秀主持人	新闻	第20届河北省影视艺术奔马奖“优秀电视节目主持人”	河北省文联、河北省影视家协会
李瑞雪	《用美丽编织乡村新图景》	新闻	贯彻落实十八届四中全会征文二等奖	河北省委宣传部、河北日报
刘　滨	《腾飞草原雕》	摄影	《旅游纵览》杂志2015年02期之“摄影月赛”二等奖	旅游纵览杂志社
赵洪顺	《斑翅山鸠》	摄影	《旅游纵览》杂志2015年03期之“摄影月赛”三等奖	旅游纵览杂志社

（李丹丹）

法治建设

政法及综治工作

【概况】 2015年，北戴河区政法工作主动适应维稳形势需要，以建立智慧网格社会服务管理机制和司法公开为载体，扎实推进平安建设、法治建设和政法队伍建设，强化以面保点、联防联控、群防群治措施，组织和动员社会所有力量，确保各项重要活动和暑期的社会稳定，受到中央和省市各级领导和广大人民群众的赞誉。中共中央原政治局常委、政协主席贾庆林，国务委员、公安部部长郭声琨，公安部副部长傅政华，省委领导赵勇等先后到北戴河火车站、西古城村、东经路社区、蔡各庄铁路护路小营区实地视察，对暑期安保、铁路护路、群防群治工作给予了充分肯定。全年发生各类刑事案件223起，八类主要案件发生25起；多发性侵财类案件发生14起，比上年下降12.50%，发案总数和万人发案率始终保持全市最低。平安建设和法治建设考核在全市获得第一名，北戴河区被评为全省“平安建设先进单位”。团省委、省护路办、省青少工委授予区护路办“小手拉大手、贯彻新《规定》、合力保安全”爱路护路主题宣传教育活动优秀组织单位；在“首届法治秦皇岛建设”征文活动中，北戴河区获优秀组织奖，刘益深、肖连波撰写的论文《从法运行的角度探究推进法治秦皇岛建设》获一等奖；政法委副书记、综治办主任刘益深被评为2015年度省暑期工作先进个人；区国安办被国家安全部评为2015年度一级国安办。

【社会治安综合治理】 2015年，北戴河区强力推进智慧网格建设。打造东经路社区智慧网格模式，建立网格管理工作机制，形成“发现上报——指挥派遣——处置反馈——任务核查——评价考核——结单归档”的6步闭环工作流程和“1号台”与社区扁平化指挥，使社区各类矛盾纠纷化解率达100%，居民的各类诉求办理率100%，实现矛盾纠纷基层全化解的目标。制发《北戴河区全面推进智慧网格建设的实施意见》、《北戴河区全面推进智慧网格建设的实施方案》。以无违法犯罪人员、无重大刑事案件、无民转刑案件、无重大安全生产隐患、无越级访集体访等影响稳定的案件为主要内容，在全区各单位、村居、厂企、景区、学校开展平安创建，全区平安达标率提高2个百分点。

加大投入构建视频监控网 坚持信息化引领平安建设的理念，建设省内领先的视频实战应用平台，在重点部位增设“微卡”和“SMART”摄像机等前端智能设备，并与交警电子警察和智能卡口整合联网。将全区150多家宾馆、休疗养院、招待所、部分旅游景区、商业区和居民区等1896个社会视频资源分级接入公安平台。

开展反恐防暴群防群治工作 在全国重大活动、会议期间，组织动员专门机关和广大群众参与反恐防暴、群防群治工作，制发治爆缉枪宣传单3万份、通告1.30万张，全区未发现暴恐苗头隐患，未发生“民转刑”案件和有影响的重大刑事案件。组织学校自编校本教材《平安铁路伴我行》在全省推广，治安保险实现全覆盖。

【维护社会稳定】 2015年，进一步完善社会稳定风险评估工作机制，将群体性事件、安全生产事件、卫生安全事件、环境安全事件、公共安全事件全部纳入风险评估之列，整合综治、维稳、信访、司法等各方面力量，定期开展矛盾纠纷排查调处，及早化解各类矛盾纠纷。区委政法委在全区政法各部门开展“信访攻坚月”专项行动，进一步加强源头治理，规范信访秩序，减少信访存量，促进社会稳定。强化责任，落实领导包案制度，政法各部门对排查出的7个重点涉法涉诉案件重新进行梳理，逐案建档，逐案分析，逐人落实稳控措施和领导承包责任制，坚持因案施策，因人施策。7件涉法涉诉信访案件，办结案件2件，导入司法程序5件，办结率100%。

（杨清利）

公安工作

【概况】 2015年，北戴河公安分局深入开展“三严三实”专题教育活动，明确“情报先导、有效防范、精确打击、打牢基础、确保安全”的指导思想，确保了暑期警卫工作的绝对安全和社会治安秩序的持续稳定，建立出入境办证大厅，并于12月正式运行。全年刑事发案243起，破获刑事案件227起，抓获犯罪嫌疑人224人，分别比上年上升90.76%和82.11%；暑期，发生刑事案件20起，比上年下降31%。圆满完成2015年暑期警卫安保任务，被公安部记集体一等功。年内，各部门20次、民警153人次受到上级表彰，其中，记个人一等功的1人、二等功的7人、三等功的28人。

【反恐防暴工作】 暑期，结合区内反恐防暴重点单位的分布情况，设置42个社会面武装巡逻快反执勤点和13支警卫安全快反应急分队。各执勤点“闻警即动、就近支援”，实现“一点发声、多点响应”。国务委员、公安部部长郭声琨，副部长傅政华，省委副书记赵勇等领导到红石路快反执勤点视察指导时，对分局快反应急体系给予充分肯定。严格落实重点地区人员跟控措施。累计动用警力2035人次，用时8455小时，与环核心区各警务工作站无缝对接，与市局外线跟控队紧密配合，将暑期入区的重点人员始终掌控在视线之内，做到“入区即发现、发现即掌控”。同时，通过部署、收集各接待单位预定接待情况，提前核实重点人员预住信息，申报“白名单”，既保证管控效果，又把握了民族政策。全区25个行政村、10个社区和42处重点场所全部建立了包括摊位商贩、出租车司机、环卫工人等群体在内的群防队伍，累计制发治爆缉枪宣传单3万份、通告1.30万张；下发反恐防暴明白卡3万张；在出租车行业下发宣传单1000张，播发宣传短信4000余条。将反恐防暴机制建设纳入党政决策，确定全区反恐防暴重点目标场所42处，下发《北戴河区42处重点目标场所反恐防暴工作方案》。督导各场所因地制宜地落实人防、物防、技防、消防和封闭管理服务型场所配备安检设备，可能发生驾车冲撞的部位设置阻车桩的“4+2”措施。区政府下发《关于暑期特殊商品禁售、禁运的通告》，在落实重点商品销售实名登记的同时，实行暑期各类刀具全面“禁售”，与国安部门对接，建立寄递业特殊商品落地核查机制。查扣生活刀具等特殊商品28件，全部在第一时间落地查人。

【信访秩序稳控】 暑期前，结合实有人口管理和调查摸底工作，对区内个体访、群体访隐患进行详细摸排。未发生因本地信访问题影响暑期安全的问题。抽调2名民警，并配备辅警成立区党政综合办公楼警务室，常态化负责大楼内信访秩序维护。加大打击非访行为力度，共刑事拘留涉嫌犯罪的非访人员8人，取保候审5人；行政拘留了6名抛洒材料、携带爆竹、串访滋事的外地非访人员。

【社会治安管理】 提升实有人口管控水平 从年初开始即在全区范围内部署开展实有人口和实有房屋管控、危险物品管控、暑前重点问题整治“三大会战”。通过“双实”管控会战，澄清了区内实有房屋、实有人口底数。按照“以房管人”的思路，以居住人员成分、房屋变动情况和危险程度为依据，将全区房屋划分为A、B、C、D四类，分别标注蓝、黄、红、绿四色，以季查、月查、周查、日查4种不同检查频率，实施分级分类管控。

提升重点人员管控水平　重点强化对精神病、涉毒等具有不特定潜在隐患人员的管控。对全区103名登记在册的精神病人逐人进行摸底调查。对存在隐患的9名精神病人落实收治措施，其余全部与家属签订《监管责任书》。对区内在册的114名吸毒人员定期进行尿检，并详细掌握人员车辆、爱好和有无危险物品等信息。全年行政处罚、强戒吸毒人员73人次，未出现因精神病发作或吸毒致幻引起的案件。

提升重点问题应对水平　针对噪声治理和“低慢小”飞行器管控问题，强化地面管控，努力实现“不升空”的工作目标。落实入区游客手机短信宣传告知，在高速路出口发放禁噪、禁飞提示卡，依托旅馆业宣传有关要求。对辖区“低慢小”的管理者、使用者进行了深入细致的摸排；对网上销售、购买“低慢小”、空飘物等信息开展日常巡查；对首长住地周边、沿海一线及有条件放飞“低慢小”、空飘物的15个重点部位，部署50人的专门巡查力量，严格管控，盯死盯牢。暑期中，共收缴孔明灯500余件，暂存“低慢小”飞行器58件，现场制止放飞空飘物50余起。

提升旅馆行业管理水平　暑期前，全区审批旅馆2442家，占全市总量的62%，全部安装旅馆业管理系统；将741家“日租房”全部纳入旅业式管理。暑期中，不断强化检查督导，共查处不按规定登记旅客信息的旅馆、日租房138家，限期整改117家，行政拘留了1名擅自经营“日租房”的违法人员。提供无证旅客查询服务3.50万余人次，实现100%纳入管理、100%旅客登记录人、100%嫌疑人自动报警“三个100%”的管理要求。通过旅馆业管理抓获网上逃犯10人、查出外来非访人员143人、查获吸毒人员8人。

提升科技防范建设水平　依托650个自主建设的高清监控点位，严格执行“四必巡、四必看、四必查”视频巡控工作规范。先后在重点部位增设63部“微卡”和10部“SMART”摄像机等前端智能设备，并与19路交警电子警察和14路智能卡口整合联网。在原有联网平台视频巡控、事后调取的基础功能上，新增了便捷查找、周界防范、快速排查、特征分析、以图搜图、车辆分析、案件串并、侦查研判等智能功能，在重点人跟控、刑事案件侦破和社会面治安防控中发挥了重要作用。通过视频巡控，共发现可疑人员82人次，追踪重点人员活动轨迹21人次，发现和梳理外地非访人员轨迹45次，辅助警情处置612起，提供案件线索39条，辅助侦破案件25起，服务群众700余次。

提升安全监管工作水平　食药安大队主动约谈大型餐饮场所及团餐接待单位，加大食品生产、加工、销售企业、作坊的检查力度，打掉肉制品黑窝点3个。消防大队、各派出所采取联合检查、错时检查等形式，组织开展火险隐患集中整治等系列专项检查行动，发现整改火险隐患2720处，全区未发生造成重大人员伤亡、财产损失和有严重影响的火险事故。

【打击刑事犯罪】　在“两节”、暑期等重要节点前，组织开展“港城风暴”“暑前严打”等一系列专项打击行动。全年刑事发案243起，暑期中仅发刑事案件20起，比上年下降31%。破获刑事案件227起，抓获犯罪嫌疑人224人，分别比上年上升90.76%和82.11%；批准逮捕52人，移送审查起诉85人，分别比上年上升136.40%和80.90%。在“港城风暴”破案会战中，在全市名列第二。为保障暑期核心区治安秩序稳定，分局提出“把主战场设在北戴河区外围，力求就地解决”。全年预审大队受理案件79起，提请批准逮捕42起、66人，批准逮捕31起、52人；移送审查起诉60起、85人。法制大队充分发挥执法监督职能作用，全年审核行政案件1088起，行政拘留205人；审核刑事拘留135人；审核取保候审案件80人；办理强制隔离戒毒35人，社区戒毒50人。所审案件程序合法，法律手续完备。全局全年零败诉、零判决无罪案件、零信访积案。

（冯茹潇）

【交通秩序管理】 开展交通违法专项整治行动　2015年，交警大队先后在辖区开展酒后驾驶、涉牌涉证专项整治行动，暑期前交通秩序整治行动、非机动车和行人交通违法专项整治、“三车”（人力三轮车、电动、燃油三轮车、四轮车）交通违法行为整治专项行动以及夜间整治货车交通违法行为专项行动和机动车乱停乱放专项治理等多项整治行动。开展多警种常态化联合执法行动，有效地打击和预防车辆违法犯罪行为。年内，交警大队接交通事故报警1012起,查处各类交通违法行为16996起，适用简易程序7687起、一般程序456起、非现场纠违8853起，行政拘留3人。

加强重点车辆及其驾驶人交通安全管理　辖区内现有旅游客运企业7家，旅游客运车辆281辆，有公交公司1家，公交车154辆。深入开展重点车辆及其驾驶人摸排工作，逐车、逐人登记，汇总造册，建立台账，详细掌握驾驶人交通违法记录和近3年交通事故情况，开展面对面、人盯人式的管理。6次召集辖区旅游客运企业法人、公交公司负责人及车辆驾驶人代表进行交通安全教育。召开辖区现有的15辆接送学生车辆、8辆校车驾驶人见面会，列举涉事故案例，要求吸取血的教训，确保交通安全。按照“不漏一校、不漏一车、不漏一人”的要求，逐车、逐人建档。大队对辖区12所中小学校、幼儿园周边道路状况、交通流量和交通安全设施等基本情况进行摸底调查，进一步健全完善交通标志、标线和交通安全设施。增派护学岗并加大路检路查力度。派出民警走进校园，开展经常性交通安全教育。

加强农村道路交通安全管理工作　贯彻落实《秦皇岛市人民政府关于加强农村道路交通安全管理工作的意见》《关于北戴河区成立道路交通安全委员会的通知》《关于加强农村道路交通安全管理工作的意见》等文件精神，在成立区道路交通安全委员会的基础上推进乡、镇道路交通安全委员会和行政村交通安全工作站建设。发挥交警部门在加强农村道路交通安全管理工作中的主力军作用，按照“全覆盖、零容忍、严执法、重实效”的原则，将执勤执法逐步向农村地区延伸，通过农村广播宣讲相关法律法规和政策。同时以摆放宣传展板、张贴交通安全画册、发放交通安全宣传材料等形式加强农村居民交通安全教育。

确保“春运”及重要节假日期间交通安全畅通　针对2015年春运工作特点，大队制定了相应的交通保卫工作方案，加强恶劣天气交通管理，严格执行冰雪天气交通疏导方案，科学合理调配警力，确保路面不失控。加大宣传教育力度，将7家旅游客运公司、2个出租车协会作为工作重点，先后6次组织所属驾驶人员学习、观看春运安全资料片，发放宣传材料。加大对酒后驾车、超员超载、农用车违法载人的治理力度。“清明节”、“五一”、“十一”期间，北戴河旅游区车流和客流出现高峰。大队民警放弃休假，全警上路，创造安全畅通、和谐有序的道路交通环境。会同北戴河公安分局、武警三支队等部门实地踏查交通警卫路线，对执勤模式和岗位安排重新进行科学合理调整，制作岗位及警力部署路线图，做到警便结合，路线警力少而精，管控警力尽量隐蔽，分流警力疏导有效，机动警力随时候命，改硬性的“封、堵、拦”操作法为软性的“疏、控、引”，暑期共执行交通警卫任务856次。

将辖区所有道路整合为滨海大道、海北路、沿海和环城区四线，科学设置常态执勤岗位，最大限度地发挥交警单兵作战能力，保障常备警务路线安全畅通，不出现交通拥堵。在刘庄和单庄旅馆区等处设置执勤警力，保证游客集中的路段车辆有序通行和停放。夜间设置15处夜岗和2组巡逻警力，延长有警管控时段。有效应对4个双休日交通高峰。协调相关部门安装黄色警示灯、施划交通标线和完善交通标志。制定一系列规章制度，做到遇有恶劣天气、车辆高峰及发生事故处置有章可循、忙而不乱。针对2015年的反恐形势，加强值班备勤，每天保证一支10人的应急处突警力，其他交警24小时值班备勤，随时做好处置各类突发事件的警力准备。

（卢 陈）

检察工作

【概况】 2015年，北戴河区人民检察院坚持以习近平总书记系列重要讲话为指导，开展“三严三实”教育活动，忠实履行检察职能，各项检察工作取得新进展。全年受理审查各类案件146件215人，其中，批准逮捕案件47件72人，移送审查起诉案件88件119人，立案侦查贪污贿赂犯罪案件4件5人，渎职侵权犯罪案件4件6人，受理信访、举报25件200余人次。所有审查逮捕案件准确率为100%，无错诉、漏诉，无违法、超期和无罪判决案。

2015年，按照《中华人民共和国检察官法》规定的程序，区人大常委会依法任命检察员7人。干警付强撰写的《证据合法性形式审查独立进行的方案》获河北省检察机关理论成果三等奖，并在全国公诉会上获得高度评价。市检察院评选2014年全市检察机关调研成果，干警裴春武、邵美玲撰写的《检察院组织法修改与检察管理体制改革》，干警陈萍媛撰写的《建立案件评查机制 发挥好案管职能作用》分获二等奖和三等奖。

【刑事检察】 全年受理审查批捕案件47件72人，经审查，批准逮捕57人，不批准逮捕15人，所批准逮捕的案件准确率为100%，不批捕案件公安机关均未提出复议、复核。受理移送审查起诉案件88件119人，本院提起公诉72件95人。贯彻宽严相济的刑事政策，对8起轻微刑事案件促成刑事和解。2015年2月，正式设立未成年人刑事检察科，全年受理未成年人刑事犯罪审查起诉案件3件11人，提起公诉7人，决定不起诉4人，无审查逮捕案件。依照特殊保护的原则，依法为7名未成年犯罪嫌疑人申请了法律援助。

【贪污贿赂检察】 全年立案侦查发生在全市范围内的贪污贿赂犯罪案件4件5人，所查贪污贿赂案件均为大案，通过办案为国家挽回经济损失840余万元。

【渎职侵权检察】 紧密结合本地实际，围绕民生领域渎职侵权犯罪易发多发部位，着力查办危害民生民利的渎职侵权犯罪案件。全年共初查渎职犯罪案件线索4件6人。

【预防职务犯罪】 全年举办预防宣传警示教育20次，发出法律宣传材料400余份，提供行贿犯罪档案查询64（件）次，撰写的《惩治和预防职务犯罪年度报告》得到区委、区政府领导的高度评价。在育花路社区成立“检察官服务站”，在牛头崖镇设立“预防教育工作站”，实现职务犯罪预防工作“镇村全覆盖”。

【诉讼监督】 加强刑事诉讼监督，全年立案监督4件，撤案监督2件，纠正违法6件，抗诉4件6人，发回重审1件2人。加强刑事执行检察监督，针对监外执行罪犯的监管行为，向执行机关提出书面纠正意见8件，口头纠正意见6件，已全部纠正，无脱管、漏管现象发生。加强民事行政检察监督，向法院发出再审检察建议1份已被采纳，向行政执法机关发出检察建议5份，办理民事执行监督案件2件。

【控告申诉检察】 全年受理涉检涉诉信访25件200余人次，均给予来访群众满意或合理答复，未出现赴省访或进京访。对2名长期无理扰乱社会秩序人员批准逮捕并提起公诉。

【法治宣传工作】 4月24日，秦皇岛市人民检察院、北戴河区人民检察院深入育花路社区开展法律宣传活动。发放《服务三农法律宣传手册》《中华人民共和国刑事诉讼法》等宣传材料，讲解涉农相关法律知识，解读党中央“三农”政策，宣传检察机关职能，接受群众法律咨询，发放便民联系卡。5月8日，秦皇岛市地方税务局北戴河分局召开预防职务犯罪警示教育大会，北戴河检察院副检察长高新荣进行专题讲座。6月25日，秦皇岛市人民检察院、北戴河区人民检察院抽调干警，联合到秦皇岛市图书大厦门前开展法律宣传活动。6月25日，天业联通股份有限公司邀请检察院党组副书记、副检察长高新荣，为企业领导、中层以上管理干部40人举办公司企业预防职务犯罪讲座。12月4日是第2个“国家宪法日”暨第15个全国法治宣传日，区人民检察院干警到北戴河三角地广场，开展以“大力弘扬法治精神，建设法治北戴河”为主题的法治宣传活动。

【未成年人犯罪预防工作】 4月23日，检察院干警到北戴河区第二中学，为该校学生上了一堂生动的法制课。5月19日，检察院未成年人刑事检察科与区教育局和驻区部分院校代表就在校学生犯罪预防工作召开座谈会。6月11日，检察院未检科干警到英桥学校开展普法进校园活动，未检科副科长邵美玲为该校1000余名学生介绍法律基本常识，并结合多个案例为同学们具体剖析如何远离犯罪、防范侵害。6月，邵美玲被共青团北戴河区委员会、北戴河区教育局、北戴河区妇女联合会、北戴河区关心下一代工作委员会办公室、北戴河区少工委评为德育先进工作者。

（郑旭永）

审判工作

【概况】 2015年，北戴河区法院以“让人民群众在每一个司法案件中感受到公平正义”为目标，准确把握和适应法院工作面临的新形势新任务，不断创新完善审判管理工作机制，依法公正高效审理各类案件，各项工作取得新进展。全年受理各类案件1818件，审（执）结1404件，分别比上年上升68.30%和80.50%，审限内结案率100%，结案标的近2亿元。其中受理刑事案件100件，审结84件，结案率84%，判处犯罪分子113人，其中适用缓刑52人；受理民商事案件1047件，审结945件，结案标的1.10亿元；受理行政案件53件（含非诉执行审查15件），审结48件；受理执行案件617件，比上年上升167.10%，执结326件。

【刑事审判】 依法打击严重影响社会治安秩序的侵财犯罪和侵害公民人身权利犯罪，判处该类案件47件60人。依法审理涉黄、赌、毒犯罪和贪污贿赂犯罪9件，从严惩处犯罪分子13人。全年无超期羁押案件。

【民商事审判】 以保障民生为根本，妥善审理与群众利益密切相关的案件，审结婚姻家庭、劳动争议、机动车交通事故责任、民间借贷等民事纠纷案件358件。妥善审理农村土地承包、宅基地纠纷、拖欠农民工工资等案件。依法调节经济关系，审理买卖、建设工程、保险、租赁、物业等合同纠纷案件364件。注重运用简易程序快速审理，简易程序适用率达到63.60%。注重发挥调解在化解民事纠纷中的重要作用，民事案件调解撤诉率为54.60%。

【执行工作】 在执行案件数量成倍增长而人员力量严重不足的情况下，充分利用全国法院执行网络查控平台，把诉前和诉中财产保全案件全部纳入执行查控范围，有效提高执行标的到位率。加快推进执行指挥中心网络终端建设，与省、市法院对接运行，实现查控银行存款的自动化、规范化、集约化，大大提高了执行效率。积极推进失信被执行人名单公开制度，通过限制工商登记、贷款、出境、高消费等措施，压缩失信被执行人的活动空间，共有40余名“老赖”的名单在互联网上公布。对刑事案件被害人及人身损害赔偿案件等特困当事人，赔偿款难以得到执行的，向上级法院申请司法救助，全年共救助12人。

【立案、信访工作】 将立案大厅更新改造为诉讼服务中心，并开通了“12368”诉讼服务热线和免费Wi-Fi，为当事人提供诉讼引导、案件查询等全方位、多元化的司法服务。自5月1日实行立案登记制度以来，及时调整立案审查机制，确保符合法定条件的案件依法进入诉讼程序。对行动不便的老年人、残疾人，实行预约立案、上门立案服务。开通全国法院远程视频接访系统，推行“法院理诉、中心接访”的诉访分离运行模式，畅通信访案件的入口和出口，推动涉诉信访问题在法治轨道内解决。

【审判监督工作】 加大庭审直播力度，有74件案件通过网络进行了直播。推进庭审全程录音录像，有563件案件实现了同步录音录像。加大在互联网公布裁判文书的力度，全年应当上网的339份生效裁判文书全部上网。通过召开新闻发布会、举办法院开放日活动，邀请社会各界代表走进法院，零距离感受司法的公开与透明，广泛征询社会各界意见，及时改进工作。

【司法为民举措】 加强信息化建设，在完善诉讼服务中心各项功能的基础上，建立北戴河法院微信平台，通过法院网站、手机短信、微博微信等多种渠道公开审判流程信息。全年公开审判流程信息1530条，编发微博微信信息235条，通过法院主动告知来保障当事人的知情权。开展“法官进社区”志愿服务行动，减少矛盾转化成诉讼的机会。全年为困难当事人减、缓、免诉讼费32万余元。

【接受社会监督】 始终将接受人大监督、民主监督及社会各界的监督作为依法公正审判、高效廉洁司法的重要保障。对重要工作、重大问题及时向区人大常委会作专题报告。经区人大常委会任命的19名人民陪审员，参与案件审理337件。

（吴　静）

司法行政工作

【概况】 2015年，北戴河区司法工作以“三严三实”教育实践活动为主线，深入贯彻中共十八大精神以及各级政法工作会议精神，紧紧围绕“两个率先”，深化平安建设，加强法律宣传、加大民调及社区矫正工作力度，推动司法行政工作创新发展。区司法局被评为全市司法行政工作先进集体，车站社区被推荐为全国民主法治示范社区，陆庄村被评为省级民主法治示范村，石塘路市场被评为省级公平守信示范市场，市民张凤琴一家被评为省级学法守法示范家庭，育花路社区被评为省级民主法治示范社区。

【普法工作】 *普法阵地建设* 完善各村（居）“法律图书角”、法治宣传栏、法治宣传服务站建设，加强东山街道东经路社区、戴河镇车站村法治宣传栏设置，以漫画、法律问答等形式普及法律法规。10月，北戴河区代表秦皇岛市接受省“六五”普法验收组的考核验收，验收组给予北戴河区普法工作高度肯定。

开展主题实践活动 3月11日，北戴河区司法局联合区科技局、计生局等单位，以“弘扬雷锋精神，践行普法为民”为主题，在戴河镇蔡各庄大集开展“送法律、送科技、送卫生”的“三下乡”活动。5月15日，区司法局在西山街道北四路开展以“运用法治思维和法治方式化解矛盾纠纷”为主题的法治宣传教育活动。21日，区司法局到戴河镇蔡各庄大集，以“弘扬法治精神、推进依法治国”为主题，把《中华人民共和国消费者权益保护法》《中华人民共和国物权法》《中华人民共和国民事诉讼法》《中华人民共和国婚姻法》等法律法规送到百姓手上。

7月22日，区司法局组织公证员、律师、法治宣传志愿者，到鸽子窝法治文化公园，开展以“保护自然资源，营造和谐旅游”为主题的法治宣传教育活动。8月7日，到北戴河区集发生态农业观光园，开展了以“奉献暑期，服务游客，营造和谐”为主题的法治宣传活动，引导游客理性消费，合法维权。12月18日，组织北戴河区科协、区卫计局、区计划生育协会、区妇幼保健站、区反邪教协会以及牛头崖镇政府等单位，到牛头崖大集，联合开展了送科技、送卫生、送法律“三下乡”活动，将“12·4”法治宣传推向高潮。暑期，北戴河区司法局深入各景区及游客集中地开展了10余场法治宣传活动。

特色普法模式　开展“法治进景区”活动，完善了鸽子窝法治文化公园建设，新增60余块宣传展牌，内容涵盖各种法律法规、安全旅游及法治名言，以漫画、标语、展牌等形式表现出来。打造海一路长约200米“法治宣传一条街”，以漫画、警句的形式，宣传《中华人民共和国物权法》《中华人民共和国婚姻法》《中华人民共和国旅游法》《中华人民共和国刑法》《中华人民共和国道路交通安全法》等与人民群众生产、生活息息相关的法律法规。

编印《星火》普法月刊　2015年，继续编印司法局自办普法月刊《星火》，刊登新出台的法律法规；以“热点透视”的形式及时转载社会热点，进行正确的舆论引导；创新“法治文艺”栏目，讲解各种法律故事，增加月刊的可读性、实用性和趣味性，全年发放《星火》3万余册。

【人民调解工作】　2015年，区、镇（街）、村（居）三级调解网络体系逐步建立，建立健全人民调解各项工作制度。指导各基层民调组织定期开展矛盾纠纷排查调处工作，“零报告”“月排查”等制度得到落实。各基层单位建立了“防激化”“防群体性事件”活动机制，及时处理基层矛盾和纠纷，防止民转刑案件的发生。做好行业性、专业性人民调解组织建设。指导北戴河区旅游纠纷人民调解委员会开展工作，暑期共调解各类旅游纠纷近40起。年内，全区各级调解组织开展矛盾纠纷大排查8次，调处各类民间纠纷998起，调处成功率达98%，无民转刑案件发生。

【安置帮教工作】　落实对服刑在教人员的网上核实制度，及时向有关监所提供核实信息，提前做好服刑在教人员释解前的安置准备工作，年内新接收安置刑释人员4人，全区共有刑释人员32人。各镇街帮教组织对他们进行了妥善安置，在签订帮教协议的基础上，设有专门的帮教小组，实行“一帮一”或“多帮一”的帮教形式。

【社区矫正工作】　通过电子定位强化对社区矫正人员动态管理，协同区人民检察院进一步完善社区矫正信息管理平台，实现了全区政法各部门之间对社区矫正人员的信息共享。全区符合定位条件的社区服刑人员均配备定位手机，占全部人员的92%以上。至年末，全区共接收社区矫正人员298人，解除216人，在册人员82人。其中2015年共接收40人，全部社区矫正人员均做到无缝对接。

【律师工作】　北戴河区司法局开展“一村（社区）一法律顾问”活动，为村居法律顾问搭建法律服务平台。开展“律师大讲堂”“律师进村居”活动。组织海滨律师事务所、秦法律师事务所的律师到苏庄村、北戴河村、陆庄村以及育花路社区、安居社区，为村（居）民讲解村委会职责、婚姻家庭、继承等方面的法律法规，并以案释法，用通俗易懂的语言向村（居）民宣传法律知识。组织律师开展“送法进企业”活动。海滨律师事务所的律师为企业职工详细讲解《中华人民共和国劳动合同法》，并结合具体案例，讲解了劳动合同的订立、履行、变更、解除、终止等方面法律知识。

【公证工作】　加强北戴河区综合法律服务中心建设，完善办公环境，改善办公条件；

降低申请法律援助经济困难标准，完善便民服务举措，切实把“应援尽援”“应援优援”落到实处。

【基层司法所建设】 强化司法所设施配置和规范化管理，提高服务能力和水平。10月22日，原秦皇岛市抚宁县牛头崖镇司法所归属北戴河区司法局管辖，该所更名为“北戴河区司法局牛头崖司法所”。年内，戴河镇、海滨镇2个司法所均达到省级规范化司法所标准，2个街道司法所也已经达到标准化司法所水平。

（田刘宁）

军 事

驻区部队

【中国人民武装警察部队河北省总队第三支队】 中国人民武装警察部队河北省总队第三支队（简称第三支队），主要担负北戴河的安全保卫工作。2015年，认真贯彻习近平总书记系列重要讲话和武警总部、武警河北省总队工作要求，坚持更高起点打基础、更高标准谋发展，部队呈现出稳步发展的良好态势。连续33年实现暑期警卫万无一失，被省委省政府评为“暑期工作先进单位”，圆满完成“卫士-15”演习、2015秦皇岛国际马拉松赛、国际“铁人”三项赛、“9•3”阅兵安保和警卫工作现场会等任务。第三支队被武警河北总队表彰为“执勤工作先进单位”，装备股被武警总部评为“装备工作先进股室”，参谋长马效国被武警河北省总队评为“优秀参谋长”，四中队代理中队长何杰被武警总部评为“三场维稳战役先进个人”，一中队特勤排长王小楷被武警总部评为优秀“四会”教练员，勤务中队班长陶训国被武警总部评为第十八届“中国武警十大忠诚卫士”，颜齐被武警河北省总队评为“燕赵武警十佳卫士”。

思想政治工作　学习全军和武警部队政工会议精神，开展“学习践行强军目标，做新一代革命军人”教育，落实政治考核措施，着力培育有灵魂、有本事、有血性、有品德的新一代革命军人。全年共有12篇理论文章在省以上媒体发表。政治处被武警河北省总队评为“先进政治机关”，有424名官兵立功受奖。

部队管理　认真贯彻武警部队依法从严治警集训精神，开展安全大检查活动，严格落实《安全工作运行规范》《安全规定》等法规，严格手机、私家车管理，坚持群防群治，抓实“三个不放心”（即：不放心的部位，不放心的人员，不放心的时段）、新兵“三查一退”（即：身体检查、政治复查、心理测查，退兵）和“十防”（即：激情、奸情、自杀、淹亡、雷击、泥石流、地震、泄密、交往、关系）工作，支队连续15年实现“三无”（即：无行政责任亡人事故，无执勤事故，无刑事案件）。

基层建设　转变党委机关指导方式，落实月考季评、实施挂钩帮建、组织蹲队住班。狠抓“三个一线”（即：一线指挥部、一线战斗堡垒、一线带兵人），配强基层主官，参加总队四级主官集训，开展支部书记、思想骨干培训。二大队被评为基层建设先进大队，八中队连续19年被评为基层建设标兵中队，一、四、五中队被总队评为基层建设先进中队。

后勤保障　始终紧跟中心抓保障，严格后勤训练“八落实”（即：人员、内容、时间、质量、弹药、摩托（飞行）小时、教练员、场地），严密组织“一组五队”（即：后勤指挥组，综合物资、运输油料、卫勤、给养、维修技术保障分队）专业技能训练，坚持送医送药、送菜送粮、送书送报到一线；开展“伙食管理规范年”活动，严格集中采购、经费使用、资产管理等机制，实现后勤规范化运行；先后投资300余万元推进“四项”设施（执勤设施、训练设施、文体设施、生活设施）建设，官兵生活环境进一步改善。开展“安全行车零报告”活动，全年安全行车57万千米，支队被河北省实施“文明交通行动计划”工作推进委员会评为“河北省文明交通行动计划优秀单位”。

班子建设　落实党委中心组学习制度，支队总结的培育“四有”（有灵魂、有本事、有血性、有品德）新人、抓好“四反”（反渗透、反策反、反心战、反窃密）工作和暑期警卫工作等经验被总队转发。狠抓民主集中制建设，完善《党委议事规则》《经费审批管理规定》，强化敏感问题监督和制约，全年大项经费累计开支上千万元，调整干部26人，选改士官148人，推荐技术学兵39人，部队上下没有不良反映。深入开展“三严三实”教育整顿活动，扎实推进“四个整顿”“八项整治”，部队风气进一步转变。

党委扩大会议　1月30日，支队召开党委二届五次全体（扩大）会议。会上，党委书记宋胜昔代表党委常委会作工作报告。党委副书记刘文喜讲话，纪委书记高安代表纪委向全会作工作报告。支队党委常委、机关全体干部、基层大（中）队干部和部分战士党员共273人参加会议。

中国武警十大忠诚卫士陶训国载誉归来　8月3日，被评为第十八届“中国武警十大忠诚卫士”的支队勤务中队班长陶训国参加武警总部颁奖典礼和系列活动之后回到支队。支队举行了隆重的欢迎仪式向英模致敬。支队长刘文喜首先向陶训国表示热烈祝贺，政委李东辉向陶训国传达了武警河北总队政委魏智威代表总队党委的热烈祝贺和重要指示，并代表支队党委、全体官兵向陶训国致欢迎词。陶训国作表态发言，并和支队首长、全体官兵合影。

卫士-15演习　5月27-28日，支队组织全员额、全装备、满负荷下的实兵拉动演练。演练按照“真、难、实、严”要求，着眼实现“能打仗、打胜仗”的目标，坚持把“练指挥、练协同、练配合、练联动”放在首要位置，演习按照启动应急响应机制、组织兵力投送、组织开设指挥所、组织模拟摆练及组织安全撤离返营的程序进行，重点对战备转级、兵力抽组与集结、摩托化机动、指挥所开设、开设宿营地等方面进行了演练。

领导视察　7月25日，国务委员、国务院秘书长杨晶到支队检查指导北戴河暑期警卫工作，并作重要指示。7月18日，武警部队司令员王宁到支队五中队检查指导工作，并作重要指示。7月18日和8月1日，国务委员、公安部部长郭声琨先后视察了支队五中队和八中队浴场，详细询问社会形势、兵力部署、装备配备、生活保障等情况，亲切慰问一线执勤官兵。8月3日，公安部副部长傅政华率公安部警卫局领导一行8人到支队检查指导工作，并向支队赠送了慰问金，与官兵合影留念。8月9日，武警部队政委孙思敬率工作组先后到中直外围警卫区、国务院中浴场、五中队营区和支队机关视察指导。在五中队勤务值班室，孙思敬还亲切接见了第十八届“中国武警十大忠诚卫士”、支队勤务中队班长陶训国。

（张　健）

【河北省公安边防总队海警支队特勤队】

特勤队担负着东起东山旅游码头，西至西港防坡堤沿岸的海上30平方千米的海面警卫任务。2015年，海警支队以中共十八届五中全会精神和习近平总书记系列重要讲话为指引，以全军政治工作会议为统领，以提高部队战斗力和凝聚力为重点，以“建设一支敢打硬仗能打胜仗的海警特勤队”为目标，突出忠诚文化，强化主业意识，特勤队首次承担河北海警新训一班人及特战任务，圆满完成以北戴河暑期海上警卫为中心的各项工作任务，实现连续22年警卫任务的万无一失。侯耀获河北省公安厅一等功。

班子建设　组织党委成员学习反腐倡廉文件，开展“教育为先，源头防腐”警示教育活动、“廉政文化教育周”学习实践活动，撰写个人心得体会。

政治建警　以全军政治工作会议精神为统领，深入学习领会习近平总书记系列重要讲话，认真贯彻落实海警局党委系列重要指示精神，强化政治建警。各中队指导员、队部干事按照年度政治教育计划，每周不少于2课时进行备课讲课。充分发挥党小组、

“三互”（互帮、互学、互教）小组的基层作用，运用骨干和组织的力量将政治教育延伸到每个角落。确保官兵在面对立功、入党、考学、复退、重大变故时的正确引导。特勤队结合自身实际，自行组织开展全体干部政治工作轮训以及冬训政工练兵，通过观看视频、听讲座、交流发言等形式丰富党务知识和政治理论，撰写发言材料和心得体会，并采取课堂提问、试卷测试等方式予以考核。

正规化建设 成立冬训领导小组，科学制定冬训方案计划，明确职责分工，坚持贴近实战，相继开展单兵徒手、班队列、擒敌技能、警务实用技能、警棍盾牌术、班组战术、体能等科目的训练，官兵的体能素质和执勤能力大幅提升。每周组织条令学习不少于4课时，每周组织1次条令理论考试和条令知识现场抢答，官兵条令意识和遵章守纪意识明显增强。开展迎暑期百日强化训练，重点开展特项器材、海上漂泊等抗眩晕训练；游泳训练、海上求生及救生技能训练；海上反恐处突和基础体能训练。狠抓保密工作，严格落实车辆、船艇派遣管理制度。

开展“安全大排查”活动 按照逐人逐岗、逐车逐船、逐库逐室、逐枪逐弹全方位、立体式，横向到边、纵向到底的原则，排查整改安全隐患。深入查找和消除“人、车、枪、船、酒、密、网”等重要敏感部位管理存在的不安全因素和事故隐患，在支队、总队、海警局的安全大排查活动验收检查中取得优异成绩。在部队管理中，始终坚持以条令条例、“两个规定”管理教育部队，从规范生活秩序入手，落实作息、出操、晚点名、请销假、查铺查哨、干部值班和留营留宿等制度。

安全隐患排查及整改 以人员管理、值班备勤、执法执勤、车辆管理、舰艇管理、枪弹管理、保密工作、手机计算机管理等为重点内容，坚持经常性安全检查和隐患排查，成立以队领导为组长，各中队、队部骨干为成员的安全检查小组，对配电箱、操作间、枪械库、车辆、船艇等重点敏感部位进行重点排查，全面掌握部队存在的安全隐患，明确责任人、整改标准和整改时限，层层抓落实，营区内部安全无事故。

安全保卫工作 加强各级人大、政协“两会”期间部队安全稳定，维护北戴河海域良好治安秩序，召开专题教育及动员部署会，部队进入三级战备状态，加强值班备勤，保证充足警力，严格落实值班备勤和查铺查哨制度，加强营区警卫，严格落实哨兵职责。每日派出执法船艇加强巡逻管控，共计派出船艇30余艘次，检查船舶50余艘，排查隐患12起，保证各级“两会”期间辖区海域的安全稳定。

在“纪念中国人民抗日战争暨世界反法西斯战争胜利70周年阅兵”前夕，特勤队及时召开安保动员部署会，深入北戴河沿岸走访涉海单位和渔民，摸排治安隐患和热点问题20余条，全面掌握北戴河附近的敌社情动态。以营门哨兵被袭、兵器室被盗、锅炉房着火、群体性械斗等突发事件为假想背景，配备防爆器材，组织开展应急处突拉练，随时保证机动处突力量“拉得出，打得赢”。

深化船艇训练，以核心护卫区为中心，突出实战化训练，开展枪支、特项器械等专项训练。7月4日，完成防暴枪海上实弹射击。利用勤务间隙，开展五千米越野和“三个一百”训练，全面提升单兵作战能力。严格按照海上战斗区域的划分，精确校订每一个警戒标识投放坐标，确保标识布设做到定位精准和牢固耐用。

连续22年圆满完成北戴河暑期海上警卫任务。暑期，共出动船艇3200余航次，总航程27500余海里，执行海上警卫任务505次（一级加强警卫任务50次、一级警卫任务118次、二级警卫任务121次、三级警卫任务216次），监视船舶1944艘次，登临检查船只156艘次，检查人员284人次，拦截驱离各类船只60艘次，打捞漂浮物688件；联合海监、渔政、边防派出所开展关于打击海上非法养殖的“净海”专项活动。8月16日晚10点接上级通知，金山嘴南15海里处一艘渔船倾覆，要求立即救援，大队连夜召开会议部署，迅速组织艇船夜航前往事发海域开展长达8个小时的搜救行动。年内，特勤队分两批次共计52人次，赴海南三亚和广东执行随艇出海任务，圆满完成南海维权执法任务。

开展警地共建 走访北戴河区海滨镇政府、北戴河区农牧局、秦皇岛市国家级水产资源保护区管理处等部门，促进合作共建；特勤队还联合北戴河区多家涉海单位开展治理船舶非法载客陆海联合执法检查活动，参加沿海一线群众工作站座谈会及北戴河区区长办公会，建立由区政府牵头，海警支队特勤队、北戴河区边防派出所、北戴河区渔政和国土分局海监大队参加的联勤工作制度。做好与北海分局海监三中队等相关海洋环境监测部门的沟通，建立信息通报制度，开展北戴河海域海洋环境保护专项执法行动。

领导看望慰问官兵 1月10日，财政部国防司武警处调研员杨勇率工作组一行2人在中国海警局后勤装备部财务处处长金凤奎、装备运输处处长张海民等领导的陪同下，到支队调研指导工作。

5月22日，河北海警总队筹备组副组长张晋国、执法执勤组组长马涛在支队参谋长巩世宏的陪同下到特勤队检查“三大会战”开展情况。

6月26日，中国海警局副参谋长张春儒在支队暑期前指主持召开了2015年暑期海上警卫工作部署会，并踏查了支队暑期警卫一线。

7月1日，中办警卫局副局长曹雪芳一行5人在海警河北总队筹备组组长路健英和支队前指领导的陪同下到支队暑期一线视察指导暑期警卫工作。

7月6日，海警河北总队筹备组组长路健英在支队前指领导的陪同下，慰问了正在海上执行勤务的援暑官兵，并实地踏查了北戴河暑期海上警戒区域。

7月7日，海警局司令部处长翁新平一行2人在总队筹备组领导和支队领导的陪同下到暑期一线和支队机关视察指导暑期机要工作。

7月11日，河北省副省长、公安厅党委书记、厅长董仚生，在海警河北总队筹备组组长路健英以及总队、支队前指领导的陪同下，到北戴河暑期警卫一线检查指导工作。

7月17日，海警河北总队筹备组组长王利明带领总队基指领导实地踏查了北戴河暑期海上警戒区域。

7月19日，中国海警局参谋长王洪光考察支队暑期警卫一线，并在支队前指召开中国海警局北戴河暑期警卫工作调度会。

7月30日，中国海警局副参谋长张春儒、处长赵学翔、参谋贺晨一行在总队基指和支队领导陪同下到支队暑期一线考察指导工作，慰问了正在执行暑期警卫勤务的官兵，并赠送“八一”建军节慰问品。

7月31日，河北省海监总队总队长曹东昌、副总队长兼秦皇岛海监支队支队长王春林等一行3人到支队北戴河暑期警卫一线，亲切慰问正在执行暑期警卫任务的海警支队执勤官兵，并向官兵致以“八一”节问候。

8月3日，公安部党委副书记、副部长傅政华到支队暑期警卫一线，慰问参暑官兵，并赠送慰问金。

是日，海警河北总队筹备组组长王利明率基指和支队前指慰问正在海上执行勤务的援暑官兵，并实地踏查了北戴河暑期海上警戒区域。

8月4日，河北省委副书记赵勇到支队暑期一线视察北戴河暑期海上警卫工作情况，并代表省委省政府亲切慰问执勤官兵，向暑期一线赠送了慰问金。

8月13日，海警河北总队筹备组后勤组长李新利带领总队基指和支队前指有关人员慰问援暑官兵，实地检查指导北戴河暑期海上警卫工作。

8月29日，河北省委常委、秦皇岛市委书记田向利到支队暑期一线视察指导工作。

（钮迎虎）

【秦皇岛市北戴河区公安消防大队】 北戴河消防大队辖六中队和特勤一中队，负责北戴河区消防监督检查和灭火救援工作，全区消防重点单位117家，暑期担负着重点驻区单位的消防保卫任务。有执勤车辆12辆，多功能细水雾消防车2辆，摩托车8辆，巡逻车2辆。

加大火灾隐患排查整治力度　5月15日至6月29日，大队安排专人先后8次对重点驻区单位进行检查培训，消除火灾隐患，组织服务人员2400余人开展消防知识培训。7月6日至16日，大队先后安排人员参与由有关单位组成的首长驻地入住前安全检查工作组，对涉及首长驻地的120余栋建筑进行全面的火灾隐患排查，培训服务人员，现场整改火灾隐患72处。完成在北戴河区碧螺塔酒吧公园举办的2015海峡两岸暨香港十大华语电影盛典活动的消防安全工作。7月12日，对全国劳模休养住地进行消防安全检查。

消防安全工作　6月26日，提请区政府组织召开了2015年北戴河区消防工作会议暨暑期消防安保动员大会，区消委会成员单位、公安分局治安大队、各派出所、社会重点单位等派代表参会。向全区117家重点单位下发《消防监督执法服务告知书》《消防安全自查整改承诺书》《关于对全市人员密集场所彩钢板违章建筑严格执行“四个一律”刚性措施告知书》，督促社会单位落实主体责任，积极整改各类火灾隐患。先后开展劳动密集型企业、公共娱乐场所、商场市场消防安全“大宣传大排查大整治”，夏季消防大检查活动等有针对性的专项治理工作，动员社会单位，广泛开展自查自纠，落实防火巡查措施和隐患整改承诺。7月5日，组织辖区加油站召开消防安全工作会议，杜绝不法分子利用汽油、液化气等易燃易爆物品实施个人极端行为和爆恐犯罪等违法犯罪活动，同时提高了各加油站的消防安全意识和抵御火灾的能力。

督促社会单位开展“四个能力”（检查火灾隐患能力、扑救初起火灾能力、组织疏散逃生能力、消防宣传教育能力）水平提升工作，主动帮扶，深入社会单位开展多种形式的消防安全培训工作。先后对首长驻地、国家广播电影电视总局北戴河疗养院等60余家重点单位开展专项培训，组织灭火实战演练30余次，培训从业人员1万余人。开展消防车道消防安全专项治理，自7月28日始，北戴河区政府综合执法局、区市场监督管理局、海滨镇、交警五大队、东山派出所、刘庄村委会及消防大队共计81人，分成4个大组，将民宿和商铺集中、游客出行较多、火灾危险性较大的育花路、春花路、黑石路、红石路、红石路步行街作为检查重点，对5条道路两侧的310余家固定商铺、100余处移动摊位（晚上经营），从早8时到晚9时，不间断地、逐家逐户徒步检查、巡视。海滨镇政府协调交警五大队4名协警对进入红石路长时间停放、违章停放或逆行的车辆贴条处理。检查5条主路上的沿街商铺、摊位1300余家次，劝说、清理商户占道经营、商品外溢的商铺300余家，清理随意停放堵塞消防通道的汽车、摩托车、电动车、出租自行车、藤椅、遮阳伞等100余辆（个），对拒不整改的，通过秦皇岛、北戴河两级电视台对其消防违法行为进行曝光。

民宿消防管理工作　至8月7日，全区审批民宿2067家。大队按照审批权限，共审批152家民宿。为进一步提升民宿从业人员综合素质，分3批对两镇（两街）15个村（社区）的2000余名家庭旅馆业主和乡村旅游从业人员进行培训。参与旅游局组织的民宿评星活动，对于存在较大火灾隐患且不配合整改的民宿实行一票否决，对无较大火灾隐患且认真积极开展消防工作的民宿给予较高分数的评定。精简民宿审批项目的同时不放松消防安全要求标准，手续审查合格后立即派监督检查人员进行现场检查，同时发放消防宣传资料并简要培训从业人员。

消防安全宣传教育　设计制作了民宿行业“三查一清两桶水”宣传挂图，在单庄、刘庄等民宿聚集区进行张贴，并对民宿从业人员进行现场培训。为社会单位安放200块灯箱式消防宣传橱窗，免费发放含有消防安全知识的旅游杂志4万余份。协调相关单位印发“珍爱生命、关注消防”消防知识挂图5000份。大队每日利用微信、短信，及时发布消防安全知识、火灾自救逃生能力等内容。选择在刘庄民宿聚集区路口安装LED大屏幕，全天候、不间断地滚动播放以防火和灭火为主要内容的消防安全常识，3条消防公益短片每20分钟循环播放。

（郑 适）

【秦皇岛市公安局北戴河分局北戴河边防派出所】 北戴河边防派出所辖区海岸线东起狼牙桥，西至戴河口，全长23千米。负责北戴河区丁庄村、陆庄村、河东寨村、草厂村、刘庄村、单庄村、赤土山村、崔各庄村8个行政村的渔民管理工作。同时，担负着重点浴场的暑期安全保卫任务。

2015年，北戴河边防派出所严格落实全军和公安现役部队政治工作会议精神，进一步提升军事业务技能，深化创建活动、爱民固边、暑期工作“三大品牌”，推进基础信息化、警务实战化、执法规范化和部队正规化建设“四项建设”，协调发展、创新发展、率先发展，完成以边防主业为中心的各项工作任务。8月，北戴河边防派出所在暑期安保工作中被省边防总队授予集体三等功，干事张超荣立个人三等功，张伟、王剑博、殷志洋、刘鹏程4人受嘉奖；12月，北戴河边防派出所被省边防总队表彰为基层建设先进单位。

领导班子建设 1—2月，开展教育实践活动整改落实情况“回头看”活动。8月，认真学习贯彻《公安边防部队基层建设要则》。10—12月，开展“知兵、爱兵、依法文明带兵”活动。深入贯彻创建活动，全年共组织官兵学习40次，撰写心得体会40篇、调研文章10篇，编写创建简报4篇。

思想政治工作 开展“学习践行强军目标，做新一代革命军人”主题教育活动和边防部队“三严三实”专题教育整顿活动。4月，先后开展“条令学习月”活动；“新一代革命军人样子”大讨论；“崇廉、尚洁、畏纪”为主题的廉政文化主题月活动；“秉公执法人民公安为人民”主题教育和“学条令、守纪律，学党规、守规矩”活动；干事张超的参赛作品《北戴河所东山旅游码头民警执勤手记》《诗歌两篇》，在总队“以我感动的身边人、身边事”为主题的征文活动中，分获一等奖和优秀奖。新闻宣传效果明显，被省级电视台采用稿件2篇，被支队采用新闻稿件32篇，被省总队采用新闻稿件8篇，部、局采用简报2篇。

岗位练兵活动 结合军事业务岗位大练兵活动，先后4次与北戴河海事处、浴场管理处等多部门在老虎石海上公园海滩举行联合海上救生演练。暑期，党支部在各执勤点设立“党员流动服务站”，加强执勤管控和巡逻力度，共出动警力1260人次，车辆134辆次，实施海上联动救助6起4人次，联合化解矛盾纠纷20余起，收获意见建议40余条。

暑期安全保卫工作 7月3日，北戴河边防派出所联合北戴河区消防、海事处、海浴场管理处对辖区一线的摊位、饭店、旅游船舶等进行实地踏查，共发现安全隐患5处，责令整改的快艇3艘，分发宣传资料40余份，受教育群众50多人次。加大东山旅游码头警力投入和安防检查力度，形成一套完整的“检查、核对、巡逻、布控、处突”工作机制，核查登船人员32万人次，发现重点人员179人，有犯罪前科人员35人，上访人员40人，邪教人员2人，精神病人1人。全年出动警力1760人次，车156辆次，船艇120艘次，累计巡航时间600小时，航程960海里，实施海上联动救助12起20人次；开展矛盾纠纷隐患大调处活动，化解矛盾纠纷42起，调解率达到了100%；做好人好事140余件，帮群众挽回经济损失8.20万余元，受助群众460余人。副省长董佥生、公安部边防局局长武冬立、副局长徐宽宥，省公安厅副厅长杨春光先后到辖区实地检查工作并予以肯定，连续4年获得北戴河区暑期工作先进单位。

爱民固边 深入推进“走访知促”活动，以基础信息化建设为牵引，将数据摸底工作融入清港查船、基础信息采集和节假日期间噪音治理活动，建立船舶档案126份，收集有效情报62条。加强渔船管理，规范进出港签关流程；对私拉游客出海打鱼、小型无证船舶管严管牢，对旅游船舶进行定期和不定期安全检查和安全教育。突出执法规范化建设，组织开展执法记录仪和警务平台应用培训、业务知识培训9次，全面实现网上办案，警务信息化程度日益提升。年内独立办理渔船民案件2起，在总队、支队案卷评审中取得了优异的成绩。3月15—30日，开展“清港查船”活动，检查清查船舶65艘，及时化解隐患6起，受教育群众达150人次。3月26日—4月15日，北戴河边防派出所与区农牧局开展海上联合执法，累计巡查80余海里，检查船舶30余艘，检查违规出海作业船舶6艘。3月27日，所内开展集中办理出海船舶相关证件，共建立船舶档案132份，出海船舶户口簿160本，出海船民证件80个。4月3日，所内官兵与辖区西山小学共同开展爱国主义教育，到青龙山烈士陵园扫墓。9月8—26日，开展打击治理船舶非法载客专项行动，查处非法载客船舶8艘次，宣传教育群众60人次。11月12日，到辖区码头开展宣讲中共十八届五中全会精神活动，发放宣传材料80份，受教育群众140人次。

在“两会”召开、法定假日、中共十八届五中全会等关键敏感节点期间，全面加强沿海辖区及社会面管控工作。与区农牧局共同协作，在海边设立执勤点，每天派驻6名官兵严盯死守在非法载客现象突出的省办浴场、黑石窟停泊点、金山嘴等处进行现场监督检查，并对渔船载客较集中的区域进行全天监控，先后出动警力120人次联合区政府、区农牧局对金山嘴、黑石窟渔船私拉游客现象进行治理，及时制止6起渔船非法载客现象，教育群众40多人次。

（张　超）

地方武装

【概况】　2015年，北戴河区人民武装部按照军分区党委要求，紧密结合人武部实际，部党委确立了“3+2+1”（三项建设领跑：抓思想政治建设、抓应急力量建设、抓正规化建设；两项活动连桥：组织地方党政领导军事日活动、协调召开区委议军会议；实现一类人武部目标）的工作思路，狠抓动作规范落实。党委一班人团结和谐、风清气正、凝神聚力，全面建设有了新的进步。

【思想建设】　开展“学习践行强军目标，做新一代革命军人”主题教育。选准党委班子和领导干部这一重点对象；突出抓好“四个整顿”（整顿思想，整顿用人，整顿组织，整顿纪律）；牢牢把握“四个环节”（学习教育，专题民主生活会和组织生活会，专项清理整治，督查执纪）。按专题、月份、季度制定人武部党委带机关政治理论学习计划，结合主题、专题教育，对学习的内容、方法和要求进行量化、细化，做到周有计划，月有安排，季度有小结。

【战备训练工作】　3月，以“军区战备值班规范月”活动为载体，集中组织人武部机关熟记值班常识学习，定期考核讲评，确保战备值班常态化、规范化落实。采取图上作业、实地勘察等方式，准确掌握辖区战场环境要素变化情况，细化完善人武部综合防卫方案和应急预案，更新战场环境数据，完善战场环境资料片，为指挥决策和遂行各类行动奠定坚实基础。5月，结合军分区训练考核和整组实际，加大机关带应急力量训练、强度力度，对所有人员训一遍，所有科目练一遍，所有预案演一遍。11月，参加军分区年终军事训练集训考核，并取得较好的成绩，受到了军分区首长的高度肯定。第四季度，依据应急力量装备器材配备标准，逐排对照，查漏补缺，严格按标准、按要求配备齐全，确保有装备、很好用。

【正规化建设】　叫响“向正规化要安全、要发展、要战斗力”的口号，把正规化建设作为基础工程、党委工程来抓。统一科学规范文印室、保密室、档案室、荣誉室、视频会议室、国防教育室；完善“两件”，即：修缮营产营具、更新办公设备等硬件，规范登统计、营造文化氛围等软件；建好机关体能训练室、文体活动室；改造客房、厨房；扩充战备器材库。在人员管控上，建立“每日动态人人报”和周讲评制度，全体干部职工保持24小时通信畅通；在车辆动用上，严格落实车辆动用、审批、派遣、保养等制度，认真抓好每月20日司机警示教育；在营院管理上，每周坚持“三查三清”（即查人员进出情况是否清楚、查水电气和消防设施是否良好、查安全防护措施是否到位；清整室内外卫生，清理涉密载体，清除违规违纪物品）。4月，参加2015秦皇岛国际马拉松赛安保工作；暑期主动协调辖区部队，积极备战安保工作。

【军地携手共建】　贯彻党管武装原则，积极参加地方两个文明建设。11月，组织全区党政县级领导开展2015年度北戴河区军事日活动，进一步提升领导干部对人民武装工作认识。暑期前，牵头组织完成了北戴河区安四路街区景观改造工程；结合辖区驻军多的实际，协调区政府在“八一”“春节”等节日，对辖区部队和军烈属家庭进行走访慰问；发动驻军开展“我为驻地美容”沙滩清整活动，组织民兵力量参加北戴河区执暑安保工作。12月，人武部牵头组织召开区委常委议军会议。研究《北戴河区随军家属安置办法》《复转军人安置办法》，解除军人及家属后顾之忧。

【征兵工作】　将征兵宣传与年度国防教育宣传结合，开展“一季征兵、四季宣传”，充分利用电视、手机、网络等现代传媒载体，采取电视播报、手机短信、征兵微博等多种形式，全方位、多渠道地进行宣传发动。为适应征兵政策调整，协调政府提高义务兵家庭优待金标准、发放自主就业一次性经济补助、落实重点安置政策、行政事业单位优先录用、提供创业小额贷款和教育培训条件等优惠政策。对军人军属挂光荣牌匾、节日慰问、就学和就业实行“四优待”。采取与义务兵在部队政绩直接挂钩的办法，协调政府完善《北戴河区义务兵立功受奖奖励办法》，对立功受奖的现役士兵给予加大相应奖励。对每年完成征兵任务好的基层镇、街道和个人进行表彰通报，并纳入年度考核机制，保质保量完成了上级赋予的兵员征集任务。

（王建凯）

人民防空

【概况】　2015年，北戴河区通过加强人防工程维护管理，指挥通信，推进人防法治建设，开展防空知识宣传教育等，完成年度目标任务，推动人民防空工作再上新台阶。

【人防工程维护管理】　推进人防工程建设，加强维护管理和安全监管。跟踪质量监督，保证工程建设质量。围绕暑期、汛期等关键时期，开展在建项目的安全生产管理工作，不定期进行安全隐患排查。对全区公用人防工程的排水、清淤、照明等问题进行维修。加强工程消防安全。制定完善细化的人防工程管理规定，发现问题及时纠正，使工程管理责任到人。

【指挥通信】　人防地上、地下、机动“三位一体”，指挥平台得到进一步完善，组织开展了机动指挥通信系统操作培训，完成了全省人防短波通信调试及演练工作。对全区防空警报器进行了定位测试并进行了全面维修和短时间的试鸣工作。

【法治建设】　认真履行人防依法行政职责，严格执行行政审批各项程序，依法开展人民防空执法检查工作，对全区建设项目进行拉网式排查。同时，强化服务意识，在切实处理好审批事项和效率的基础上，主动收集资料，简化内部程序，确保项目在依法行政的前提下以最快速度通过审批。

【防空知识宣传教育】　以社区、企业和学校为主体，利用电视广播、社区板报、发放宣传单等手段，宣传人防法律、法规和方针政策。增强全民国防观念和人民防空意识，提高城市居民自救、互救能力。在区内设立示范学校和示范社区。

（张春波）

城乡建设

综　述

2015年，北戴河区坚持抓统筹、优环境，城乡面貌显著变化。以城乡一体化攻坚年、城市提升攻坚年活动为抓手，深入推进城乡建设。完成海宁路中修、205国道改造和蔡各庄立交桥安全提升工程。新建、改造公厕5座，新建生活垃圾收集站5座。实施绿化、亮化提升工程，打造城市新景观。完成村庄绿化8.5万平方米。城乡环境容貌综合整治百日攻坚行动成效明显。加大违法用地和违法建筑整治力度，累计拆除违法建筑15135平方米。完善农村环境长效管理机制，净化率达到100%。取缔燃煤锅炉123台、221.3蒸吨。淘汰黄标车185辆。

城乡规划

【概况】 2015年，北戴河区城乡规划以统筹城乡协调发展为主线，严格执行城乡规划法，加大城乡规划的编制及管理力度，并做好建设项目批后跟踪管理和规划公示工作。全年批复规划设计条件6项，批复用地选址意见3项，批复用地规划意见4项，批复用地规划许可3项。审批农村院内建房40户、0.99万平方米，农宅竣工验收30户、0.92万平方米。

【规划执法】 坚持事前防范及事后教育处理的原则，严格执行城乡规划法，严厉打击违法建设活动。下达《违法建筑停工通知书》82份，下达《限期拆除通知书》138份，区内违法建筑自行拆除及配合“三打办”和相关单位强制拆除共30户，建筑面积0.32万平方米。

【农村住宅审批】 2015年，在农村住宅建设管理中坚持城乡一体化，严格审批程序，严把设计方案。审批农村院内建房40户，总建筑面积0.99万平方米；农宅竣工验收30户，总建筑面积0.92万平方米。

【建设项目审查】 办理中俄文化艺术交流中心、戴河镇车站社区服务中心、青少年校外教育中心新建附属功能楼、医院病房楼改造、宇林贸易有限公司商业用房、社区卫生服务中心等项目规划设计方案，共29栋，建筑面积5.4万平方米。办理越峰怡景住宅小区变更、北戴河国际公馆户型变更方案调整的审查、报批工作。全年审批并发放工程规划许可证项目3个、22栋，建筑面积3.83万平方米。

【用地规划管理】 年内，完成中俄文化交流中心、布查特花园、兴隆摩尔世界、华侨城、富力集团等重点项目用地的前期规划工作。批复规划设计条件6项，批复选址意见书3项，批复规划复函2项。完成北戴河区休疗养单位位置调查和分布图的绘制、修改工作。完成北戴河休闲大院、空闲地调查摸底工作。

【市政工程规划管理】 协同秦皇岛市规划局协调各市政相关部门，做好北戴河区城市基础设施规划工作。全年批复市政选址3项，其中批复选址意见书2项，规划复函1项，批复市政用地规划许可3项，批复方案审查1项；批复市政工程项目4项。

【建设项目的批后跟踪管理】 加强对全区范围内已审批建设项目全覆盖跟踪管理力度，对中俄文化交流中心、莲蓬俱乐部社区住宅、太平庄拆迁改造安置用房、南京干休所改造工程、农村信用社营业用房、浪淘沙1号、国际公馆、保障性安居工程四期、垃圾转运站、金穗军粮供应公司粮库等10个项目进行跟踪管理。

【规划公示与管理】 严格贯彻执行《秦皇岛市城乡规划公开公示实施细则》，对戴河镇车站社区服务中心、青少年校外教育中心新建附属功能楼、北戴河医院病房楼改造方案进行了批前公示，充分征求周边居民和单位意见，为项目审批提供依据。

【规划编制管理】 组织编制北戴河片区7个省定重点村的农村面貌改造提升规划，完成改造工程现场技术指导工作。完成A-02单元控规调整工作，为保证赤土山项目顺利实施奠定基础。积极配合区国土资源局完成《秦皇岛市北戴河区土地利用总体规划》调编工作。

【道路景观改造提升】 按照省、市、区工作要求，北戴河区规划分局负责2015-2017年道路景观改造提升方案设计工作。年内，完成东一路、东二路等17条道路及怪楼艺术园区改造提升工作。改造路段总长17.5千米，改造建筑425栋，总建筑立面面积48万平方米，新建7组公共服务驿站2000多平方米，新建、修补木栈道2.70千米，总面积1.1万平方米，木栈道总长5千米。城市雕塑11组，城市家具1266组，工程总投资3亿元。

（艾　强）

国土资源管理

【土地资源】 北戴河区土地总面积为7289.89公顷（区划调整后未进行勘测，不包含牛头崖镇土地），其中耕地737.47公顷、园地586.13公顷（全部为果园）、林地1546.31公顷（有林地1339.17公顷、其他林地207.14公顷）、草地28.05公顷（全部为其他草地）、城镇村及工矿用地3017.59公顷（城市2017.36公顷、建制镇465.54公顷、村庄489.75公顷、风景名胜及特殊用地44.94公顷）、交通运输用地486.04公顷（铁路用地86.15公顷、公路用地323.39公顷、农村道路76.5公顷）、水域及水利设施用地637.57公顷（河流水面132.36公顷、坑塘水面107.62公顷、沿海滩涂361.93公顷、沟渠29.4公顷、水工建筑用地6.26公顷）、其他土地250.73公顷（设施农用地229.94公顷、田坎8.19公顷、裸地12.6公顷）。

【地籍管理】 全年办理完成各类土地登记715宗。完成北戴河区除5个拆迁改造村外所有地籍调查和测量工作，调查7914宗。按照《河北省土地利用总体规划实施管理办法的通知》要求，以“布局集中、产业集聚、用地集约”为原则，利用市级追加建设用地规模指标50公顷，实施2015年土地利用总体规划修改工作。

【建设用地管理】 科学编制年度建设用地报批计划。将全区重点项目、招商引资、民生项目、小城镇建设等用地需求进行梳理、排序、汇总，科学制定并实施了年度用地报批计划，并向国土资源部争取棚户区改造（赤土山搬迁安置项目）新增用地指标4.3公顷。规范土地预审管理，引导建设项目合理布局，完成建设用地预审6项，合规性审查意见6个。

完成秦皇岛市2015年度中心城区实施批次建设用地、秦皇岛市城市西部快速路兴凯湖立交桥增项工程、秦皇岛市海港区西部污水处理厂及配套管网工程（蔡各庄泵站）的勘测、定界及征地告知书的编制工作；完成赤土山棚户区改造项目的征地方案报批工作。挂牌出让土地3宗，出让土地总面积

5.75公顷，收缴土地出让金1.13万元；完成国有土地划拨用地2宗、划拨土地面积0.87公顷，协议出让用地6宗、出让面积2.33公顷、收缴土地出让金2281.12万元。完成634公顷基本农田划出举证工作。

【海洋管理】 开展清除非法占海养殖设施行动，出动执法船只256艘次，执法人员1280人次，雇佣清理船只784艘次，清除浮球4万余个，清理海域面积约2773.33公顷。完成涉海企业数据采集工作。对辖区29家重点监测涉海单位进行填报，全面准确掌握海洋经济发展的基本情况。开展海域动态监视监管管理系统县级节点建设工作，北戴河区县级海域动态监管能力建设项目实施方案已经省国土厅专家评审会通过备案。完成海籍变更调查工作，全面查清辖区内海域使用现状和权属状况，经省海洋局组织验收，予以通过。

【土地执法监察】 2015年，开展动态巡查100余次。重点完成2014年度卫片执法检查工作和土地例行督察工作，对区违法用地图斑进行全面调查处理，查处违法用地案件47宗，清理违法用地、拆除违法违章建筑5135平方米。强化国土资源政策法规宣传工作，制作条幅7幅，发放宣传册800余份，散发宣传单2000余份。接待来访群众30起、110人次，办理信访案件16件。

（李　霞）

城乡建设管理

【概况】 全社会固定资产投资完成47.30亿元，增长17.30%，完成年计划（46.37亿元）的102%。投资3亿元的东二路、安四路等17条道路和怪楼文化艺术园区景观改造顺利完成。拆除沿海线原有破旧棚亭，新建剑秋路、东二路、老虎石等7座沿海综合性服务驿站，修建木栈道总长2770延长米，城市景观全面提升。

【街景改造】 2015年，完成17条道路及1个园区的改造提升，分别是东一路、东二路、中海滩路、东海滩路、海宁路、剑秋路、鹰角路、富民路、春花路、草厂西路、七桥南路、安一路、安四路、保一路、保三路、保四路、保五路和怪楼艺术园区。3月初开工，6月底竣工，改造路段总长度17.50千米，内容包括建筑、绿化、亮化、铺装、牌匾、城市家具等6个方面。共改造建筑342栋，总建筑立面面积38万平方米；新建建筑面积2000平方米（6组海边综合性服务驿站及海军疗养院浴室）；新建木栈道1285延长米，修补木栈道1220延长米，新建平台650平方米，总面积1.13万平方米。其中，中海滩路新铺1100延长米，7500平方米；修补800延长米，2000平方米。东海滩路修补健走大道420延长米，546平方米；新建平台650平方米；省办东门新建185延长米，624平方米。新增城市雕塑11组，城市家具931个（包含小品、座椅、垃圾桶、灯具、道路标识、导视牌、花钵、花箱、锈蚀板、牌匾、公交候车亭共11类）。

【污水管网建设工程】 北戴河西部、北部及暑期供应站片区内新建污水管网50.91千米，建设污水泵站3座。北部污水管网工程已完成北戴河村、朱庄村、苏庄村污水主管道2700延长米，支管2300延长米，完成投资2200万元。

【281沟沿线跌落井改造工程】 工程主要内容为将281沟沿线33座砖砌跌落井更新为钢筋混凝土跌落井。4月初施工，6月初竣工。完成对原有33个跌落井的改造维修，新建3个跌落井，完成281桥过河段污水管道的修缮。对丁庄村原有的污水泵站进行清掏，对污水管道进行疏通。

【农村面貌改造提升】 费石庄村改造工程，主要包括入村村标、游客服务中心、磨盘广场、生态园、运动场、厕所改造、村史馆及垃圾池等建设项目，7月上旬改造完成。成功申请为中国特色村。

赤土山村、杨各庄村和拨道洼村改造项目，争取棚户区改造资金12.40亿元，涉及村民2248户，住宅183栋5652套拆迁安置房。至年末，赤土山村、杨各庄村和拨道洼村安置房主体工程已全部完成，小区配套设施建设基本完工。

（任雅新）

城市管理

【概况】 2015年，重点完成市容秩序规范整治、环卫保洁、沿海线服务管理、停车场规范管理等各项工作任务。驻区行政审批服务中心城管窗口办理办结审批事项81件，其中门牌字匾审批33件，彩虹门、展摊设置审批48件。承办区人大代表建议、政协委员提案共计39件，承办工作满意率100%。受理“12345”市长热线转办单325个，以数字化城管指挥中心为平台，受理上级派遣案件7645件，办结率99.94%。

【市容市貌综合整治】 坚持日常管理与集中整治相结合的管理模式，对流动商贩、招手揽客、商品外溢等违规行为进行常规治理。对露天烧烤、马路遗撒进行有针对性的、拉网式清理整治。疏堵结合，在不妨碍道路交通、不影响行人安全的前提下，设置流动商贩疏导点，在城区人口较集中的海二路、北四路、育花路、康乐路等路段合理设置摊位，划定红线，限定经营时间，规范商贩经营。与沿街单位、门店签订“门前五包”责任状，规范门店经营行为。由公安、交警、城管、旅游、市场监督、卫生监督6部门组成的综合执法队和城管专门执法相结合，严厉打击影响全区市容环境秩序的违规行为，累计治理违规招手揽客290余人次，消除噪音污染3处，管理店外经营60余家，督导环境卫生50余次，开展文明劝导230次，帮助游客80余次。年内，开展各类集中整治行动20余次，清理流动商贩1.28万余人次、早点摊1400余次、小广告4000余张；规范商品外溢4200余次、收缴双人骑200余辆；收缴烧烤炉子15个、破旧灯箱50余个；暂扣流动商贩车辆40余辆，收缴液化气罐38个。

【市区环境管理】 道路清扫保洁 做好城区84条128万平方米主次干道清扫保洁工作。每天对联峰路、沿海线等城区道路进行机械化洗扫和洒水降尘作业。接管西部快速路北戴河段5.20千米道路保洁任务，每天2辆扫地车分区域、分时段、不间断进行机械清扫，8名巡视保洁人员全天候做好日常维护保洁工作。对管辖的剑秋南口至金屋浴场23千米沿海公共浴场沙滩产生的海藻和垃圾进行清理，对11个雨污沟口进行全天候保洁管理，全年共清运沙滩垃圾1350余吨、海藻1300余吨。

生活垃圾清运 2015年，新建5座生活垃圾收集站，收集站结构简便、容量增大、占地面积小，采用了垃圾车自带液压系统提供升降动力，进一步提升生活垃圾收集站利用率和设备提档升级。每天23辆运输车对200余家企事业单位和休疗养院、44座城区生活垃圾收集站、41座农村生活垃圾收集站及10余个散点生活垃圾及时收集和运输。针对垃圾量增多的实际情况，在每天下午出动4辆垃圾车的基础上，晚6点至8点增派2辆运输车，对育花路、草厂中路等收集站和散点产生的生活垃圾进行巡回收运。108生活垃圾中转站6辆集装箱车及时将压缩后的垃圾送至秦皇岛发电厂；1辆医疗垃圾车每天将北戴河人民医院和秦皇岛市体检中心产生的医疗垃圾送至秦皇岛市医疗垃圾处理厂，做到日产日清。全年清运生活垃圾10万余吨、餐厨垃圾450余吨、医疗垃圾60余吨。

公厕管理 城区38座公厕（其中专人管理公厕28座）全部免费开放。年内，新建三角地广场星级公厕1座，对北四路、防疫站、康复路中段公厕改造升级；改造老政府、三河和志诚桥3座公厕的自来水管线。

对新建改造公厕安装电子显示屏、增设残疾人通道和残疾人座便；厕内张贴文明提示语和公厕保洁服务规范；加装取暖设施，确保公厕冬季正常使用；在沿海一线公厕安装样式新颖、体现海洋元素的感应式涮（冲）脚池，增设公厕指示牌。

【海浴场管理】 改变沿海线基础设施老旧破损现状，在剑秋路浴场、老虎石海上公园、七桥南路浴场、东二路浴场、月季园、东山旅游码头浴场、浪淘沙园附近建设包含淋浴、公厕、商服区、文化展示区、游客服务中心于一体的综合性服务驿站7座。驿站内设立4处劳动者服务站，免费供应茶水、防暑降温药品，为广大游客和环卫工人提供休息便利。在剑秋路南口至东三路南口沿线沙滩建设总长2770米的连续步行体系木栈道。免费向经营户发放2500把太阳伞，统一摆放摊位，规范管理。开展海上救生应急演练，提高救生员紧急救生素质，救助溺水游客10余人。制定应急预案，提升反恐防暴、群防群治能力，建立由39人组成的防恐防暴队伍，购置防暴叉20个，防暴棍100个，灭火器100个。做好海蜇蜇伤防治宣传，更换温馨提示牌105块，发放海蜇蜇伤科普小知识宣传单5000余张，配备白矾等防治蜇伤药品。同时，在老虎石海上公园内配备打捞船2艘，6名工作人员不间断巡视清捞海蜇，为浴场经营户发放海蜇网抄50个，组织人员打捞海蜇2340千克，救助海蜇蜇伤200余人。

【停车场管理】 5月1日，全区国有资产停车场正式运营收费，协调驻区休疗单位及其他可利用场地资源产权单位实施停车资源社会化。至年末，北戴河区有停车场51个，停车泊位6514个。加强对停车场卫生保洁、规范收费等问题监管。收费人员统一着装持证上岗，并进行备案。

（王习文）

【市政维修】 2015年，维修车行道350平方米，人行道3269平方米，路缘石2450米；清掏雨水收水井2725座，清掏雨水检查井551座，掏运污泥868.58立方米；维修沟盖板1.20米，清掏排水沟60米，更换井盖4个，更换井箅子12个，维修雨水收水井25座；镶嵌蘑菇石6.30平方米，镶挡墙花岗岩板11.70平方米；维修保二路树池蘑菇石69块，镶嵌树池立面花岗岩板58块，树池台面镶嵌花岗岩板114块，维修台阶花岗岩板7块。

（任雅新）

【排水】 2015年，排放污水865万吨，日均排水量2.37万吨。暑期排放污水277.90万吨，日最大排水量10.60万吨。加强排水设施的日常维护工作，对所辖8座固定泵站27台机组进行检修，对5座暑期运行泵站10台机组进行安装调试，疏通管线9386延长米，清掏检查井613座，维护检查井56座，更换井盖96个，井圈38个，清运杂物18吨。暑期接社会联动、群众等报警电话98起，有效接警27起，按规定时间办结98起，办结率100%。接北戴河区政府办、民情办、督查室等报警电话75起，处理75起。义务疏通管线3563米，清掏检查井134座，更换井盖井圈28套，清运杂物2.90吨，休息时间出警21次。

（曾文利）

住房保障

【概况】 全区资质建筑企业完成建筑业总产值29232万元，比上年增长3.30%。建筑施工面积10.12万平方米，比上年增长20.80%。竣工面积9.27万平方米，比上年增长141.70%。协调处理7起农民工拖欠工资问题，涉及工程款2772万元，农民工人数930余人。

【房屋产权产籍管理】 2015年，办理房屋交易1132件，总建筑面积17.77万平方米；商品房98件，建筑面积1.14万平方米；买卖267件，建筑面积4968.91平方米；经济适用房5件，建筑面积563.67平方米；赠与17件，建筑面积1420.33平方米；初始登记34件，建筑面积2.95万平方米；变更151件，建筑面积5459.1平方米；房改房出售69件，建筑面积4090.52平方米；继承6件，建筑面积164.21平方米；析产9件，952.35平方米；补契17件，建筑面积1435.14平方米；抵押276件，建筑面积10.66万平方米。其他交易183件，建筑面积1.12万平方米。办理产权登记1269件；发放房屋所有权证1226本；查找产权、房管、房改档案300余卷次，接受群众咨询业务3300余人次，上门服务3次。

【保障性安居工程】 继续实施北部片区保障性住房四期工程，该工程总占地1.42万平方米，总建筑面积3.28万平方米，共建两栋18层高层住宅，324套，均为经济适用住房。至年底受理申请限价商品房3户，共分配保障性住房606套，其中限价商品房132套，经济适用房474套。

【廉租住房管理】 2015年，受理申请廉租住房保障家庭70户，保障人数125人，保障面积2345平方米（其中低保家庭6户，保障人数9人，保障面积195平方米；低收入家庭64户，保障人数116人，保障面积2150平方米）。至年末，全区有廉租住房保障家庭439户，其中实物配租425户，保障人数972人，保障面积14085平方米；货币配租14户，保障人数23人，保障面积465平方米。当年发放廉租住房补贴资金56588元。对符合条件的城市低收入住房困难家庭做到应保尽保。经过年度复核，累计退出保障家庭7户。

【物业管理】 严格新建物业小区前期物业管理审查程序，严把备案登记审核审查关；加强对物业企业管理服务行为的监督管理，严格物业管理人员上岗培训制度；检查督导物业企业规范管理服务行为，上门宣传物业管理法规，促使住宅小区物业管理服务依法有序不断规范。

【招投标管理】 区工程建设管理中心监督检查全区招投标工程建设项目6项（含2项监理工程），其中公开5项，邀请1项，总中标价为2145.54万元。

【质量监督管理】 2015年，接收市工程质量监督站办理监督手续的建筑工程3个项目12个单体，建筑面积约1.89万平方米。项目情况为：北戴河生活垃圾中转站改扩建工程，3个单体，建筑面积3660平方米（为基础施工完成后补办监督手续）；中国（北戴河）中俄文化艺术交流中心项目一期，8个单体，建筑面积13946平方米（2栋为基础施工完成后补办监督手续，4栋为主体完工后补办监督手续，2栋为装修完成后补办监督手续）；北戴河粮食储备库扩建2号平房仓工程，建筑面积1285平方米。2014年及以前开工转入2015年的建筑工程11个项目65个单体，建筑面积约28万平方米。参加竣工验收监督并出具《建设工程质量监督报告》工程有5个项目79个单体，建筑面积约18万平方米，主要项目为：万科地产戴河丽舍一期项目20栋楼，4.60万平方米；北戴河区太平庄村村民安置房项目34栋楼，8.80万平方米；北戴河国际公馆一标段项目23栋楼，3.80万平方米。万科戴河丽舍一期项目和北戴河区北部片区保障性安居工程四期17号、18号楼获2014年“市优质结构工程”。戴河丽舍二期项目已申报2015年“省优质结构工程”，通过“省结构优质工程”专家组考评。

（任雅新）

城市绿化

【概况】 2015年，北戴河区立足“百年胜地•美丽之冠”的城市定位，坚持绿化与生态、文化和产业相融合的总体思路，不断提升道路、游园、节点和重要街区景观改造工程等，栽植各类乔木1499株，花灌木12573株、造型4609平方米，球类492个，宿根花卉、野花组合、草坪3.50万平方米，鲜花

51.4万株，垂直绿化植物7万株，剑麻255株。全区绿地率达到53.71%，绿化覆盖率达到57.42%，人均公共绿地为53.80平方米。

【绿化工程】 东一路、东二路街区景观改造提升工程　在绿地两侧栽植景观乔灌木、地被花卉和观赏草，实施立体绿化，设置智能给水系统，改造面积1627.80平方米，栽植乔木9株、花灌木7株、宿根花卉 605.60平方米，草花2700盆，球类23株，造型绿篱135平方米，垂直绿化1158株。

中海滩路街区景观改造提升工程　在现有绿化的基础上，重点打造路口、沿路游园等节点，实现节点处景观精致，道路整体绿化层次丰富而分明的建设目标。沙滩绿化改造保留现有黑松、柽柳等乔木，多采用观赏草类，打造生态自然的绿化效果，改造面积12106平方米。栽植乔木377株、花灌木953株，球类15株，宿根花卉5702平方米，草坪地被413平方米，草花2025盆。

东海滩路街区景观改造提升工程　提升沿海道路景观，丰富植物品种，完善踩踏绿地，提升绿化品质，打造经典沿海景观效果，改造面积7000平方米，栽植乔木87株，灌木4110株，球类265株，宿根花卉3014平方米，造型绿篱50平方米，草坪地被802平方米，播撒野花组合2200平方米。

节点提升工程　包括月季园增加景观廊架、立体造型，栽植藤本月季，丰富月季品种；联峰山首长步道两侧绿地景观提升；在联峰北路两侧背景植物空缺处，栽植高大景观乔木、景观花灌木、进口秋葵；大薄荷寨路口西南角绿地栽植色叶树，联峰路南侧绿地重新规划设计，栽植背景植物，安装围栏，栽植景观地被花卉，改造面积237平方米；崔各庄环岛周围栽植各色花灌球，高速口处栽植暑期开花灌木，改造面积150平方米；北七路北口绿地栽植暑期开花灌木、花灌球，改造面积100平方米。小街巷改造提升，栽植乔木479株、花灌木1944株，球类61株，宿根花卉4898.60平方米，造型绿篱108平方米，草坪580平方米，草花1550平方米，剑麻30株。

完善绿化工程　包括全区养护绿地行道树补植，281浴场周围绿地、和逸园等绿地踩踏完善，树穴美化，养护绿地苗木补植、品种更新等；引进新优植物品种美国紫薇（天鹅绒）、欧美海棠、红花蔷薇、进口秋葵、大花水桠木等栽植至主要道路、游园、节点；108公路沿线栽植景观乔灌木。老旧小区绿化完善，栽植乔木334株、花灌木5114株、宿根花卉13582.70平方米，球类91株，造型绿篱3634.30平方米，草坪地被1470平方米，剑麻225株，蔷薇月季79株，草花1.10万盆。

海北路北延伸绿化工程　更换种植土，栽植景观乔灌木、地被花卉，改造面积3200平方米。栽植乔木188株、花灌木379株、宿根花卉427平方米，球类37株，造型绿篱570平方米，草坪地被1452.60平方米。

【公园建设管理】 公共公园及绿地基础设施维修　工程投资292万元，包括改造及维修联峰山公园内服务设施，维修水景观防水，粉刷及维修望海亭、水景观长廊等，更新老标牌60个，改造平台洗手间化粪池，维修及粉刷瞭望塔，粉刷护栏585米，维修园路等。对平水桥公园等全区所有公共公园内的基础设施进行维修和改造，涉及园内凉亭3座、栈道、木桥、座椅、园路、垃圾桶、冷雾5处、灯具、管理房、花架等基础设施，更新座椅30个，更新垃圾桶184个，对碣石园、友谊园、六座楼园绿地内原有老化漏水严重的给水管线925米进行改造。

道路栅栏维修　工程投资159万元，包括在平水桥、北五路北口、东经路、火车站等处安装方钢及钢筋栅栏1745米，更换破损严重的浸塑栅栏1231米，并对联峰路、西海滩路、联峰北路、滨海大道等全区内现有2.7万余米栅栏进行更换及维修。

冀东沿海重点区域林业有害生物应急防控体系建设项目药剂药械库工程　该工程投资40万元，在联峰山5号点建立1座205平方米的库房。

联峰山防火泵房改造工程　工程投资81万元，主要包括改造防火泵房，增建200立方米蓄水池，更换泵房内多级泵等原有设施，连接自来水管道等。

【奥林匹克大道公园改造】　投资435万元提升公园基础设施，包括翻建4星级公厕1座，面积304平方米，改造公厕1座，面积200平方米；维修塑胶跑道；北门增设电动门；维修喷泉设施、监控系统、破损路面；粉刷凉亭1座；园内部分亮化进行提升。

【怪楼艺术园区改造】　投资1119万元改造园区，主要包括拆除二层库房、原有花窖等建筑物；对花房工具间、平房、办公楼等外立面进行改型、粉刷装饰；拆除原有路面，新建沥青路面，铺设花岗岩路缘石；新建停车场及自行车棚；新建二层库房、门卫管理房、蘑菇石铁艺围栏及铁艺大门；外露线缆入地；修建中俄产业园至歌华二期的污水管线；增加绿地1050平方米，栽植乔木25株，灌木66株，造型绿篱112平方米、垂直绿化植物526株、草本花卉160株，宿根花卉130平方米。

【群众绿化】　通过组织大规模植树活动、部门绿化、城区重点绿化工程、农村四旁植树、工程造林、绿化宣传及养护折合、联查评比、培育花卉苗木、经营管护森林等多种方式，全面推动义务植树进程，全年完成植树42.48万株，超过年初15万株的植树任务，义务植树尽责率达到98.20%。其中在城区完成植树28.54万株，义务植树尽责率为97.80%；农村义务植树完成13.94万株，义务植树尽责率为98.70%。

（刘丹丹　张春红　李海宁　党爱丽）

公用事业

【供水】　秦皇岛北戴河供水总公司，拥有1座水厂和5个加压泵站，日供水能力7万立方米，供水主管网总长169千米，主要担负北戴河区、北戴河新区的供水工作。2015年，公司实现供水量1601万立方米，比上年增加34万立方米，比上年增长2.20%；全年实现售水1284.80万立方米，比上年增长5.50%；营业收入5098.75万元，比上年增长10.60%；产销差率19.70%，比上年下降2.60%；实现利润31.80万元，自公司成立以来首次实现扭亏为盈。

管理、效益提升年活动　加强技改创新，春季对水厂机泵设备更新改造，比上年用电单耗降低13.62千瓦时/立方千米，节约用电21.8万千瓦时，节约资金15.7万元。6月份建设完成出厂水与南戴河应急供水管线联通工程，既增加供水量，又节约联峰北路加压泵站的运行成本。以营业收费为重点，降低产销差率，增加销售收入，取消居民代表代收水费方式，查收人员直接入户收费，做到应查实收、查表管理、查收到位率、实抄率、准确率达到100%，水费回收率达到98%以上，居民水费收入增加70余万元。加强计量管理，为部分小区更换老旧磁卡表，为63个重点用户有计划、分批次地更换了超声波流量计，实现精确计量，比上年增加售水量15%；实施分区计量，掌握重点片区的用水情况，查找漏洞。加强管网管理，请专业探漏公司探漏，加强巡线工作，及时修复漏点，减少水量漏失。积极承揽接水、管线改造等工程，实现工程创收242.9万元。加强内部管理，控制成本支出。通过加强资金和物资管理，加强设备、用电、机械维修等管理节约资金，努力降低生产成本；压缩办公费、招待费、通讯费、交通费等支出，比上年节约开支55.80万元。

水质检测　严格执行班组级、车间级和公司级三级检测制度，对原水、出厂水、管网水进行水质监测。2015年，新增13项水质检测项目。水质检测中心实行暑期24小时值班制度，增加检测频率，提高应急处置能力，保证供水水质安全。

北戴河西部水厂项目建设　2014年，公司接手启动北戴河西部水厂项目建设，一期工程为设计日供水能力10万立方米的现代化水厂及配套的引配水管网，总投资4.68亿元。2015年年底完成土地证办理、施工图设计、编制拦标价、施工图联审等前期工作。12月，《推动北戴河区、北戴河新区等区域城市供水项目建设经营合作框架协议》正式签署，北京首创股份有限公司以不低于人民币2亿元现金出资成立首创项目公司，秦皇岛市城市管理局及北戴河供水总公司作为项目主体单位委托首创项目公司代行出资人职责，投资建设北戴河西部水厂及引配水管网工程项目。该项目计划于2016年5月开工建设，新水厂在2017年暑期前建成投入使用。

（杨海纯）

【供电】 北戴河客户服务分中心为秦皇岛供电公司派驻该地区的供电服务单位。直接担负着240余家休疗单位以及6.9万余常住人口的供电任务。2015年，北戴河地区有营业户数54871户，年售电量37937万千瓦时；农村居民生活用电24286户，用电量2599万千瓦时；城镇居民生活用电24896户，用电量5577万千瓦时。全年累计供电量完成37937万千瓦时，比上年增加2059万千瓦时，上升7.37%。累计用电量完成34323万千瓦时，比上年增加2533万千瓦时，上升7.37%。拉动用电量增长的主要原因是居民购电量增长；休疗旅游行业，全区新增用电负荷40725千伏安/千瓦。最大负荷11.20万千瓦，行政区用电总装容量为50.18万千伏安。

电网建设　年内投资2742万元进行电力设施改造，实施北戴河老旧低压配电箱改造、北戴河10千伏家庭旅馆区配电设施新建及改造、北戴河刘庄西箱变迁移及改造、北戴河10千伏鸽子窝配电室高低压新建、北戴河10千伏海滨地区箱变增容改造、北戴河10千伏海滨地区电缆新建、北戴河10千伏开发支线等绝缘化改造等供电设施改造施工。完善了北戴河地区配电网络，消除刘庄北里、育花路片区、单庄小区、大薄荷寨、河东寨、丁庄、陆庄、崔各庄、草厂东路、草厂小区家庭旅馆片区暑期旅游高峰安全供电隐患。

（王顺兴）

【供气】 秦皇岛市燃气总公司北戴河公司是集燃气经营、管道安装、售后服务为一体的综合性国有燃气企业。公司有中压管网72.50千米，低压管网150千米，覆盖整个北戴河城市区及周边地区。建设各种调压站箱256台，中低压阀门井211座，拥有民用户27189户，公建用户134户，日最大供气能力6万立方米。2015年，对7851户民用户、166家公福用户进行安检，处理140起燃气用户报警，排除安全隐患。完成22家单位煤改气任务。全年完成天然气销售911万立方米，实现销售收入3052万元。天然气加气母站运行平稳，能满足新能源公交车及出租车在北戴河加气。

（高静君）

【供热】 2015年，区热力公司有供热站16个，供暖总面积215万平方米，2万余户，收缴热费2267万元。年内，新增大薄荷寨、赤土山、五建3个供热站，燃煤锅炉6台，供暖面积45万平方米，约4000余户。为保障2015年度冬季正常供暖，对原有13个供热站的29台锅炉及附属设施进行维修、养护。采购清洁煤炭，既降低硫的排放，燃烧稳定，减少大气污染，又提高供热质量。对防尘试点北房供热站实施封闭式围挡，建高6米防尘网117延长米，网面展开面积500多平方米，有效减小风对整个场地的扬尘影响，同时降低锅炉房的噪音影响。

（朱　烨）

环境保护

【概况】 北戴河区以生态良性循环、资源合理利用、环境质量良好、城市优美洁净为工作目标，以服务发展为要务、污染减排为中心、生态创建为抓手、宣传教育为先导、绿色行动为主线、执法监督为关键、能力建设为支撑、队伍建设为保障，努力探索环保工作的新思路、新举措，全区环境质量稳步改善。2015年高质量完成计量认证复审工作。完成企业污染源监测124次，编发环境质量专报46期，海水浴场周报46期，空气负氧离子报告7期。收到环境信访投诉83件，群众投诉案件结案率为100%。

【农村污水处理】 在北戴河村、朱庄村、苏庄村、东坨头村、乔庄村5个村实施了污水入网工程；申请省级专项资金160万元，建设KEE生物转盘污水集中处理设施，对费石庄村、甘各庄村生活污水进行处理，生活污水处理率达到60%以上。

【清洁生产】 积极推进清洁生产审核工作，鼓励工业企业采取改善管理、综合利用、革新生产工艺等措施，从源头削减污染，提高资源利用效率，减少或者避免生产、服务和产品使用过程中污染物的产生和排放。年内1家企业通过了清洁生产审核验收。

【节能减排】 2015年，北戴河区通过实施秦皇岛市第二污水处理厂管网扩建工程、畜禽清洁养殖工程和燃煤锅炉取缔入网工程，完成了年度总量减排指标。全区污染物排放总量得到有效削减，化学需氧量、氨氮、二氧化硫、氮氧化物4项污染物减排指标在上年排放量的基础上净削减1.20%、1.20%、17.07%和12.32%。

严格执行环境影响评价法，严把建设项目环保准入关，注重从源头上预防环境污染与生态破坏。制定全区主要污染物总量控制计划,把总量指标作为企业新、改、扩建项目环评审批的前置性条件，对不能通过清洁生产、污染治理削减排污总量的，不予批准新上污染项目。全年办理建设项目14个，验收项目11个，完成排污申报登记单位146家，核发排污许可证11家，征收排污费56万元，排污权核定初审24家。

【污染治理】 对全区燃煤锅炉进行摸底统计，采取分类治理的方式，分别对城区内洗浴、餐饮、企业的1吨以下燃煤锅炉进行治理。城区内各类商业经营性1吨以下小锅炉改用天然气、油、电等清洁燃料，使其达标排放，不达标的一律拆除。全年集中力量取缔燃煤锅炉123台221.3蒸吨，削减用煤17480吨、二氧化硫223.75吨、氮氧化物51.39吨、烟尘33.56吨。

【环境监测】 全年完成环境空气、降尘、功能区噪声、道路交通噪声、区域环境噪声、地表水等6个环境要素的环境质量监测。设置监测点位环境空气1个、降尘3个、入海河口水2个、功能区噪声1个、景点噪声7个、道路交通噪声12个、区域环境噪声62个。对疗养院、开发区企业进行污水监测140家次，出具水监测报告140份。对全区68家企业的锅炉进行监测。

【环境监察】 开展“利剑斩污”攻坚战，针对不同时期突出的环境问题，采取明查与暗查、夜查与交叉互查相结合的方式，严肃查处企业冒黑烟、偷排偷放、擅自停运治污设施等超标排放行为。区环保局与公安分局联合开展“零点行动”2次，联合检查7次，未发现环境犯罪及环境监管失职行为。全年接到环境信访投诉83件，群众投诉案件结案率为100%。

【网格化环境监管】 建立健全网格化环境监管体系，全区建成戴河镇、海滨镇、牛头崖镇、东山街道、西山街道、经济技术开发区6个二级网格，成立环境保护管理工作站及办公室并挂牌工作，区内所有排污申报污染源全部纳入网格监管。

（李明玉）

旅游·度假

综 述

2015年，以打造旅游示范区为目标，狠抓重点项目建设，加大基础设施投入，加强旅游宣传营销，规范行业市场管理，推进民宿特色提升，旅游产业保持良好发展势头。高标准完成海宁路街景改造工程；完善智慧旅游宣传与服务体系，提升旅游信息化程度；深入推广旅游行业精细化服务，初步构建三级精细化服务培训体系；依托3个品牌级旅游推介会，大力宣传推介区内旅游资源，开拓客源；加强民宿品牌化建设。

全区接待游客771.32万人次，其中国内游客770.16万人次、入境游客11570人次，分别比上年增长3.88%、4.13%和下降60.11%。接待俄罗斯游客8009人，比上年下降69.14%。辖区内各旅游景区（点）接待游客698.92万人次，实现门票收入13643.10万元，分别比上年增长15.05%和13.29%。总接待床位数约为11.40万张，其中休疗单位、星级宾馆、社会宾馆约4.50万张，民宿约6.90万张。

（李 倩）

旅游项目建设

【旅游住宿接待单位改造提升】 年内共投资1.06亿元。其中原南京干休所投入9000万元进行重建；新华假日、燕山疗养院、国林宾馆、金山宾馆、中国社科院、高法培训中心、河北省气功疗养院、黑龙江劳模干休所8家单位投入1570万元，分别对客房、消防设施、外立面、绿化、亮化等基础设施进行改造。

【旅游厕所建设改造】 全区新建改建旅游厕所14座，其中集发生态农业观光园新建厕所4座，改建2座；老虎石海上公园新建厕所1座；野生动物园在新建厕所1座；碧螺塔酒吧公园新建厕所1座；英伦马术俱乐部新建厕所1座；分别在旅游东山码头浴场、七桥南路南口、剑秋路南口、东二路南口新建厕所4座。

【A级旅游景区改造提升】 鸽子窝公园、碧螺塔酒吧公园、秦皇岛野生动物园、集发生态农业观光园、怪楼奇园、联峰山公园、老虎石海上公园、奥东生态园8家旅游景区基础设施进行改造提升。主要改造内容包括：绿化提升、亮化工程、路径改造、环境整治、新增景观项目、智慧旅游建设等旅游基础设施建设改造。

【春节灯会】 2015年春节灯会作为“2015休闲之冬 北戴河旅游嘉年华”的重要组成部分。共制作安装大型主题灯组11组，小型点缀灯组17组，安装百姓灯组1000余盏。

（王亚琳）

旅游行业管理

【星级饭店管理】 2015年，全区正式挂牌星级酒店共有23家，其中四星级酒店8家、三星级酒店14家、二星级酒店1家。9月，组织星评员分4组对冀北电网公司北戴河疗养院、新华假日酒店、北华园观海酒店和幸运国际大酒店进行四星级饭店评定检查工作，

2015年北戴河区星级饭店名录

表4

单位名称	星级
海滨花园大酒店	AAAA
新华假日酒店	AAAA
幸运国际大酒店	AAAA
冀北电网公司北戴河疗养院	AAAA
北华园观海酒店	AAAA
怪楼奇园大酒店	AAAA
金台度假酒店	AAAA
天津起士林大饭店	AAAA
北戴河金山宾馆	AAA
北戴河友谊宾馆	AAA
北戴河悦华宾馆	AAA
鸥鹏酒店	AAA
国林宾馆	AAA
广电宾馆	AAA
中国煤矿工人北戴河疗养院	AAA
石油宾馆	AAA

其中新华假日酒店因设施设备保养不到位、部分软硬件水平未能达标被予以暂缓通过星级复核、责令限期整改。

【精细化服务】 在全区继续开展“精细化服务”活动，制订《北戴河旅游行业精细化服务活动实施方案》。6月3日，区旅游局、区旅游协会在河北省总工会疗养院举办北戴河区旅游行业精细化服务培训大会，辖区内含休疗单位、星级宾馆、旅游景区、旅行社、旅游管理部门在内的82家200余名管理及服务人员参加培训。下发《秦皇岛市涉旅行业标准》100余册。要求各旅游企业结合自身实际，利用淡季开展多种形式培训，并对教育培训工作进行细化、量化，制定切实可行的企业培训方案，重点在培训课程、培训时间、培训标准、培训方法、考核制度等方面进行研究、完善，确保每位员工不低于16学时的在岗培训，实现参训率100%，达标率100%。

【旅行社管理】 2015年，受理旅行社设立初审服务事项2个，旅行社分社设立初审服务事项2个；完成对旅行社名称、地点、法人、营业范围变更服务事项6个。开展旅行社保险监督管理工作。至年末，全区有51家旅行社（含6家分社），3家门市部。其中，秦皇岛碧海蓝天旅行社有限公司、秦皇岛中洲国际旅行社有限公司为新设立旅行社，北京国都之旅国际旅游有限公司北戴河分公司、桂林市漓悠悠国际旅游有限公司北戴河分公司为新设立旅行社分社，秦皇岛祥鑫国际旅行社有限公司北戴河门市部为新设立门市部，河北省中国国际旅行社有限公司北戴河分社和三亚天马旅行社有限公司北戴河分公司注销。

2015年北戴河区旅行社名录

表5

名　称	地　址	负责人
秦皇岛北戴河金山国际旅行社	金山嘴路4号	王玉珍 李　汕
秦皇岛夏都国际旅行社	联峰北路9号2栋	王　涛
秦皇岛市北戴河金海国际旅行社	保二路中国煤矿工人北戴河疗养院内	张振国 任丽红
秦皇岛海之韵国际旅行社	鸽赤路口污水泵站旁	张海龙 孙兰清
秦皇岛市北戴河区旅行社	草厂西路6－1－5号	王树中
中国青旅集团北戴河基地旅行社	黑石路四号	王亚林 陈海军
秦皇岛市北戴河联峰旅行社	剑秋路26号	李可宏 刘　冰
秦皇岛市北戴河新东方旅行社	刘赤路	王　可
秦皇岛森林商务旅行社	鸽赤路1号	刘金霞
秦皇岛海之旅国际旅行社	海宁路10－3	管　茁
秦皇岛方舟国际旅行社	安一路10号	任福春
秦皇岛北戴河悦途国际旅行社	红石路78号	代明洋
秦皇岛市北戴河海韵旅行社	刘庄村	王　惠 安　博
秦皇岛市北戴河华夏旅行社	联峰北路9号32B	乐文钦
秦皇岛市北戴河大正旅行社	联峰北路55号西山花园1－207	郑永青 郑淑贤
秦皇岛北戴河卓越国际旅行社	东经路（外交部休养所内）	边　猛
秦皇岛出彩国际旅行社有限公司	联峰北路155号	莫爱英
秦皇岛渤海旅行社	海宁路80号	刘东风
秦皇岛市北戴河红日旅行社	黑石路同程公寓	郑立波
秦皇岛中通国际旅行社有限公司	薄荷花苑15栋	张　超
秦皇岛风景国际旅行社	草厂北路41号	刘莹华
秦皇岛市佳韵国际旅行社	东山小区3－1－201号	秦新武 王　建
秦皇岛北戴河鸿天国际旅行社	滨海大道临海度假村E区5－2号	修志华
秦皇岛天际国际旅行社	安一路9栋101室	刘　伟

续表5

名　称	地　址	负责人
秦皇岛市华奥旅行社	红石路11栋12号	张绍华
秦皇岛市北戴河明珠商务旅行社	联峰北路56号	姜乃瑶 付大鹏
秦皇岛北戴河鼎诚国际旅行社	康乐路18-1-201	林　涛 高　丹
秦皇岛北戴河百益旅行社	海宁路87号	王丽艳 朱　旭
秦皇岛景程国际旅行社	单庄村134号	周瑞申
秦皇岛北戴河云海国际旅行社	北六路21-1号	段长春
秦皇岛市海屿国际旅行社	海宁路78号（华江宾馆内）	许伯薇
秦皇岛中洲国际旅行社有限公司	海宁路78号（华江宾馆内）	刘　强
秦皇岛海源国际旅行社	安一路8号吉程大酒店	李小龙
秦皇岛中澳国际旅行社有限公司	天鹅堡1-201	关晓风
秦皇岛天平国际旅行社	交通疗养院4-7-1	王振华
秦皇岛大金龙国际旅行社	联峰北路刘庄村居委会	刘志远
秦皇岛人合国际旅行社	杨各庄新城4-8号	李　栋
秦皇岛海洋国际旅行社	联峰北路56号2单元3、4号	崔　浩
秦皇岛畅游国际旅行社	南岭小区6-2-401	杨琳琳
秦皇岛领航国际旅行社	剑秋路99号	幺冰冰
秦皇岛宣海国际旅行社	联峰北路9号40栋	房必元
秦皇岛天之蓝国际旅行社有限公司	天鹅堡公寓17号201	常志朋 刘晓光
秦皇岛市德韵国际旅行社有限公司	北戴河区东经路90号	姜原盛
秦皇岛市天佑国际旅行社有限公司	北岭一区123-1	王　强
秦皇岛碧海蓝天旅行社有限公司	宝石路4号	李鹏越
北京易游假期旅行社北戴河分社	刘庄北里11-2号	常　乐
中国铁道部旅行社北戴河分社	剑秋路15号	刘香满
秦皇岛虹桥国际旅行社有限公司北戴河分公司	联峰路（怪楼奇园大酒店内）	巩广成
秦皇岛神州旅行社有限公司北戴河分公司	蓝色港湾-天鹅堡5-3号	张绪城
北京国都之旅国际旅游有限公司北戴河分公司	红石路（通达宾馆内）	王　惠
桂林漓悠悠	天鹅堡	申春月

续表5

名　称	地　址	负责人
秦皇岛海燕国际旅行社门市部	东经路	车　盈
	北四路广缘超市	
秦皇岛圆梦国际旅行社门市部	联峰北路012-15号	耿　扬
秦皇岛祥鑫国际际旅行社有限公司北戴河门市部	北岭路	田秀云

（朱玉荣　周　默）

旅游市场开发

【宣传品制作】 为进一步拉动冬季旅游，打造北戴河旅游活动品牌，依托“休闲之冬•2015北戴河旅游嘉年华”活动，设计并制作北戴河冬季旅游线路宣传册、2015春节灯会宣传册及灯会宣传片，加大对周边客源市场的淡季宣传；大力发展生态旅游，依托“中国观鸟之都”授牌仪式暨中国•北戴河第五届国际旅游观鸟摄影大展启动仪式的活动，积极配合全区做好设计鸟类科普展板及滨海大道、鸽赤路两侧的宣传刀旗；纪念抗日战争胜利暨世界反法西斯战争胜利70周年、毛泽东122周年诞辰之际，以冬季美景为素材，以冬季旅游活动为主线，以重大历史事件与冬季旅游系列活动相结合，配以邮票，制作“越千年•北戴河之冬”邮册，将城市形象宣传、旅游营销工作与纪念活动相融合，搞好纪念邮册的开发、设计及制作。

【拓展旅游市场】 促销北戴河旅游资源，组织区内相关旅游行业单位参加“旅游大篷车”“2015年北京国际旅游博览会”“中蒙俄经贸合作洽谈会旅游文化论坛”等宣传推广活动。邀请天津卫视以本区的传统旅游资源老别墅、美食为主线录制节目，向天津地区游客宣传推介北戴河。北戴河海之韵国际旅行社结合自身资源优势及北戴河良好的生态环境和独特的自然资源承办的“童眼观生态——青少年生态文明教育体验活动”受到社会各界的广泛关注。迎接中蒙俄旅行商考察团到北戴河区考察旅游资源（线路），并举行北戴河旅游资源（线路）和中蒙俄文化旅游合作座谈会。

【丰富旅游载体】 将传统文化与旅游创新相结合，利用灯会打造淡季旅游产品，塑造国内知名的“灯会之城”的形象。依托举办“2015运动之春第十届轮滑节”“哈雷车友会骑行北戴河”“休闲之冬•2015北戴河嘉年华”等活动，做好信息发布和衔接本、外地旅行社；做好“中国旅游日”宣传活动，向游客免费发放宣传资料，提供旅游咨询等相关服务。

【加强对外宣传】 联合中国旅游报专栏制作北戴河区旅游专版，全方位介绍旅游的“昨天、今天、明天”；天津卫视《这是天津卫》栏目到区探寻历史建筑特色及天津与北戴河的历史渊源；借助春节灯会活动与中国旅游报、新华网北戴河频道等新闻媒体集中展示全区淡季旅游资源；河北日报记者就区旅游资源、暑期旅游准备工作、老别墅、疗养院、民宿等方面进行专访。

（周　岩）

旅游市场秩序与安全

【旅游合法权益维护】 完善旅游三级投诉举报平台，在各旅游景区（点）、星级宾馆、旅行社公布市、区旅游投诉电话，全日24小时畅通旅游投诉电话。全年接听投诉电话230余件次，其中，受理游客投诉及市长热线转办投诉95件次，转接、协调其他投诉问题130余件次，累计为游客挽回经济损失10万余元，投诉结案率达100%，游客满意率达99%。

【旅游维权知识宣传】 以“3·15”“5·19旅游日”“安全生产咨询日”为重点，开展“携手共治畅享消费”、“加强安全法治、保障安全生产”等主题宣传活动。解答旅游安全咨询200余次，发放《旅游维权安全保障手册》、《中华人民共和国旅游法》、旅游安全提示卡等宣传资料2000余份。

【旅游市场整治】 开展旅游市场检查，出动检查人员380余人次，检查旅行社50家，星级饭店23家，景区（点）8个。强化旅游企业服务质量监督管理工作，指导纠正服务质量不达标事项50余件次。严查旅行社超范围经营、转让业务经营权、无证照经营、导游擅改行程及私揽导游业务、“冒用星级”发布虚假广告等行为，下达责改通知书6份并跟踪做好复查，清理招手揽客人员370余人次，于景区周边检查旅行社团队230余个，检查导游员200余人次，指导旅行社诚信质量服务、导游员文明微笑讲解、安全带团等事项100余件次；暂扣导游证7个、派团单40份。

【安全生产】 做好特殊时段以及节假日的安全检查及市场检查工作。坚持24小时值班，认真、及时处理旅游投诉案件。推进“平安景区”创建工作，对区内8家景区的旅游安全基础设施、娱乐项目和游乐设备、地质灾害点和安保设施“四必备”、综治工作站建设、安全巡查值守及预警发布等进行全方位检查。指导纠正安保巡查、防海蜇蜇伤提示、加密防鲨网和紧急疏散抢护等事项36件次，下达责改通知书3份并跟踪完成整改。强化星级宾馆安全监管，对星级宾馆全日24小时安全监控、电梯等特种设备安全操作、用电设施安全、消防安全设施及紧急疏散、后厨燃气和食品安全管理及应急预案等进行全面检查，指导持证上岗及安全培训，下达责改通知书2份并跟踪完成整改。抓好旅行社安全管理。检查旅行社及分社租（自）用车辆、旅行社责任险及意外险投保、安全提示及告知等情况，下达责改通知书1份。突出做好暑期汛期旅游安全工作。督导行业内单位提醒游客在旅途中要注意出行安全，严防蜇伤、溺水、中暑、雷击等事故。组织开展应急模拟演练活动，重点对集发生态农业观光园、鸽子窝公园、野生动物园、A级酒店等进行指导观摩，提升旅游行业单位对安全、应急、处突工作的敏感性和快速反应能力。

【旅游诚信“红黑榜”制度】 2015年，北戴河区旅游局建立旅游诚信“红黑榜”制度，定期发布旅游服务质量信息，对旅游景区、旅行社、星级酒店、导游员等旅游企业及从业人员的诚信缺失及不文明行为进行曝光和惩戒。组织媒体开展诚信旅游采访报道活动，树立企业诚信品牌和旅行社良好形象。

（王鹿颖）

乡村旅游工作

【民宿发展】 2015年，北戴河区有民宿会员2034家，主要分布在全区14个行政村，其中刘庄村401家、草厂村536家、单庄村157家、河东寨村87家、丁庄村178家、陆庄村195家、西古城村110家、崔各庄村149家、大薄荷寨村114家、小薄荷寨村22家、车站村1家、东坨头村2家、蔡各庄村4家、费石庄村19家。全区民宿总接待客房约2.95万间、总床位约6.90万张、直接从业人员近6000人，以民宿为主的乡村旅游接待床位约占全区总住宿接待能力的60%以上。全区民宿接待游客约186.40万人次，总收入约8280万元。

【民宿业规范化管理】 完善《北戴河区民宿星级评定细则》等近10项管理制度；推进“区、镇、村、队、组、经营户”6级“塔”形自律管理模式，将全区2034家民宿全部纳入旅游协会乡村旅游分会进行会员制管理；积极协调公安、消防、卫生、市场监管、税务等职能部门及镇（街）形成综合监管态势，对民宿办证实行网上填报审验，精简民宿审批项目并减少6项复审所需提交材料，促监管与服务双提升；大力推广智能化管理，建立健全民宿信息资源库，依托北戴河民宿子网站和旅游订房平台对会员实行网络监管。

【建立高端化民宿业】 举办3000余人参加的“2015年北戴河区乡村旅游暨民宿从业人员集中培训大会”和“集发景区乡村度假和综合服务现场学习”活动。扶持费石庄村“美丽乡村”旅游发展，成立19家民宿，统一制作标牌、牌匾和灯笼，开展集中培训学习。指导“费石庄乡村旅游接待中心”运行和采摘园及绿道建设等旅游建设活动。暑期招募80名大学生志愿者，对民宿户在网络宣传、精细化服务、特色化发展、群防群治等方面提供智力支援和行业指导，累计入户2000余家，帮扶指导达2万次，涌现出“服务标兵”“优秀志愿者”等热心帮助游客和民宿户的志愿者32人。联合搜狐焦点网举办北戴河“寻找魅力民宿”活动，得到数百万游客的关注、点赞和支持，评选出10大魅力民宿、10大人气民宿、10大诚信民宿。

【民宿网站建设】 完善民宿旅游网站并与“去哪儿网”“艺龙”“南北游”“米途云掌柜”等合作，不断扩大网络宣传的覆盖面。全区大部分民宿实现网上浏览、网上预订和在线支付，健全“北戴河民宿”官方微博和微信平台，强化互动营销，打造北戴河民宿旅游品牌。

【“北戴河·我的宝贝——2015北戴河乡村体验之旅”活动】 联合河北新闻网旅游频道，邀请3个亲子家庭、自媒体达人、京津冀媒体记者、京津冀地区自驾车协会负责人等30余人，一起体验北戴河区欢乐采摘游、篝火烧烤游、日出赶海游、鸟类博览游、民宿参观游、午餐DIY和烹饪比赛等全新推出的乡村旅游线路和产品，并通过网络平台以新闻、图片、视频、资讯、微博、论坛等方式进行主题宣传。打造“北戴河民宿+乡村旅游”新概念，展示“美丽乡村快乐行”的旅游魅力。

【星级民宿评定】 2015年新增星级民宿182家，其中三星级以上181家。至年底，全区星级民宿累计达274家，其中五星级13家、四星级83家、三星级134家、二星级44家，星级民宿已占全区民宿总量的13.5%。

【民宿品牌宣传】 全年发布民宿信息69篇，民宿周报17期；制作微视频1个，在《中国旅游报》、《中国经济时报》、《河北日报》、中新网、新华网、新浪网、河北新闻网等媒体发稿70余篇；以北戴河火车站、海滨汽车站和费石庄村3个游客服务中心为平台，放置相关导览和宣传资料，推介民宿度假游等线路和产品。

（贾秀红）

旅游信息化工作

【北戴河智慧旅游网站】 加大智慧旅游网站平台信息更新力度，跟踪发布北戴河区及周边的各类活动及新闻看点，保证信息的时效性。制作北戴河灯会专题网站、北戴河网络灯会、北戴河灯会投票系统等网络版块。智慧旅游服务热线（4016111）发挥了为游客提供咨询、投诉等服务功能。

【微博、微信手机平台宣传】 通过官方微博、微信这两个微平台大力宣传北戴河旅游资源，开展“加关注，赢门票”等活动。即时在微平台更新发布旅游资讯，向民众提供吃、住、行、游、购、娱等各方面的一手信息，关注度呈平稳增长。其中发布的《新闻联播盛赞北戴河》阅读量达到1.10万人次。

【发展“互联网+旅游”战略】 7月，北戴河区旅游局与“去哪儿网”在北戴河喜来登酒店会议厅举行“互联网+旅游”战略合作协议签署仪式。重点就线上市场推广、营销活动发起、旅游客源引流、优秀企业评选、头牌媒体宣传、淡季旅游开发、互联网培训等方面形成共识。本次战略合作是“去哪儿网”在国内北方地区的首个战略合作项目，将为北戴河旅游业转型升级带来新的机遇。

【建立触摸屏查询系统】 根据北戴河区特色乡村游发展情况，制作开发费石庄触摸屏查询系统，登录特色采摘、民宿、餐饮等信息，全方位的展示乡村特色信息。

【开展联合促销】 在朝阳区旅游咨询服务中心平台，展出并发放《北戴河画卷》《游谱北戴河》《感悟北戴河》《毛泽东诗词精选》《北戴河旅游线路手册》等宣传资料。

（王立言）

景区景点

【概况】 北戴河是四季皆宜的海滨旅游休闲胜地，年平均气温12℃，暑期平均气温24℃。23千米的海岸线沙软潮平，是海水浴、沙浴和日光浴理想的天然场所。辖区内共有旅游景区点13个，鸽子窝公园、集发生态农业观光园、秦皇岛野生动物园、碧螺塔酒吧公园为国家AAAA级旅游景区，其中集发生态农业观光园为全国农业旅游示范点、碧螺塔酒吧公园为休闲性酒吧主题的海上夜公园；怪楼奇园为国家AAA级旅游景区；联峰山公园、老虎石海上公园为国家AA级旅游景区；奥林匹克大道公园为“全国十大优秀体育公园”；北戴河博物馆和鸟类博物馆为两个博物馆类的景区；北戴河奥东农业生态园为复合型农业生态园；“长城号”游船是海上观光的一个旅游热点项目。

【鸽子窝公园】 鸽子窝公园建于1958年，又称鹰角石公园，占地20余公顷。该园是集自然与人文于一体的旅游景观，是“北戴河老二十四景之一”、“爱国主义教育基地”“全国旅游四十佳之一”和“国家风景名胜管理园区”，被列为与泰山、黄山、崂山、衡山和西樵山齐名的观日出最佳地，每逢夏暑清晨，纷至沓来的观日出游客数以万计，甚是壮观。

公园内因地层断裂形成的临海悬崖上，有一块巨石，形似雄鹰屹立，故名鹰角石。该石高20余米，过去常有成群鸽子朝暮相聚或窝于石缝之中，故名鸽子窝。1937年，“公益会”在海边石崖顶端修建了一座凉亭，取名鹰角亭。1954年夏，毛泽东主席到北戴河，并写下《浪淘沙•北戴河》这一不朽诗篇。为深切缅怀毛泽东主席的丰功伟绩，园内敬立高3.20米的毛泽东主席雕像和《浪淘沙•北戴河》诗词碑。1985年，北戴河区借鉴颐和园和避暑山庄长廊的特点，采用透景、借景的方法，在园内东南临海崖顶处，修建一条长50米的望海长廊。长廊建筑面积180平方米，廊内彩绘100多幅传统壁画。长廊南侧建有书阁，专供名人名家及游客题诗作画之用，书阁上悬挂周谷城题写的“书阁”牌匾。书阁的西侧建有碑廊和碑亭，悬挂方毅题写的“碑亭”牌匾。

鸽子窝景区的看点：

虔赏日出　北戴河的鸽子窝公园是华夏九大赏日出胜地之一，在其他地方赏日出一般都在海边平视，只有在鸽子窝公园却是居高临下的观赏，此景名鹰亭迎日，已被评为“秦皇岛十佳美景”之一。

静观大海　鸽子窝的第二大胜景就是观大潮，观海潮和看大海的最佳位置就在鹰角亭上。鹰角厅匾额是1987年全国人大常委会原副委员长胡厥文题写，鹰角亭建于1937年。鸽子窝公园外大潮坪南北有700多米长，呈外口大内口小状态，这里海潮的潮差不大，多在1米之内，深度比较稳定，素有“沙软潮平”之称。特别是海潮退后，海滩上可以见到波痕、雨痕、龟裂、生物洞的沉积物等构造，构成了一幅难得的由大自然鬼斧神工创造的美丽图画。

观鸟佳地　中国鸟类有1329种，北戴河就发现了415种，占全国鸟类的34%，占河北省鸟类的43.9%，在中国和日本两国候鸟保护协定中的227种鸟类中，这里就有181种，占协定总数的79.7%，世界上稀有和濒临灭绝的鸟类在北戴河被多次发现，如白鹳、遗鸥等，北戴河鸽子窝公园这块潮坪及周边湿地是鸟类迁徙的必经之地，在春秋两季鸟类迁徙的季节，这块海滩曾出现过数万只鸟在海空中翱翔的壮观场面。

“灯光秀”展演　2008年鸽子窝公园启动山体大型探照灯亮化工程，增设32台电脑程控大型探照灯亮化设施，推出大型“灯光秀”夜公园项目。采用新型现代科技，利用声、光、电特效组合，编配以毛泽东《浪淘沙•北戴河》为主题的背景音乐，探照灯的蓝、白、粉、绿等彩色光柱交相辉映。

【碧螺塔酒吧公园】　位于北戴河海滨最东侧（又名小东山），北临旅游码头和鸽子窝公园，南临金山嘴和老虎石海上公园，东临大海，交通极为便利，园内路域树木丛郁，风光秀丽，是集休闲文化、餐饮文化和演艺文化为一体的休闲性酒吧主题公园。

园内主建筑碧螺塔为海滨东山地区最高点，塔高21米，分7层，是世界上独一无二的海螺型螺旋观光塔，登塔远眺“秦皇岛外打渔船”的海上风光尽收眼底，令人心旷神怡。公园三面环海，形似半岛，陆域面积7.07公顷，海域面积1.50平方千米，适宜浮游生物生长，各种鱼、虾、蟹、海参等海洋生物极其丰富，是天然的垂钓宝地。邓小平曾到此垂钓，园内有“邓小平钓鱼处”纪念碑。

2009年7月，推出大型实景演出《海上生明月》，由著名导演边发吉任总导演。整场演出以自然为依托，以大海礁石为元素，运用声、光、电等高科技手段，以浪漫唯美的表现形式，以现代时尚的表现手法，体现人与自然的和谐相处，创造出天人合一的境界，给人留下气势宏大、场面震撼的艺术享受和唯美的视觉冲击。

【怪楼奇园】　位于北戴河联峰路北侧的百花山上，占地7.39公顷，建筑面积999平方米，建于1991年。该园名由著名漫画家华君武亲笔题名，属国家AA级旅游景区，绿化覆盖率90%以上。景区由怪楼和奇园两部分组成，设置奇景、怪景99处，是北戴河老二十四景之一，获“青年文明号”、河北省“全省旅游景区（点）综合治理达标单位”等称号。1996年夏，张爱萍将军参观怪楼奇园后，即兴写下《题怪楼》：怪楼却也怪，千姿又百态，飞流下龙宫，夜来放光彩。

【奥林匹克大道公园】　2004年4月，经国家体育总局批准，并征得第二十九届奥运会组委会奥林匹克公园远景委员会同意，秦皇岛市为迎接第二十九届北京奥运会，建设滨海大道并冠以“奥林匹克大道”名称，奥林匹克大道位于北戴河旅游度假区的中心地带，南起中海滩的月季园，北至滨海大道的鸽子窝海滩，长3千米、宽90米的步行主体大街，是全国唯一以奥林匹克命名的街道。北戴河区委、区政府决定在奥林匹克大道东侧建设奥林匹克大道公园。

奥林匹克大道公园建成于2005年5月，面积17.32万平方米。公园的设计以科技奥运、人文奥运、绿色奥运为理念，以休闲健身、旅游观光为特色，通过浮雕墙、雕像、喷泉、历届中国奥运冠军手足印等多种形式展现奥运发展史。

园内建有集速度轮滑、轮滑球、花样轮滑、平地花式等国际标准化轮滑场地和适合不同年龄人群活动的各种球类、棋类等体育休闲配套服务设施。以高25米的巨型抽象海鸥造型为标志性建筑，体现了奥林匹克运动不断进取、永不满足的奋斗精神，园内建有5674.50平方米的京东第一音乐喷泉。2005年，公园被国家园林协会评为“园林金奖”，成功举办了“米高杯”第21届全国速度轮滑、“米高杯”首届全国少年速度轮滑锦标赛等多项轮滑赛事，成功举办了2008北京奥运会秦皇岛赛区火炬传递圣火回收仪式。

2009年，北戴河区投资1600万元对奥运浮雕墙进行完善，增加第二十八届、二十九届奥运会内容。奥林匹克大道公园向世人充分展现百年奥林匹克精神，为居民及游客提供了以奥运为主题的全民健身及休闲娱乐场所。

【老虎石海上公园】 建于1994年（此前为开放式），程思远题写园名，位于著名的北戴河风景区中心，占地总面积3.30万平方米。老虎石在北戴河海滨的中海滩，原是海中的一个近岸礁石，由于海岸抬升而卧踞岸边。组成老虎石的岩石为古元古界混合花岗岩，其三组节理均衡发育，经长期风化剥蚀，易形成形状特异的象形石。此石即因其形状似虎而得名。老虎石又泛指北戴河中海滩一带的礁石群，高低错落，成群而立，巍然壮观。

老虎石海上公园，海水水质优良，环境清幽，自然资源得天独厚，是难得的天然海水浴场。完全具备当今国际海岸旅游的海洋、沙滩、空气、阳光、绿色五大要素。园内设有旅游快艇、脚踏游船、水上球类项目，还设有沙滩排球、沙滩足球，是集参与性、挑战性、文化性于一体的娱乐中心。老虎石西有一座小巧玲珑、颇具情趣的亭子，名曰“望龟亭”。这里还是朝看日出，晚看夕阳日落的佳处。日升时的辉煌壮丽，日落时的熔金耀眼，与大海、青山、街市相映成画。

【联峰山公园】 联峰山公园是北戴河最大的公园，园内有3座松林覆盖的山峰，最高山峰海拔153米，因山势连缀故有联峰之称，山势远眺又似莲蓬，亦称莲蓬山。

联峰山公园是民国8年（1919年）由清光绪举人、民国政府代国务总理朱启钤建立的，是秦皇岛地区历史上第一座公园（时称莲花石公园）。1938年的《海滨地方志略》曾集名胜24景，联峰山景区即占14景。自1954年起，这里成为中央领导的暑期办公地。毛泽东、周恩来、刘少奇、朱德、邓小平等老一辈革命家在此留下许多感人故事。

联峰山景区以登山览胜、林中探幽、寻史访踪、氧吧洗肺为特点，是世人瞩目的旅游胜地。公园内有避雨石、瓮石、莲花石、月亮石、狮子石、福地石、试剑石等各有妙趣；古刹“如来寺”“观音寺”“卧佛洞”等古朴壮观；神山景区、百福苑景区、莲花石景区景色迷人。站在主峰望海亭上，早看晨辉染海，晚瞧夕阳西下，南眺沧海，北顾青山，东观市貌，西赏村落，居高鸟瞰，美不胜收。

【北戴河集发生态农业观光园】 集发生态农业观光园隶属于北戴河集发农业综合开发股份有限公司，占地面积100公顷，是一座集观、住、吃、购、玩五大功能为一体的生态农业观光园。该园2002年被评为国家级AAAA农业观光园，2004年被评为“全国农业旅游示范点”，被全国政协等13个部门确定为科技示范、科学引智、科普教育基地。

园内建有世界最长的丝瓜长廊，国内最宽阔的日光温室。植物园可观赏千余种名优花卉，百菜园可感受立体种植、无土栽培等高科技农业的神奇，传统民俗大院再现了20世纪五六十年代民间生产生活的场景，同时还可在环境独特的农家饭庄品尝原汁原味的农家饭菜。

集发观光园民俗大院占地2.67公顷，包括“院中园”和“室内表演展示”两大部分。“院中园”以雕塑和可参与活动的形式，展现中国北方农村传统的马拉犁杖耕地、播种、收割、拉大据、石匠做活、辘轳井打水等手工业生产加工劳动场景；“室内表演展示”以手工业纺线、织布、缝补、织渔网、打铁、做木工活、推碾子拉磨、漏粉条、腌制咸菜和老式桌椅、板凳、餐具、瓷器等家庭装饰及生产、生活用具演示，展现农产品加工及其他传统的手工业生产劳动场景，为游客提供亲身体验参与劳动的乐趣，并展出大量的20世纪50至60年代传统的生产和生活器具实物。

民俗大院墙体绘画了24幅中华民族历代尊老、敬老的“煎尝药汤、卧冰求鲤”等孝子图解，是教育青少年传承文明、树新风、讲科学、促发展的典型事例。

民俗大院汇集中国北方农村传统的主要农业生产劳动和农产品加工生产场景，创造出一种特殊的环境氛围，让人们重返历史的时空，观赏昔日的农家传统生产、生活情景，品味悠久古朴的农村民俗文化，启迪人们在游乐之中思源思进，承前启后，勇于创新，建设和谐幸福的生活。

【北戴河奥东农业生态园】 北戴河奥东农业生态园隶属于北戴河农业生态园有限公司，成立于2014年3月31日，总投资3000万元，其中固定资产投资2000万元，是国家AA级旅游景区。生态园位于联峰山北麓，占地面积约8公顷，奥东生态园充分利用原有的自然地貌，得天独厚的地理位置和气候条件适合开展大面积经济林栽培，畜牧业养殖、房车露营及生态旅游开发。奥东生态园以房车露营地开发建设为核心，以引进澳大利亚鸸鹋繁育及观赏为主线，以发展高科技农业生态经济为理念，以建立一个集种植、养殖、生态旅游为一体的复合型农业生态园为目标。

园区建有可容纳50辆房车的露营地及配套设施；有可供出租的室内餐饮及娱乐设施；有鸸鹋养殖、孵化区、农家观赏动物、可供垂钓的池塘养殖，占地1.67公顷；有建设智能温室大棚6栋，种植无公害水果、蔬菜，建有占地3.33公顷的葡萄、桃、李子、山楂、核桃等水果园，建有占地2.33公顷的大型低温冷库2000平方米，贮存水果、蔬菜。

【秦皇岛野生动物园】 建于1995年5月，位于秦皇岛森林公园内，距秦皇岛市中心10千米，是中国城市中占地面积最大、森林覆盖率最高、自然环境最优美的野生动物园。1993年经国家林业局批准立项建设，1995年7月建成开放，被河北省和秦皇岛市认定为“科普教育基地”。

秦皇岛野生动物园占地334公顷，充分利用林海、绿地为各类野生动物提供休养生息的乐园，模仿各种动物的原生环境，在充分保护和利用现有资源的条件下，将动物分区隔离散放，营造返璞归真、回归自然的氛围，形成人与自然相融的旅游特色。园内主要建有笼养动物区、猛兽区、非洲动物区、猴区、草食动物区、鸟类区、步行游览区7大展区。动物展区建有猩猩馆、鳄鱼馆、小动物馆、象苑、东北虎园、狮园、白虎园、孟加拉虎园、熊园、幼狮园、长颈鹿馆、猴山、动物表演场、鹿苑、孔雀园、雉鸡园、百花园、涉禽湖、游禽湖等动物苑舍，有国家级保护动物和世界珍稀、濒危动物100余种4000余只。游人或与动物直接接触，或乘车穿梭于各类动物生活小区，人在游车上，车在兽中行，十分新奇、刺激。

【北戴河湿地】 2011年3月25日，国家林业局在北纬39°47′58.43″～39°53′40.4″，东经119°24′6.17″～119°32′10.5″，建立了河北北戴河国家湿地公园，湿地公园总面积 306.7公顷，湿地面积164.2公顷。北戴河湿地是国内最大的城市湿地，已发现鸟类20个目61个科的415种（中国鸟类共1329种），其中属国家重点保护动物的有68种。2011年，久违的世界珍禽白鹤、丹顶鹤也开始光临北戴河沿海湿地，这里被誉为“观鸟的麦加”。每到春天，到此观鸟成为国内外观鸟爱好者的盛会。近年来，由于生态环境逐年优化，长期在南方生活的棕背伯劳、中国罕见的欧洲鸟类“剑行鸟”和世界濒危鸟类小杓鹬都可以在北戴河见到。

【北戴河博物馆】 博物馆坐落于联峰路东端滨海大道环岛与刘赤路交接处，占地1.20

万平方米，建筑面积3750平方米，是以收藏古代艺术品为主的艺术类博物馆。北戴河博物馆拥有中国、日本、朝鲜、韩国及中亚、南亚等国家的古代和现当代艺术品近万件，包括陶瓷、青铜器、漆木器、玉器、石刻、书画、杂项等类。这些藏品生动形象地反映了亚洲古代文化艺术的发展轨迹。

2015年，北戴河博物馆与北戴河区文化局联合举办4项陈列展出，由北戴河区文化局主办的基本陈列“北戴河历史文化展”，由博物馆举办的两个专题陈列“古代陶瓷艺术展”和“古代青铜艺术展”，引进的特展“石头的史诗——汉代画像石展”。

【北戴河轮滑博物馆】 北戴河轮滑博物馆是亚洲第一座轮滑专项博物馆。位于北戴河奥林匹克大道公园内，建筑面积约721平方米，2008年8月15日正式对社会免费开放。

北戴河轮滑博物馆展出空间分为中央精美厅、世界近现代轮滑发展史、世界现代轮滑发展简史、中国轮滑发展简史、北戴河轮滑风情、轮滑荣誉堂、轮滑运动分项展厅、多姿多彩的轮滑运动等8个陈列厅，以展览鉴赏、体验交流、研究测评、综合服务为宗旨，集权威性、知识性、学术性、互动性于一体，把收藏、展览、研究、测评和宣传教育功能有机结合，形成基本陈列、专题陈列和临时展览互为补充、交相辉映的陈列体系，从多角度、多侧面向公众展示轮滑运动和文化，成为宣传和推广轮滑运动与文化的多功能性综合设施，是全面了解国内外轮滑发展的一个重要窗口。

北戴河轮滑博物馆还负有促进国内轮滑氛围的引导与文化建设、推进公众对轮滑运动的深入了解、加速与国际轮滑发展接轨的重大使命。用丰富的内容为不同层次、不同需求的参观者提供多元化轮滑信息，在展览中充分利用现代高科技手段，以便捷的文化服务为公众提供轮滑文化享受。

该馆收藏近百份珍贵轮滑资料，轮滑展品实物200余件，各类图片500余幅。

【秦皇岛鸟类博物馆】 坐落于北戴河海滨鸽赤路，占地面积3.33万平方米，场馆总面积1947.39平方米，展陈面积1650平方米。该馆以收藏鸟类标本为主，多媒体展示鸟类的起源、进化、发展，是集知识性、趣味性于一体的专题科普博物馆。

鸟类博物馆分为3大展区：鸟的世界展区450平方米，湿地与水鸟展区900平方米，4D动感电影体验区100平方米。馆内收藏鸟类标本88种，恐龙骨架化石1架，恐龙蛋化石3组。参观秦皇岛鸟类博物馆，人们可以了解到鸟的起源与分布、鸟的飞翔、鸟的生活、神奇的鸟、鸟与人类、湿地、中国湿地、湿地与水鸟等内容。

农业和农村经济

综　述

【概况】 2015年，北戴河区结合城市街区景观改造提升行动和连片建设美丽乡村行动及近岸海域环境综合整治“五大攻坚战”，以省定8个重点村为主，强力推进“美丽乡村”建设，实施各类工程项目114个，完成投资6448万元。实施水系治理二期和新河小薄荷寨村段应急处理工程，完成北部污水管网戴河片区建设任务，海浴场入海排洪沟整治及护岸修复工程正在加紧推进，农村垃圾收运设施更加完善。促进种植结构调整，74.93公顷大田作物改种经济林。新增农民合作社1家、家庭农场20家，全区合作社达到46家，社员1425户，其中达到市级示范社标准的7家，达到省级示范社标准的2家。开展科技文化下乡活动，组织蔬菜标准化生产、蔬菜病虫害防治等技术培训12期，培训500余人次，发放各类技术资料2000余份。推动“一村一品、数村一业”建设，促进文化艺术村落、果品采摘体验、乡村休闲度假等特色产业发展。以集发生态农业观光园为核心，着力打造“戴河一线，十九村八片”农业公园大旅游景区，中国农业公园已于2015年11月1日成功授牌。北戴河村、费石庄村获得“中国特色村”称号，戴河镇和集发生态农业观光园获得“全国避暑小镇”称号。

【创建中国农业公园】 中国农业公园是利用农村广阔田野，以绿色村庄为基础，融入低碳环保循环可持续发展的理念，将农作物种植与农耕文化相结合的一种生态休闲和乡土文化旅游模式。作为一种高端的农业旅游形态，一种新型的公园形态，体现了新的文化产业要素。6月，北戴河区就创建中国农业公园向中国村社发展促进会提出申请，经过中国农业公园发展研究课题组实地考察，专家组综合审定，中国村社发展促进会农业公园专业委员会确认后，北戴河区集发生态农业观光园及北戴河村片区被农业部中国村社发展促进会认定为“中国农业公园”，成为秦皇岛市首个“中国农业公园”。11月1日举行授牌仪式。该片区还被确认为“中国农业公园”发展研究课题组研究基地，北戴河区人民政府和中国村社发展促进会签订了《中国农业公园发展研究课题组研究基地合作协议书》。

【入选中国特色村】 10月11日，在第十五届全国“村长”论坛上，北戴河村、费石庄村成功入选“2015中国特色村”，并被吸纳为中国村社发展促进会特色村发展委员会成员单位。成为全市唯一获此殊荣的2个行政村，全国共有26个村庄获此称号。

【土地承包经营权确权登记】 北戴河区对戴河镇的13个村、牛头崖镇的12个村开展农村土地承包经营权确权登记颁证工作。期间承包方调查涉及人数9350人，外业测量面积2200公顷，承包地块数28060块，整理相关档案9380卷。

【土地承包经营权流转】 全区已实现农村土地流转616.67公顷，土地流转率13%。其中转包357.47公顷、出租259.20公顷，流转入农户面积103.20公顷，流转入农民专业合作社面积226.67公顷，流转入企业面积214.13公顷，流转入其他组织面积72.67公顷。流转出承包耕地的农户2869户，签订土地流转合同2528份。全区实现1.33公顷以上规模经营的主体有42个，流转面积达到518.20公顷，占总流转面积的84%，其中实现33.33公顷以上规模经营的主体有6个，流转面积359.07公顷，占总流转面积的58%。

【新型农业经营主体培育】 2015年，全区有农民专业合作社46家，其中达到市级示范社标准的7家，达到省级示范社标准的2家。社员人数1425户，产业涉及蔬菜、林木、畜牧、渔业及服务业等。家庭农场数量为13家，经营土地面积51.80公顷，其中流转土地面积37.33公顷，产业以种植业为主。

【农村集体经济管理】 强化村级会计基础工作，指导三镇业务部门正确核算村集体财务收支、结算、分配等会计事项；加强村级财务公开监督，建立财务公开定期抽查制度，及时督导镇、村定期公开村集体财务计划、各项收支、各项资产资源以及债权债务和收益分配等内容；研究制定相关制度及措施，完善会计原始凭证、资产资源发包合同及图片资料，规范打印记账凭证、总账、明细账、相关台账及各种报表，规范应用农经管理信息网络平台。2015年，全区43个村已全面实行河北省农村集体“三资”网络监管系统。

种植业

【概况】 2015年，北戴河区农业种植以玉米、蔬菜为主。总播种面积3769公顷，其中玉米1487公顷、水稻635公顷、大豆209公顷、甘薯45公顷、花生374公顷、蔬菜1010公顷。8月原抚宁县牛头崖镇划入北戴河区，新增行政村18个、农户8817户、耕地2588.8公顷。发放农机购置补贴资金11.70万元，受益户31户，补贴机具33台。

2015年北戴河区农作物播种面积一览表

表6　　单位：公顷

	合计	海滨镇	戴河镇	牛头崖镇
农作物播种面积	3769	6	1067	2174
粮食作物	2376	6	599	1157
其中：稻谷	635	0	47	428
玉米	1487	6	490	584
豆类	209	0	46	120
薯类	45	0	16	25
油料（花生）	374	—	39	427
蔬菜	1010	—	422	588
瓜果	9	—	7	2

说明：省反馈数据中，粮食作物、油料以三季度末秋粮生产情况为准。因年底对区划进行了再次调整，牛头崖镇划出6个村，所以合计数（省反馈）大于三镇之和。

2015年北戴河区农作物产量一览表

表7　　单位：吨

	合计	海滨镇	戴河镇	牛头崖镇
粮食作物	17365	76	5048	7370
其中：稻谷	5524	0	422	3702
玉米	10944	76	4411	3361
豆类	560	0	192	268
薯类	1685	0	116	195
经济作物（花生）	1512	—	133	1379
蔬菜	59184	—	25142	34042
瓜果	213	—	140	73

说明：1.薯类产量按鲜薯计算，上年按同口径调整；

2.粮食产量按原口径计算，薯类按鲜薯五折一计入粮食产量。

3.省反馈数据中，粮食作物、油料以三季度末秋粮生产情况为准。因年底对区划进行了再次调整，牛头崖镇划出6个村，所以合计数（省反馈）大于三镇之和。

【农资备耕】 春耕期间，全区共储备玉米种子4200千克、大豆种子750千克、花生种子1550千克、水稻种子570千克，化肥240吨，农药3.50吨，地膜0.50吨。种子、农药、地膜价格与上年相比基本持平，化肥价格略有上涨，平均每袋涨幅约为5-10元。

【农业技术推广】 开展蔬菜生产技术宣传与培训，发放蔬菜标准化生产、蔬菜清洁种植、蔬菜农药安全使用指导手册等技术资料2000余份，现场解答各类蔬菜生产问题10余次。组织蔬菜标准化生产、蔬菜病虫害防治等技术培训12期、500余人次。组织参加市级农业执法、植物检疫等培训20余人次。在集发公司及各蔬菜合作社推广生物有机肥26吨，用于蔬菜生产。引进蔬菜新品种11个，其中番茄类3个、黄瓜类3个、南瓜类2个、茄子类3个。

林果业

【概况】 2015年，北戴河区着力提升商品林、果品、花卉苗木产业增产增收，加速推进传统林业向现代林业转变。全年完成人工造林绿化任务48.72公顷，栽植各种苗木8.1万株；育苗面积109公顷，产量350万株；果树面积415公顷，品种有桃、梨、大樱桃、李子、杏、苹果、草莓、枣、板栗、核桃、葡萄等，全年果品产量2887吨；花卉种植面积293公顷，年产盆花197万盆，观赏苗木产量288万株。全部林业产业总产值16934万元。

2015年北戴河区水果生产情况一览表

表8　　　　　　　　　　　　　　　　　　　　　　单位：吨、公顷

	2015年
园林水果产量（单位：吨）	2887
其中：苹果	353
梨	644
桃	1770
年末果园面积（单位：公倾）	373
其中:苹果园	42
梨园	79
桃园	176

【果品生产】 全区果树种植面积415公顷，品种有桃、梨、大樱桃、李子、杏、苹果、草莓、枣、板栗、核桃、葡萄等，全年果品产量2887吨。3月，邀请抚宁县、山海关区的种植户对大樱桃春季修剪、拉枝、施肥、病虫害防治等技术进行专题讲座。5—6月，对费石庄村6名农户果园试种栽植的新引进的早中熟优质桃树新品种进行跟踪调查。连续4年推广应用梨小食心虫诱芯防治梨小食心虫，再次到费石庄村、崔各庄村、拨道洼村、甘各庄村、东坨头村，发放梨小食心虫诱芯1万个。

【果品安全】 6月，开展果品安全风险隐患大排查大治理行动，严密防控果品安全事故。暑期，坚持每周至少巡查果品主要生产村的果园3次。累计出动车辆22辆次、人员70人次，未发现喷洒或施用违禁农药及其他投入品。

加强抽检监测，确保质量安全。6月10日从家惠超市抽取桃、苹果等8个样本，送至省果桑花产品质量监督检验站进行农药残留检测。7月30日和8月20日，从康乐路市场、春花路市场、北四路市场、北五路市场、费石庄果园和太平庄果园摊点抽取桃、李子、苹果、梨等果品样品63份，分别注明编号、果农姓名、生产村、品种，检测项目包括有机磷、氨基甲酸酯两大类农药中的60多种农药的残留，采集样品涉及费石庄村、崔各庄村、拨道洼村、太平庄村、蔡各庄村5个果品种植村和1个集发企业。送至集发蔬菜配送中心农药残留检测室进行检测，未发现不合格样品。开展果品质量安全宣传和培训8次。

【花卉生产】 全区花卉种植面积293公顷，年产盆花197万盆。品种有勋章菊、芙蓉葵、美女樱、薰衣草、金叶薯、堆心菊、马鞭草、松果菊、鼠尾草、孔雀草、石竹、矮牵牛、南非万寿菊、非洲凤仙、小丽花、小花马齿苋、四季海棠、串红、千日紫、金盏菊、长春花、香彩雀、国庆菊、三色堇、垂吊牵牛等。引进繁育适应性强、花期长、色彩丰富的花卉良种，经过精心培育，栽植到全区公共绿地。

【造林绿化】 在108线、海北路等主要道路完成补植面积10公顷，栽植速生杨1.42万株；在省级农村面貌改造提升北部4个村连村路可视范围内发展果树，8月中旬，联合镇、村两级，对造林地块进行了实地检查验收，核桃等果树实际栽植面积48.67公顷，栽植核桃5.37万株；同时对拨道洼村、蔡各庄村、小薄荷寨村等村成熟速生杨采伐更新

造林，共栽植速生杨5.84万株。

【农村绿化】 2015年，北戴河区作为省级农村面貌改造提升行动重点片区，连片打造景观式精品示范片区。7个重点村共完成绿化面积5.66万平方米（含宿根花卉），栽植银杏、垂柳、丁香、法桐、榆叶梅等乔、灌木1万余株，玉簪、景天等宿根花卉3万余平方米。其余非省级重点村谢李庄村、河东寨村、草厂村、陆庄村完成绿化面积2.90万平方米（含宿根花卉），栽植国槐、栾树、红枫、紫薇、金叶锦带球、月季等6000余株，宿根花卉5200平方米。

【森林抚育补贴工程】 2月6日，编制完成《河北省秦皇岛市北戴河区2014年中央财政森林抚育补贴项目作业设计方案》，本次共设计卫生伐和补植2种抚育方式，设计作业面积666.67公顷，消耗蓄积296.80立方米。主要工作包括伐除被压木、病死木、枯立木等，修剪枯枝、病枝，并将清理物运出林外。9月，根据国家林业局《森林抚育检查验收办法》，对项目进行自查验收，已完成666.67公顷森林抚育作业任务，其中补植造林完成25.6公顷，卫生伐完成641.07公顷，抚育的工程质量和数量符合设计要求。

【林政管理】 2015年，北戴河区林业局依法办理林木采伐许可证15份，采伐树木1984株，采伐总蓄积416.54立方米。其中14份为非林地更新采伐，采伐株数为1754株，采伐总蓄积393.54立方米；1份为规划林地内采伐，采伐株数为230株，采伐总蓄积23立方米。处理乱砍滥伐行政案件1起，罚款5214元。

【美国白蛾防控】 召开美国白蛾防控调度会，全面部署防治工作。在两镇、两街确定36名虫情查防员，负责本区域虫情调查、信息上报和剪除网幕工作。在甘各庄村、草厂村挂设2盏诱虫灯，监测成虫的发生期和发生量，4月29日，首次在甘各庄村诱成虫43头。组建防治专业队15支，对25个行政村的树木普遍进行1次喷药防治，重点地段2遍以上。两代期间，地面防治作业面积533.33公顷次。于6月28-29日对区域内地面防治困难的片林和高大行道树实施飞机洒药防治，飞行30架次，防治面积1500公顷次。充分发挥基层查防员的作用，对三龄前易防治的网幕采取人工摘剪的方式，摘剪网幕百余个。

【联峰山油松林病虫害防治】 1月28日，省林业厅组织召开北戴河联峰山油松林枯梢病防治工作研讨会。4月9日，国家林业局造林司召开北戴河区林草植被病虫害防治情况调研与防效评估工作研讨会，通过2015年油松枯梢病防治方案。5月27日至6月2日，对辖区范围内的油松林枯梢病等林业有害生物进行飞机洒药防治和地面辅助防治工作，总防治面积1306.67公顷次（其中飞防986.67公顷，地面防320公顷）。经河北农业大学对防治结果评估，林区主要病害油松枯梢病得到基本控制；防治后油松的折梢率明显降低，新梢生长量明显提高，树势得到恢复，林相得到改善；调查期内未发现对天敌和鸟类等产生明显影响，长期影响有待进一步观察。本年度的防治在整个林区未产生任何药害现象。

畜牧业

【概况】 2015年，全区畜牧业产值10684万元。肉、蛋、奶产量分别达到3438.60吨、2842吨和3260.20吨。生猪存、出栏分别达到17190头和30450头。奶牛存栏960头，肉牛出栏538头。羊存、出栏分别为6857只和7717只。禽存栏31.99万羽（其中蛋鸡存栏22.15万羽），禽出栏64.10万羽(其中肉鸡出栏50.05万羽）。

【畜牧标准化生产】 对清洁养殖工程项目单位“回头看”监督检查。全区22个项目单位中，有3家已经拆迁、有5家停产，其余14

2015年北戴河区牧业生产情况一览表（一）

表9

	单位	合计	海滨镇	戴河镇	牛头崖镇
肉类产量	吨	3299	33	430	2836
当年出售和自宰肉猪	头	30450	558	2222	27670
猪肉产量	吨	2283	32	176	2075
当年出售和自宰羊	只	7717	65	3435	4217
羊肉产量	吨	104	0	47	57
禽肉产量	吨	825	0	205	620
牛奶产量	吨	3260	138	3122	0
绵羊毛产量	吨	11	0	0	11
禽蛋产量	吨	2842	3	1139	1700

2015年北戴河区牧业生产情况一览表（二）

表10

	单位	合计	海滨镇	戴河镇	牛头崖镇
大牲畜年末存栏	头	1354	65	971	318
牛	头	1270	62	898	310
其中：乳牛	头	960	62	898	0
马	匹	—	—	—	—
驴	头	84	3	73	8
骡	头	—	—	—	—
猪年末存栏	头	17190	368	1032	15790
羊年末存栏	只	3857	375	2125	1357
家禽年末存栏	羽	221500	700	87800	133000

个养殖场粪污处理设施运转正常，排污口全部关闭。加大对际牧牛业等重点单位和重点部位的监督管理，确保达到污染零排放的目标。指导戴河、新河流域附近没有实施清洁养殖工程的8家养猪户改良养殖工艺，改水冲清粪为干清粪，做到资源化利用，建设粪污处理设施，完善污水处理设施。沿河附近的8个生猪散养户，粪便全部是干清粪，堆积发酵后施入农田，无直排现象。

【品种改良】 至2015年底，奶牛冻精人工受精配种1082头，繁育优种奶牛225头。

【违禁物质专项整治】 对全区肉牛、肉羊、生猪养殖户进行拉网式排查，抽检尿样，用快速检测试剂卡现场检测克仑特罗、莱克多巴胺、沙丁胺醇残留，累计出动执法人员371人次，排查养殖场（户）125家次、市场48次，检测尿样1500批次，全部阴性。

监督检查4家规模化肉用动物养殖场的投入品使用情况及其档案记录，未发现使用、藏匿“瘦肉精”行为。抽样检测暑期供应站储备猪肉144批次，检测克仑特罗、莱克多巴胺、沙丁胺醇残留，全部合格。

【动物及动物产品检疫监督】 严格执行出栏动物产地检疫与瘦肉精检测同步制度，要求动物养殖场（小区、户），填写《动物“瘦肉精”自检合格报告书》或《未添加使用“瘦肉精”保证书》。养殖户产地检疫申报90批次，受理检疫90批次。检疫合格生猪231头（12批次）、羊641只（4批次）、蛋鸡2.12万羽（35批次）、肉鸡7.09万羽（29批次）、马26匹（2批次）、牛20头（2批次）；羊产品500千克（2批次）、猪产品3300千克（4批次）。加强动物产品市场的动物卫生监管，出动人员118人次，监督检查经营动物产品的超市、肉类市场48家次，未发现违法经营行为。1月1日起，全部取消收取动物及动物产品检疫费。至年末，出栏动物产地检疫93108头（只）。监督无害化处理病死动物3759头。

【动物疫病风险评估】 全区纳入风险评估的监管对象的养殖场18家。其中评为A级的6家、B级的1家、C级的11家。对动物防疫监管对象实行动态管理，对A、B、C三级监管对象分别实行每60天、45天和30天监管1次，合理配置监管资源。

【重大动物疫病强制免疫】 全年累计免疫高致病性禽流感24.15万只，猪口蹄疫0.62万只，牛口蹄疫0.27万只，羊口蹄疫0.85万只，高致病性猪蓝耳病0.62万只，鸡新城疫24万羽。对际牧奶牛场进行2次奶牛布鲁氏杆菌病、结核病检验，年内累计检验产奶牛597头，未检出阳性畜。

（张福林）

水产业

【概况】 北戴河区海岸线长23千米，现有渔业船舶95艘，其中捕捞渔业船舶73艘，岩礁养殖渔业船舶7艘；海水养殖面积51公顷，淡水养殖户27家，养殖面积33公顷。2015年，海洋捕捞总产量1350吨，海水养殖总产量10吨，淡水养殖总产量40吨。

【渔政管理】 2015年，检验营运渔业捕捞船舶73艘（其中新造渔船初次检验7艘）、

2015年北戴河区渔业生产情况一览表

表11

	2015年
水产品总产量（单位：吨）	1195
其中：海水产量	1148
淡水产量	47
捕捞产量	1138
其中：鱼	523
养殖产量	57
其中：鱼	47
养殖面积（单位：公顷）	90
海水	51
淡水	39

养殖船舶7艘，协助市船检部门检验船舶9艘，受检率达100%。通过渔民手机移动信息平台，为渔民提供各种预警信息1600余条。开展渔业安全大检查6次，检查渔港2次，船舶179艘次，下发《禁止离港通知书》15份，《限期整改通知书》6份。执行伏季休渔制度，查扣夜间偷捕鲅鱼船舶11艘。完成了渔民理事会的换届选举。

【暑期海域环境治理】 治理船舶非法载客，发放“禁止渔船载客”警示语。在金山嘴、黑石窟及省办停泊点设立严禁船舶非法载客文化石，提醒广大游客不要乘坐渔船出海。开展暑期渔船噪音治理工作，实施24小时监管制度。封闭戴河口渔港，除公务船舶外，任何船舶未经批准严禁进出渔港。全年捕捞各种水母7.30万余千克。

（张福林）

水务管理

【概况】 2015年，北戴河区水务局扎实开展防汛抗旱、城市节水、农村饮水、农田水利建设、水政执法、移民等各项工作，全年争取市以上资金800万元。

【水利工程】 新河小薄荷寨村段应急处理工程　7月1日前完工，清淤护砌长度579米，新建水泥路300米。

新河湿地段环境治理工程　7月1日前完工，主要包括：新河桩号1+950—3+012段河道清淤，长1062米；南大寺河桩号0+000—0+934段河道清淤，长934米；湿地湖清淤，面积8700平方米；新河桩号0+900—2+350段河道景观绿化。工程投资785.82万元。

【河道清淤】 戴河新河支流垃圾清理工程　包括戴河支流太平庄排洪沟、新河支流大薄荷寨排洪沟、北戴河开发区排洪沟、崔各庄排洪沟。编制完成《戴河支流、新河支流清运垃圾工程实施方案》，组织专业队伍集中清理，共清捞外运垃圾4350立方米。

加大捞漂力度，确保戴河、新河环境整洁　完善《北戴河区河道保洁实施方案》《雨后保洁应急预案》，启动河道捞漂保洁运行机制，严格落实沿海沿河排水沟（口）管理责任分解要求，并责任到人。做好雨后河道捞漂保洁工作，出动保洁人员40人，载重车5辆，打捞船17艘，钩机（挖掘机）3台，平均每天打捞野菱、水葫芦、浮萍等漂浮物20车，共清捞外运漂浮物2500吨。

【防汛抗旱】 完善各种预案，提高应急反应能力，加强防汛预警和值班制度。加强水利工程设施度汛准备及运行管理工作，为做好防汛工作奠定基础。对区内险工险段、病险水库、危房监护、涉河在建工程及防汛物资储备、抢险队伍落实情况进行全面检查。重点检查区内的2条主要河道、5座中型水闸、6座小水库、8条城市排洪沟、4处居民区。对中国环境管理干部学院新校区所建跨河桥影响上游泄洪问题进行督导。做好防汛物资储备，汛期前已完成1吨铅丝，1万条编织袋，31辆抢险车，6艘抢险船只的准备工作，并建立10支900余人的应急抢险队伍。

【移民工作】 开展水库移民核查，全区核定登记的移民754户1940人，分布在三镇各行政村。其中海滨镇6个行政村31户61人（其中现役军人1人）；戴河镇17个行政村183户431人（其中甘各庄村商永海离婚孩子1人），核减4人（死亡）；牛头崖镇18个行政村540户1448人。大中型水库移民后期扶持资金82.65万元，全部发放到移民手中。

（郭海旭）

工 业

综 述

2015年末，全区有规模以上工业企业5家，分别是北戴河聚源铝业有限公司、秦皇岛大开电子有限公司、秦皇岛秦冶焦化设备有限公司、秦皇岛金维达机械有限公司，新增规模以上企业1家，即秦皇岛民生电力设备有限公司。主要产品有机械设备、阀门法兰、型材铝材、电子传感器等。全区规模以上工业企业累计实现增加值27496万元，比上年增长0.30%。无亏损企业。全年工业投资完成5360万元，全部为技改投资，比上年下降81.70%。至年底，全区15136家民营经济单位累计完成增加值34.58亿元，占全区地区生产总值的70.12%；民营经济实缴税金5.33亿元，占全部财政收入的67.92%；民营经济从业人员达到38081人，占二、三产业全部从业人员的55.45%。

扶持小微企业 促进工业发展

【全民创业攻坚年活动】 为顺利推进全民创业攻坚年工作，年初调整全民创业攻坚年领导小组成员。建立信息报送制度，定期督导43个相关部门按照实施方案要求推进全民创业活动的开展。规范文化创意、旅游纪念品2个中小企业创业辅导基地建设，做好自查、备案及调查登记工作。推荐秦皇岛广播电视大学北戴河分校申报市级民营经济人才培训基地。组织区内30名企业负责人参加企业上市知识宣讲会，充分发挥扶持和推进作用，引导和帮助企业由“要我上市”向“我要上市”转变，破解北戴河区企业融资上市等问题。举办2015年河北中小企业发展名家讲坛，邀请清华大学特聘教授李海亭讲解中小企业微营销之道，参会人数420余人。免费提供全民创业咨询指导服务，通过开展送政策下乡镇、到社区、进企业等宣传活动，对各级扶持政策进行宣讲解读。至年末，在各类新闻媒体刊发相关稿件50余篇，其中市级以上新闻媒体刊发17篇。全年完成各类创业培训3500余人次。认定科技型中小企业13家。9项工业技术列入省工信厅组织编制的《2015年河北省工业新产品新技术开发指导计划（第一批）》，其中秦皇岛铸业达机械设备开发有限公司8项、秦皇岛市北戴河兰德科技有限公司1项。新增农民合作社1家，家庭农场20家。累计拥有合作社12家、家庭农场25家，其中市级示范社5家、省级示范社2家。7月，秦皇岛市碧螺塔旅游开发股份有限公司在“新三板”挂牌成功。

【企业优惠政策】 贯彻落实《关于扶持小微企业健康发展的实施意见》等相关优惠政策，持续简政放权、放管结合，积极转变政府职能。编印《全民创业政策汇编》300册。至年末，减免各项税费2600余万元。其中，为143户小微企业减免企业所得税91万元；3000多户个体工商业户和小微企业享受小微企业增值税优惠政策，减免税额1400多万元；减免小微企业营业税326户次，免征营业税87.60万元；认定不足起征点2190户，累计免征营业税823万元；178家企业享受固定资产加速折旧政策，加速折旧额1003万元，减免税额84万元；减免市场主体登记费160万元。

【小微企业帮扶】 “入企帮扶”活动 制定实施方案，成立帮扶活动领导小组，在一个县级领导、一个政府部门分包一个企业的基础上积极与金融部门对接，对企业实行一企一策、分类指导，特别是对有技改项目的兰德科技、龙聚森、铸业达等重点企业，着力解决企业发展中土地、规划问题，协助争取专项资金支持，扶持和鼓励企业进行技术改造。

2015年扶助小微企业专项行动 做好政策宣传工作；加强中小企业公共服务平台建设；实施人才培训工程，提升小微企业经营管理水平和人员素质；开展企业减负行动，保护小微企业合法权益。以规模以上工业企业为重点，通过完善设施、美化厂区、加强管理、建立机制等方式，积极开展“美丽企业（厂区）”创建活动。

工业企业监管

【监管融资担保机构】 严格监管、规范发展融资性担保机构，按月汇总上报担保机构情况表，按照《秦皇岛市人民政府关于开展企业经营融资风险排查的紧急通知》《秦皇岛市工业和信息化局关于对全市融资性担保机构开展专项风险排查的通知》的要求，全年对鑫龙、鑫融汇2家担保机构督导检查2次，下达整改通知书2份，报送担保机构情况表12份。

【基层企业调查研究】 深入龙聚森、丁记藤艺、儒林木业、铸业达等多家小微企业调研，对有关微利企业、高新技术企业等优惠政策及各类专项资金申报进行解读宣传，了解企业日常税费负担、企业技改项目、二次创业情况，同时与企业就服务、培训、信息化需求等进行对接。形成了《关于推进“大众创业、万众创新”的专题调研报告》《就经济下行压力加大对社会稳定的影响的调研报告》2篇调研报告。

【工业运行日常调度分析监测】 对全区规模以上工业企业进行跟踪调度，及时掌握其运行动态并进行监测分析。全面掌握北戴河区在全市占位，做好工业运行月度统计及行业分析，查找问题，及时分析解决，促进全区工业经济平稳发展。

【企业安全生产】 抓好区属工业企业安全生产管理工作，及时传达有关安全生产文件，要求抓好落实，消除不安全隐患。制发《北戴河区通信业安全生产大检查工作方案》，对区内4家通信企业进行安全生产大检查。

（郑雪松）

北戴河经济技术开发区

综 述

2015年，北戴河经济技术开发区引进内资20.51亿元，实际利用外资2026万美元，出口总额实现983万美元，比上年增长6.70%。各类企业实现税收4.30亿元，实现工业增加值3.40亿元，比上年增长0.30%，其中规模以上工业增加值完成2.75亿元，比上年增长0.20%。实现主营业务收入231.50亿元，比上年增长15.10%。

开发区工作

【招商新成果】 坚持以总部经济为主攻，瞄准京津大企业、大集团，大力实施领导干部一线招商法，中国煤矿地质总局——中煤奥祥秦皇岛能源有限公司、三一集团清洁能源等项目完成注册，中煤集团销售公司分支机构、富力集团、京粮集团、“飞马旅”、锦江集团、实地集团等一批高端总部项目扎实推进。实行引进总部企业目标责任制，强化全员抓招商，突出山西、内蒙古等重点区域，开展扎实有效的小团组招商、以商招商，依托港口优势继续强化现代物流、油品销售、煤炭销售等企业招商，中融泰富资产管理、焱达能源等一批亿元和5000万元以上总部企业落户。参加廊坊、北京、大连等地招商洽谈会。努力拓展文化创意、基金、风投等总部经济新领域，旦头投资、美时美刻文化传播等千万元以上项目完成注册。全年引进总部企业48家，其中千万元以上24家。

【融入京津冀协同发展形成新优势】 围绕“三中心一基地”布局，着力完善机构，谋划“北戴河浪淘沙影视传媒数字出版创意产业园区”，推进招商推介等基础工作。结合休疗单位改革，整合优质资源与北京高端要素融合对接，加强与国家部委、驻区休疗养院、中介机构、行业协会等多层面的联系，积极承接会议会展、培训、论坛、数字出版、健康养生等功能和产业转移，中华医学会论坛等项目扎实推进。

【重点项目建设进展顺利】 深入开展项目建设攻坚年活动，严格落实“四个一”推进机制，完善项目跟踪问效等机制，全方位做好项目前期盯办和全程服务，富力集团五星级酒店、布查特花园等重大产业项目签约，有效推进了兴隆摩尔世界、中俄文化艺术合作产业园、艺术品交易中心、保利集团等一批高端产业项目，形成了华赢集团、国信慧丰等一批储备项目，为长远发展打好基础。盘活原金程汽车、众瑞制药等企业闲置厂房资源，开展二次招商，积极引进新项目。

【存量企业创新成长】 完善领导包企业制度，深入开展入企帮扶，找准现有企业增长点，大力开展“挖潜增效”行动，有针对性地扶持民生电力设备有限公司、东软软件公司、大开电子有限公司、兰德科技有限公司等一批成长型企业做大做强，民生电力成为新增规模以上企业，兰德科技、铸业达机械设备开发有限公司9项工业技术列入《2015年河北省工业新产品新技术开发指导计划》，兰德科技研发的“风洞数字天平项目”列入2015省级科技计划项目，填补国内技术空白。认定科技型中小企业19家。

【推进全民创业】 深入开展全民创业攻坚年活动，加强全民创业宣传、发动、引导、培训和服务工作，落实扶持民营经济发展的政策措施，组织开展银企对接活动，增强信贷担保企业作用。发放创业人员小额贷款和担保贷款9000余万元，申报省级创业典型7名，新增市场主体1658个。完善省级服务外包基地平台，推进服务外包企业复检，帮助服务外包企业拓展业务、扩大规模，东软等企业利税实现大幅增长。

【完善基础设施】 结合行政区划调整，着力推进扩区工作，初步提出扩区选址方案。充分利用联峰路天洋大厦，积极推进创新大厦建设，租用二炮疗养院总部企业用房，不断完善总部经济载体。认真开展城市提升攻坚年活动，大力推进企业面貌提升和污水管网维修、路灯维护修缮等基础设施建设。高质量完成草厂西路街景改造工程。

【提升服务管理水平】 着力实施“互联网+服务”，与神州数码合作搭建网络信息化服务和办公平台，为总部经济和文化创意企业提供便捷服务，着力提升总部企业活跃度。帮助企业争取创新型企业发展资金和贷款300万元，组织企业参加2015年京津冀产业转移系列对接活动，寻求技术合作和技术引进，落实扶持发展政策，解决企业土地规划等历史遗留问题，扶持企业上档升级、开拓市场、加快发展。通过ISO 9001质量管理体系和ISO 14001环境管理体系审核，落实行政审批制度改革要求，践行项目代办制、服务承诺制、首问负责制，提高办事效率，不断完善服务发展平台。

【社会发展环境和谐安定】 严格落实“党政同责、一岗双责”， 深入开展安全生产大检查，完善安全监管体系，实现安全生产零事故。积极推进警民共建、警企合作，认真开展矛盾纠纷排解，切实加强暑期重点部位执勤巡查，落实反恐防暴群防群治宣传和应急预案。推进社会服务网格化和环境保护网格化管理，狠抓节能减排，节能环保新增指标均达到市节能环保要求。

（王　伟）

商贸流通业

综 述

【概况】 市场环境建设不断完善。消费品市场繁荣活跃，全年实现社会消费品零售总额57.41亿元，比上年增长9.80%。随着城乡居民生活水平提高，居民消费升级步伐加快。旅馆、饭店等服务性行业市场尤为活跃。个体工商业发展迅猛，至2015年底，全区有个体工商户10974户，其中新增1585户；有私营企业1451家，其中新增221户。

【对外贸易】 全年批准内资项目48个，累计引进内资20.51亿元，比上年下降48.10%；实际利用外资2026万美元，比上年下降14%；进出口总额完成983万美元，比上年增长6.70%。不断深化与京津地区的联系合作，先后与中国国际文化艺术中心、北京华侨城集团、北京富力集团等企业开展对接合作，北戴河布查特花园、北京富力集团五星级酒店等项目稳步推进，与北京保利集团合作的北戴河夏季展览拍卖活动成功举行。北戴河村艺术村落打造工作全面启动，入驻艺术机构、院校和艺术家19户。

市场建设

【市场管理】 采取以奖代补的形式，向育花路市场发放补贴资金10万元。对全区提前淘汰的黄标车信息进行审核，计办理142件。统筹协调全区打击侵犯、假冒工作，制定各项实施方案，增强网上办事能力，确保打侵工作有序开展。

【安全监管】 开展安全生产大检查。在春节、“两会”、暑期等重点时期，对企业车间、超市卖场的安全隐患和存在问题进行彻底检查。全年出动检查30余人次，下达整改通知单9份，查出安全隐患30余处，全部整改并复查验收。严格执行特种设备管理制度，确保企业特种设备的使用安全。组织全区4个较大商贸流通企业开展应急预案演练，参加职工260余人。做好企业防汛防火工作。制订应急预案，准备防汛所需的抢险物资及各种工具，密切观察汛情动态，确保万无一失；加强消防监管，对原天北家具厂院内的杂草等易燃物品进行彻底清理，加大对较大商贸流通企业巡查力度，及时消除火情隐患。

商贸行业管理

【酒类市场管理】 规范使用酒类流通随附单，做到单随货走，单货相符；加强对酒类流通备案登记表和“禁止向未成年人售酒”标志的管理。全年换发《酒类流通备案登记表》45个。加大市场检查力度，严厉查处无酒类流通随附单批发行为，出动检查车辆25辆次，执法人员78人次，对辖区的酒类经营户进行拉网式检查，有力打击非法经营和违规经营行为。

【成品油管理】 加强成品油市场监管，出动车辆15辆次，执法人员35人次，检查加油站22家。全区22座加油站进油渠道规范，销售国四标准汽油，手续齐全。

（赵文红）

供销合作

【概况】 北戴河区供销合作社在全区范围内组织生产、生活资料供应和暑期旅游市场的物资供应工作，特别是做好食盐、烟花爆竹、废旧物资专营及防汛物资专储工作，做好农业生产资料主渠道供应工作，发挥供销社连结农村与城市的桥梁纽带作用，实现日用消费品下乡、农副产品进城双向流通。下设有基层社、盐业公司、农产品批发市场3个经营单位，1个农合联组织，其中农产品批发市场是北戴河及周边地区农产品主要集散地。

【食盐专营】 2015年，共购进盐总量492.80吨，其中食盐购进419吨；销售盐总量451吨，其中食盐389吨，满足全区食盐市场供应。加大盐政管理力度，采用重点检查和经常性检查相结合，不断增强食盐零售网点守法经营，规范经营意识，严防私盐和外地盐的流入，维护全区盐业市场秩序稳定。全年共出动车辆200余辆次，送货2200多户次，入口碘盐小包装使用率达到100%。

【为农服务】 加强北戴河农产品批发市场经营管理工作，搭建良好交易平台，使农产品产销直接对接，实现为农民增收。严把食品安全关，落实蔬菜检测制度，确保供应安全。提升农合联服务水平，协同区农牧局聘请市级专家为农民专业社提供技术指导及产前、产后服务。帮助社员开拓销售渠道，以农产品市场为依托，为专业社社员提供经营场地，实现产销直接对接。抓好“供销社超市”、农资店建设，提高服务水平，营造良好的购物环境，确保农民放心消费。

【供销社综合改革】 深化供销社综合改革，作为试点城市通过与中国人保寿险北戴河区中心支公司合作，签署《战略合作协议》，推动“供销－人保”工作开展，增加人寿保险业务，是供销社深化改革，融入和开拓城乡金融保险市场的重要举措。

【防汛物资储备工作】 做好防汛物资储备工作，储备草袋、编织袋1万条，锹镐500把，铅丝1700千克，应急灯12盏。多次对防汛物资进行检查，确保防汛物资数量和质量。加强汛期值班，确保防汛物资全天候供应。

（李艳英）

烟草专卖管理

【市场营销】 2015年，烟草业务经营以市场化取向改革为依托，以辖区市场和客户为主体，充分调动营销人员的主观能动性，完善客户登记分类，制订与客户情况相适应的品牌培育发展规划，推行精准营销、亲情营销、体验营销，强化终端建设，并充分挖掘季节性因素，加大了一二类和省产品牌的推介力度，品牌销售结构明显提升。全区销售卷烟2.41万件，比上年提高1.62%；实现毛利3727.62万元，比上年提高15.37%；单箱销售额达到2.76万元，比上年提高2.65%。

【专卖市场管理】 突出“APCD”工作法在日常监管中作用，制订监管方案，强化卷烟市场日常监管，深入探索和完善零售市场监管体系，切实维护正常经营秩序。开展“护航二号”“暑期市场专项整治”等市场专项行动3次，累计出动执法车辆280余辆次、执法人员840余人次，查处各类涉烟违法违规案件27起，查获各种违法违规卷烟11.90万支，涉案值5.14万元。加强日常监管，出现预警715个，通过数据分析和筛查，实地入户核查50余户次，接受市局下发问题处理表9份，异常情况登记19个。开展零售许可证自查工作2次，发现问题及时整改。

（赵　辉）

交通·通信

交　通

【概况】 2015年，北戴河区交通运输局以日常公路养护、运输市场管理为重点，打造“情溢旅途”等特色品牌，全力完成交通运输保障任务。获“秦皇岛市交通运输系统暑期工作先进集体”“北戴河区暑期工作先进单位”“北戴河区精神文明单位”等称号，20余名干部职工被评为“暑期工作先进个人”“暑期一线优秀共产党员”。

【交通工程建设】 年内，争取省交通厅投资1300余万元，实施5项重点工程。其中，投资432万元对205国道南移段进行绿化升级，改造道路两侧绿化带1.50万平方米，以西府海棠、国槐、造型松、云杉等乔木及鸢尾、大花萱草、八宝景天等花灌木为主，打造了3个重要节点；投资120万元对滨海大道进行绿化升级，面积6927平方米，种植了独杆月季、景观松、樱花树等多种高档乔木；投资232万元对海宁路路面进行中修，改造面积7200平方米；对205国道路面进行改造施工，改造里程6.79千米；投资85万元对蔡各庄立交桥中心实施安保工程，完善主要交通标志标线、防撞防眩设施等。

【公路养护保洁】 严格落实班子成员包片、中层干部包路段、养护工包责任区的包保责任制，形成细化到人、量化到岗，一级抓一级、层层抓落实的工作格局。全体干部职工坚持工作在一线，解决问题在一线。局班子成员每天早6点上路巡查，中层干部每天分早、中、晚3次巡查，组织养护工人对全域内公路做到全天候不间断无缝隙清扫。

【路政管理】 树立“治超是最好的养护”观念，打响全员治超攻坚战，多次开展零点行动，组织全局执法人员在滨海大道、海北路、205国道、驼峰路4条线路上加强管控，查纠非法超限，打造安全有序的路域环境。

【旅游客运行业建设与整治】 召开出租车全体从业人员宣传动员大会，传达北戴河区委、区政府关于旅游客运市场专项整治行动会议精神和《全市出租汽车客运市场专项整治行动实施方案》，制订《北戴河出租汽车客运市场专项整治行动实施方案》，主打“诚信经营”牌，采取严格执法与人性化管理相结合、流动巡查和定点防控相结合、明查与便装暗访相结合的形式，对拒载、不打表等违规经营出租车进行查处。暑期查处的违规经营车量是上年的3倍，乘客投诉率下降57%，客运市场经营秩序明显好转。以出租车行业专项整治行动为契机，深入开展打击非法营运“黑车”、三轮车专项行动，形成全年打击违规违法营运的高压态势，打造北戴河出租车文明服务、诚信经营的良好形象。开展“情溢旅途”主题活动，打造交通形象新窗口。在出租车行业开展“爱心送考”“义务接送马拉松志愿者”“为北戴河添光彩”示范车评选等主题活动。连续5年在北戴河火车站出租车停车场设置“党员文明服务示范岗”，引导乘客按序乘车；暑期，在北戴河火车站、汽车站设置免费饮水处和急救药品箱，为乘客和出租车司机送去清凉。

【道路交通安全】 成立平安建设工作领导小组，制定年度工作计划，签订平安建设责任书，将目标任务分解落实，细化到项，责任到人。制定《社会治安综合治理及平安创建工作实施办法》、《群体性上访事件应急预案》、矛盾纠纷排查调处制度、领导包案和检查督办等制度，采取经常排查与定期排查、专项排查与全面排查相结合，全面掌握和有效预防矛盾纠纷。特别是在暑期、春节及“两会”期间，对各种不稳定苗头进行随时监控。建立出租车行业QQ群，及时掌握行业动态，成功化解黄标旅游车淘汰造成的安全隐患，确保全年不发生群体性事件。承办的2件人大代表建议和9件政协委员提案面商率100%，满意率100%。

强化公路突发事件应急处置能力建设，建立健全公路应急指挥系统。7月29日暴雨过后，迅速出动应急保障人员116人，养护清扫车辆7辆，对所辖公路路面进行地毯式清理，清除树木断枝2棵，沙土、垃圾8立方米。冬季降雪后，组织全员上路除雪，安排除雪车辆投放融雪剂。

全面履行客货运输行业监管职责，对火车站、汽车站、桥梁、隧道、危险品运输等重要环节和交通枢纽，认真排查并落实安保防范措施，对该区7家旅游客运企业全面开展安全生产评定和企业达标工作，所有企业均达到安全生产质量标准。同时，联合区安监局、交警等部门加强危货运输车辆的资质审查。暑期，在603路公交车和各公交站点配备安保员。

（王赛男）

【公共交通】 2015年，北戴河区有公交运营线路14条，其中常年运营线路11条、旅游专线线路3条、暑期延时线路2条。年内新开通线路2条、取消线路1条。公交运营车辆170辆，线路里程276千米。暑期，协调公交公司，将37路公交车原北戴河村站延伸至北戴河村委会广场，缩短了北戴河村、朱庄村、苏庄村等3个村村民乘车的步行里程；7月19日至8月31日，将5路公交末班车由原19点延长至22点，东坨头村、西坨头村、西古城村、陆庄村、丁庄村等10个村和民宿集中区受益，拓展了游客的活动空间，填补了北戴河区西北部夜间无公交车的空白。

【铁路运输】 北戴河火车站是秦皇岛车务段段管二等客运站，主要担负高铁、普速场的接发列车、客运运输组织工作。至年底，车站实现连续安全生产11206天。年内，北戴河火车站客运发人226万人，累计运输收入2.10亿元。

做好安检查危和实名制验证验票。对所有进站旅客严格落实旅客携带品件件过机、人人手检的规定。加强对热门车次检票口复验，杜绝票、证、人不一致及无票旅客进站乘车情况发生。打造以“左龙爱心服务队”为标杆的优质客运服务体系。

（刘　蕾）

邮政业

【概况】 中国邮政集团公司秦皇岛市北戴河区分公司于2015年10月19日更名挂牌。分公司下设市场部和综合办公室2个管理部门及金融业务部、函件业务部、分销业务部、包裹业务部、发投公司、集邮公司、电子商务班、海宁路支局、石塘路支局和北戴河火车站支局等10个经营部门。有邮政电子化支局所4个、代办所3个、储蓄网点3个、邮政投递道段14个、邮政车辆5辆、城乡邮政信箱筒24个、报刊亭8个。农村投递线路总长约60千米，邮政投递覆盖面积约100平方千米，服务网络遍布全区城乡。年内，海宁路营业所被省公司确定为五星级服务标杆网点；北戴河分公司共收到表扬信203封、锦旗1面，被秦皇岛市邮政分公司评为“2015年度先进单位”。

【邮政业务】 北戴河分公司业务种类主要包括金融类、邮务类、分销类三大板块10余项。邮政代办业务发展迅速，主要有代办保险，代收移动、电信、联通话费，代售飞机票，代收水费和营业款等。2015年实现业务收入1588.80万元，完成全年计划指标的109.08%；人均劳动生产率为18.26万元，比上年提高2.11万元。其中函件、分销、机要、零售、保险、集邮等业务均提前完成全年计划指标，实现持续、健康、良性、稳定、快速发展。全区邮政储蓄余额达到5.12亿元、寄递信件21.36万件、收寄包裹2.28万件、订阅报纸316.18万份、杂志12.15万份、国内汇票0.52万笔、收寄特快邮件2.28万件。在代办和物流等战略业务方面，全年订送机票66张、代理保险2478笔、代理保费金额9836.15万元。物流专业以服务三农为理念，大力发展酒水分销和农资配送业务，全年形成业务收入40.52万元。

【金融网点转型】 分公司以产品营销和个性化服务为手段，不断叠加新型服务项目，扩大优质客户规模，提升发展效益。通过转型，改革业务发展的流程和营销模式，从网点员工单独营销变为团体联运的营销模式。通过客户归档管理巩固老客户争揽新客户，金融网点客户群体逐步扩大。

【流动邮局】 流动邮局是北戴河区分公司特色业务，年内流动邮局共上门服务近80次，收寄包裹5000余件，收入20余万元。

（王海涛）

通信业

【中国移动通信集团河北有限公司北戴河分公司】 中国移动通信集团河北有限公司北戴河分公司下设综合部、运维部、市场部、集客部4个部门。其中市场部下设渠道班、营业班、稽核班3个班组。年内，分公司主营业务收入达4355万元；3月，在全省158个县区中脱颖而出，被授予“省级企业文化示范县”，被市公司授予“先进单位”“先进党支部”；获得“市级精神文明单位”“北戴河区暑期工作先进单位”。

北戴河分公司主要经营移动电话通信（包括话音、数据、多媒体等）、IP电话及互联网接入服务等业务，客户号码段包括“139、138、137、136、135、134、159、157、152、151、150、187、188、182、181、180”等，营业网点90个，城区全部覆盖。

北戴河分公司除为客户提供基本的话音业务和来电显示、短信息、彩信、飞信、彩铃、139邮箱、WLAN、手机导航、手机上网、手机阅读、手机游戏、手机报等丰富多彩的新业务外，还着力推广集团行业信息化和办公电话、办公宽带、集团彩铃、专线、物联网、移动OA、车务通和校园、服务器托管等重点行业应用业务。

为满足移动用户在网络覆盖和数据流量方面的业务需求，北戴河移动公司在网络容量、网络质量、网络功能（2G/3G/4G）方面的承载能力大幅度提升。有线宽带业务覆盖76个小区，覆盖用户4万户；无线宽带方面辖区内移动通信基站数154个，实现4G网络全覆盖，可满足北戴河辖区内群众、中外游客以及暑期各种通信和业务需求。

（徐　虹）

【中国联合网络通信有限公司北戴河分公司】 2015年，联通北戴河分公司完成主营收入2969万元，全年预算完成率83%；通服收入完成2863万元，全年预算完成率82%。其中固网业务收入1697万元、2G业务收入291万元、3G业务收入600万元、4G业务收入252万元。

年内，4G客户发展4968户，3G客户发展4296户，2G客户发展1806户，2G/3G融合发展1068户；宽带客户发展2900户，沃家庭（融合新装）发展2623户，固定电话发展2122户。

2015年，按照“专业化、集中化、扁平化”三化改革要求，调整了公司营销体系架构，变块管为条管，变三级管理为二级管理。取消原市场部，于3月成立商务客户组，4月成立网格客户组，组织商客经理、网格经理培训，同时进行集客名单制客户的梳理工作。营销人员第二季度人均产能较第一季度提升明显：网格中心融合和宽带产能提升21%，营业中心融合产能提升85.37%、宽带产能提升25.65%、4G产能提升296.68%。

执行项目排达产制度，强化项目储备，完成国税培训中心整体转网、北戴河医院二次入网等4G入网工作；实现了21家休疗宾馆IPTV业务的发展，开通IPTV业务1191户；完成教育局城域网ICT的建设，项目金额27万元。

对零产能代理商进行帮扶与清理工作，清理实体渠道11个，末梢渠道4个；同时引进优质代理商，实体渠道3个，末梢渠道4个。年内共有实体渠道16个，末梢渠道31个。有4G全国销量的实体渠道由原来的6个提升为14个；有4G销量的末梢渠道由原来的4个提升到8个。实体渠道4G全国月低于3户2家、3-5户6家、5-10户2家、大于10户3家。

建立并完善“宽带直通车”服务体系，建立宽带业务预约服务流程，维护专业装移机一日通完成率92%，比上年同期提升11%。

开通环保局、建设银行、农业银行、工商银行、机要局等专线103条。加快移动网络基站建设，全年开通3G基站12个，4G基站58个。年内建设FTTH小区项目35个，改造楼宇285栋，新建FTTH端口6980线，工程投资285.25万元。

开展DSLAM、PSTN设备退网光纤化改造工作。10月8日，实现设备全部退网，退网DSLAM设备5900线，PSTN设备32583线，退网工作全市排名第三，年预计节约用电20万千瓦时。

暑期前调整网络参数近百次，基站紧急扩容53次。完成费石庄村、乔庄村、赤土山村、草厂村等区域线路整治，电缆和用户线障碍发生率明显下降。

（刘仲怡）

【中国电信北戴河分公司】 2015年，中国电信北戴河分公司下设政企客户部、渠道服务部、网维部、客服部等4个部门，有员工35人。共有4个自有营业厅、32家代理厅，现有CDMA用户4.20万余户。

年内，增建28个4G基站，北戴河全区域实现3G无缝覆盖。完成FTTH光纤入户小区10个。不断做强、做大“天翼4G”“我的e家”“商务领航”3大客户品牌，满足不同层次客户的不同需求。

改善服务环境，设置人性化营业厅功能区，并在自有营业厅、营业点基础上，增设电子缴费点，稳步推进外包建设，增设代办营业网点32个。推介和使用网上营业厅，让用户享受到足不出户的电信服务。

（朱秀丽）

金融业

银行业

【中国银行股份有限公司秦皇岛市北戴河支行】 2015年，中国银行股份有限公司秦皇岛市北戴河支行实行条线管理，机构设置为对公条线、对私条线，下辖联峰路支行、北岭支行两个机构。全年未发生任何重大案件事故，在总行、分行的历次内控保卫检查中取得了良好的成绩。绩效考核成绩位于前列。至年末，支行人民币存款余额95708万元，比上年新增1540万元，其中人民币公司存款余额14395万元，比年初下降2532万元，人民币储蓄存款余额81313万元，比上年新增4072万元。

客户规模不断扩大 支行新增公司结算账户75个，完成全年任务的105%；对公网银交易客户178个，完成全年任务的103.27%；新增移动金融客户5000个，完成全年任务的100.2%；新增代发薪客户800个，完成全年任务的103.12%。

存款持续稳定增长 支行人民币时点存款新增1.3亿元，完成全年任务的106%；日均存款新增1.1亿元，完成全年任务的110%。

计费收入稳定增长 支行实现计费收入2900万元，完成全年任务的100.3%。

（王　林）

【中国工商银行股份有限公司秦皇岛北戴河支行】 2015年，工商银行北戴河支行有营业室、海宁支行、西山支行3个营业机构。年内实现净利润4295万元，比上年减少175万元，下降3.90%。至年末，各项存款余额16.20亿元，较年初增加4000万元；各项贷款余额15.70亿元，较年初减少2.40亿元。

信贷资产业务得到长足发展，信贷资产流动性进一步增强，信贷资产质量控制的基础更加牢固。秦皇岛市海益旅游开发有限公司在支行贷款1300万元，该企业在北戴河支行大力支持下，成为上市公司。

（姚俊合）

【中国农业银行股份有限公司秦皇岛北戴河支行】 至年末，中国农业银行股份有限公司秦皇岛北戴河支行各项存款较年初增长1.77亿元，同业增量排名第一。其中对公存款同业增量排名第一；个人存款时点完成7666万元，较上年提升3个位次，同业增量排名第三。

各项存款日均增量1.48亿元，其中个人存款日均增量完成9724万元，完成任务的139%；任务完成率全市第一，较上年提升3个位次；对公资金日均增量完成5066万元。人民币各项贷款较年初有所下降，其中对公贷款比年初下降1.34亿元。个人贷款比年初下降614万元。各项中间业务收入全市排名第二，同业排名第二。拨备前利润和拨备后利润，分别完成任务的86%和95%，全市排名第四。

出台《信用卡、商户及转账电话部分活动方案》《调整3月个人贵宾客户“包户到人”实施细则》《北戴河支行1季度个人存款营销活动方案》《北戴河支行农银人寿营销方案》《北戴河支行个人优质客户管理实施细则北戴河支行春天行动实施方案》《北戴河支行2015年网点负责人考核办法（试行）》《2015年“进市场 增份额”综合营销方案》以及各阶段配合市分行业务导向的阶段性措施。

收到市分行下发省、市重点项目，京津冀协调发展项目，2014—2015年省管重点项目名单后，支行成立领导小组，由行长带头进行营销。与秦皇岛北戴河达维尔盛国际文化传播有限公司就中国（北戴河）中俄文化艺术交流中心项目达成合作意向，该公司于10月在支行开户，正在受理对方项目贷款业务；与兴隆大家庭商业集团兴隆•摩尔世界项目负责人取得联系，意向开展合作；与281医院、408医院和中兴公司（秦皇岛智慧城市）取得接洽。

个人贷款有3个客户出现阶段性逾期，贷款形成次级，经全力清收和风险化解工作，收清1户，化解2户，将贷款压缩至关注类。将信用卡不良透支情况降至可控范围以内。

（丁大勇）

【中国建设银行股份有限公司秦皇岛北戴河支行】 2015年，中国建设银行股份有限公司秦皇岛北戴河支行，下设2部1室2个网点型支行，即综合业务部、综合保卫部、营业室、四中路支行和北戴河火车站支行。

至年末，支行一般性存款余额15.38亿元，较年初新增1.52亿元。其中对公存款余额5.30亿元，较年初新增1070万元；个人存款余额10.07亿元，较年初新增1.41亿元，完成计划的145%。对公存款和个人存款日均新增均超额完成市分行下达业务计划，2项存款新增额继续保持当地同业第一名。为502户个人客户发放贷款1.24亿元，贷款余额3.99亿元，不良率为0.60%。

ETC信用卡发卡2239张，个人网上银行累计活跃8183户，手机银行累计活跃2247户，个人短信存量客户2.48万户，微信银行存量客户2623户，移动金融柜面替代率33.39%。全年代工单位新增18户，代工人数新增1696人，新增代工金额2514万元。

（柳春欣）

【交通银行股份有限公司秦皇岛北戴河支行】 2015年，交通银行北戴河支行秉承与客户共发展、与员工共成长、与社会共进步的企业价值观，全面开办各项金融业务。支行个人金融业务有个人本外币储蓄、太平洋卡业务、个人信贷业务、个人理财业务，理财产品主要包括双利理财、得利宝、开放式基金、外汇宝、圆梦宝。支行公司金融业务有存款、贷款；国际结算；信用证、承兑、贴现和保函等中间业务。电子银行业务有网上银行、电话银行、银信通。2015年实现人民币存款余额6.20亿元；对公贷款1.40亿元；私人银行9户；沃德卡净增30张；交银卡净增100张；贷记卡净增1200张，借记卡有效发卡 6000张。

（张玉娜）

【秦皇岛银行股份有限公司北戴河支行】 2015年，秦皇岛银行股份有限公司北戴河支行，各项存款余额13.32亿元，比年初增加1.81亿元，其中，对公存款5.04亿元，比年初增加1.03亿元；储蓄存款8.28亿元，比年初增加7697万元。日均存款12.4亿元，比年初增加1.84亿元，其中，储蓄日均比年初增加1.34亿元，对公日均比年初增加4900万元。

至年末，贷款余额6.19亿元。其中公司类贷款5.49亿元，比年初增加1.28亿元。发放个人类贷款6933万元，比年初增加128万元。不良贷款率为零。

支行业务品种有短信通、电话银行96336、个人、单位网上银行、手机银行、柜面通、公交卡等。网银免工本费、年费，办理行内转账、本（异）地跨行转账等暂时不收取费用。公交卡业务可以乘坐市内10余条公交线路，同时票价享8折优惠。

（朱　莉）

保险业

【中国人民财产保险股份有限公司北戴河支公司】 2015年，北戴河支公司实现保费收入1800万元，比上年减少14.88%，实现利润

200万元。

加快车险龙头险种的发展 加强对车险业务承保端口的管理，对秦皇岛金象雨旅游客运有限公司车队、北戴河北运出租汽车服务中心及渤海出租汽车服务中心进行走访洽谈，查找业务差距，寻求突破口。经理室依据市场行情及保费目标完成情况合理配置销售费用，成功与北运公司建立合作关系，收取保费近36万元。

拓展新业务 通过长期努力，成功开拓秦皇岛某大专院校的教职员工校园方责任险业务，成为秦皇岛市该领域第一单。

非车非农方面 上半年，续保了北戴河区政府车辆的随车行李保险业务，实现保费收入6万元。同时成功续保了北戴河区居民“二元民生保险”，实现保费收入13.81万元，为全区69043名居民承担75.95亿元的风险保障；截至11月10日，北戴河支公司实现货运险保费收入25.05万元，提前51天完成货运险年度保费任务；成功与外省一家大型物流企业实现合作，形成了新的保费增长点；8月31日，支公司与北戴河区政法委签订农村治安家庭财产险保单，为全区1.5万户农村家庭提供1.73亿元的家庭财产保险保障，覆盖面达到100%，收取保费6万元，率先在全市完成治安保险保费和覆盖率目标。

稳步推进农险业务发展 3月，成功第6年续保辖区内秦皇岛际牧牛业有限公司奶牛养殖险业务，实现保费收入20余万元，承担风险总额达364.56万元。

（陈　晨）

【中国人寿保险股份有限公司北戴河支公司】 2015年，中国人寿保险股份有限公司北戴河支公司，设有经理室、个险销售部、银行保险部、团险销售部、客服中心、综合管理部等部门。年内，中国人寿北戴河支公司在业务发展、经营管理、员工教育、企业文化建设等方面均取得较好成绩，在全市综合性支公司中排名第一位。公司获得2015年度省公司“市场先锋战斗堡垒”、“先进党支部”、“综合成长20强”、“个险初级主管育成前十强”称号，并分别获得省、市公司“先进单位”称号。

2015年，北戴河支公司完成总保费8273.02万元，比上年增长3.21%；长险首年保费3583.04万元；长险首年标准保费647.27万元，比上年增长46.45%；首年期交保费1405.24万元，比上年增长53.84%；十年期及以上期交保费723.29万元，比上年增长28.33%；短期意外险保费257.77万元，比上年增长103.31%。

年内，支公司严格按照国家法律法规及上级公司的规章制度和要求进行经营。认真学习并严格执行《中华人民共和国反洗钱法》，对客户身份进行识别，对大额可疑交易进行认真辨别，对每一笔可疑交易都进行调查及做出书面报告。开展“合规经营、诚信展业”专题培训。探索建立业务、财务、审计动态监管机制、资金审计调查，防范、化解经营风险。配合政府开设“农村小额意外伤害保险”，针对“5580工程”开展“老年人意外伤害保险”；配合国家“三农”政策与中国农业银行、农村信用社开展“小额贷款借款人意外伤害保险”。

2015年，公司赔款总计514笔，金额236.91万元。紧密联系北戴河区各村委会和学校，为全区人民送去关怀与保障。其中，为2539位老年人提供5838万元保障，理赔金额9.51万元；为18025户计生家庭提供9.19亿元保障，理赔金额5.35万元；为4735位学生提供5.78亿元保障，理赔金额11.41万元；为27.81万人次游客提供85亿元保障，其中为14名游客提供理赔服务，由公司理赔人员带游客到医院进行检查。同时，公司还承保北戴河新区农村意外险业务，为新区百姓提供保障高达57.59亿元，理赔金额16.62万元。

在二三季度，公司与国内知名检测机构——达安基因联合，先后为全区近800人提供了肿瘤标志物检测。同时还为1000余位客户免费提供国际SOS私人电话医生服务卡，为客户就医提供便利。年内通过与劳动社会保障部门、劳动就业部门及各大院校积极联系，共为53人解决了就业问题。

（杨娜萍）

证券业

【河北财达证券有限责任公司秦皇岛海宁路证券营业部】 2015年，营业部下设交易部、电脑部、综合部等部门。年内，营业部完成利润1701.10万元，营业收入2314.71万元，新增客户1736户，新增客户资产1.03亿元，实现交易额180.63亿元，客户资产总值7.22亿元，比同期的5.21亿元增加了2.01亿的托管资产。与上年相比，营业部各项指标有较大幅度增长，主要因素有市场交投活跃及在公司的大力指导下增加了双融业务收入。

融资融券指标完成情况　2015年，新开双融账户57户，获批额度2.66亿元，客户使用额度5905万元，授信9363笔。

业务开展　4月，公司开展网上开户春季营销活动，该部共分配任务700人，其中220人为有效客户，通过全体员工的共同努力，该部共完成开户任务633个，有效户355个，完成率达161%，超额完成公司下达的任务，并得到了公司奖励。9月25日，营业部举办了一年一度的投资策略报告会。邀请总部经纪业务部和投资部2位讲师为营业部的80余位优质客户就公司发行的几款固定收益产品和各个板块股票的走势进行详细讲解。11月，为“整非”宣传月，为客户发送提示风险短信3000余条，为客户转发案例微信200余次，在本区域外开发区网点新增客户232个，南戴河网点新增客户139个。

寻找“新三板”客户　5月，接触了保定安迪电动车制造有限公司；9月，参加钧正会计师事务所举办的“企业投融资”实战研讨会，秦皇岛亿科集团意向与营业部合作上“新三板”。

（李　伟）

财税管理

财政管理

【概况】 2015年，北戴河区克服经济下行压力加大等诸多不利因素影响，创新思路，积极作为，保证了财政平稳运行。年内，全部财政收入完成7.85亿元，完成调整预算的100.70%，比上年下降10.50%。其中，中央级收入完成2.28亿元，完成调整预算的101.30%；省级收入完成7733万元，完成调整预算的102.30%；市级收入完成7310万元，完成调整预算的96.70%；公共财政预算收入完成4.07亿元，完成调整预算的100.80%，比上年下降20.30%。预算执行中，上级对区税收返还、结算补助、转移支付、上级专款等补助收入5.52亿元，地方政府债券收入1000万元，调入基金专项44万元，上年结余1亿元，上解支出2194万元，2015年可用财力为10.47亿元。公共财政预算支出完成9.92亿元，其中，区本级支出5.39亿元，完成调整预算的99.90%，比上年下降14.20%；政府债券还本付息支出916万元；结转下年支出4663万元。实现财政预算收支平衡。

【财政管理】 北戴河区财政局推进预算管理制度改革，印发《深化绩效预算管理改革实施方案》，初步建立“预算编制有目标、预算执行有监控、预算完成有评价、评价结果有应用、绩效缺失有问责”的全过程绩效预算管理新机制。公务卡制度改革在全区预算单位全面推开，累计办理公务卡3086张，刷卡482笔，公务消费282万元，实现对财政支出的动态监控，提高公务消费透明度。公物仓管理制度日趋完善，规范国有资产出租、出借行为及收入管理，纳入公物仓管理的出租资产230项，实现年租金收入790万元，收入增幅达30%以上。下发《关于推进政府向社会力量购买服务的实施意见》，对石塘路市场迁建、供暖改造等项目开展“PPP”合作模式积极探索研究。拨道洼村棚户区改造项目“PPP”合作方案在省政府推介会上统一发布。

【财源建设】 协调各征收部门，抓好组织收入和培育财源工作，依托综合治税平台，加大税收征管和非税收入管理力度。全面落实引进总部企业目标责任制，动员各方面力量，培育壮大财源基础。负责引进了秦皇岛嘉祥汽车服务有限公司，年内在开发区注册并实现税收120万元。通过多种渠道配合相关部门积极与相关总部及文化企业沟通、对接，取得了显著成效，中俄文化艺术产业园一期工程、同道电影坊等一批高端文化旅游产业项目建成运营，全年总部经济实现税收32837万元，占全部财政收入的41.8%。加大结余结转资金清理检查力度，收回2012年及以前年度沉淀资金8233万元，并按要求统筹安排支出。

【财政监督】 依法全面及时公开预决算信息。区本级及区属35个一级预算单位的预决算信息及“三公经费”信息全部在政府门户网站进行公开，主动接受人大和社会各界监督。组织开展重要财政经济事项检查、《中华人民共和国会计法》执法检查和会计信息质量检查等专项检查，对各类专项资金进行绩效评价。加大政府投资项目资金评审工作力度，公开采购15家社会中介机构，努力实现评审工作依法、公开、公平、公正，提升财政财务管理规范化水平。政府采购各项工作稳步推进，全年受理政府采购申请256批次，实现合同金额34405万元，节约资金1703万元。按照打造全域旅游目的地示范区目标，配合区金融办，研究推进区属景区上市工作。

【改善社会民生】 在财政经济形势严峻、财力紧张的情况下，围绕建设美丽实力幸福北戴河的奋斗目标，科学合理调度使用资金，持续加大公共财政向民生领域倾斜力度，投入资金2958万元，倾力做好为民办实事。全年，社会保障和就业支出6220万元，医疗卫生支出8489万元，教育支出1.53亿元，农林水事务支出6743万元，一般公共服务支出1.53亿元，各项支出比上年增长20%以上，有力支持了全区各项事业发展，各类社保、惠农政策及补贴资金全部落实到位，民生保障水平显著提高。足额保障公教人员工资、机关运转、政策性调资和与调资有关的保险、补贴等补差资金的落实。围绕区委、区政府确定的“1+4+2”工作格局，统筹安排资金30719万元，保障城市街景改造、农村面貌改造提升和大气污染防治等重点工作高标准完成，区财政局牵头负责的东坨头村美丽乡村建设工作任务圆满完成，得到省检查组充分肯定。做好区划调整接收工作，完成牛头崖镇债务确认、国有资产接收、经费测算和资金保障等任务。

【支持经济发展】 在做好暑期服务保障的同时，抓好借暑利暑工作，争取中央、省政策资金支持。7月，财政部正式将北戴河区纳入国家重点生态功能区转移支付范围，当年到位专项转移支付资金1844万元。落实各级领导关于北戴河发展的指示精神，暑期通过市政府分别向财政部和省政府专题报告，争取国家暑期专项补助25000万元，省级街景改造资金20000万元及暑期专项经费7000万元。结合区财力状况和偿债能力，做好地方政府债券资金额度争取工作，到位债券资金11183万元。积极争取金融支持，加强与国开行、农发行合作，利用棚改贷款推进赤土山村、杨各庄村、拨道洼村、太平庄村棚改项目建设，年内赤土山村项目国开行棚户区改造贷款到位4.40亿元，正在争取杨各庄村、拨道洼村棚改项目国开行贷款8亿元，太平庄村项目农发行贷款1.40亿元。

（周永勃　周慧敏）

国家税务管理

【概况】 2015年，北戴河区国家税务局全面把握经济社会发展的新常态，以“三严三实”专题教育为统领，以组织收入为中心，以依法治税为主线，以优化服务为主题，以深化改革为动力，着力推动管理提升、服务提升、形象提升，圆满完成了全年各项工作任务。全年组织入库各项税收23008万元，比上年增收600万元，增长2.68%；其中市、区两级财政预算收入完成4696万元，比上年增收266万元，增长6%。全年组织各类培训班10余期，培训360人次，有效提高了干部队伍素质。

【税收征管】 推进《税收征管规范》1.0版，严格按照规范确定的权限、流程、环节开展征管工作，税源管理行为更加规范。做好“金税三期”业务培训、业务压力测试、双轨试运行和单轨上线等工作，确保9月8日金税三期正式上线平稳运行。落实“三证合一、一照一码”登记制度。通过金税三期核心征管系统共接收“一照一码”新办登记29户，变更登记117户，实现了金税三期核心征管系统与工商部门、地税部门顺畅衔接。国地税合作进一步深化，双方在办税服务厅互相交换各自的税收宣传资料和各种涉税表单，并联合开展了固定资产加速折旧政策培训会、便民办税举措宣讲会、法制宣传等活动，“两税”合作范围得到拓展。积极稳妥地做好存量纳税人发票换版升级和小规模纳税人增值税发票系统升级版推行工作，全局337户一般纳税人和428户小规模纳税人纳入增值税发票升级版。先后开展了企业所得税专项检查和专项评估、增值税专用发票疑点核查、大额普通发票比对疑点信息核查、省市局风险疑点核查等工作，全年共评估检查纳税人404户次，查补入库税款318.53万元，滞纳金62.35万元，有效堵塞了管理漏洞，实现以评促收、以查促收。

【依法治税】 与区地税局联合面向纳税人开展法制宣传，提高纳税人的税法遵从度。严格实行税务行政审批目录清单管理，建立行政审批事项目录动态调整机制，区局行政审批事项由上年的44项（行政许可4项，非行政许可40项）调减为4项（全部为行政许可）。加强对取消行政审批事项的后续管理和监督检查。推进“一局一法律顾问”工作，开展法治税务示范基地创建。组织开展2015年税收执法督察和税收执法疑点核查工作，对19条税收执法疑点进行了核查，经核查疑点成立的9条，补缴入库税款1.57万元，加收滞纳金1000元，并全部按要求进行了整改。

【纳税服务】 将推行《纳税服务规范》2.0及升级版与深化“便民办税春风行动”相结合，大力推行“网上办税服务厅”、发票快e送、代开发票预填单、增值税发票自助开票等便民服务。在办税服务厅开辟“网厅专用通道”，依托微信交流平台、QQ等交流媒介，建立与办税服务厅实体办税窗口并行的“线上办税窗口”，对涉税业务办理情况进行税企实时交流，实现对纳税人远程一对一辅导，制作教学微视频，推进多元化办税再提速。年内，组织培训宣讲会近20场次，参加会议纳税人1100余户次。落实各项税收优惠政策，全年共办理减免税2254万元，出口退税502万元。开展税企恳谈会、走访纳税人、局长接待日等活动，征求纳税人意见和建议，随访随改，构建征纳互通机制，纳税人满意度不断提升。

（宋　望）

地方税务管理

【概况】 2015年，北戴河区地方税务局下设稽查局、征收分局、税源监控分局以及4个管理分局和6个综合科室，负责全区范围内9363户纳税人的地方税征收工作。坚持贯彻“加强征管，堵塞漏洞，惩治腐败，清缴欠税”的指导方针，不断开创地税工作的新局面，连续21年超额完成税收任务，为国家累计征收税款48.26亿元。年内，组织各项收入5.64亿元，其中税收收入4.46亿元，占市政府年任务4亿元的111.55%。其他收入完成1.18亿元，比上年增收842万元，增长7.68%。为459家小微企业减免税款50.29万元。区地税局被评为“市级实绩突出单位”“区级文明单位”；局领导班子被北戴河区委、区政府评为“2014年度优秀科级领导班子”。

【税收征管】 *加强薄弱税源管理* 年内，重点对全区范围内临街商用房屋出租情况进行集中清理排查，对出租房屋的租金、纳税情况等相关资料进行登记，建立税源档案，共清理195户商用出租房屋，征收税款7万余元。深入中小企业进行调研，了解企业的生产经营情况，实施精细化、科学化管理，确保税源管理到位、税款及时足额入库。

加大建筑业欠税清理力度 严格执行建筑业以合同约定付款日期为纳税义务发生时间的规定，对各级政府应付、未付工程款，逐项目进行清理，查清企业欠税情况，协调各级财政部门，采取先行拨付应缴税款的方式，把欠缴的税款收上来。经初步调查，涉及工程款近3亿元，税收1600余万元，入库税款894万元。

组织税收专项清查 在全区范围内开展对宾馆、休疗单位承包承租经营税收专项清查活动。加强对各种形式的承包承租经营业户的税务登记管理，严把税务登记关；加强对承包承租经营业户的发票管理，严把发票供应关；加强对承包承租经营业户的申报管

理，严把纳税申报审核关；加强清查工作的指导，严把清查进度的督导关。核查66户纳税人，清理入库税款5.5万元，对其中发现的10户存在承包承租行为的纳税人，开展清理工作。

强化“以地控税”工作 依据“以地控税”信息、第三方信息及实地核查数据，延伸开展涉地税收一体化管理，对土地税、房产税、耕地占用税等计税依据全部重新核定并进行比对，查找税收漏洞，累计入库税款2774.6万元。组织专人专项清理耕地占用税。开展房产税、土地使用税专项清理工作，严格核查房产税原值、内外比例划分，取消不符合规定的困难性减免，清理入库房产税215.1万元。利用GPS系统实地核查纳税户土地信息，与“宗地税源影像图”提供的原始数据进行比对，按土地性质对各类纳税人实际用地情况进行筛查，加大对不缴或少缴土地使用税和房产税纳税人的查处力度，共对421宗地进行了核查，补缴土地使用税201.45万元。

加强重点行业税收管理 从纳税人认定、纳税义务发生时间、征收范围、计税依据等环节入手，细化了建筑、房地产、服务业征管措施，特别是涉及营改增的建筑、房地产行业，制订并完善《建筑房地产业税收清查实施方案》，开展建筑房地产专项清查。入库建筑业税款9637万元、房地产业税款11247万元、服务业税款7378万元。

深化税收风险管理 利用税收与经济分析，寻找有纳税风险的行业纳税人。依托税收经济分析、综合治税信息和税源监控管理系统，进行风险分析识别，确定风险纳税人。利用112个指标的纳税评估表和行业纳税评估模型，开展纳税评估。通过纳税评估，补缴入库房地产业税收2900余万元、建筑业200万元、住宿餐饮业110余万元，推送待应对10户，涉及税款约500万元。

【纳税服务】 *完善纳税服务制度* 不断提升“一窗式”纳税服务质量，严格落实延时服务、一次性告知和全程协办机制，开展预约服务；依托信息化手段，全面推广网上报税、网上办税服务厅、自助办税终端等多元化服务举措；拓宽税法宣传渠道，为纳税人提供不间断税收业务咨询和纳税辅导，增强税收工作的透明度。

完善纳税服务平台 加强办税服务厅建设，使办税服务厅成为环境简洁、设施完善、服务周到、流程规范、管理严谨的纳税服务平台；推行多元化电子申报纳税，搭建短信服务平台、优化微信服务平台、创建税企QQ群，及时向纳税人发送最新的税收政策法规、重大节日申报延期、税款催报催缴等内容。

开展暑期特色服务 利用导税平台功能，对税前资料审核等业务前置办理，缩短办税时间；加强办税人员在业务方面的学习和培训，提高业务办理的效率；强化“窗口”服务，落实上门服务、延时服务、免填单服务等措施；对非工作时间急需用票的纳税人提供预约售票服务。

【金税三期系统上线运行】 9月6日，金税三期系统正式上线运行，区局受理了第一批预约纳税人业务办理工作，共受理网报10户，发票发售15户，POSS缴税2户，社保征收12户，预缴开票1户，受理业务成功率100%。10月13日，成功为1个企业办理新版“三照合一，一照一码”登记。

以入住率为切入点进行旅店业税收风险管理。旅店业是北戴河区的特色和重要行业，区局从旅馆业入住率入手，通过典型调查及公安部门第三方信息，计算确定某一时段、某一地段旅馆业纳税人平均入住率。同时调查纳税人的床位数、平均价格、经营天数等估算出分析期营业收入，与纳税人申报收入比对，查找纳税风险点，对旅馆业营业税等实施精准评估，达到“以评促收”的目的。年内，通过该办法对75家休疗单位和宾馆进行了风险管理。存在税收纳税风险的有30家，涉及税款64万元，入库21.35万元。

（王　敏）

综合管理

发展规划

【国民经济和社会发展计划】 2015年，是全面深化改革的重要一年，也是“十二五”规划收官之年，更是深入贯彻落实中共十八届四中全会精神，全面建设美丽实力幸福北戴河的关键一年，按照国家、省、市经济工作会议精神，北戴河区紧紧把握京津冀协同发展机遇，围绕打造“国际名片”、建设国际滨海休闲度假之都目标，按照“1+4+2”工作格局，抓牢暑期服务保障和经济社会发展两大中心任务，加快推进“两个率先”进程，努力实现国民经济和各项社会事业快速健康发展。结合区情实际，根据《政府工作报告》提出的全年工作总体思路和各项部署，全区国民经济和社会发展的预期目标是：地区生产总值增长7%左右。全社会固定资产投资增长15%。全部财政收入增长7%左右。城市居民人均可支配收入增长10%以上。农村居民人均可支配收入增长11%以上。社会消费品零售总额增长11%。进出口总额增长5%。直接利用外资增长8%。引进内资增长5%。单位GDP能耗降低率完成市定目标任务。化学需氧量、二氧化硫、氨氮、氮氧化物排放量分别削减1%、0.50%、1%和0.50%，细颗粒物（PM2.5）浓度下降4%。城镇登记失业率控制在2.50%以内。人口自然增长率控制在4.50‰以内。

【国民经济和社会发展计划执行情况】 2015年，北戴河区以项目建设为支撑，以改革开放为动力，以优化环境为保障，以改善民生为根本，努力推进“两个率先”进程和美丽实力幸福北戴河建设，国民经济和各项社会事业保持了平稳、健康发展态势。初步测算，全年完成地区生产总值44.10亿元，比上年增长5.50%，其中第一产业1.20亿元，比上年下降2%；第二产业7.40亿元，比上年增长5.50%；第三产业35.50亿元，比上年增长6%。

农村建设不断加强，农业结构调整持续深化 结合城乡“两大战役”和近岸海域环境综合整治“五大攻坚战”工作，以省定7个重点村为主，强力推进“美丽乡村”建设，实施各类工程项目114个，完成投资6448万元。实施水系治理二期和新河小薄荷寨村段应急处理工程，完成北部污水管网戴河片区建设任务，浴场入海排洪沟整治及护岸修复工程正在加紧推进，农村垃圾收运设施更加完善。积极促进种植结构调整，74.93公顷大田作物改种经济林。新增农民合作社1家、家庭农场20家，全区合作社达到46家，社员1425户，其中达到市级示范社标准的7家，达到省级示范社标准的2家。大力开展科技文化下乡活动，组织蔬菜标准化生产、蔬菜病虫害防治等技术培训12期，培训500余人次，发放各类技术资料2000余份。加快推动“一村一品、数村一业”建设，促进文化艺术村落、果品采摘体验、乡村休闲度假等特色产业发展。以集发生态农业观光园为核心，着力打造“戴河一线，十九村八片”农业公园大旅游景区，中国农业公园已于2015年11月1日成功授牌。北戴河村、费石庄村获得“中国特色村”称号，戴河镇和集发生态农业观光园获得“全国避暑小镇”称号。

旅游经济平稳发展，旅游环境更加优良 全年接待游客771.32万人次，比上年增长3.88%，其中国内游客770.16万人次，比上

年增长4.13%，入境游客1.16万人次。区内景区、景点实现门票收入13643万元，比上年增长13.30%。以打造全域旅游示范区为目标，不断加快旅游接待基础设施和景区创A改造提升工作，新华假日酒店等9家休疗养院旅游基础设施建设完成投资1.06亿元。强化旅游市场秩序管理，深入实施包街路段和景区周边秩序治理，加强对旅行社、住宿单位、商业经营单位的管理工作，打造优质和谐的旅游市场环境。积极推进“互联网+旅游”模式，完善智慧旅游系统建设，全区新增14个区域、18个免费WiFi点位，智慧旅游网站、微博、微信等平台内容更加丰富。旅游促销力度持续加大，累计接洽200余家旅行商及媒体，重点推介“北戴河滨海度假游”等13条特色旅游线路。民宿行业有序发展，大力推广西古城村民宿和集发生态农业观光园乡村旅游发展经验，组织近2000家民宿户进行学习观摩。开展“亲子游•达人体验”、“寻找魅力民宿”等特色活动，鼓励发展高星级和特色民宿。

工业经济稳步发展，创新能力不断加快 区内4家规模以上工业企业完成增加值2.75亿元，比上年增长0.30%；综合能源消费量2395吨标准煤，比上年增长16.80%。积极扶持企业开展技术改造和科技创新，新增科技型中小企业19家，全区科技型中小企业达到35家，为兰德科技、铸业达等企业争取创新型企业发展资金55万元。铸业达公司新型环保材料生产线已实现试生产，兰德科技公司研制的航空航天器风洞数字天平系统，填补国内技术空白，获得省级科技资金支持50万元，聚源铝业成为市百家产值过亿重点监控企业。深入开展秦冶焦化、金维达、大开电子等5家企业“美丽企业”创建活动，完成市定5台燃煤工业锅炉取缔工作。

大力开展招商引资，对外开放不断加强 全年引进内资20.51亿元，比上年下降48.10%，完成年计划（41.50亿元）的49.40%；进出口总额完成980万美元，比上年增长6.40%，完成年计划（970万美元）的101%。实行引进总部企业目标责任制，全年引进总部企业48家。不断深化与京津地区的联系合作，先后与中国国际文化艺术中心、北京华侨城集团、北京富力集团等企业开展对接合作，北戴河布查特花园、北京富力集团五星级酒店等项目稳步推进，与北京保利集团合作的北戴河夏季展览拍卖活动成功举行。开展与北京区县“1+1”对接活动，先后两次组织工作人员赴北京市朝阳区进行对口学习交流招商活动。北戴河村艺术村落打造工作全面启动，入驻艺术机构、院校和艺术家19家。

固定资产投资持续增长，项目建设进展顺利 全社会固定资产投资完成47.30亿元，比上年增长17.30%，完成年计划（46.37亿元）的102%。列入省、市重点建设项目5项，总投资32.05亿元，全年累计完成投资6.91亿元，完成市定目标任务（6.10亿元）的113.40%。中俄文化艺术合作产业园一期俄罗斯风情街、同道电影坊项目暑期建成并投入使用，隆基泰和集团赤土山村改造、北部新城（拨道洼村改造）等项目扎实推进。投资3亿元的东二路、安四路等17条道路和怪楼文化艺术园区景观改造顺利完成。拆除沿海线原有破旧棚亭，新建剑秋路、东二路、老虎石等7座沿海综合性服务驿站，修建木栈道总长2770延长米。

民营经济更加活跃，全民创业不断深化 大力开展全民创业攻坚年活动，积极做好宣传、发动、引导和服务工作。新增市场主体1833个，其中新增民营企业293个，实现主营业务收入165亿元，比上年增长17%。累计发放创业人员小额担保贷款8738万元，组织各类创业培训3500余人次。落实各项扶持民营经济发展的政策措施，实施重点企业挂牌保护，发展环境更加优化。组织开展县级领导到民营企业蹲点调研、主管经济工作县级领导集中走访企业和干部进民企促发展活动，帮助企业出谋划策，解决实际困难。组织相关部门和企业410余人参加河北中小企业发展名家论坛北戴河行活动。搭建金融、担保机构和企业的沟通桥梁，引导民间资本投资办厂兴业、以资入股、股份经营，推进

“个转企、企升规、规转股、股上市”工作，秦皇岛碧螺塔旅游开发有限公司成功在“新三板”挂牌。

加强税收征管，促进财政收入平稳增长　全部财政收入完成7.85亿元，完成调整预算（7.80亿元）的100.70%；公共财政预算收入完成4.07亿元，完成全年预算（4.03亿元）的100.80%。市区两级公共财政预算收入完成4.80亿元，完成市预期收入目标（4.65亿元）的103%。本区公共财政预算支出完成9.92亿元，比上年下降14.20%，完成调整预算的99.90%。总部经济及文化创意产业税收完成3.28亿元，占财政收入的41.80%。

居民收入不断增加，生活水平不断提高　根据城市、农村住户抽样调查结果测算，城镇居民人均可支配收入32629元，比上年增长8.20%；农村居民人均可支配收入15348元，比上年增长8.5%。城乡居民储蓄存款余额达到72.96亿元，比上年增长5.20%。社会消费品零售总额完成55亿元，比上年增长9.50%。

各项社会事业繁荣发展　以防治大气污染为契机，认真抓好节能减排工作，制定印发《北戴河区2015年节能降碳和削减煤炭任务分解》《北戴河区2015年控煤歼灭战行动方案》，取缔燃煤锅炉123台，全区PM2.5平均浓度49微克/立方米，比上年下降16.90%。

科技工作不断加强，组织实施省市级科技项目13项，其中省级1项、市级12项，2个科技成果获得市级科技进步奖。

教育领域综合改革进一步深化，制定《北戴河中小学布局调整方案》，为区域教育均衡发展奠定基础。与北京市朝阳教育研究中心签订《联合教研协议书》，朝阳区成为北戴河区教师专业成长培训基地。

举办2015“幸福北戴河”春节灯会文化活动、“浪漫之夏”等各类文艺演出活动1000余场次，实现每村每月免费放映1场电影，全年共放映电影300余场次。

扎实推进医药卫生体制改革，戴河镇卫生院、卫生执法监督所业务用房和社区卫生服务中心项目前期工作进展顺利，完成6个集体产权村卫生室建设。基本公共卫生服务标准提高至每人每年40元。

积极做好就业再就业工作，全年新增就业2098人，完成全年目标任务（1500人）的139.90%；企业养老保险覆盖总人数为17764人，完成年度目标任务（17587人）的101%，扩面777人，完成年度目标任务（600人）的129.50%；城乡居民养老保险参保20783人，参保率99%，缴费率94.50%，参保率和缴费率分别超过省级预定目标9个百分点和4.50个百分点；城镇职工基本医疗保险参保单位540家，参保人数11378人，新增参保127人；失业保险新增参保1031人，完成全年目标任务（500人）的206.20%；全区城镇登记失业率控制在2.40%以内。

（冯　松）

重点项目建设

【概况】　2015年，北戴河区列入省、市重点建设项目计划5项，总投资32.05亿元，累计完成投资6.91亿元，完成市定全年目标任务（6.10亿元）的113.30%。

2015年北戴河区省、市重点建设项目投资完成情况一览表

表12　　单位：亿元

项目名称	总投资	完成投资	项目进展情况	备注
中国（北戴河）中俄文化艺术合作产业园项目	10	4	一期俄罗斯风情街、项目展示中心、生态停车场已于2015年暑期前建成。二期正在办理施工图联审，施工准备工作已基本完成。	新开工（省重点）

续表12

项目名称	总投资	完成投资	项目进展情况	备注
同道电影坊项目	1	0.365	项目已于2015年7月15日投入使用。现正在按照功能需求进行二次装修。	续建保投产（市重点）
隆基泰和集团北部新城（拨道洼村改造）项目	10	2.53	项目开发用地控规调整、土地评估已完成，正在推进拆迁扫尾及土地出让工作。	新开工（市重点）
隆基泰和集团赤土山村改造项目	10	0.02	争取棚户区改造贷款4.4亿元已全部到市财政，首批837万贷款资金已全部支付到位，第二批、第三批资金正在组卷审核中。	续建（市重点）
北京恒丰易盛投资有限公司文化艺术品交易中心项目	1.05		已完成地下基础施工。	续建（市重点）

国有资产管理

【概况】 2015年5月，为进一步明确产权关系，实现国有资产的合理流动和优化配置，保障国有资产保值增值，经北戴河区政府批准，国有资产经营公司重新制定公司章程并向工商登记机关备案。

年内，公司认真履行公司章程，盘活存量资产，优化资源配置，不断提高国有资产的运营效益。下属单位2家，分别为市场建设服务中心和金鼎保安公司。市场建设服务中心主要经营珍珠、玉器等旅游产品，每年摊位收入800余万元，全额上缴区财政；金鼎保安公司为区属国有企业，共有保安700余人，为各类机构提供安全保卫工作。

【贷款管理工作】 2015年，公司承担北戴河医院、园林工程公司、市场建设服务中心等6家单位39550万元的贷款管理工作。每月初，主动与银行沟通，仔细核算每笔贷款的应付利息，及时向区政府请示拨款，按时把发生的利息拨付到所需单位。年内，财政共拨入贷款利息补贴3355万元，全部足额拨付到贷款主体单位。

【融资工作】 为加快城乡一体化进程，区政府决定利用太平庄村征收改造项目，以海潮投资管理有限公司为贷款主体，以国有资产经营公司为担保单位，向农业发展银行申请太平庄棚户区改造项目贷款1.40亿元。公司在较短时间内，完成海潮公司组建的相关手续，满足了承担贷款的必备条件，并反复与农发行就贷款额度及贷款使用等相关问题进行沟通。该笔贷款贷审会已审核通过，待项目资本金到位后即可发放及使用该笔贷款。

【公物仓管理】 2015年，公司对国有资产的出租、出借、出让进行严格把关，改变了以往直接续租的租赁方式，由国资公司统一聘请评估公司对出租资产评估定价，由原租赁户优先承租，给予两年时间过渡期，期满后实行全部公开拍卖的新模式，既最大程度避免了由产权单位协议出租可能产生暗箱操作的弊端，又给原租户提供了经营缓冲期，更实现了国有资产出租出借的公开透明和经营收益的大幅提高。2015年，全区纳入公物仓的经营性门店共127家，沿海资源经营性摊位110处，共收取租金633.86万元，比上年同期上涨30%左右。

（杨金明）

统计管理

【概况】 2015年，北戴河区统计系统工作协调推进。全区统计人员坚持持证上岗。组织全区300余名统计（专、兼职）人员进行业务培训，参加全国统一组织的统计资格上岗考试和全省统计继续教育考试。开展统计方法制度改革。抓好暑期统计有关工作。发挥统计咨询服务功能。完成2014年统计资料及2015年统计月报编印。加强文化产业统计工作，中俄文化产业园项目被评为河北省2015年度十大文化产业项目。开展行政区划调整后统计工作，做好牛头崖镇相关专业统计交接工作。完成《北戴河区第三次全国经济普查公报》1-3号公报的编写和校对工作。下发关于开展第三次农业普查工作的通知，成立区第三次农业普查领导小组，设立普查办公室，编制2016年第三次农业普查经费预算。做好全国1%人口抽样调查工作和劳动力调查样本库核实和轮换工作。

【统计方法制度改革】 推进投资统计制度方法改革试点工作。自年初开始，投资统计上报工作已经开始双轨运行，省、市投资专业领导对该区试点工作进行调研并给予充分肯定。

【统计信息咨询服务】 加强经济预警动态监测。准确反映固定资产投资、规模以上工业企业整体运行情况及城乡居民收入等情况。全年为区委、区政府撰写会议汇报材料提供主要经济发展情况简析百余次。发布年度统计信息资料。编发《2014年北戴河区经济及社会发展情况统计快报》和编印2014年度《统计年鉴》，全面公布2014年度经济、社会发展主要数据。编发月度统计资料。编写10期《北戴河区统计月报》，分送区领导和相关部门。在2015年全市各县区统计分析评比中，其中1篇分析获得二等奖。

【暑期统计工作】 开展高速下道车流量监测工作。节假日及6月1日至9月1日期间，每天对高速北戴河出口下道车车流量进行监测统计。每周写1篇关于车流量统计分析。开展暑期游客问卷调查工作。组织工作人员深入景区进行1000余份游客问卷调查，完成《2015年北戴河旅游调查报告》等专题统计（调查）分析报告。

【统计执法】 制定统计执法和宣传工作方案，利用政务党务宣传栏、统计法宣传册、统计年报培训会等多种形式，开展统计法制宣传。参加省、市统计执法检查。参加区纪委组织的全区执法宣传活动，制作宣传展牌4块，发放宣传资料1000份。要求全区统计人员持证上岗。聘请2名教授对全区300余名专、兼职统计人员进行业务培训，并组织参加全国统一组织的统计资格上岗考试和全省统计继续教育考试。

【普查、调查】 完成经济普查后续工作任务，做好该区第三次全国经济普查数据汇总工作，形成汇总表97张。完成《北戴河区第三次全国经济普查公报》1-3号公报的编写、校对工作，并以信息形式对外公开。完成劳动力调查样本库的核实和轮换工作。劳动力调查工作由往年的年报改为月报，由纸质报表改为现场PDA录入，按照上级调查样本每月轮换50%的要求，对该区抽中的1个社区和2个村委会的样本库进行重新核实。完成该区的全国1%人口抽样调查工作。成立协调领导小组，召开镇、街调查指导员和调查员培训会，全面部署该区人口抽样调查工作。完成调查小区地图绘制、人口数据摸底、样本框核实以及入户登记和样本编码等工作。

【人口统计】 年末，全区户籍人口95939人。全年出生人口767人，出生率为7.48‰，自然增长率为1.67‰，符合政策生育率为94.26%。

（常　乐）

物价管理

【概况】 2015年，北戴河区物价局突出价格服务、履行价格职能，组织开展价格监督检查、物价管理和价格认证工作。全年受理价格举报咨询88件，案件查处回复率和消费者满意率达100%。区物价局被评为“暑期工作先进单位”，物价检查所被评为“暑期工作先进集体”，3名工作人员被评为“暑期工作先进个人”。

【价格监督检查】 *旅游市场价格环境整治* 开展停车场收费专项检查。采取不间断巡查的方式，打击处理乱收费行为。开展公厕收费专项检查。组织执法人员对浅水湾浴场、东山浴场、金屋浴场自建公厕收费进行检查。

节假日市场价格检查 在元旦、春节、“五一”“十一”等节假日，组织执法人员对家惠超市、艾欣超市等居民消费密集场所的消费品价格、明码标价情况进行检查，保障节假日市场价格秩序稳定。

价格投诉举报案件查处 全天24小时接听“12358”举报电话。实行工作承诺制，对受理的案件、咨询进行调查、解答、反馈结果；实行专人负责；实行限时办结制，事实清楚、依据充分的当日查处，当日答复，投诉人不在本地的，3个工作日内反馈结果、征求处理意见。全年受理价格举报咨询88件，案件查处回复率和消费者满意率达100%。

【物价管理与价格认证】 *停车场收费审批* 对全区停车场的收费标准进行逐一批复，完成全区所有停车场收费公示工作，协调相关单位免费安装停车场收费公示。

涉案物品价格认证 2015年，公安机关先后破获系列入室盗窃和系列机动车盗窃案件，物价局工作人员加班加点，对价格标的实地勘验，进行市场调查。认证中心所办案件无一例申请重新鉴定或复核裁定。

（李　达）

市场监督管理

【概况】 2015年1月，北戴河区工商行政管理局由市垂直管理改为区政府管理，7月30日，北戴河区政府完成机构改革，将原区工商行政管理局、区质量技术监督局、区食品稽查大队、区政府食品安全委员会办公室，整合组建为区市场监督管理局，解决了“监管重叠”“监管盲区”等难点问题，构建了“大市场、大监管、高标准、高质量”的“两大两高”职能体系，为“大市场、大质量”监管奠定了基础。年内，北戴河区市场监督管理局党委书记、局长于志勇获2015年度省级“暑期先进个人”称号；北戴河区市场监督管理局党委副书记、副局长王墨江获“省质监系统先进个人”称号；北戴河区市场监督管理局职员刘崇、付敏获省食安办“暑期先进个人”称号。

【食药安全】 对辖区内食品生产企业，落实属地管理责任，实施网格化无缝隙监管。按照食品源头可控、中间可查、末端可溯的标准和要求，加大对食品批发企业的主体资格和经营品种质量安全的监督检查。开展“明厨亮灶”“清洁厨房”等行动。2015年暑期，共对涉及举办重大活动的10家单位共236餐次进行保障，涉及1.95万人次，期间无一差错；对团餐单位驻场监管，严格餐前食品检测制度，加强团餐单位后厨卫生和餐品留样工作督导。成立3支专门的监督检查队伍，对全区食品经营户进行检查，确保暑期食品监管工作安全有序。加强领导、健全机制，抓好食品药品安全组织机构建设和部门协调，广泛宣传，不断提高人民群众的食品药品安全意识。注重长效监管，建立食品药品安全保障体系，按照创建实施细则和模块责任到人。

【安全生产】 制定巡查计划，对特种设备生产使用单位展开全面检查；召开锅炉、电梯、大型游乐设施的专项整治会议，对特种设备进行督导检查；开展了大型游乐设施使用单位、电梯维修维保单位、气瓶充装单位的应急救援演练；深入开展“法人代表安全生产承诺”“安全生产标准化”活动。成立查处无照经营领导小组，制定工作方案，坚持“教育为主、处罚为辅”的工作方式，确保社会稳定。

【商事登记制度改革】 区市场监督管理局按注册登记制度改革的要求，落实“一照一码”和企业、个体户年报信息公示制度，放宽注册资本、经营范围、注册地址、名称使用等条件，为重点项目开通绿色通道，主动服务。在行政审批改革过程中，对取消下放的每一个项目都进行同步研究、同步提出和落实监管措施。至年末，全区共有各类市场主体14157家，其中，全区共有登记在册的各类企业实体2330家，比上年增长33.30%；个体工商户11827户，新设立企业经营实体300家，个体工商户1538户。“一照一码”换发560余家。

【商标管理】 坚持把商标工作作为服务经济发展的有力抓手，对全区重点商标企业实行跟踪服务、上门指导，有针对性地实施帮扶，引导和推动自主品牌做大做强。全区有河北省著名商标6个（秦皇岛市北戴河集发生态农业观光园农副产品、秦皇岛市北戴河集发生态农业观光园观光旅游、秦皇岛市北戴河渤海安全玻璃有限公司、秦皇岛市北戴河杨老爷子肠子食品有限公司、秦皇岛市北戴河聚源铝业有限公司、秦皇岛市北戴河杨氏肠子肉制品有限公司），中国驰名商标1个（秦皇岛市北戴河集发生态农业观光园农副产品）。

【暑期综合整治】 暑期，采用错时监管、成立专门的诚信经营整治队伍等手段，共立案查处欺客宰客案件72起，停业整顿51家，罚没款88万元，欺诈类案件的查处数量比上年增加183%，罚没款比上年增加541%。

在包街治理工作中，开展对联峰路（刘庄转盘至联峰山公园）两侧招手揽客、乱摆乱放等违规行为的治理工作。共没收牌子300块，规劝揽客人员600余人次，取缔流动商贩80人次，纠正商品外溢37家，为游客提供咨询服务上万次。在重点部位开展噪音治理工作，执行24小时不间断巡查机制，制止商贩在休息时间高声叫卖20人次，关闭高音喇叭5处，对2家噪音问题较为严重的单位下达了责令整改通知书。

（王　卓）

审计工作

【概况】 2015年，北戴河区全面贯彻落实审计法，正确行使审计监督权，加大对重点领域、重点部门、重要资金的审计力度，创新审计理念，强化审计监督，提高审计能力，为维护财经纪律、促进廉政建设、推进经济发展发挥了积极作用。

年初，区审计局计划安排审计任务6项，至年末，完成19项审计项目，正在进行中的审计项目9项，共计28项。其中，预算执行审计7项，经济责任审计15项，乡镇财政决算审计1项（已完成6项，正在进行6项），配合市审计局进行稳增长促改革调结构惠民生政策措施落实情况跟踪审计1项，配合国家审计署进行土地出让金审计1项，北戴河区投资基建项目审计3项（正在进行中）。年内提交审计报告及工作报告19篇。

【财政审计】 审计财税部门2个，并延伸审计6个单位的部门预算执行情况及纳税情况。重点审计了区财政局2014年度组织区本级财政预算执行情况，对预算执行结果与区人大常委会批准的预算数进行了认真核实，对预算外资金、稳定民生和社会事业发展资金、重点工程资金、存量资金和城市维护建设费使用情况进行了重点检查，提出审计建议3条。对区地税局的税收征管情况、代征代缴、征收退库、减免税审批、经费使用情况及基建资金账户、食堂资金账户进行审计。同时还抽查审计了部分纳税单位的缴税情况，提出审计建议1条。9月14日，区人大常委会听取了区关于2014年度区本级预算执行及其他财政收支情况的审计报告，并对审计工作给予充分肯定。

【经济责任审计】 年内，完成了16家单位的17名党政领导干部的离任审计工作。正在进行6家单位的7名领导干部的离任审计工作。重点审计了领导干部任期内的主要经济指标完成情况、财政财务收支、三公经费等方面，还特别注重对领导干部在廉洁自律等方面进行审计，针对审计中发现的问题，对被审计对象应承担的责任作出了实事求是的界定和客观公正的评价，并向被审计单位提出了整改意见，为区委、区政府正确使用干部提供了可靠依据。

【乡级财政决算审计】 开展海滨镇2014年度财政决算及财务收支审计，共审计海滨镇收入资金1872万元、支出资金1882万元、资产938万元。审计结果表明，海滨镇政府坚持财务制度较好，各项内控制度较为完善，财政决算和预算外资金的管理使用基本真实、合法、有效。

【稳增长惠民生跟踪审计】 按照《国务院办公厅印发稳增长促改革调结构惠民生政策措施落实情况跟踪审计实施方案的通知》要求，对全区19个方面、63项政策措施落实情况逐条进行审计，分别对政策措施落实的总体情况、存在的主要问题和出现的新情况、问题产生的主要原因及各部门将采取的措施进行了具体审计并进行归纳总结，出具了准确恰当的审计报告，为上级制定政策措施提供了真实可靠的依据和合理建议。

【城镇保障性安居工程跟踪审计】 加强对城镇保障性安居工程的持续监督，通过揭露问题、分析原因、提出建议，促进保障政策落实、规范建设管理、促进分配公平、推动经济社会持续健康运行。2015年是持续跟踪审计的第4年，区审计局重点审计了保障性住房资金筹集、管理、使用情况，保障性住房工程质量、建设管理情况，保障房分配运行及配套支持政策执行情况。共提出审计建议3条。

（贾生臣）

安全生产监督与管理

【概况】 2015年，在全区范围内深入彻底地开展了安全生产领域打非治违专项行动和安全生产大检查等一系列活动，强力推进隐患排查治理，堵塞安全监管漏洞，夯实基层基础工作，安全生产形势保持了持续平稳的发展态势。出动执法人员1477人次，执法检查用车724辆次，检查企业及重点部位1667家次，责令停止使用非法燃气1家，取缔非法灌装液化气钢瓶窝点2处，取缔非法储存柴油窝点1家，排查并整改各类隐患974处。

【重点行业领域专项整治】 集中开展了危险化学品、油气管道、道路水上交通、建筑施工、消防、城市燃气、人员密集场所、特种设备、有限空间作业等行业领域专项整治，集中消除一批安全隐患。其中，油气管道专项整治方面，排查违章违建占压管道37处，已整改3处，通过专家论证对剩余34处一般安全隐患签订管道保护协议。危险化学品专项整治方面，重点加强对危险品储存和销售环节的安全监管，发现整改安全隐患20处。人员密集场所消防安全方面，公安消防、教育、文化、旅游、发改等执法人员重点对休疗养院、星级宾馆、超市、学校、医院、网吧、歌舞厅等人员密集场所进行专项检查。各街道联合公安派出所对辖区小商店、小洗浴等“八小”单位的消防安全进行全面排查，发现问题责令限期整改，从根本上消除安全隐患。道路交通安全方面，交警和交通部门加大对危险路段的安全检查，重点对客货混装、无证营运、农用车非法载客、超速、超载、疲劳驾驶、酒后驾车等违法行为进行严厉打击。全区6辆危险品运输车和226辆旅游客运车全部安装具有记录功能的卫星定位系统。水上交通安全方面，区农牧局加强对金山嘴、黑石窟、省办浴场及狼牙桥等渔船停泊点值守，打击船舶非法载客行为；城管部门加大游船（艇）经营户安全生产工作宣传力度，落实游船出海前的日检制度。特种设备方面，区市场监管局结合全区现有特种设备使用情况，明确监管重点，分行业、分类别对在用特种设备进行逐一检查。旅游安全方面，落实企业安全生产主体责任，对集发生态农业观光园等8家旅游景区（点）、海滨花园大酒店等20家星级宾馆、新东方旅行社等48家旅行社进行检查，出动执法人员300余人次，执法车辆100辆次，指导检查游乐设施运行、消防及特种设备运行、隐患排查治理、应急处置管理、安全设施投入、“三项制度”完善等问题，营造安全和谐的旅游环境。

【安全生产大检查】 组织区相关执法部门组成14个联合执法检查组和1个综合督导组，对区内重点部位、人员密集场所、涉危、涉电、涉气区域进行联合检查，对重点隐患提出明确整改要求。暑期，区安委会办公室先后4次组织成员单位和相关部门召开专项整治调度会，协调布置联合检查工作。开展危险化学品专项检查。8月19日，召开党政联席扩大会议，传达国家、省、市安全生产会议精神及各级领导对“8·12”重特大爆炸事故的指示精神，转发省“两办”紧急通知，提出具体落实意见，在全区范围内开展危险化学品、用气、用电专项整治大检查活动。开展易燃易爆品安全专项整治。8月20日，区政府召开常务会议专题研究部署危险化学品和易燃易爆品安全专项整治、“五打五治”打非治违专项行动和重点行业领域专项整治工作。对沿街沿海摊位使用露天燃气钢瓶进行检查，对不合格经营摊位坚决取缔，对辖区电气线路、消防通道、易燃易爆物品进行排查清理。开展燃气安全专项检查。8月15-17日，区安监局会同相关部门单位，对区所有涉危、涉气、涉电区域进行检查，共检查各类经营摊点1139家，取缔流动摊贩53家，规范经营商户275家，暂扣不合格钢瓶33个，进行妥善存放。开展危险品运输车辆检查。暑期每天在联峰北路与北七路交叉口设卡对过往危险品运输车辆进行检查，出动执法人员228人次，检查企业268家次，排查整改各类安全隐患84处；检查液化气运输车26辆次，查扣未经检验合格的液化气钢瓶3个。邀请机电、电力、消防专家对开发区重点企业、加油站、各景区的硬件设施进行检查，检查企业23家，发现隐患104处，下达责令改正指令书17份。

【打非治违专项行动】 印发《北戴河区安全生产领域打非治违专项行动方案》，按照“全覆盖、零容忍、严执法、重实效”的要求，在全区各行业内扎实推进专项整治工作。取缔城镇燃气非法经销点2处和非法储存柴油1户。落实北京铁路局丰润工务段关于协调清理哈港沿线可燃物要求，对谢李庄广兴保温泡沫厂进行安全检查，协调整改铁路沿线堆放可燃物的安全隐患2处。

【隐患排查治理体系建设】 秦皇岛市在全国率先建立了智慧安全监管信息平台，企业通过信息平台与监管部门随时沟通上报安全管理情况，及时了解安全监管政策动态，彻底解决“最后一公里”问题。北戴河区有65家企业完成了企业基本信息录入工作，35家重点企业开展了隐患排查治理体系网上上报，智慧安监隐患排查治理系统使用取得初步成果。

（王子寅）

社会事业

教育事业

【概况】 北戴河区有公办中小学、幼儿园17所，其中，高中1所，初中4所，小学10所，幼儿园2所。在校生9828人，其中，高中生895人，初中生1756人，小学生5340人（含小学附属幼儿园1382人）。初中入学率100%，毕业生人数505人，巩固率100%；小学入学率、巩固率均为100%；幼儿入园率99.80%。在职教职工1290人，其中年龄在40岁以下的有834人，占总人数的64.65%；具有专科学历的211人，本科学历的1065人，研究生学历的27人，专任教师学历达标率100%；具有高级职称的178人，中级职称的687人，占专任教师的67.05%。另有秦皇岛广播电视大学北戴河分校1所，教师发展中心1所，青少年校外教育中心1所。民办学校24所，其中民办幼儿园11所，在校学生4590人，教职工528人。2015年，坚持以办人民满意的教育为根本宗旨，以全面实现区域教育城乡一体化高质量“均衡 特色 精品”发展为奋斗目标，不断提高各级各类教育服务经济社会发展的层次和水平。年内，成功承办全市教学工作现场会，妥善完成牛头崖学区接收工作，先后获得河北省“青少年科技创新大赛优秀组织奖”“中小学生校园安全知识竞赛优秀组织奖”，被评为“全省农村面貌改造提升行动（基层建设年活动）优秀驻村工作组”“秦皇岛市未成年人思想道德建设工作先进单位”“2014-2015年度区级文明单位”，实验小学、海北路小学顺利通过省级素质教育示范校评估验收，北戴河中学被评为“全国中小学节约型校园建设示范校”。

【教师队伍建设】 打造高素质的校长队伍 组织12名中小学校长、幼儿园园长参加“秦皇岛市校长任职资格培训班”，安排中学骨干校长赴北京挂职学习。对教育局直属15个事业单位57名校级领导干部进行全面考核，对优秀校级领导班子和领导干部予以通报表彰。

强化师德师风建设 坚持开展新学期“师德第一课”活动，推选出师德标兵52人，征集师德优秀论文102篇。进一步完善教师继续教育、考核评价、奖惩、督导和责任追究等机制，并严格实施“八项严禁”“十要二十不准”规定。完善对骨干教师培养、奖励机制，破格评选市级骨干教师3人，区级骨干教师22人。举办多学科“晒骨干 同课异构”课例研讨和区内外送课活动。教师节对全区227名优秀教师进行表彰。

提升教师整体素养 与北京市朝阳区教研中心签署《联合教研协议书》，建立教师培训基地，开展互助教研活动。先后派出306名教师赴云南、北京、唐山等地参加教学研讨活动，聘请教育专家为1030名教师做专题讲座。开展小学中青年教师业务水平考试、举办第二届中青年教师素能大赛、深化多学科“晒课”活动，中小学参与区级晒课教师77人。

优化师资队伍结构 按照“退一补一”的政策，面向全国择优招聘中小学、幼儿园教师18人。选派2名教师参加第三批支援青龙教育工作。9名校级干部、26名学科教师参与全区支教、交流活动。

【基础设施建设】 投资393.6万元用于改造实验小学操场、新建蔡各庄小学水冲厕所等基础设施，并为北戴河中学建设智慧教室教学系统、补充更新各校多媒体设备、购置教学仪器和图书等。投入32万元，改善青少年校外教育中心办学条件，中心学员获河北省机器人大赛二等奖。

【民办教育与职业技术教育】 与奇石艺术学校联合办学成效明显，艺体类考生二本以上上线率达到54.79%，比上年增长了33.30%。大力发展职业技术教育，秦皇岛职业技术学院通过国家骨干职业院校评估验收；中国环境管理干部学院升本获得教育部批准。定期不定期检查各类民办教育机构和培训机构办学行为，加大对民办学校的安全检查力度和频次。

【素质教育】 加强爱国主义教育和感恩教育，开展以经典诵读和“篆刻艺术进校园”活动为主要内容的传统文化教育，获得首届“秦皇岛市中小学书法绘画篆刻大赛”优秀组织奖。高效开展艺体科卫教育，形成学校特色，实验小学、育花路小学、海北路小学被评为“全国足球特色学校”，蔡各庄小学、海宁路小学被评为“秦皇岛市素质教育示范校”，青少年活动中心、第二中学、海北路小学、实验小学被评为“秦皇岛市青少年科技教育示范单位”。推进家长学校创建工作，组织“家庭教育讲师团”宣讲12次，举办“家长开放日”活动10次、亲子教育活动62次。开展双向游学活动，暑假15名韩国中学生到北戴河区进行回访交流。

【招生与考试】 报名参加中考的考生481人，有各类升学志愿的考生445人。普通高中录取318人。高中上半年学业水平考试报考科次1129科次，其中文化1125科次，实践4科次；下半年学业水平考试报考科次4353科次，其中文化2089科次，实践2264科次。

在参加高考的312名考生中，本科二批以上上线56人（文理类本科一批2人，本科二批14人；艺体类本科二批以上40人），上线率17.95%，其中艺体类考生上线率达到54.79%，比上年增长33.3%，“211”工程院校上线4人，实现近5年来“零”的突破；本科三批以上上线168人，上线率53.85%；省专以上上线率100%。

办理自考毕业8人次，办理免考、合档4科次。成人高考共报名444人，1341科次。其中高中起点升本科9人，高中起点升专科47人，专科起点升本科388人。教师资格证信息确认2067人次。

按照均衡、公平原则开展招生考试工作，实行优质普通高中招生指标分配制度，将普通高中招生指标分配到各初中，提高3所初中学校的办学积极性。

【教学改革】 推进区域教学改革，全面落实课改，涌现出海宁路小学、西山小学、北戴河二中等一批市级课改实验校，蔡各庄小学课程整合提升呈现新亮点。强化督导检查职能，深入牛头崖镇各中小学校进行调研。组织开展义务教育阶段中小学教学评估，以评促改、以评促建、以评促发展。

【平安校园建设】 制定《北戴河区教育局行政执法制度汇编》，明确行政权力范围，公布《行政权责清单》。制定《北戴河区教育局领导干部学法制度》《北戴河区中小学、幼儿园章程建设实施方案》。深化“六五”普法进程，育花路小学顺利通过省、市两级六五普法工作验收。建立安全管理长效机制，逐级签订责任书，印发《关于加强新学期安全管理工作的通知》，定期开展培训和检查，组织火灾逃生、地震自救、反恐防暴等安全演练20余次，师生受训率100%。为各学校聘请专职保安34人，在学校重点部位安装视频监控设备和报警装置，定期开展校园安全隐患排查行动。投资80余万元，安排接送学生车辆。联合相关单位，开展学校周边秩序、重大隐患的摸底排查和整治工作。加强学校的饮食卫生管理，联合卫生防疫部门对学校食堂进行多次食品卫生检查。2015年，北戴河区教育系统没有发生任何重大安全责任事故、治安事件、刑事犯罪、群体上访事件。

（吴　晓）

文化事业

【概况】 2015年，北戴河区公共文化服务体系建设、文化事业、文化产业、文化市场、文化艺术、文化惠民等各项工作取得持续性进展。北戴河区被河北省文化体制改革和发展工作领导小组评为省“文化产业十强县（区）”，中俄文化产业园被评为省“十大文化产业项目”，是全省唯一同时获得上述两项称号的县区，也是全省唯一两次获得文化产业十强县的县区。2015年全区文化创意产业增加值为2.38亿元，占全区GDP比重的5.83%，比重位列省市前列。赵洪辉被市政府评为“秦皇岛市劳动模范”。

年内，完成灯会、五一轮滑节、铁人三项赛、街头音乐文化人等各类文艺演出、音响调试450余场次。组织全区基层文艺爱好者参加广场舞、音响调音技术、声乐、舞蹈等培训20余次；创作《妈妈的手》《那就是你》等7件文艺作品，其中张光明作词铁成作曲的男声独唱《那就是你》、李波作词王俊峰作曲的男声独唱《妈妈的手》，在“放飞中国梦•相聚在北京——2015全国大型音乐展演盛典”活动中分别获词、曲创作一等奖。

2015年，区文化宫成功接待重要政治活动、会议、培训共17场次，承接大型文化活动5场次，开展各类大型书画展览共8场次，展出作品500余幅；电影放映队5-10月为全区25个行政村免费放映数字电影300场次，实现每个行政村每月免费放映1场电影的目标。

【文化活动】 送文化下基层　元旦、春节“两节”期间，区文广新局协调、指导文化馆组织文艺小分队进部队、社区、企业、农村等进行慰问演出活动6场次，累计观看人数约4000人次。

“幸福北戴河”春节灯会　2月9日至3月6日，区文广新局组织秧歌锣鼓闹新春、新春歌舞表演、音乐文化人演出共计25场次，参演人员达2000人次。

文化庙会　农历正月初四至初六，在北戴河区集发观光园举办第五届庙会游园活动。参与项目有院内娱乐活动以及品尝风味小吃、观看文艺演出、传统民俗手工艺展示、游戏互动、幸运大抽奖等数十种，庙会上歌舞、小品、二人转、地秧歌、威风锣鼓等众多元素，突出了过年的喜庆味道，吸引市民及游客7万余人参与。

新春摄影展　1月，在北戴河区劳动人民文化宫前厅及区政府综合办公楼大厅举办迎春书画摄影作品展，历时19天。本次书画、摄影展遴选了区书法、绘画、摄影精品共计80余幅，反映了中共十八大以来北戴河艺术家们的精神风貌和精湛技艺，展示了北戴河的美好风光。

音乐、美术文化人活动　在老虎石、步行街、保二路、俄罗斯风情街等主要城市节点举办音乐、美术文化人活动1440场次（5-8月），形成了具有北戴河地域特色的文化活动品牌。

海上音乐厅专场文艺晚会　8月14日晚，在北戴河海上音乐厅组织了“碧海欢歌——秦皇岛市县区文艺调演北戴河专场”演出。全区基层文艺骨干80余人参演，从灯光、音响到LED大屏的有机结合，以梦幻绚丽、大气高端的气息，展现了北戴河区浪漫、时尚、魅力、前沿的精神面貌。

大型实景演出《海上生明月》　该演出作为全省重点文化产业项目之一，已成功举办6年。2015年，演员阵容调换、节目内容调整、演出设备设施加强、整体环境提升，灯光、舞美、音效等方面全面升级。改版的大型室外演出《海上生明月》于7月15日至8月15日每晚8点在碧螺塔酒吧公园上演，累计演出30场次，观众15万余人次。

举办《八月的海天——诗意中国·北戴河》诗歌朗诵会　为纪念抗战胜利70周年，进一步践行社会主义核心价值观。8月3日，大型诗歌朗诵会《八月的海天——诗意中国•北戴河》在北戴河区劳动人民文化宫举行。新华社、河北日报、秦皇岛日报等20余家媒体集中报道。

原创音乐会　12月26日，北戴河新年音

乐会在戴河镇综合文化站举办，上演曲目均为全区优秀艺术青年自编自演的原创音乐作品，以“爱的力量”为主题，歌颂亲情、爱国主义及社会正能量。

举办高端艺术展览　王铁艺术馆、梅墨生艺术馆、蒋世国美术馆、贵德艺术馆等20家艺术馆、博物馆，先后推出名人书法、绘画展览50期次，观众达3万余人次。

特色文化惠民活动　在育花路社区、东山社区、西山街道开展传统文化、国学经典、美术实践大讲堂活动，全年组织活动30余场次。编印《2015艺术北戴河》、文化地图各1万份，免费发放给各旅游景点及酒店。结合农村面貌改造提升，绘制农村文化墙100余幅，面积500余平方米。在西古城村、刘庄村、西山街道建设“文化超市”。进行文化用品售卖、书画创作、艺术培训、休闲娱乐等活动，并与社区、农村综合超市结合，让百姓在家门口就能找到自己心仪的文化产品，实现文化便民、惠民。

【文化创意产业项目】　同道电影坊项目　同道电影坊位于北戴河区怪楼文化产业园区内，占地面积0.33公顷，总建筑面积约4200平方米，总投资1.20亿元，已建设内容有纪录片历史长廊、电影文化博物馆、内涵展厅、拍摄大厅及贵宾放映厅等。项目具备影视创意、制作，作品展映观摩，艺术人才培训，高端交流研讨，数字婚庆服务及相关产品研发生产，影视作品（纪录片）交易平台等高聚合功能，建设成以纪录片和故事片制作为驱动，以影视培训、媒介活动、文化传播及文化产品开发为链条的创意文化机构。7月15日，该项目正式开幕并投入运行。

中俄文化艺术合作产业园项目　该项目获得2015年河北省“十大文化产业项目”称号，为2016年省重点续建保投产项目。总投资10亿元，总建筑面积4万平方米，位于北戴河区怪楼文化艺术产业园内，建设包括国际高端论坛及文化艺术品拍卖中心、中俄宝玉石及文化艺术品展览中心、中俄艺术家创作及演艺中心、中俄文化艺术人才培训中心、中俄文化风情街区综合旅游服务管理中心、俄罗斯高新技术成果产业孵化中心六大功能区。该项目2014年底动工建设，临街欧式风情街于2015年7月中旬建成运营。

保利·北戴河夏季艺术品展拍活动　暑期，区文广新局联手北京保利国际拍卖公司，成功主办了“2015保利·北戴河‘一带一路’文明展暨夏季艺术品公益拍卖”活动，活动在喜来登酒店举行，展（拍）艺术品达千余件，其中有圆明园兽首、明代丝绸之路大地图等国宝级文物26件，总计拍品579件，成交350件，总成交额3190.2万元，成交率达60%。来自国内外的1.86万人次参观展览，300余位藏家参与竞拍。

北戴河村艺术村落建设　制订《北戴河村艺术村落工作实施方案》，5月，该项工作全面启动。至年末，已入驻包括树梢美术馆、燕山大学、爱淘器设计有限公司、楚天工作室等19家艺术机构、院校和艺术家。暑期以来，多位中央、省、市领导到村视察指导工作，《人民日报》、中央电视台等媒体先后进行集中宣传报道，“十一”黄金周期间，北戴河村共接待游客2.4万人次。

保一路景观改造提升工程　在保一路的南北口分别添设醒目标识；在原有植物基础上，增加花灌木，补植地被植物，并重新种植木槿、玉簪等绿植；在亮化改造中新安装99盏欧式风情小路灯；更换路缘石近600米，对破损路面进行维修，拆除原有花墙进行重砌，沿路铁艺围栏进行更换和粉刷，保一路面貌焕然一新。

【文化馆图书馆项目建设】　2011年3月，秦皇岛市成为全省唯一全国首批公共文化示范区创建城市。按照国家创建标准，创建市中的县（区），必须建有符合国家标准的文化馆、图书馆。2012年12月，北戴河区正式启动了文化馆、图书馆建设项目。2013年9月，原项目设计方案经市规划局审核，意见为容积率不足，要求扩大土地面积。2014年2月，区政府将该项目用地面积由原2669.58平方米调整为4000平方米，总建筑面积3597

平方米。2015年4月17日，该项目重新获得国有土地使用证。

【文化市场管理】 召开“北戴河区文化市场从业人员法律法规培训会”“迎暑期文化市场安全生产暨法律法规培训会”“北戴河区文化系统安全生产暨文化市场管理工作会”等专项会议。与各文化经营单位签订守法经营责任状、安全生产责任状，向所有文化经营单位下发关于规范文化市场经营秩序的通知,加强文化市场在岗人员学习培训，提高执法队伍素质和执法水平。

组织开展“零点行动”“周末行动”“清源行动”“净网清网”“秋风活动”“护苗活动”和打击侵权盗版等专项行动。会同区安监、工商、公安、消防等部门，开展联合执法行动，打击违法违规经营行为。7–9月，开展文化市场安全生产大检查活动，出动执法人员240余人次，执法车辆80余辆次，检查经营单位400余家次，对不符合要求，存在事故隐患的，责令当场整改。坚持每周一次安全生产专项检查，行政执法队对网吧、歌厅、印刷厂等经营场所严格按照《场所安全检查标准》进行全面检查。

【非物质文化遗产】 编制北戴河区非物质文化遗产专项保护计划，组织申报第四批市级非物质文化遗产项目，耿氏中医正骨、丁记藤艺和北戴河渔歌号子3个项目申报成功。

（刘　洋）

卫生计生事业

【概况】 7月30日，原北戴河区卫生局和原北戴河区人口和计划生育局机构改革合并为北戴河区卫生和计划生育局；8月28日，因区划调整，牛头崖镇中心卫生院划归北戴河区。7月1日开始，在全部集体产权村卫生室开始推行基本药物制度。2015考核年度（2014年10月1日至2015年9月30日）北戴河区出生人口543人，政策内出生519人，出生政策符合率95.58%，人口出生率7.09‰，出生统计求实率99%，群众对计生工作的满意率达到98%，综合避孕率92.20%，近5年出生人口性别比111.11。

【医疗机构】 2015年，全区有个体诊所40家，国有医疗机构8家，其中，乡镇卫生院3家，卫生执法监督所1家，疾控中心1家，妇幼保健站1家，区人民医院1家，社区卫生服务中心1家。

【新型农村合作医疗】 2015年，全区参合人数33375人（按照市卫计委要求未统计牛头崖镇参合人数），参合率达到98%，参合农民住院补偿封顶线由10万元提高到12万元，同时每位参合农民可享受到全市统筹的大病保险，最高金额20万元。至10月，全区统筹基金使用率84.51%，参合农民共有2895人得到住院补偿，补偿总金额1192.8万元；慢性病补偿658人，补偿总金额7.2万元；新农合大病保险补偿55人次，补偿总金额16.42万元。

【村卫生室建设】 年内，完成赤土山村、河东寨村、陆庄村、西古城村、太平庄村、乔庄村6个标准化集体产权村卫生室建设任务。

【基本公共卫生服务项目】 人均基本公共卫生服务经费由上年的35元提高到40元。2015年累计建档52531人（按照市卫计委要求未统计牛头崖中心卫生院管理人数），累计管理高血压患者3517人，糖尿病患者1637人，重性精神病患者363人，老年人健康管理9005人。开展农村和城市低收入患者白内障复明工程，为低收入患者实施手术15例，发放补助金1.95万元。

【妇幼保健】 2015年，完成孕前优生健康检查服务目标人群220对，免费生殖健康检查的育龄人数5986人；为农村336人、城市304人发放了叶酸；开展健康快车村村通活动6次，为农村育龄妇女进行免费健康体检398人次。全年免费婚检332人。农村孕产妇住院分娩补助发放213人，总金额8.19万元；全区助产机构预防艾滋病、乙肝、梅毒母婴传播项目实现产前筛查454人。

【用血管理和用血安全】 2015年组织献血360人次，累计献血75700毫升。全年医疗救治临床用血量73000毫升。

【环境卫生整治】 年内，累计参加环境卫生整治人员8000人次，出动各种车辆350辆次，清运各种垃圾180余立方米，秋冬共投放鼠药5吨，发放粘鼠板2000张，形成北戴河治理农村面源污染攻坚工作情况通报5期，检查区域涉及25个村庄、浴场、重点单位、公路主干道、国道、省道交通干线。

【卫生计生执法监督】 对各类监管对象实施监督检查680余户次，审批行政许可服务事项1100户次，受理并查处群众投诉举报28起。2015年全区政策外生育立案27例，已征收6例；应征金额1.40万元，金额征收到位率100%。

【暑期保障】 高干门诊累计接待134人次，承担10次会议保健，组织大型义诊活动4次。监测就诊腹泻病人512例，便检207例。诊治海蜇蜇伤患者778人，未发生重症病例。

【红十字工作】 完成“红十字博爱送万家”扶贫济困活动，向困难群众发放博爱慰问物品67份。开展“博爱一日捐”，社会各界爱心人士募捐善款9.33万元。组织2场无偿献血。

【“亲情关爱”行动】 针对全区失独家庭精心打造依托医疗保障、心理服务、农家体验“三位一体”的“亲情关爱”示范基地，在海滨镇计生服务站二楼、朱庄村晟发家庭农场、秦皇岛职业技术学院建立3个“滨海情港湾”。在医院为失独家庭开通看病就医“绿色通道”，组织计生特殊家庭开展户外大棚采摘、端午节联谊，为全区44户71人送去特殊关爱。2月13日，秦皇岛市副市长廉茹艳在市政府副秘书长刘红军，市人口计生委主任郭占鑫、副主任郭立德陪同下，到北戴河区看望慰问计生特殊家庭；6月11日，省计生协社服部部长于汾在秦皇岛市计生协会会长才子佳一行陪同下，对区“亲情关爱”基地——“滨海情港湾”及志愿服务活动情况进行调研。

（张　超　耿瑞杰）

体育事业

【概况】 2015年，北戴河区体育局把握工作重点，拓宽工作思路，深化体育职能，开发无形资产，实现了群众体育与竞技体育的协调发展和互相促进，全面完成了“十二五”工作任务，北戴河区入选全国8个“十三五《全民健身实施计划》研制工作”联系城市之一。北戴河区体育局被国家体育总局中国轮滑协会授予“2015年赛事活动优秀组织奖”，是2010年以来连续第六年获得国家级奖励。

【社会体育】 8月8日晚，在费石庄村健身广场举行了全民健身项目展示活动，项目有健身气功表演、轮滑花式表演、健身舞蹈、跆拳道、健身操、动感单车等。暑期，北戴河区体育局精心组织的“体育文化人”景观体育特色活动，融城市景观与休闲体育于一体，创新形式,使体育成为北戴河区独特的旅游吸引力。

【学校体育】 北戴河区有市级体育传统项目学校4个（海宁路小学、实验小学、育花路小学、海北路小学），业训网点1个（北二中），育花路小学成为省级传统项目学校。海北路小学、育花路小学作为首批中国轮滑示范校，以《全面健身计划实施纲要》为指导，全面普及学生的轮滑技能、技巧水平，将《儿童轮滑》定为1～3年级校本课程的必修课，4～6年级学生的选修课，轮滑运动成为学生校园活动的主要内容之一。北戴河区一年两次的“中小学生轮滑比赛”成为各校轮滑爱好者交流的平台。

【重要赛事】 承办北戴河铁人三项大赛　作为北戴河区秋季旅游主题的主要项目，9月13日，承办了第九届中国体育彩票北戴河铁人三项大赛，共有来自美国、英国、法国等国家以及国内各省市的铁人运动员和爱好者近300人参赛。

承办并参加2015秦皇岛国际马拉松赛　组织区直机关、学校等单位500人参加了“秦皇岛国际马拉松赛”，并组织了近百人的裁判队伍参与活动。组织承办“宝狮莱杯”第三届北戴河速度轮滑邀请赛。10月3-5日，“宝狮莱杯”第三届北戴河速度轮滑邀请赛在奥林匹克大道公园轮滑场开赛，共有来自北京、天津、河北、山东、浙江、辽宁、黑龙江等省、市的25支代表队近200名运动员参赛。该赛事是继“五一”轮滑节全国少年轮滑赛后又一项在北戴河区举办的全国赛事，参赛组别、人数均较往年有所增加。随队家长近千人到北戴河区观看比赛并旅游观光。

承办“滑启杯”秦皇岛市第二届轮滑锦标赛暨首届高校自由式轮滑交流赛　10月31日至11月1日，“滑启杯”秦皇岛市第二届轮滑锦标赛暨首届高校自由式轮滑交流赛在北戴河举行。该赛事在北戴河区已连续举办两届，共吸引了全市各县区的21支代表队近300名运动员参加。比赛还首次举办了高校自由式轮滑交流赛，燕山大学、河北科技师范学院、中国环境管理干部学院组队参加。

承办“秦皇求仙贡杯”2015年河北省武术比赛暨套路段位考评　10月20－23日，2015年“秦皇求仙贡杯”河北省武术比赛暨河北省武术套路段位考评圆满收官，来自全省70余支代表队近900名武术健儿以武会友，相互切磋，增进友谊，提高水平，如此大规模、高水平的武术比赛在北戴河区举行尚属首次。

【体育健身业管理】 组织开展群众性体育运动。群众喜闻乐见、基础较好的篮球、乒乓球、太极拳（剑）等项目继续开展比赛活动并形成届制；年内举办并支持协会举办区内特色体育赛事（包括长跑、篮球、健走、登山、轮滑、跆拳道等项目）活动30余次。

公共体育健身设施实现城乡全覆盖。年内多次对社区、农村体育场地设施走访调研，摸清现有体育场地设施情况，为奥林匹克大道公园、乔庄村、车站村、赤土山村、北戴河村安装健身路径50余套（件）。

【第十一届国际轮滑节】 “五一”期间，成功举办以“轮行山海、滑向未来”为主题的第十一届“运动之春”北戴河国际轮滑节，赛事组织及活动安排得到国际轮滑联合会主席阿拉库的高度肯定。

轮滑节参与人数刷新历届之最　轮滑节庆典期间，开幕式、滨海狂欢cosplay轮滑刷街、第九届全国少年速度轮滑锦标赛、“滑启杯”全国自由式轮滑公开赛、“S－Haaa”派对海岸星空花式刹停夜等7项激情时尚的轮滑赛事活动集中成功举办，共吸引了来自全国30余个省、市、自治区的130余支代表队及万余名轮滑爱好者热情参与。自由式轮滑公开赛首次晋级国家级赛事，使轮滑节主体活动再增高级别赛事。

承办国际会议，迈向转型之路　国际轮滑节期间，首次承办了亚洲轮滑联合会中央委员会会议，亚轮联中央委员齐聚北戴河，国际轮滑联合会主席阿拉库先生和副秘书长莫兰蒂女士出席了会议并致辞。这是北戴河把轮滑项目作为主打品牌进行培育11年来，第一次举办的高规格国际性轮滑会议，同时也是该会议首次在非亚锦赛举办城市召开。

提升活动规格，打造国际品牌　此届轮滑节得到了国家体育总局社体中心和中国轮滑协会的大力支持，调整了国际轮联主席阿拉库先生赴中国考察活动路线。阿拉库先生通过参加轮滑节开幕式、亚轮联会议、轮滑设施项目考察、电视专访等活动，对北戴河轮滑项目发展状况有了全方位认识，对北戴河推动轮滑运动做出的努力给予高度肯定，同意授予北戴河世界首个“国际轮滑之都”的称号，作为中国首个轮滑名城，北戴河成功晋级国际品牌，为北戴河乃至秦皇岛打造国际名片增添了厚重的元素。

深化办节理念，活动贯穿全年 此届轮滑节共策划系列轮滑主题赛事、活动16项，探索打造月月有活动、永不落幕的北戴河轮滑节。活动从4月初开始，每个月都有一次大型的轮滑主题活动：5月中旬积极促成并承办首届河北省轮滑锦标赛；6月承办全国轮滑教练员、裁判员培训班，该项培训是唯一具有颁发国家级证书资质的培训；10月举办全国轮滑邀请赛；11月参加在台湾高雄举办的世界轮滑锦标赛，并在国际轮联速度轮滑委员会上正式发布并启动与国际轮联共建轮滑博物馆工作，面向国际社会征集北戴河国际轮滑博物馆展品；年末利用学生假期时间集中安排轮滑队外出参赛及交流、集训活动。

强化媒体宣传，拓展推广途径 共有河北电视台、秦皇岛市电视台、新华网、人民网、新浪、搜狐、中国轮滑协会官网、华奥星空、中国体育报等20余家媒体第一时间报道了北戴河第十一届轮滑节的盛况；中国轮滑协会官网上北戴河轮滑节信息覆盖网站页面近一周时间；河北电视台以北戴河轮滑节为重点，动用无人机航拍设备制作了“大美河北”宣传片，在省内多家电视台循环播放。区体育局制作了北戴河体育微信平台，设置轮滑节专栏，及时发布推送消息。

第十一届轮滑节暨第九届全国少年速度轮滑锦标赛 5月1—3日在北戴河奥林匹克大道公园轮滑场举行。主办单位为国家体育总局社会体育指导中心、河北省体育局、中国轮滑协会，承办单位为北戴河区人民政府、秦皇岛市体育局、北戴河区体育局。

【全民体育赛事】 由北戴河区体育局主办，英才游泳俱乐部承办的2015年北戴河区“英才杯”第二届中小学生游泳比赛，于5月30日在观海楼游泳馆举行，来自区实验小学、育花路小学及英才游泳俱乐部的10余支代表队参赛。育花路小学的赵梓楠同学，在2015年河北省游泳分站赛中获得了第三名的好成绩，也是北戴河区运动员在省游泳赛事中获得的最好成绩。

1月29日，区体育局在联峰山公园举行“助力申冬奥 祝福迎新春”北戴河区迎新休闲跑活动，来自全区42个机关单位的700余名工作人员参加。4月9日，北戴河区2015年中小学生田径运动会暨教职工趣味运动会在北戴河区高中体育场举行。来自全区中小学校的251名运动员参加运动会39个项目的角逐，并打破了4项区运动会记录（小女100米栏，初男200米、400米、4×400米接力赛），创历史最好水平。5月8日，北戴河区2015年中小学生轮滑比赛在奥林匹克大道公园轮滑场举行，来自全区7所学校的100余名中小学生参赛。7月9日，2015年北戴河区中小学生篮球比赛在北戴河区体育活动中心篮球场举行。该区2所中学和6所小学的16支代表队、200余名队员参加。10月23－28日，在育花路小学举行了2015年北戴河区中小学生足球比赛。有12支足球队、110名运动员参赛。区体育局主办的2015年北戴河区乒乓球比赛于12月8–11日在区体育活动中心举行，比赛分职工组、小学组2个组别，共有24支代表队100余名运动员参加比赛。

【北戴河籍运动员获奖情况】 利用学生假期多次组织区轮滑队员参加在香港举行的轮滑邀请赛、第九届全国少年速度轮滑锦标赛、在哈尔滨举行的第三届全国轮滑锦标赛、河北省轮滑锦标赛、河北省运动会轮滑比赛、秦皇岛市轮滑锦标赛、北戴河速度轮滑邀请赛及在本区举行的多地全国青少年速度轮滑比赛。先后获得国家级金牌3块、银牌8块、铜牌10块，省市级金牌30块、银牌28块、铜牌22块。在欧洲杯比利时站的比赛中，由北戴河区输送到国家速滑队的优秀运动员张弛，夺得青年A组总积分冠军，并获得淘汰赛冠军。

（杨　丽）

广播电视

【概况】 2015年，北戴河区广播电视台围绕中心、服务大局，充分发挥舆论引导凝聚作用。共播发新闻稿件2150篇，在上级媒体播发稿件492篇，其中中央电视台发稿5篇，省电视台发稿102篇；制作播出新闻专题《北戴河视角》50期，《直击四大攻坚年》17期；播放弘扬社会主义核心价值观、宣传抗战胜利70周年影视剧1300部（集）次；微信资讯500余篇；制作播发政府形象及公益短片1200余条次；播打通知、通告、标语100篇。

年内，区广播电视台获得“2014年度社会治安综合治理先进单位”、2015年度“暑期工作先进单位”，在2015年中国视协农村电视委员会“双十佳”评选活动中获“十佳先进单位”，新闻部被评为“暑期工作先进集体”，6人分别获得“优秀共产党员”“暑期先进个人”称号。区广播电视台创作的作品《东临碣石有新篇毛泽东〈浪淘沙•北戴河〉创作60周年》获“第二十届河北省影视艺术奔马奖专题晚会类特等奖”“第二届秦皇岛影视艺术优秀作品特等奖”；《诗话北戴河》获“第二十届河北省影视艺术奔马奖旅游文化节目类二等奖”、2014年全省党员教育电视片观摩交流活动二等奖；李文彬在2015年中国视协农村电视委员会“双十佳”评选活动中获“十佳先进个人”；李雪垠获“第二十届河北省影视艺术奔马奖优秀电视节目主持人奖”“第二届秦皇岛影视艺术优秀作品最佳主持人奖”；有10人次获得“2014年度秦皇岛好新闻评选一等奖”，15人次获得二等奖；5名记者分别获得市广播电台“十佳”和“优秀通讯员”。

【新闻宣传】 2015年，区广播电视台始终坚持以报道区委、区政府中心工作为主线，重点对百姓关心、关注的热点问题进行宣传。《北戴河新闻》节目，分时政消息、重点报道、民生新闻、社会消息等板块。在采编播人员缺少的情况下，采取统筹利用人员和设备，制定有效的业务流程、先进的采编技法，提升新闻时效性，突出新闻策划，增加新闻厚度。全年共采写新闻稿件2150篇，准确、及时地传递和宣传区委、区政府的决策部署，展示了北戴河的良好形象。

【对上发稿】 2015年，在市以上媒体发稿492篇。其中中央电视台5篇、省电视台102篇（条），《北戴河村，让美丽乡村长驻》《入伏首日，高温来袭（劳动者驿站为工人服务）》等5篇稿件在中央台《新闻联播》《晚间新闻》播出；《北戴河村：文化艺术植入村民生活》等8篇稿件在《秦皇岛新闻》头条播发。

【专题节目】 区广播电视台以“用深度解析热点、用客观评述事实”为宗旨，采取不同于新闻的采访角度、拍摄手法、后期制作方式等专业手法，做好《北戴河视角》等专题栏目。全年采制、播发主题性、导向性、监督性、服务性等专题节目67期。

【公益节目】 把服务全区中心工作、服务暑期、服务全区百姓和中外游客作为工作核心，坚决杜绝医药类等虚假违规广告，外来节目严把来源关、质量关。自主创新、精心策划，以《迅速掀起四大攻坚年活动高潮》《温暖外乡人》《中国梦赶考行》等内容为主题制作了20余部具有北戴河典型符号或名片性的政府形象公益广告和形象短片。

【社会主义核心价值观宣传】 重点打造6个全新策划包装的社会主义核心价值观宣传节目在暑期推出，包括微电影《开眼了》、老故事《北戴河镜头》《文化印记》《可可小爱社会主义核心价值观动漫公益剧》《我的价值观》《诗意中国•北戴河》等都为100集的大型电视专题节目，在所有栏目中所占比重超过三分之二，成为2015年电视节目的亮点。以弘扬社会主义核心价值观为主题制作的高清北戴河宣传片《还看今朝》《社会主义核心价值观》《梦娃送吉祥》《善行无迹留盏明灯》《唱响主旋律》《政府为民办实事》《北戴河欢迎您》等1200余部次宣传短片每天在区电视台循环播放。

【开设《健康新概念》栏目】 2015年暑期，与北戴河医院联合打造了电视健康知识类大型专题节目《健康新概念》。节目以主持人、嘉宾诊谈，与现场观众互动的形式，讲解暑期海边急救、海蜇蜇伤以及一些常见病的防治等知识。

【开通“北戴河微视听”微信公众号】 充分利用新媒体平台，于暑期前开通了微信公众号“北戴河微视听”，每天至少播发3篇以宣传社会主义核心价值观、旅游动态、康体养生等内容为主的新闻，利用新媒体实现《北戴河新闻》第2次传播。

（蔺 丽 姜昶鑫）

【河北广电网络集团秦皇岛有限公司北戴河分公司】 河北广电网络集团秦皇岛有限公司北戴河分公司隶属于河北省委宣传部，负责北戴河区范围内广播电视网络的规划、设计、施工、维护等工作，开展广播电视网络传输基本业务和付费电视、高清电视、数据专线、广电宽带等增值业务。年内,被北戴河区委、区政府评为“暑期工作先进单位”。

2015年，北戴河区有线电视城乡居民入网率为97%，其中数字电视用户2.86万户，互联网用户1130户。

年内，分公司新建管道9千米，铺设干线光缆21千米，接入光缆219千米，新建光节点17个，铺设电缆干线32千米。清理、维护环城主干光缆管道10千米。新开通赤土山村安置房、杨各庄天洋万科双向小区。

分公司机房完成扩容设备、数字信号机柜和数据回传机柜的调试、割接工作，并制定全区光缆干线规划方案，完成了部分交接箱的割接工作。

全面实行ISO 9000国际质量管理体系，年内共接到“96888”维修派工单和用户通过其他方式报修6970余起，安装569户、开锁163户，服务用户满意率、安装维护满意率均为100%，服务及时率除4月和7月为99%外，其他月份全部达到100%，突发事故处理及时率达到100%，日故障率保持在0.02%左右，用户打电话和电话回访时提出表扬33次，未发生有效投诉事件。

8月初，分公司与北戴河区文广新局开展了卫星地面接收设施专项治理行动，大大降低非法信号入侵可能。暑期中，全面启动《暑期安全播出和传输保障方案》，加强网络安全防范，配合中央电视台做好暑期节目传输工作，圆满完成了暑期保障任务。

（轩 飞）

社会生活

人力资源和社会保障

【概况】 2015年，北戴河区人力资源和社会保障工作牢牢抓住“民生为本、人才优先”的工作主线，突出抓好就业促进、社会保障、人事人才、劳动关系调整等重点工作，圆满完成了各项工作目标任务。区人力资源和社会保障局被评为北戴河区“平安建设先进单位”“三八红旗集体”“网宣工作先进单位”，局工会被评为“全市先进职工之家”，局综合服务大厅被授予“巾帼文明岗”称号，劳动保障监察大队被评为北戴河区“暑期工作先进集体”。

【就业】 2015年，新增就业2098人，完成全年目标任务1500人的140%。其中，城镇失业人员实现再就业1276人，完成全年目标任务800人的159%；就业困难人员实现就业483人，完成全年目标任务300人的160%，农村富余劳动力转移就业686人，完成全年目标任务100人的686%，全区城镇登记失业率控制在2.37%以内。

开展就业服务专项活动　针对不同群体特点，开展了全区性的“春风行动”“就业援助月”“民营企业招聘周”“就业服务宣传月”等多项公共就业服务专项活动。印发各类政策宣传材料1500余份，发布岗位信息217条，提供免费职业指导、职业介绍260余人次，为79人进行了求职登记，举办专场招聘会2场，共有56名求职者与区内32家用人单位达成就业意向。

推进基层劳动就业社会保障服务所、站示范级达标建设　2015年，区申报的6个示范级行政村（社区）服务站通过了省、市验收，东山社区等2家社区被评为省级充分就业社区。

开展高校毕业生就业见习　征集就业见习岗位68个。通过双向选择，帮助57名高校毕业生与33家见习单位实现了成功对接。

加大创业扶持工作力度　组织开展以领取失业金人员为主的创业培训，引导有能力、有意愿的人员自主创业，41名参加培训人员全部取得培训合格证。积极推进小额担保贷款审批发放工作。为135名创业人员发放小额担保贷款996万元。

开展就业困难人员帮扶工作　累计发放社会保险补贴和岗位补贴511.58万元。其中，灵活就业社保补贴121.58万元，大学生创业补贴5000元，公益岗321.29万元，见习岗68.21万元。面向全区机关、企事业单位、人民团体开发公益性岗位，安置就业困难人员152人，其中高校毕业生10人。

【社会保障】 养老保险　全区企业养老保险覆盖总人数17764人，其中在职13623人、离退休4141人，年基金收入7518.10万元，完成年度目标任务的112%，基金支出9685万元，新增参保职工777人，完成全年目标任务600人的130%；机关事业养老保险覆盖总人数为6736人，其中在职4758人、离退休1978人；年基金收入10317万元，基金支出10606万元。城乡居民养老保险参保20783人，其中缴费13504人，参保率和缴费率分别达到99%和94.5%，超过省级预定目标9%和4.5%；60周岁以上领取养老金的人数6669人。各项养老金及时足额发放率达100%。

医疗保险　全区城镇职工参保11378人，其中新增127人，完成年度目标任务100人的127%；城镇职工基本医疗保险费完成收入4052.91万元，完成年度目标任务3600万元的113%。其中，统筹基金收入2348.88万元，个人账户收入1704.03万元。医疗保险基金支出3169.62万元。

生育保险　全区生育保险参保7753人，实现收入223.59万元，完成目标任务180万元的124%；支出生育保险费142.93万元，参保职工权益得到有效保障。

失业保险　全区失业保险参保单位321家，参保人员9388人，完成年度目标任务8900人的105.50%。其中扩面新增参保单位37家、新增参保人员1031人，完成年度目标任务500人的206.20%。失业保险基金收入631.59万元，完成年度目标任务450万元的140.40%。领取失业保险待遇人员254人次，失业保险支出143.69万元。

【劳动关系调整】　通过开展专项监察、日常巡察和举报专查，发放劳动法律法规宣传单5000余份，指导用人单位健全劳动规章制度200次；检查用人单位263家次，涉及劳动者1.90万人，责令补签劳动合同1420余份。

完善劳动保障监察预警制度，全面排查辖区范围内因劳资纠纷（欠薪、逃匿）已经或可能引发的群体性事件，全年检查重点单位56家、150家次，对其中4家企业实施重点监控，依法将2起欠薪案件移送公安机关，涉及劳动者236人，金额339万元。依照有关法律法规，受理劳动保障监察、仲裁举报投诉案件133件，立案133件，涉及劳动者451人，涉及金额983万元，结案133件，结案率达100%。

【人才交流服务】　2015年，全区新增人事代理档案159卷。其中，单位集体户3家，代理人事档案26卷；个人人事代理档案133卷。开展人才交流服务活动，年内共征集教师、工程师、人力资源师等硕士、本科、专科学历用工岗位31个，协助引进人才26人。

（王　林）

民政管理

【概况】　2015年，全区民政系统贯彻落实中共十八大及十八届三中、四中、五中全会精神，按照习近平总书记怀着“大爱之心、爱民之心”做好民政工作的重要指示，创新发展思路，解决突出问题，办好民生实事，充分发挥民政在社会建设中的基础作用，为建设美丽实力幸福北戴河做出了贡献。

【基层政权建设】　社区工作　按照北戴河区社区建设三年达标计划，东山街道3个社区全部完成建设任务，西山街道辖5个社区达标建设正在同步进行，戴河镇车站社区新建1000平方米办公用房已完成规划选址，正在进行施工图联审。合理调整社区服务区域范围，成立“宁馨苑”社区，指导该社区综合服务站改建，增设便民服务大厅、老年人生活服务站、居民活动中心等。面向社会公开招聘社区工作者，经过层层考察遴选，最终选聘21名大学毕业生充实社区工作队伍。年初，顺利完成社区换届，选举社区居委会成员66人，其中大专以上文化程度50人，占75.76%。社区干部队伍实现了年轻化、科学化、专业化。为加强对社区工作者的管理，正确评价其任职期间的德才表现和工作实绩，与区委组织部联合研究制定《社区工作者考核办法》。建立社区工作者报酬自然增长机制，以上年年底生活补贴为基数，社区工作者补贴按照最低工资标准增长比例同步增长。将离职社区干部补贴从每月900元提高至1300元。

农村基层政权建设　在全市率先完成第十届村委会换届选举。帮助两镇周密制定“一村一策”的选举方案；深入各村了解选举动态，及时解决选举过程中的新矛盾、新问题。编印《北戴河区村委会换届选举操作规程》，涉及整个换届选举的100余项具体工作，确保规范操作，不出纰漏。选举期间，接受两镇、村民群众政策咨询130余人次，接待来访群众100余人次。在各村全面推行“五议一审两公开”民主决策制度，指导各村村监会、村代会发挥监督和参政议政作用，认真搞好每年两次的村民“民主议政日”活动，党员村民代表参与热情高涨。

社会组织建设和管理　建立健全社会组织重大问题协商、登记管理会商、扶持培育发展、备案管理、信息通报等工作机制，对全区54家社会组织进行年检，撤销4家、通报批评6家年检不合格的社会组织。

社会工作人才队伍建设　开发社工岗位，做好社会工作培训和宣传工作，鼓励社区工作者、社会志愿者参与社会工作师考试，全年培训社区工作者75人次，6人取得社会工作师资格。

【民生保障】　保障困难群众基本生活　再次提高低保标准，城市人均月补助标准由301元提高到323.16元，农村人均月补助标准由86元提高到103.42元。全年保障低保对象1112人，五保对象234人，累计投入低保金215.68万元，五保资金133.17万元；对181户享受廉租住房对象进行年审。经过沟通协调与实地调查，帮助甘各庄村16户困难家庭申请低保救助，消除低保“空白村”。区民政局协调电力、自来水、广电、房产、教育等部门给予低保家庭费用减免照顾，为城乡低保户发放用电补3.37万元，取暖补18.85万元。

着重突出“救急”“救难”　重新修订《北戴河区临时救助管理办法》，将救助封顶线从1500元提高到5400元，进一步扩大救助范围，切实解决城乡困难群众临时生活困难。简化医疗救助程序，主动与新农合对接。2015年，累计提供医疗救助43人次12.82万元，临时救助140户次40.77万元。

完善低保审批程序　成立低保核查中心，扩充并强化低保家庭审核工作力量，将原要求30%入户率提高至100%。规范救助程序，实现“一户一档”规范化管理。建立城乡居民最低生活保障工作联合审批制度，在区、镇街、村居实地调查核实的基础上，组织召开相关镇街、村居负责人参加的联合审批会议，对低保申请对象具体情况及前期调查结果进行会商，达成一致意见后予以审批。

社会福利及慈善事业工作　加强福利机构和福利企业监督管理，做好沟通协调工作，向企业反映残疾职工的合理诉求，充分保障福利企业残疾人的正当权益。为原福利企业纸箱厂、印刷厂职工发放生活费、缴纳各类保险计6.3万元。为3名孤儿发放生活补助金2.24万元，办理收养登记1例。帮助6名患大病困难群众申领市慈善协会救助金2.6万元。

【社会养老】　养老设施硬件建设　新建农村幸福院11所，其中牛头崖镇4所、戴河镇7所，城市社区新建西山街道居家养老服务中心。承接京津养老资源，力促休疗养院转型养老产业2家。年内，全区养老机构6家，床位达到1150余张。扶持社会办养老机构，为民办敬老院申请省、市运营补贴合计20多万元。强化监管，制定《北戴河区养老机构日常管理须知》，规范养老机构运营、安全、管理和补贴申请等工作。

敬老助老工作　全年为1879名80周岁以上老人发放高龄补贴142.25万元，办理老年优待证657个。开展高龄老人生存验证工作，经严格核查，发现13名已故人员家属继续领取高龄补贴，追回补贴金3960元。重阳节期间上门慰问百岁老人，为5名百岁老人每人送去500元慰问金及鲜花、蛋糕等慰问品。为全区2539名55～80周岁老年人建立意外伤害保险风险保障。区老龄办创新开展工作，促成秦皇岛职业技术学院在集发老年生态颐养中心设立“心理健康教育实践基地”，为入住老人提供情感及生活等多方位服务。

【双拥优抚】　深入开展拥军优属、拥政爱民活动，营造良好的双拥氛围，增进军政军民团结。“八一”慰问驻区军事单位14家，送去慰问资金10万余元。各项优待抚恤补助水平达到或超过省级标准。全区各类优抚对象407名，发放优待金、抚恤金等183万元。

加强退役士兵安置工作，重新调整区退役士兵安置工作领导小组，形成安置工作合力。接收退役士兵34人，对退役士兵进行电脑、烹饪、汽修等岗位技能培训，协调13家用人单位提供就业岗位，促进就业率达到100%。全面落实军休人员政治和生活待遇。接收无军籍职工10人，协调人社局为接收人员办理城镇职工医疗保险和大额医疗费统筹。

【军队离退休干部工作】 全年为86名军休干部发放离退休费、福利费、医疗费等费用907万元。局下属单位军干所始终将服务管理亲情化贯穿于每项具体工作。制订“军休干部探亲路费报销明白卡”“离休干部报销医药费明白卡”。建立“重点服务对象台账”，将高龄、空巢、重病、失能的军休干部列为重点服务对象，为他们提供特殊、特色、个性化服务。为全所军休干部定制生日蛋糕，送上生日祝福，及时传达党和政府对军休干部的关怀。协调解决军休干部家庭生活发生的困难和问题，帮助病故军休干部亲属料理后事。

【社会事务】 做好区划调整工作 根据国务院2015年7月23日签署的《国务院关于同意河北省调整秦皇岛市部分行政区划的批复》，8月22日，秦皇岛市部分行政区划调整工作动员大会召开。原抚宁县牛头崖镇划归北戴河区。全市启动划转交接工作后，23日，北戴河区成立以区委书记李学民为组长，区直各相关部门负责人为成员的区划调整工作领导小组，领导小组办公室设在区民政局，负责协调组织全区行政区划调整对接工作。区民政局提早做好前期调研，科学制定接收方案，周密组织动员大会，督导十二个专项工作组及相关单位有步骤、有条理地与抚宁区政府、牛头崖镇政府接洽，分头开展对接工作。全面掌握、分类梳理、汇总上报交接工作动态、工作进展以及需要区、市两级协调解决的具体问题，确保区划调整接收工作顺利进行。领导小组办公室撰写工作动态14期，起草各类工作汇报20余份。在做好全区区划调整工作同时，完成民政系统交接任务，共审核接收低保对象263人，五保对象125人，优抚对象364人，民间组织9家。

婚姻服务 深入开展婚姻登记机关标准化创建，对婚姻登记员进行业务培训，规范婚姻登记档案，实现电子档案和纸质档案“双套制”保管。为新婚夫妇提供有关婚前医学检查的咨询服务，倡导婚姻当事人树立科学、文明、健康的婚育观念。全年办理结婚登记666对，离婚登记272对，补办婚姻登记证98对。

殡仪馆服务 殡仪馆地理位置较偏，2名工作人员克服困难，坚持双休日、节假日不休，全年365天对外服务。春节、清明节、寒衣节等期间，延长工作时间，应对祭奠高峰。馆内原有木质存放架老旧、破损严重，申请财政资金23万元更换不锈钢存放架12组，骨灰存放位1008个。

救助和地名管理 11月初，民政局联合公安、镇街、村居等单位，启动了冬季流浪乞讨人员集中救助行动。此次行动集中力量对城区、街道特别是汽车站、火车站等重点区域进行巡查，劝离乞讨人员25人，救助困难群众4人，发放救助金350元。完成暑期救助任务，全年救助各类人员17人。全年办理地名命名、变更手续680人次。

【救灾减灾】 起草《北戴河区自然灾害生活救助办法》，明确全区自然灾害救助工作内容、流程、标准及责任分工，促进了灾害救助工作规范化。将奥林匹克大道公园和第二中学设为两个紧急避难场所，悬挂市局统一制作标识。每月初联系市气象局，进行灾情预测，向区应急办报告《自然灾害基本情况》，为及时掌握天气情况，提前做好防灾减灾工作提供重要依据。加强区级救灾物资的储备及管理，定期对库存物资进行查看整理，通风除湿。2015年，存放救灾衣被525件，手电、雨披等救灾工具304件。组建由175名志愿者组成的北戴河区防灾减灾志愿服务队伍。制定镇街灾害信息报送人员A、

B角制度，确保灾情发现早、处置好。部署灾情核查、灾民转移、灾情上报工作。指导育花路和东经路社区创建申报“省级减灾示范社区”。

（杨　宇）

残疾人管理

【概况】 2015年，全区残疾人总数2229人，其中视力残疾208人、听力残疾131人、言语残疾19人、肢体残疾1440人、智力残疾191人、精神残疾104人、多重残疾136人。全区残疾人工作贯彻落实《中华人民共和国残疾人保障法》，做好残疾人基本生活保障、残疾人医疗康复和残疾预防、农村贫困残疾人扶贫、残疾人扶贫基地建设、残疾人就业培训、残疾人及残疾人子女教育资助、残疾人托养、残疾人无障碍和服务、残疾人文化体育、助残环境工作。维护残疾人的合法权益，发展残疾人事业。

【残疾人免费体检】 开展为全区残疾人免费体检工作暨第25次助残日活动。5月13日，全区残疾人免费体检在区人民医院体检中心启动，来自戴河镇北戴河村的25名残疾人接受了首日体检服务。此次活动属于“全市首创、全省领先”的惠残创新之举，涉及全区1000余名残疾人，体检内容涵盖心电图、胸透、B超、血常规、尿常规、肝功、 肾功、血脂两项、血糖、测血压、采血、骨密度等体检项目。当日，区残联还在区残疾人综合服务中心开展了为30名听力残疾人免费发放助听器及邀请专业技术人员现场验配活动，为35名精神类残疾人免费发放药品活动，为7名残疾儿童发放辅助用品用具等活动。

统筹考虑残疾人特殊性，专供残疾人辅助用具，配备助残志愿者，畅通体检渠道，实现无障碍体检。并行统一体检与通知补检“双循环”机制，对未体检残疾人进行再次补检，确保应检尽检，均享普惠服务。全区共487名残疾人完成体检，涉及金额12.40万元。

【残疾人组织建设】 完成牛头崖镇划入北戴河区的区划调整相关工作和1155名残疾人档案信息转入移交工作，提高牛头崖镇农村残疾人专职委员津贴标准。加强残协组织管理，组织残疾人工作者培训。提前完成全区残疾人基本服务状况和需求专项调查工作。对重度残疾人开展入户办证服务2批次。开展肢残人协会活动1次。2015年，新办残疾人证237个，注销残疾人证200个。

【无障碍设施建设】 年内，对全区30户残疾人家庭实施无障碍改造。其中为20户肢体残疾人家庭安装了扶手、浴凳等无障碍设施；为10名听力、视力残疾人发放无障碍用品，种类多、功能全、额度高。视力残疾人无障碍用品包括：智能电饭煲、盲人专用语音王手机、电子秤（语音播报）、语音数字体温计、评书机、语音手提秤、报警水壶、语音电磁炉、防溢报警器、智能语音血压计、盲人电话。听力残疾人无障碍用品包括：振动闹钟、无线声光门铃（一拖三），闪光音乐报警水壶，数字电子秤、燃气防漏报警器（声光）。其中，视力类5户，人均3500元，听力类5户，人均2000元。

【残疾人信访】 残疾人代步车营运工作是维护稳定的重点。配合交通局、交警等部门加强残疾人车主的思想教育工作。日常通过逢访必接、必答，无访关注苗头、隐患等方式，减少群体访隐患，把残疾人维权与维稳相结合。按照政策要求，对符合条件的16名残疾人发放机动轮椅车燃油补贴1.98万元。

【残疾人帮扶】 为416名贫困残疾人发放重残补贴，区级资金47.92万元；为40名已参加基本养老保险且符合条件贫困残疾人，发放基本养老保险补贴15.17万元；为43名城镇三、四级持证残疾人，发放基本医疗保险补贴0.86万元；为4名贫困精神残疾人发放住院补贴1.25万元；为175名贫困残疾人发放省级重残补贴6.69万元；为146名农村特困残疾人发放扶贫金7.30万元；为325名贫困残疾人发放春节慰问金7.66万元。开展贫困残疾学生及残疾人子女教育资助工作。对7名考入中高等院校的给予一次性资助，共计金额3.3万元；对3名考入北戴河区高中的免收学费等5种费用；对6名处于义务教育阶段在校生减免教辅费。为8名贫困重度残疾人发放康复体育进家庭器材，为8名贫困母亲发放救助金2万元，组织残疾人健身指导员参加各级培训。

【残疾人托养】 对2名依托集发机构托养低保残疾人发放补贴3000元，对30名居家托养残疾人发放补贴1.80万元，对69名重度低保残疾人发放省级护理补贴1.84万元。

【残疾人康复】 为2名贫困残疾人安装假肢；为35名贫困精神残疾人提供每人每年500元药物补贴，为2名贫困精神残疾人提供每人每年4000元住院补贴；为52名残疾人免费发放轮椅、拐杖、手杖、助行器等辅助器具；为9名残疾儿童免费发放助听器和儿童轮椅；对0～6岁残疾儿童进行筛查摸底；为6名脑瘫和智残儿童免费提供康复训练。自筹资金购置100台轮椅，35部助听器。

【残疾人就业】 安置3名残疾人公益岗位。联合区地税局，对全区注册企业进行年审，共收缴残保金196万元。对2家超比例安排残疾人就业单位给予1.9万元奖励。

【残疾人事业宣传】 利用电视、网站等新闻媒体加强对残疾人事业的宣传，在各级残联网站和区电视台等媒体上刊登和播放北戴河区残疾人工作动态，上报《残联信息》29期。其中中残联网站刊发25篇、省残联网站刊发27篇。

（葛　宇）

镇·街道

北戴河区海滨镇

【概况】 海滨镇位于北戴河区南部，东、南两面环海，地处北戴河区最繁华地带。北海山线公路横过、北宁公路纵贯其间，驼峰路、剑秋路、滨海大道等近20条硬化公路纵横交错镇内，交通线路四通八达。辖区总面积9.17平方千米，海岸线15千米，辖单庄村、赤土山村、刘庄村、草厂村、河东寨村、陆庄村和丁庄村等7个行政村。至年末，全镇总户数5763户，总人口13653人。乡村劳动力9378人，农用地面积128.60公顷，其中耕地面积31公顷，人均占有耕地0.03亩。

2015年，海滨镇党委、政府紧紧围绕全区总体发展思路，深入开展新一轮解放思想大讨论活动，抢抓京津冀协同发展战略机遇期，完成了各项目标任务。

【民宿业】 年内，海滨镇民宿管理软硬件建设取得明显提升，客源渠道进一步拓展，全镇民宿注册户达到1552户，接待人数约160万人次，全年实现经济收入约4625万元。打造陆庄渔家乐民宿片区。对陆庄村南部38户民宿进行重点打造，在各家外墙粉刷的基础上，绘出渔家风情画；引导民宿及餐馆大排档，在院内及室内摆放渔业工具、悬挂渤海鱼类标本及贝类工艺品，组织书法家、摄影家为5户典型户捐献作品15件，展示渔家文化。鼓励9户民宿搞好小果园和小菜园建设，实现“农家采摘游”。

加大民宿业从业人员的业务培训，规范服务标准，提高服务质量。与秦皇岛职业技术学院共同组织针对民宿协会骨干的“阳光工程”培训，民宿组长、队长及会长参加培训；配合区民宿办和公安局对所有民宿会员进行从业人员培训，参训率达到100%。开展评星活动，继续培育引导星级会员户，区分档次，分类指导，年内，全镇被区民宿办评为三星级以上的星级户41户，其中5星级2户、4星级2户、3星级37户。该镇组织区民宿办与搜狐网站联合举办魅力民宿网民评选活动，推进网络营销。暑期前配合艺龙网站深入到各村进行一对一服务，实现网络服务到家；暑期中20名大学生志愿者逐户推广网上定房，基本实现了网上营销。

【社会事业】 优化服务环境，将原有办公场所改建成海滨镇政务服务中心，设立了劳动保障类、城镇建设类等6个窗口，为群众办理信访接待、党组织关系接转等20余项服务，年内办理便民事项12765件。依托海滨镇综合文化站及各村文艺队，组织各村文艺爱好者，举办新年文艺演出、正月十五秧歌拉街等多场文艺演出；开展“为北戴河人添光彩”评选活动，全镇有26人被评为“为北戴河添光彩”先进个人。做好城乡低保的动态管理、保障性住房、弱势群体帮扶、临时救助、双拥优抚等工作，发放“五保”金、低保金、医疗救助金等各类补贴资金99.80万元，直接受益512人。做好双节慰问、重度残疾人生活补贴、医疗保险、养老保险补助、残疾人子女入学补助、无障碍改造、假肢装配等工作，共发放各类补贴资金16余万元，惠及216名残疾人。新农合参保11122人，参合率为82%。严格专项资金管理，按要求发放粮食直补、综合补贴及“一事一议”资金62万元。落实计划生育奖励帮扶政策，全年新出生123人，出生政策符合率

95.12%。发放独生子女父母奖、救助公益金、奖扶特扶金等共计135.6万元。不断完善社会保障体系，全镇城乡居民养老保险参保7147人，转移农村劳动力405人次，协助办理失业登记175人，落实灵活就业人员社保补贴150人。加强党管武装和双拥共建工作，年内向部队输送合格兵员。

【社会治安综合治理】 细化《2015年暑期工作任务分解表》，建立以镇党委书记、镇长牵头，镇级、村级干部分级负责的工作机制。实行日报告、零报告制度，紧急重要情况第一时间上报区暑办，杜绝迟报、漏报、误报、瞒报等情况发生。制定《海滨镇包街综合整治活动实施方案》《海滨镇文明执勤上岗制度》，建立日常督查监督机制，实行督导检查日报告制度。

暑期，在游客密集区成立5个反恐防暴小组，专、兼职成员120人，将各村书记、主任、治保主任、网格长、治安员等多方力量整合到防范工作中；在5个重点部位设置执勤点，镇村执勤人员50人，在丁庄村、陆庄村等11个村口安排22名安保员；增加暑期临时保洁人员，加强重点市场开市前和散市后的集中清扫，增设垃圾箱，加大巡回清扫力度，做到全天候保洁，不留死角，并严格落实经营户门前卫生责任制；在单庄北民宿区、刘庄北里、陆庄商业街、草厂中路市场、红石路市场设置公平秤点6个；实行暑期旅游市场分区、分段管理，成立4个城管分队，明确人员、管理时间，对辖区红黑石路、联峰路东段、草厂中路片区和老驼峰路等重点路段的经营秩序进行严格控制和管理；成立巡查小组，采取定点与巡查相结合方式，协调相关各村增派力量，配合有关部门做好滨海大道和联峰路等公路沿线的招手揽客治理和西山特别安静区噪音管控工作。

【村镇基础设施建设】 *基础设施改善* 受高温天气和旅游高峰的双重影响，各村用水、用电总量激增，先后出现供电故障和水压不足等情况，为保障各村用电、用水，镇政府先后与供电公司协商争取资金830余万元，对刘庄村、单庄村、草厂村供电设施进行改造，3个村新增箱变各2台，铺设高低压电缆共3.3千米，集中解决村中用电高峰供电紧张问题；向区政府和区水务局争取资金200余万元，对草厂村供水设施进行改造，解决草厂村400余户居民饮用水安全问题。完成丁庄村自来水入网，预计投资300万元，启动村内自来水管网改造；与区排管处共同解决草厂北路污水外溢，改造管线10延长米；配合排管处对丁庄村中街污水管网进行改造，铺设管网600延长米，并积极推动沿街农户污水入网；配合排管处对河东寨村污水管网进行改造，铺设管网1200延长米。

“四清”工作持续开展 结合农村环境整治、近岸海域治理等活动，实施村内“四清”、“四化”、改水、改电等重点工程。丁庄村、陆庄村、河东寨村共清理垃圾1110立方米，清理杂物234立方米。其中，丁庄村清理垃圾427立方米，清理杂物72立方米；陆庄村清理垃圾316立方米，清理杂物68立方米；河东寨村清理垃圾367立方米，清理杂物94立方米。

建立环境卫生长效管理机制 年初，全面开展调查摸底工作，认真排查各村存在的问题，并在此基础上制定符合该村实际的工作方案，成立领导机构和各专业工作组。同时制定海滨镇环境网格化管理实施方案，强化政府主体，实行责任到村、到人。通过召开村两委班子会、村民动员会、广播会、张贴标语、黑板报等多种形式，广泛宣传发动。结合11月6日开始的北戴河区城乡环境综合整治百日攻坚行动，海滨镇组织垃圾杂物集中清理活动5次，对于联峰北路、北六路、丁庄村主干道、老驼峰路沿街及河东寨村沿街和主要边沟进行集中垃圾清理整治。加强违章建筑管控。按照规定做好村民建房审批工作，做好村民建房矛盾调解，共解决各类建房纠纷10余起；拆除各类违法建筑4处。

【辖村简介】 *刘庄村* 位于北戴河旅游区

中心位置，靠山近海，与各休疗养院毗邻，地理条件优越，村内基础设施完善。全村共有1135户2570人，农业用地面积24公顷，其中耕地面积4公顷。2015年刘庄村总收入15600万元。村民主要靠旅游为生，从事餐饮、旅馆服务业。村集体收入主要来源于集体企业，集体企业有渤海安全玻璃有限公司、六建、传感器厂等。

草厂村　位于北戴河旅游区核心，靠山近海，交通、消费便利，地理条件优越，村内基础设施完善。全村共有1483户3186人，农业用地面积30.67公顷，无耕地。旅游业为主要经济产业，村民大部分从事餐饮、旅馆服务业。

陆庄村　位于北戴河旅游区西侧，靠山近海，地理条件优越，新驼峰路贯穿村庄。全村共有360户1007人。农业用地面积24公顷，其中耕地面积6.33公顷。村民主要从事种植、养殖、渔业捕捞等。家庭旅馆业持续开展并小有收入，更多村民进入乡村游行业，继续扩大家庭旅馆区域。

丁庄村　位于北戴河旅游区西侧，靠山近海，新驼峰路贯穿村庄。全村共有601户1536人，农业用地面积36.6公顷，其中耕地面积5.33公顷。村民收入来源于农业，从事种植、养殖、渔业捕捞等。

河东寨村　位于北戴河旅游区西侧，靠山近海，新驼峰路贯穿村庄。全村共有510户1130人。村民收入来源于农业，从事种植、养殖、渔业捕捞等。

单庄村　位于北戴河旅游区东侧，与各休疗养院毗邻，村内基础设施完善。全村共有780户1635人。村民主要从事餐饮、旅馆服务业、渔业捕捞等。村集体收入主要来源于集体企业五建、东山房地产公司。

赤土山村　位于北戴河旅游区东侧，滨海大道从村东经过，地理条件优越，村内基础设施完善。全村共有890户2526人，农业用地面积23公顷，其中耕地15.33公顷。村民主要从事旅馆服务业、种植、养殖、渔业捕捞等。

（杨　宁）

北戴河区戴河镇

【概况】　戴河镇位于北戴河区西北城乡接合部，北临北戴河火车站，南与海滨镇为邻，东、西分别与海港区、抚宁区接界；镇内京秦、京哈铁路，205国道、108公路及京沈高速公路经过，交通发达，客运、货运便利。辖18个行政村，2个社区居委会（宁馨苑社区、车站社区），1个家委会（5711家委会）。面积37.14平方千米，农用地面积1440.20公顷（其中耕地面积851.87公顷，园地面积287公顷，林地面积301.33公顷），人口32762人（其中包含农村人口23778人，社区人口3381人，秦皇岛职业技术学院学生5603人）。镇域内有3座水库2条河流。2015年，戴河镇获区“暑期先进单位”“文明乡镇”等称号。

【基层党建工作】　提升党员干部素质　2015年，开展党委中心组学习12次，机关集体学习50余次，各支部上党课100余次，学习笔记人均达2万字以上，撰写心得体会30余篇，完成调研报告20余篇；打造“一村一品”特色党建，在北戴河村、费石庄村等7个村实施七彩阳光党建工程、“一强双带”致富工程等党建项目，以党建带村建效果显著，全市创建基层党建示范片区现场观摩会在戴河镇召开，省委常委、组织部部长梁田庚对车站村“四双工作法”给予充分肯定；加强镇村两级平台建设，村居代办服务实现全覆盖，全年为群众代办各类事项2145件。发挥党员先锋模范作用，开展“港城先锋•红色义工”、党代表定期巡逻、在职党员进村居等活动，服务群众2300余人次。

党风廉政建设　全面细化、落实党风廉政建设目标责任制，层层签订目标责任书，落实“一岗双责”，把党风廉政建设工作与其他各项工作紧密挂钩，同部署、同落实、同考核，并实行“一票”否决制。重点加强对各项强农惠农政策和便民利民措施落实情况的监督检查；贯彻落实

《党政领导干部廉洁从政若干准则》有关规定，规范党政领导干部行为。推行农村“五规范一创建”管理体系，提升村级组织建设水平。突出非公党建监管，规范企业发展党员工作。稳妥开展处置不合格党员工作，建立党员挂牌承诺机制。

【项目建设】 北部片区改造项目　拨道洼村、杨各庄村2个片区项目，国开行贷款已经获批8亿元；谢李庄村、车站村2个片区项目融资正积极办理中，谢李庄村寻求新开发商工作也正在积极推进。

太平庄村旧村改造项目　继续推动太平庄村村改项目，至年末，该村仅有2户尚未完成拆迁，安置房建设所需土地净地工作基本完成。安置房已开工建设的34栋住宅（956套住房）全部完成主体施工和装修安装作业，基本达到单体工程竣工验收条件，污水、给水、采暖、消防等基础设施开始管道铺设，外网工程约完成总量的80%。

【产业发展】 特色农业　发展“一村一品”特色农业，打造甘各庄村樱桃、蓝莓采摘基地，扶持费石庄村桃果、朱庄村草莓采摘等特色种植产业；发展高附加值经济作物，全年新增核桃75公顷，发展家庭农场2个（丰盛源家庭农场、晟发家庭农场），农村经济合作社2个（秦皇岛市北戴河区合阳农业种植专业合作社、秦皇岛市泽然种植农民专业合作社），新建温室大棚12个，总面积3公顷，促进了土地转型、结构调整和土地集约化管理；推进农业科技信息化进程，利用“农业科技多媒体信息阅览系统”，发布政策法规、三农宣传等信息202条。

特色乡村旅游　投资6314万元，大力实施民居改造、绿化美化、道路硬化、改水改厕等基础工程，“美丽乡村”创建取得实效。依托集发生态农业观光园旅游品牌，将草莓、樱桃、蓝莓、桃果等蔬果采摘作为特色旅游项目，辐射带动西古城村、西坨头村、费石庄村、崔各庄村等发展民宿经营。推行“互联网+旅游”、微营销等现代经营模式，拓宽民宿营销渠道，带动镇乡村旅游产业走向规模化、品牌化、高端化。至年末，民宿经营户已达421户，成为农民增收致富的一大主导产业。

特色文化产业　北戴河村以美丽乡村建设为契机，借鉴北京798艺术区、宋庄画家村经验，发展文化创意产业，引进艺术机构19家，涉及再利用的村民空心院落约30户，创意创业产业园初具规模。中共中央政治局原常委、全国政协原主席贾庆林，中共中央政治局原常委、国务院原副总理李岚清，中共中央政治局委员、中央统战部部长孙春兰，河北省委书记赵克志等多位中央及省部级领导到村调研指导。8月10日，中央电视台《新闻联播》报道北戴河村美丽乡村建设经验，并在《人民日报》、《河北日报》、《秦皇岛日报》头版刊登，成为“美丽乡村”建设的典范，被评为“全国文明村”、“一村一品”示范村。北戴河村与费石庄村共同获得“中国特色村”称号。

【社会事业】 计划生育工作　落实计生政策，2015年发放各类奖扶、救助资金156.77万元，受益群众1436人。

社会保障工作　参加城乡居民养老保险14166人，参保率达77%，为47人办理了临时救助，救助金6.78万元，妥善安置84名“五保”户。发挥人民武装、工会、妇联、共青团等群团组织作用，为困难儿童、困难母亲、困难职工等弱势群体捐款近4万元，为人民解放军输送合格新兵。

政务服务工作　细化《戴河镇政务服务中心工作制度实施细则》，发挥镇村两级群众工作站室作用，年内为群众办理各类事项2145件，各村便民服务室为村民代办事项11615件。

财政惠农政策落到实处　严格落实“一定三有”机制，定时足额发放村干部财政补贴110余万元，为离任村“两委”正职发放生活补助12.7万元。加大资金投入力度，整合组织工作经费和党费，对村居“两室”进行提档升级。全年慰问新中国成立前入党的老党员、生活困难党员113人。

村民建房审批 按照“先规划、后用地”原则，对院内用地规划实行规范化管理，加强和完善土地规划监督管理体系，设立违建举报电话，并组织工作人员定期深入各村进行巡视。2015年，共审批镇域内新建、翻建、加建房屋104份，验收新建房屋73份，完成了群众院内建房的要求。

【村镇基础设施建设】 分批次对7个重点村的村民宅院门楼、墙体实施重点改造，改造墙体7237平方米，粉刷外墙立面10万平方米，与整修后的405户宅院门楼，形成协调一致的景观风格。建设生活污水处理系统，改造厕所787座，铺设排污管道13千米，新建化粪池14个、污水井84眼，实现污水处理全覆盖。推进街景与庭院的绿化美化，年内，新增绿化面积5.96万平方米，安装路灯271盏。打造美丽庭院示范户123户、太阳能示范户5户，北戴河村完成天然气进楼区。结合村庄建筑及文化特色，绘制图文并茂、反映淳朴乡情的文化墙1243平方米，打造各具特色的村史馆、村史室。

对广场设施进行全面检查，更换破损地砖、墙砖300余块。加派工作人员全天候对广场周边及108公路、新驼路、海宁路、海北路、疏导2号路、高速沿线巡查，清理违法小广告2032处，取缔违反规定摆摊商贩100余次。暑期加强对联峰北路沿线招手揽客现象的治理，引导民宿有序发展。

对108公路、海宁路、新老205国道周边的建筑垃圾、生活垃圾、枯树枝、沙土堆等进行多次清理，累计清理垃圾1万余立方米。安排专人定期对18个沟口、4条河道进行巡查，发现问题及时清理。对个别沟口、河道安排专人全天候保护，特别加强雨后的巡查、清理。印发《关于做好环境卫生整治工作的通知》《戴河镇人民政府关于开展城乡环境容貌综合整治攻坚行动的通知》，明确村（居）书记为第一负责人，全力督促抓好环境卫生攻坚工作；指导各村明确专人做好卫生点保洁工作，建立并完善环境卫生长效机制。

【社会治安综合治理】 *排查化解矛盾纠纷* 深入各村排查矛盾隐患，坚持把矛盾解决在基层，将纠纷化解在萌芽状态。2015年，受理各类矛盾纠纷55起，劝导、化解群众上访35起，无一例矛盾激化案件和民转刑案件发生。深入落实网格化管理制度，发挥网格长、楼（户）长、信息员职责，排查化解各类矛盾纠纷203起，及时劝返群众集体访4起；建立领导干部“包村包案”制度，加强对重点信访案件的解决力度。举办无邪教创建专场演出，印发宣传单、折页纸2000余份，清理收缴违禁反宣品36份，实现全镇邪教组织零记录；接收矫正对象137名，占全区矫正人员总数的50%。已有107名矫正人员顺利解矫，现有在矫对象30名，所有矫正对象全部纳入有效管控。

安全生产 加大对企业安全隐患摸排力度，完成重点监控企业信息采集，按照标准化要求完善了安全生产档案。暑期，组织开展为期17天的联合大检查活动，对西古城村、车站村、北戴河村等11个村187家生产经营单位进行彻底排查，发现较大隐患1处，一般安全隐患78处，提出整改意见，确保无安全生产事故发生。

森林防火工作 安排20名防火巡查员24小时值班备勤，出动宣传车辆50辆次，发放宣传单4000份，签订防火责任状20份。督促各村对联峰山、尖山、马鞍山、青龙山附近可燃物进行清理，打通防火道2万平方米。

防汛工作 成立戴河镇防汛抗旱领导小组，安排装载机2台、面包车2辆作为防汛应急车辆，并储备沙袋1000个、铁丝100斤、铁锹50把、抽水机2台、应急发电机1台。

动植物防疫工作 完善重大动物疫病应急预案，春季动物免疫率达到100%；与各村签订了“美国白蛾防治工作责任状”，发放宣传单2000份，逐村对林木进行药物防治15次。

【辖村简介】 *北戴河村* 史称“北戴家河庄”，全村1049户2385人，2015年村民人均收入1万元。占地总面积240公顷（居住占地约40公顷，可耕地200公顷），土地平整肥沃，水源充足，是从事蔬菜生产的传统特色村。先后成为省、市、区建设社会主义新农村的典范，2015年获全国“一村一品”示范村、“中国特色村”、“中国农业公园”等国家级称号。在上级政府支持下，制定了“水岸田园、艺术村落”的发展定位，以文化艺术产业带动乡村旅游业发展。已签约27家艺术院落，创意创业产业园初具规模。

西古城村　全村441户1012人，村庄面积23公顷，耕地面积51.53公顷，固定资产7500余万元，以民宿经营为主导产业，2015年村民人均收入2万元。依托集发生态农业观光园独特优势大力发展民宿乡村旅游产业，实现资源共享，互惠双赢，是新农村省级新民居建设示范村。

车站村　北靠北戴河火车站，南与联峰山遥遥相望，东临戴河，西近牛头崖集贸市场。城乡混居，全村现有居民1200余户3000余人（其中村民486户1076人），占地65.33公顷，拥有耕地面积18.67公顷，村集体经济以小城镇建设和房屋租赁为主，村集体资产8600万元,2015年人均纯收入2万元。产业结构主要以站前商品批发零售业、宾馆饭店服务业、交通运输业以及特色种植业为主。

拨道洼村　位于205国道南侧，东接北戴河经济技术开发区，西临北戴河火车站。全村1120户2699人，2015年村民人均纯收入8500元。经过拆迁改造，拨道洼村建成安置楼40余栋。

杨各庄村　地处戴河东岸，西邻北戴河火车站,南至拔道洼村，北至京山铁路，海宁路北段从村中穿过。村域面积8公顷，共有村民347户885人。村民主要收入来源是第三产业务工及经商，2015年人均收入5000元。2010年5月开始新民居建设规划，新民居二期建成，共建房560套。

太平庄村　位于海北路东侧，联峰北路以北，紧邻京沈高速公路出口，地处尖山脚下。全村512户，1177人。村庄占地约25公顷，耕地面积53.33公顷，村内农业以果树种植为主，其中桃树种植面积约40公顷，同时从事养殖、建筑等副业，2015年人均收入6200元。

谢李庄村　位于205国道南侧，京山铁路北侧，东与蔡各庄村接壤，与中国环境管理干部学院新校址隔路相对。谢李庄村有村民235户583人，共有农业用地35.33公顷，其中耕地5.33公顷，园地0.67公顷，林地29.33公顷，全村经济收入以建筑业、工商业以及养殖业为主，餐饮业、零售业为辅，2015年人均收入约9000元。

朱庄村　位于戴河西岸，205国道北侧。全村有73户173人，占地16公顷，其中村庄占地3.33公顷，耕地12.67公顷。是蔬菜种植特色村，全村有80%的村民从事蔬菜种植，2015年人均纯收入1万元。2015年度获“河北省美丽乡村”称号。

苏庄村　南面是北戴河火车站，东临北戴河村，西与市开发区交界。全村有人口158户375人，土地约78.87公顷，其中耕地49.2公顷，村域6.87公顷，林地22.8公顷。苏庄村以农业种植为主导产业，村民主要种植蔬菜、大棚油桃，村内共有大棚约150个，2015年人均收入1.06万元。2015年度获“河北省美丽乡村”称号。

乔庄村　位于北戴河区西部，南临京沈高速引线，背倚青龙山，北与拨道洼村、费石庄村相邻。全村有村民86户211人，农用地面积16.6公顷，建设用地5.33公顷，村庄面积3.93公顷。2015年村集体收入1.4万元，主要为出租移动塔收入。村民人均年收入1.2万元，主要以外出务工及特色种植业、养殖业、运输业、建筑业为主。2015年度获“河北省美丽乡村”称号。

费石庄村　位于北戴河区中部，东邻崔各庄村，西与乔庄葡萄酒堡相接，南邻联峰山，北邻北戴河火车站。全村有285户685人，村庄总土地面积116.67公顷，其中耕地面积73.33公顷，村民以种植果树为主要经济来源，以桃树为主，还有经商、务工、养殖等行业。全村66.67公顷桃园种植有京红、庆丰、早凤王、白凤、久保、绿化九、京艳等20余个品种，年产桃果2000余吨。2015年人均纯收入1.60万元。费石庄村分别于桃花盛开的4月和鲜桃成熟的7月举办“桃花节”“采摘节”。并在民宿的基础上，推出了以“八碟四碗”为主的特色餐饮。2015年度获“河北省美丽乡村”称号。

西坨头村　西临集发生态农业观光园，北沿戴河，紧邻京秦高速引路与海北路交叉口。全村有村民254户762人。村民主要从事农家别墅游、沿河垂钓、联合运输、花卉苗木四大新兴产业，2015年村民人均纯收入1.2万元。

东坨头村　位于北戴河区西部，205国道南侧，京沈高速公路北侧，西邻海北路。全村有260户570人，村域面积80.25公顷，其中农用地58.81公顷，建设用地18.67公顷，沟边未利用土地2.77公顷，村民经济收入以农业和外出务工为主，2015年人均纯收入8000元。2015年度获“河北省美丽乡村”称号。

蔡各庄村　位于京山铁路北，205国道南侧，村域面积3平方千米，耕地面积280公顷。全村有1350户3940人，主要收入来源为种植果树、外出务工和经商。2015年村民人均收入6000元。

大薄荷寨村　东临赤土山村，北临小薄荷寨村，西临崔各庄村，南面是联峰北路。村域面积90.50公顷，农业用地30公顷。全村有863户1933人。村民收入来源主要以经营家庭民宿、贝壳手工艺品加工、个体经商和务工为主。2015年村集体经济收入123万元，村民人均收入9000元。

小薄荷寨村　位于北戴河中部，地处海宁路与108公路交界，南与大薄荷寨村、西与崔各庄村接壤。有816户1988人。村庄总面积292.67公顷，农业用地144.67公顷。村民以经营蔬菜大棚为主要经济来源，经商、务工、养殖等各行业均衡发展，2015年人均纯收入5500元。

甘各庄村　位于北戴河区北部，南邻205国道，北与抚宁区接壤，东与海港区接壤，西与北戴河村相邻，村域面积20公顷，耕地86.53公顷。全村有300户892人，村民以种植业和外出打工为主要经济来源。

崔各庄村　东与小薄荷寨村毗邻，南邻108公路和京沈高速公路引线口以及联峰北路，西与费石庄村接壤，北邻城市西部快速路和环城绿化带，村庄紧邻海滨旅游城区。全村有847户2498人，村庄耕地面积146.67公顷，2015年人均纯收入8000元。村民以民宿经营、运输、种养殖、经商、外出务工为主要经济来源。

（李晓卓）

北戴河区牛头崖镇

【概况】　牛头崖镇位于北戴河区西侧，东倚戴河，东北方与市开发区相邻，距北戴河火车站1.50千米，西靠洋河，至抚宁区留守营镇，南与北戴河新区、南戴河旅游区交接，距海5千米，北与抚宁区榆关镇接壤。京哈铁路、102国道、205国道和京沈高速、沿海高速、津秦客运专线、沿海高速北戴河联络线在镇内穿过。镇域中心距秦皇岛港25千米，距北戴河机场25千米。牛头崖镇是省级小城镇建设重点镇。

牛头崖镇原属抚宁县管辖，8月28日，根据《国务院关于同意河北省调整秦皇岛市部分行政区划的批复》进行区划调整，牛头崖镇划归北戴河区管辖。原由秦皇岛市开发区托管的15个行政村继续由开发区托管，其余29个行政村划归北戴河区管辖。12月25日，经秦皇岛市政府常务会议研究决定牛头崖镇原所辖的都寨村、蒋营村、王各庄村、枣园村、洋河套村、西陆庄村、南戴河村、孟庄村、白玉庄村、洋河口农业村和洋河口渔业村11个行政村划归北戴河新区托管。至年末，牛头崖镇下辖18个行政村，辖区面积37.14平方千米，耕地面积2561.73公顷，人口24796人，其中城镇人口8304人。2015年，实现社会总产值4.79亿元，固定资产投资完成5760万元。全镇累计完成营业收入2.20亿元，增加值完成5092万元，利润总额1109万元，从业人员1715人。年内，南新庄村大义嫂子高清兰家庭获得秦皇岛市“十佳最美家庭”称号。高清兰获得“秦皇岛市道德模范”、“秦皇岛市平民偶像”两项称号，并获河北省第五届道德模范提名奖。

【农业】 牛头崖镇农业以种植业、畜牧养殖业为主。生产粮食总产量1.73万吨，主要农作物有玉米、水稻、蔬菜、花卉等，其中蔬菜产业以园区建设为主，推进棚室蔬菜产业发展，园区占地113.33公顷，棚室130个；花卉种植253.33公顷，年产值7000万元以上。畜牧养殖业主要是牛、羊、禽类及特种养殖，存栏数为牛103头、羊7460只、生猪4.03万头、禽类42.23万羽。特种养殖存栏数为貉子9.92万只。全镇蛋鸡存栏33万羽，其中万羽以上规模的鸡场11个，产蛋量4600吨。

【动植物防疫】 按照“以防制疫，以检促防，以监促检，防检监一体”的原则，全力做好生猪、牛、鸡等家畜家禽免疫工作，特别是针对近年生猪疾病的复杂化，发病率、死亡率高的情况，镇技术人员、养猪协会与畜牧局和各大院校联系，分析情况，制定措施，紧急防疫，稳定生猪产业状况，增强养殖户信心。组建美国白蛾防治专业队，实行专业防治和群防群治相结合，租用专门车辆分3个组对镇重点区域进行防治，同时广泛发动群众，用剪刀、镰刀等自制防治工具对自家院内及周围树木进行防治，形成美国白蛾群防群治的良好氛围。

【村民用地管理】 规范地籍管理，严格执行土地登记制度，不断拓宽土地登记发证覆盖面。扎实开展“三权”登记发证工作。至年末，已完成各村农村集体土地使用证登记发证工作，办理集体土地使用权证216本。协助处理农宅纠纷，调解土地纠纷案件14起。卢王庄高铁拆迁户转移审批宅基地，登记发证131户。组织人员进行农村人居环境调查、取证、录入工作，建立健全全镇人居环境系统。

【社会事业】 民政工作 认真贯彻落实低保、五保制度。2015年，发放城镇低保金14.12万元，农村低保金55.06万元，五保金32.86万元，各类优抚补助金143万元。发放80—99周岁高龄老人补助款31.28万元。做好移民工作，至2015年6月30日，有大中型水库移民后期扶持登记人口1772人，涉及洋河水库和桃林口水库2个水库，发放移民扶持资金100余万元。

残疾人工作 年内，为8户重度残疾人办理了居家托养手续，每人每年给予600元补助款。为24户残疾人办理资金扶贫业务，缓解其家庭生活困难情况。为2户残疾人办理项目扶持。对全镇952位残疾人进行残疾人基本情况信息等级录入。为17人进行2014年残疾人机动轮椅车燃油补贴年审。对2013—2014年享受农村低保的村民办理特困残疾人补贴，每人每月补贴50元。

劳动保障工作 及时做好养老保险、失业保险、养老金发放等工作。2015年新农保参保人数12016人，收保费141.13万元，城镇居民医疗保险缴费517人7.60万元。发放养老金总计644.68万元。2015年企业退休认证人员528人，异地人员网上认证29人。办理就业失业证121人，办理“灵活就业人员”养老补贴46人。人力资源和保险基本情况入户调查36户103人。

计生工作 至9月末，全镇出生295人，其中男孩161人，女孩134人，出生性别比为120，政策外出生30人，符合政策生育率89.93%。一孩人数121人，二孩出生84人，其中政策内67人，政策外17人，多孩2人，其中1人政策内，1人政策外。人口出生率为6.24‰，死亡率为4.66‰，人口自然增长率为1.58‰。3月中旬开始联系辖区各中学，制作独生子女中、高考加分明白卡并发放到学生手中，告知办理加分条件及所需材料，集中办理144名中、高考独生子女加分审核业务。至10月末，共办理一胎生育登记卡167例，办理独生子女父母光荣证110例。

为民办实事 继续以“一折通”的形式，及时为8805户农户发放粮食直补资金

31.71万元，综合补贴资金210万元。高度重视新型农村合作医疗工作，缓解和消除农民因病致贫、因病返贫现象。至10月末，全镇住院报销3896人次，住院费用2200万元，补偿金额1014万元。门诊补偿65273人次，门诊费用210万元，补偿金额106万元。6月，为9个村配发广场舞服装各10套，3个村配发锣鼓镲各1套，7个村配发拉杆音箱各一台，4个村配发地秧歌服装及扇子各10套，配发卢王庄、蒋营村公共文化一体机DM-LC-55各1台、平板电脑ASUS ZemPad10各2部、中国文化网络电视互动播出终端HYT8201504016DV6808各1部。12月，为辖区24个村配发图书456册。

【基层政权建设】 至年末，党支部换届完成24个，选出村书记23人，满井村任命第一书记1人，选举产生大学生村干部兼党支部副书记13人，贲庄村任命大学生村干部兼党支部副书记1人。此次换届产生89名农村党支部委员，其中女委员18人。村委会换届完成22个，村主任22人，书记、主任“一肩挑”1人，两委交叉任职8人。产生57名村委会委员，其中女委员9人。18个村已选举产生了村代会，15个村成立监督委员会。组织10名村党支部书记参加省、市组织的村干部培训；采取“以会代训”的形式，针对村务相关工作，对新当选的村干部进行培训。开展“解放思想、抢抓机遇、奋发作为、协同发展”大讨论活动，学习中共十八大、十八届三中全会精神和习近平总书记系列重要讲话，借助“三严三实”专题教育活动，村“两委”以村为单位召开专题民主生活会，镇包片、包村领导参加并指导会议，帮助村根据实际情况，制订2016年发展计划，村三年发展规划。后进村转化工作正紧张有序开展，2015年确定4个后进村，主要问题集中在村“两委”未换届、村“两室”建设不达标。对标北戴河“两室”建设标准，进一步完善该镇各村活动广场、便民服务室等建设。以“基层干部损害群众利益问题专项整治”活动为载体，各村制定并严格落实轮班坐班制度。开展“港城先锋·红色义工”党员志愿者活动。

【社会治安综合治理】 司法综治管理工作　开展人民调解工作，发挥维稳第一防线作用，努力做好排查社会不安定因素，调解社会矛盾纠纷工作。按照“人民调解制度化、规范化、法治化”要求，坚持“三位一体”调解方法，整合人民调解、司法调解、司法行政调解3种方式，将调解工作细化、科学化、效率化，坚持司法所、派出所、法庭三方联动调解。

暑期工作　暑期，开展“红袖标”活动，集中组织平安志愿者佩戴“红袖标”进行治安巡防活动。安排由96人组成的安全员对22路公交站点进行定点守护。成立由215人组成的专职护路大队，进行24小时全天候巡护。加强反邪教工作，定制反邪教宣传展牌8块，下乡宣传30余次，下发《积极参与，防范邪教》宣传单和图册各1000余份，《农村反邪教警示教育宣讲提纲》500余册，张贴反邪教警示宣传画72张，清理邪教标语300余条，在各村组织播放反邪教光盘，受教育群众5000余人次。

矛盾排查信访工作　全年集中排查矛盾纠纷和不稳定因素77次，其中集体访33人次、个体访44人次，接待群众来访70余人次。全面落实“五包一”工作机制，执行信访积案办理“三二一”工作程序，做到发现一起、调处一起，力求把矛盾纠纷化解在基层，化解在萌芽状态。坚持领导接访制度，每日安排党政领导进行信访接待，将领导包案与包村包片有机结合，将排查梳理的信访案件逐案落实到分管领导、所长，尽快协调解决问题。

【安全生产】 建立健全安全生产责任制，下发《牛头崖镇人民政府关于印发〈牛头崖镇深化安全生产承诺制工作方案〉的通知》，与村、企业签定《2015年安全生产目标管理责任书》58份，将目标责任落实到位。安排部署全镇安全生产执法检查工作，采取拉网式检查，努力做到不漏一家，不留一处死角。检查加油站点8家、燃气销售点1家、企业23家、超市2家、其他生产经营单位20家。重点对企业安全教育、“三项制度”、操作规程建立和执行情况进行督导检查，强化企业安全意识，做到防患于未然；对企业存在问题进行登记，限期进行整改。镇安监站、派出所等部门整合力量联合检查，对镇域各加油、加气站进行安全宣传，发放宣传单20份、《抚宁区人民政府关于印发今冬明春火灾工作方案的通知》9份。

【农村面貌提升】 2015年，农村面貌提升村为王各庄村、蒋营村、枣园村、狮子河村4个村，其中狮子河村为市重点村。十五件实事全面开展落实，投入资金339.50万元，已到位资金270万元，打深水井1眼，铺设管道100米，修连村道路1164平方米，更换电表499块，安装路灯19盏，清运垃圾杂物4.06万立方米，清理残垣断壁195处，创建美丽庭院490个，新设置垃圾箱23个，配备保洁员6个，厕所改造322座，村外绿化1050平方米，村内绿化9900平方米，建设生态公墓1个，建村民中心200平方米，整治临街建筑立面2.53万平方米，整治标语广告580平方米。

【环境治理】 11月，贯彻落实《北戴河区关于加强农村垃圾治理及长效机制建设的实施方案》，召开全镇建设动员大会，制定《牛头崖镇人民政府关于加强农村垃圾治理及长效机制建设的实施方案》，要求各村按照区、镇决策部署，以城乡一体的农村垃圾处理体系为主线，进一步完善管理体系，因地制宜确立治理模式。历时2个月，完成辖区18个村的农村垃圾治理工作。镇、村投入资金93万元，争取帮扶单位资金63万元。创新城乡垃圾处理模式，推进垃圾收集处理社会化工作，在18个村和集镇主干道设置垃圾桶910个，垃圾车3辆，聘用保洁员97人，基本实现垃圾日产日清。

【文化活动】 3月，镇都寨文艺队和牛头崖村巾夕阳文艺队参加2015年抚宁县第35届农民文艺调演暨非物质文化遗产展演。组织50余人秧歌锣鼓队伍参加抚宁县首届“骊城之春”传统文化庙会。南新庄村“大义嫂子”高清兰一家获“最美家庭”称号，并受邀参加秦皇岛市“最美家庭”故事展播首映礼活动。市妇联副主席张秀娟到牛头崖镇南新庄村看望慰问高清兰一家，为其送去慰问品和慰问金，颁发“十佳最美家庭”证书。9月，组织14支文艺队伍参加抚宁区2015年“紫金湾杯”广场舞大赛初赛，其中牛头崖村巾夕阳舞蹈队、卢王庄村海之梦舞蹈队、枣园村飘逸舞蹈队获得优胜奖，均成功晋级复赛；组织14支文艺队伍参加“金布汽车杯”广场舞大赛暨2015“幸福跳起来”河北省广场舞电视大赛北戴河赛区选拔赛比赛，其中牛头崖村巾夕阳舞蹈队获得第一名、蒋营村丽红舞蹈队获得第二名；组织19名文艺骨干参加2015年第五期北戴河海之舞培训。10月，组织7支文艺队伍参加北戴河区总工会主办的“舞动梦想幸福飞扬”广场健身舞大赛。都寨村文艺队创作的小品《过好日子》参加北戴河区防范办反邪教文艺演出和由秦皇岛市防范办主办、北戴河区承办的反邪教文艺汇演。

【节能减排】 加强对高能耗设备的监控，减少使用并加大改造力度。严格执行车辆淘汰制度，加快淘汰高耗能的办公设备，完成节能灯管的更换，推进办公室资源循环利用。进一步强化机关各所、站、办做好公共机构节能工作的意识，增强工作的主动性和自觉性。充分利用机关的电子显示屏、宣传栏等媒介进行宣传。严格执行已有的各项节能制度规定，强化公务用车节油、车辆维修、办公节电、日常节水、办公耗材及其他节能事务管理措施。2015年单位人均用电比上年下降3.65%，人均用煤比上年下降3.4%，人均用汽油比上年下降3.04%，人均用水比上年下降3.18%，2015年单位人均用能（不含用水）总量比上年下降3.80%。

【辖村简介】 牛头崖村 牛头崖镇人民政府驻地所在村，东临戴河，205国道穿村而过。行政区划面积319.94公顷，有1250户3521人，耕地面积136.60公顷，2015年集体总收入14.28万元，产业以农业种植、养殖业为主。全村有党员138名，村“两委”干部10人，其他驻村干部2人。

狮子河村 位于牛头崖镇人民政府驻地西南1千米处，205国道贯穿村庄。行政区划面积131.18公顷，有436户1058人，耕地面积83.93公顷，2015年集体总收入9.06万元。产业以蔬菜种植、农业种植、畜牧养殖业为主。全村有党员49名，村“两委”干部6人，其他驻村干部2人，大学生村干部1人。

南甸子村 位于牛头崖镇人民政府驻地南偏西0.50千米处，宁海道西侧。行政区划面积135.70公顷，有270户675人，耕地面积58.67公顷，2015年集体总收入2.66万元。产业以蔬菜种植、农业种植业为主，有农民专业合作社1个。全村有党员38名，村“两委”干部5人，其他驻村干部2人，大学生村干部1人。

南新庄村 位于牛头崖镇人民政府驻地南1千米处，紧邻南甸子村。行政区划面积224.05公顷，有591户1568人，耕地面积76.40公顷，2015年集体总收入2.69万元。产业以农业种植、养殖业为主，有农民专业合作社3个。全村有党员74人，村“两委”干部6人，其他驻村干部3人。

卢王庄村 位于牛头崖镇西部，紧靠洋河，沿海高速、津秦客专穿村而过。行政区划面积651.95公顷，有1719户4800人，耕地面积514.27公顷，2015年集体总收入14.08万元。产业以农业种植为主，有农民专业合作社6个。全村有党员189人，现有村党支部成员7人，其他驻村干部2人，村委会还未进行新一轮换届。

桃园村 位于牛头崖镇西部，西靠洋河，村北有桃孟干渠。行政区划面积237.26公顷，有570户1568人，耕地面积189.20公顷，2015年集体总收入18.46万元。产业以农业种植、养殖业为主，有农民合作社2个。全村有党员79人，村“两委”干部5人，其他驻村干部1人，大学生村干部1人。

蒲兰村 位于牛头崖镇西侧，含蒲兰及杨各庄2个自然村，村内蒲河流经，京山铁路、津秦客专在杨各庄南穿过。行政区划面积493.53公顷，共有1007户3100人，耕地面积372.60公顷，2015年集体总收入4.85万元。产业以农业种植、养殖业为主，有农民专业合作社1个。全村共有党员133名，村“两委”干部8人，大学生村干部1人。

岭上村 位于牛头崖镇北部，村西临蒲河。行政区划面积170.71公顷，有340户895人，产业以农业种植、养殖业为主。村“两委”干部6人，其他驻村干部1人。

满井村 位于牛头崖镇北部，村东为京沈高速公路北戴河出口。行政区划面积160.58公顷，有362户927人，耕地面积112.67公顷，2015年集体总收入3.39万元。产业以农业种植、养殖业为主，有农民专业合作社2个。全村有党员56人，村“两委”干部6人，其他驻村干部2人，大学生村干部1人。

张庄村 位于牛头崖镇西北部，村西临蒲河。行政区划面积73.66公顷，有166户400人，耕地面积57.60公顷，2015年集体总收入2.27万元。产业以农业种植、养殖业为主，有农民专业合作社1个。全村有党员19人，村“两委”干部6人，其他驻村干部2人。

马庄村 位于牛头崖镇西北部，村西蒲河。行政区划面积63.90公顷，有132户350人，耕地面积49.33公顷，2015年集体总收入5.10万元。产业以农业种植、养殖业为主。全村有党员26人，村“两委”干部4人。

柏新庄村 位于牛头崖镇西北部，蒲河流经村东，村西为沿海高速公路。行政区划面积122.04公顷，有252户659人，耕地面积91.33公顷，2015年集体总收入28.36万元。产业以农业种植、养殖业为主，有农民专业合作社1个。全村有党员41

人，村“两委”干部6人，其他驻村干部1人，大学生村干部1人。

贡庄村　位于牛头崖镇北部，蒲河流经村东，村西有桃孟干渠，村南是沿海高速北戴河联络线。行政区划面积78.65公顷，有158户448人，耕地面积58.60公顷，2015年集体总收入4.26万元。产业以农业种植、养殖业为主，有农民专业合作社1个。全村有党员36人，村“两委”干部4人，大学生村干部1人。

北坊村　位于牛头崖镇北部，村西北为沿海高速公路。行政区划面积72.61公顷，有200户505人，耕地面积58.33公顷，2015年集体总收入6.73万元。产业以农业种植、养殖业为主。全村有党员27人，村“两委”干部4人，其他驻村干部1人，大学生村干部1人。

老鸦窝村　位于牛头崖镇北部，含大老鸦窝、小老鸦窝、邓家洼3个自然村。行政区划面积171.28公顷，有246户782人，耕地面积124.67公顷，2015年集体总收入9.60万元。产业以农业种植、养殖业为主，有农民专业合作社4个。全村有党员41人，村“两委”干部6人，其他驻村干部1人。

渠子口村　位于牛头崖镇北部，含渠子口、朝阳庄2个自然村，东北紧邻市经济开发区。行政区划面积176.52公顷，有324户962人，耕地面积144.67公顷，2015年集体总收入3.39万元。产业以农业种植、养殖业为主。全村有党员54人，村“两委”干部6人，其他驻村干部2人。

大泥河村　位于牛头崖镇西北部，村北有蒲河流经，村西为抚南路。行政区划面积243.06公顷，有386户1401人，耕地面积194.73公顷，2015年集体总收入2.46万元。产业以农业种植、养殖业为主，有农民专业合作社2个。全村有党员39人，村“两委”干部6人，其他驻村干部2人。

小泥河村　位于牛头崖镇西北部，村南有蒲河流经，村北为102国道。行政区划面积187.01公顷，有408户1177人，耕地面积147.87公顷，2015年集体总收入1.92万元，产业以农业种植、养殖业为主。全村有党员35人，村“两委”干部6人，其他驻村干部1人。

（张立杰）

北戴河区东山街道办事处

【概况】　东山街道地处北戴河区东半部，所辖范围海宁路、保二路以东至海宁路与剑南路交点沿剑南路向北以东，辖区面积7.95平方千米。所辖3个社区居委会：育花路社区、东山社区、东经路社区。根据第六次全国人口普查结果，街道总户数5821户，人口14095人。

2015年，东山街道全面贯彻中共十八大、十八届三中、四中、五中全会精神和习近平总书记系列讲话精神，坚持“114”工作思路（一个中心，围绕区委、区政府中心工作；一条主线，以街道社区党建工作为主线；四项重点工作即综治维稳、环境整治、为民服务、队伍建设），提素质、强作风、增干劲，高标准完成各项工作任务，推进街居工作再上新台阶。年内，东山街道办事处被评为“秦皇岛市志愿服务工作先进单位”、市级“兑现责任目标先进镇街”、区级“平安建设示范街道”“武装部规范化建设先进单位”，获得科普日系列活动“云空间”比拼三等奖。育花路社区、东经路社区被评为“全国防灾减灾示范社区”；育花路社区被市民政局评为“福彩杯最美社区”；东山社区被评为“河北省充分就业示范社区”“秦皇岛市优秀志愿服务社区”“北戴河区优秀家长学校”，获科普日系列活动“云空间”比拼优秀奖；东经路社区被人力资源社会保障部授予“第三批国家级充分就业社区”，3个社区被评为“北戴河区平安建设示范社区”。

【社区建设】　社区干部队伍建设　2015年顺利完成3个社区“两委”班子换届选举工作，通过“两推一选”方式选举产生党支部书记3人、委员9人；经居民代表投票选举，产生居委会主任3人、委员17人。社区工作人员共20人。年龄构成情况：35岁以上15人，占75%；35岁以下5人，占25%。身份构成情况：事业编制5人，分流人员7人，社区工作者6人，社区直选2人。

社区标准化建设　3个社区均实现了集一站式办公服务、老年日间照料、居民文化休闲于一体，达到民政部精品社区和标准化社区标准。建立健全社区居委会各项规章制度，坚持公平、公正、公开的办事程序，让群众放心、满意。3个社区为民服务形成"一区一品"主题突出的社区品牌，育花路社区突出网格化管理，"一网五服务、平安惠民生"，使老旧小区焕发了新的生机；东山社区依托"一统四联"共驻共建模式，使驻区几十家休疗单位党组织与社区党支部融为一体；东经路社区以"阳光照料助老梦，养老服务夕阳红"为主题，开展养老助老活动，极大地满足了社区老人日间活动需求。

服务居民工作扎实有效　东山街道以基层和群众满意不满意为标准，创新探索"三看三增强四帮扶"、"双关爱"帮扶工作，通过街道、社区、志愿者三方帮扶，对重残、一户双残、孤残户以及空巢老人进行特别关爱。在河北志愿服务网上实现街道机关全员注册，定期发布招募信息，开展志愿服务活动。

社区文化室建设　3个社区文化活动室均达到了国家示范标准，每个社区都设有图书室，图书均计2000册以上。提供舞蹈、唱歌、棋牌、书画、图书阅览、台球、乒乓球等文体服务，为社区居民搭建了一个沟通、交流和学习的平台。

社区网格化特色凸显　抓实传统网格化管理。辖区划分43个网格，优化人员配置。加强治安员的管理，每天填写《网格日志》，坚持日报告、周调度、月汇总、季分析。通过不定期巡查，及时提出整改督导意见。制定错时工作制度、网格化责任包保制度等12项制度。打造智慧网格升级版。东经路社区在全区率先探索建立了"一个核心、两项服务、三全目标、四化管理、五员参与、六大平台"的智慧网格服务管理体系。打造信息化社会服务管理平台。依托智慧社区建设建立起"一次采集、集中交换、多方共享"的智慧网格服务管理系统。3个社区网格管理人员对本网格内人口信息、房屋信息等各类基础信息进行全面采集，实现动态管理。共采集基础信息3810户6562人、商业门店298家、辖区单位197家、房屋272栋。

【社会事业】　民政工作　完善"双关爱"活动，对重残户、空巢老人实施关爱帮扶。春节期间共发放米面油66份，慰问金1000元，对联50副。新增低保户2户，撤销7户。截至11月，共有低保户47户，发放低保金26.91万元、低保户用电补助4896元、取暖补助3.06万元。发放分类施保金15779元。办理大病医疗救助2人，临时特困救助9人，发放临时救助金6人8300元。完成低保的自查工作和低保证年检工作。完成社区临时救助新文件精神的培训工作。完成辖区内困境儿童统计工作；申请上报1名孤儿生活补贴，发放孤儿生活费5600元。开展慈善协会大病医疗救助、红十字城乡特困群众大病医疗救助和小天使基金大病救助工作。

残疾人工作　春节期间发放慰问金44户1.02万元。发放残疾人代步车燃油补贴费6人1560元。居家养老补贴10人，每人600元购物券。统计上报2014年度符合条件的三、四级残疾人医疗保险8人，符合条件的自谋职业和灵活就业养老保险人员5人，发放医疗保险和养老保险金3.36万元。统计上报2015年符合条件的家庭无障碍设施改造家庭户8户。上报区残联重度残疾补贴家庭31人，每人每月100元。统计上报省残联低保重度残疾人生活补贴10人，每人每月50元。发放省残联重残护理补贴6000元。开展秦皇岛市残联困难残疾人生活补贴、重度残疾人护理补贴双摸底工作及关爱贫困母亲救助活动。

劳动保障工作　东山街道劳动保障工作登记失业人员共计426人，实现就业再就业415人，就业率达到97%。"4050"人员189人，实现再就业189人。认定就业困难235

人，就业率达到97%。为36名就业困难人员发放2014年灵活就业补贴16.60万元。积极开发公益性岗位，推荐55名就业困难人员参加该区公益性岗位，安置其中的47名就业困难人员为街道社区治安员（30人）、劳动保障协理员等公益性岗位工作人员。未就业办理求职登记人员35人，通过进行就业政策宣传、职业培训和职业介绍，有20人实现稳定就业。辖区企退人员1016人，以就近认证为原则，为市区级企退人员进行生存认证1128人。为异地居住人员进行生存认证34人。办理退休31人。城镇居民参保人数207人，城居养老新增参保人员21人，补缴11人，注销13人，生存认证应认证129人，实际认证127人，认证率达到98%。领取失业金人员签到41人。累计登记辖区高校毕业生173人，就业率96%。2015届未就业高校毕业生实名制登记8人，为6人办理大学生就业见习申请，招聘2名高校毕业生就业见习人员和2名“三支一扶”大学生充实街道社区力量。

计划生育工作 将社区计划生育纳入一站式便民服务，开展治理“两非”活动。开展生育关怀，救助贫困母亲。关注女性健康、关爱女孩成长。流动人口计划生育管理和服务坚持以户籍地和现居地双重管理的原则，严格执行月清理季核查制度。2015年，辖区已婚育龄妇女1500人。年内出生58人，其中一孩45人，二孩13人，全部为政策内，出生统计求实率100%。为30对夫妇办理了第一个子女生育登记卡，17对夫妇办理了二胎生育证，其中单独夫妇13对。并为其建立了再生育审批台账。

环境治理成效显著 开展环境卫生集中整治行动和环境容貌综合整治百日攻坚行动。共组织清扫员和街居工作人员120人次，清除了辖区内各小区乱堆乱放乱倒的垃圾95处，清理居民楼80栋，清理杂物和乱堆乱放120吨、建筑垃圾10处；清除辖区内小街小巷、路灯杆乱贴乱画及小广告22处；清除辖区内主要道路上的私搭乱建亭棚2处。加大除四害工作和美国白蛾查防工作。做好街景改造提升工作。配合相关部门组织对育花支路、育花路沿街的棚亭商铺进行全面摸底调查共61处，对各商户做好宣传工作，阻止私搭乱建行为。开展燃煤锅炉整治工作。东山街道严格按照省、市、区组织开展全区燃煤锅炉整治攻坚战行动的要求，做好协调工作。按照任务分解表，街道负责的是全国政协北戴河培训中心家属院、全国总工会疗养院及家属院和河北省总工会疗养院家属院3家单位。3家单位共有锅炉4台，已按要求全部拆除。同时协调燃气公司帮助3家单位及时解决燃气管道铺设问题，使3家单位全部采用天然气锅炉进行供暖。

文体活动 街道组织社区骨干参加文化馆、体育局组织的音响技术培训、舞蹈培训和音乐创作、诗歌朗诵等培训。举办元旦、新春歌舞晚会、秧歌拉街闹元宵、文艺骨干慰问驻区武警和消防官兵、中秋茶话会、趣味运动会等活动，多次组织参加市、区举办的各类文艺演出。申报了市级“五个一批”工程活动先进典型推荐，上报了优秀文艺社团、优秀群众文化活动场所、优秀文艺能人、优秀文艺作品、文化示范社区等6个类别15个团队和个人。做好2015年春节百姓灯展工作。

【精神文明建设】 *发挥先进典型作用，提升居民素质* 举办2014年度“社区之星”表彰活动，评选出社区各方面的先进个人，大力宣传和表彰他们的先进事迹。开展2015年度暑期“为北戴河添光彩”活动，其中，杨宝茹、焦庆友等13人获得“为北戴河添光彩先进个人”称号。

丰富街居活动，充实居民精神文化生活 发挥辖区文艺队伍优势，先后举办正月十五秧歌拉街、反邪教演出等活动；举办“情系居民，爱在东山”演讲比赛，培育和践行社会主义核心价值观，将“争当百姓喜爱的好官”活动引向深入。

加强外宣攻势，展现街居新风貌 收集民生、文化等各方面的活动信息，及时关注各项为民服务活动和传统节日精神文明宣传新闻信息，及时向省市级新闻媒体报送。编

辑街道自办报《东山家园》。

做好全国文明城创建工作　收集汇总各项资料信息和图片，完善街道2014—2015年度志愿服务、市民学校、家长学校等各项活动资料，制作社会主义核心价值观、中国梦、秦皇岛人文明公约等展板，做到档案资料齐全，设施完备，为迎接全国文明城创建的考核验收工作做好充分准备。

志愿服务队伍建设工作　在河北志愿服务网完成街道全体工作人员全员注册志愿者工作，成立街道2支志愿服务队伍，定期上传志愿服务招募信息，开展志愿服务活动。

【社会治安综合治理】　志愿服务到位，保障公交站点安全　设立公交站点执勤点43个，布置安全员90人，全天执勤。对重点人员进行排查发现上报。设立“港城先锋•红色义工”志愿服务岗6个，配备医药箱等应急物品。公交站点安全员、党员志愿者履职尽责，涌现出拾金不昧的好人范金平、先锋岗上的大忙人杨宝茹和80岁高龄的志愿者焦庆友等好人好事。

开展“六五”普法，提高法律素质　全面落实“六五”普法规划，对街居干部和民调、治保人员进行培训，开展法制讲座、法律咨询、法律服务，“3•15”“12•4”等节点法治宣传活动。

加大矛盾纠纷排查力度，全面做好信访稳控　梳理街、居两级信访挂账，对辖区的矛盾纠纷及社会不安定因素进行深入排查。调解矛盾纠纷65起，调解成功63起。落实属地管理责任，在“两会”、马拉松赛、九三阅兵等重大节点做好稳控，实现了无一人上访、越级访、进京访、到重点部位访的零上访。

开展“无邪教创建”活动，扎实推进防范工作　以争创无邪教示范街道为目标，依托市民学校、街居大讲堂等载体，加大辖区居民宣传教育力度。发放《致居民一封信》2000份，设《东山家园》防范宣传专版，开展反邪教文艺演出，邀请区领导开展反邪教知识讲座，教育居民远离邪教。

做好矫正和帮教工作，消除不安定隐患　按照《社区矫正实施办法》，对社区矫正人员进行规范管理。加强教育转化工作，采取有针对性的措施开展个别教育和心理辅导工作。对现有的6名刑释解教人员，建立规范档案。同时明确责任，帮教率达100%。通过走访谈心，消除他们思想上的顾虑，鼓励帮助他们就业。辖区7名刑释人员帮教工作均得到落实，有效预防和减少了刑释解教人员再次违法犯罪。

暑期防控工作到位，创造和谐旅游环境　社区夜间巡防工作由公安局治安大队夜巡队负责，白天以网格内的网格长和信息员（治安巡防员）为主力，网格协管员为补充进行巡防。暑期，全体治安巡防员停休双休日，社会面防控实现全覆盖。街道社区主要负责人24小时持对讲机和1号台寻呼系统完成对接，实现信息迅速反映，资源及时共享。网格长与网格指导员（社区民警）及时联系，摸清辖区外籍游客情况，统一上报街道备案，及时掌握外籍人员动态。加强安全隐患和流动人口排查。对排查出的问题逐项建立台账，明确责任领导、责任人和解决期限，实现小事不出居、大事不出街，确保暑期辖区安全稳定。

【社区居委会简介】　东经路社区　东经路社区辖区总面积3.50平方千米，有2000余户4000余人，辖区内有全国总工会疗养院、中国作家协会北戴河疗养院等休疗单位，还有北戴河食品厂、无线电厂等大量改制单位。

东山社区　东山社区位于北戴河区最东端，面积4.5平方千米，鸽子窝公园、奥林匹克大道公园等旅游景点位于社区内，有1300余户3300余人。辖区内有全国人大北戴河培训中心、国务院机关事务管理局北戴河服务局、全国政协北戴河培训中心、中央纪委北戴河培训中心、河北省北戴河管理局等休疗单位70余家，成片区家属院17家，社区居民80%为休疗单位的职工和家属。

育花路社区　育花路社区辖区总面积4平方千米，有3670户9332人，有党员170

人。辖区与海滨镇刘庄村、赤土山村城乡接合，有驻区休疗养院20家、驻区单位32家、各类经营门店213家。

（王　帅）

北戴河区西山街道办事处

【概况】　西山街道位于北戴河区西部，所辖范围海宁路以西，联峰北路以南，西海滩路以北，辖区面积14.51平方千米。常住人口1.10万户2.40万人，辖英才、安居、剑秋路、西山、平安路5个社区居委会及河北外国语职业学院家属委员会。2015年，西山街道办事处贯彻中共十八届三中、四中、五中全会精神，坚持“夯基础、重民生、优环境、保稳定、强素质、促发展”方针，以加强基层党组织建设为核心，切实增强科学发展能力；以加大民情工作力度为突破，努力提升综合管理水平；以促进街居和谐发展为主线，不断丰富为民服务内涵；以维护社会安全稳定为目标，继续抓好治安防控工作；以增强国防后备力量为基础，充分发挥军事工作作用；以弘扬社会主义核心价值观为重点，着力提升街居文明形象。2015年被秦皇岛市精神文明建设委员会办公室、市志愿服务基金会评为“志愿服务工作先进单位”，被秦皇岛市总工会评为“先进职工之家”，被共青团秦皇岛市委评为“五四红旗团委”，被北戴河区委、北戴河区人民政府评为“2013—2014年度北戴河区文明单位”“暑期工作先进单位”“平安建设示范街道”，被北戴河区委组织部评为“优秀科级领导班子”。

【基层党建】　完成英才、安居、剑秋路社区党支部升格为党总支，并且按照居住地相近、兴趣爱好相投、从事行业相似的原则，成立了青年、文艺、青松、致远等13个特色党支部。升格后的社区党总支，组织架构理得更顺，党建资源更加优化，社区党建工作进入了一个崭新的阶段。春节、“七一”期间对辖区生活困难党员、新中国成立前入党的老党员开展走访慰问活动。为纪念中国共产党成立94周年，工委及各支部开展庆“七一”表彰活动。深入开展“三严三实”“争做百姓喜爱的好官”活动，街道工委举行“争做百姓喜爱的好官”演讲比赛。同时，工委及所辖党（总）支部积极开展党建品牌创建工作。工委打造“三推三建优服务”品牌，各社区建设“七彩课堂”“抓六化建六型”“最美夕阳红”“365特色党建品牌”等党建项目，以“为民办好事”为核心内容，将提高服务效能作为服务型党组织创建的落脚点。

【社区建设】　社区办公用房及服务用房　安居、英才社区办公用房和服务用房达到300平方米，平安路社区、剑秋路社区办公和服务用房为240平方米，西山社区租用200平方米办公用房。

社区干部队伍建设　2015年，完成社区“两委”班子换届选举工作，新一届社区党支部委员平均年龄40.20岁，其中女委员9人，平均年龄37.20岁，大专以上学历12名，占80%。新一届社区居委会35名成员中，平均年龄40岁，初中文化4人、高中文化4人、中专文化2人、大专以上文化25人，党员21人，妇女占23人，社区干部素质明显提高，干部结构得到了优化。

社区建设和服务　为社区居民提供政务服务、市民救助、法律咨询、婚育培训、养老托幼、康复娱乐等较全面的社区服务。包括面向社区残疾人、老年人、优抚对象和社会困难群众的福利服务，面向全体社区成员的便民利民服务、法律服务和面向属地单位的社会化服务。抓好社区志愿者队伍和专业服务队伍建设。倡导社会互助，建立社区互助的良好机制，动员有特长的人员加入志愿者和专业者队伍，吸纳各界成员特别是下岗职工和专业人员参与社区服务，形成互帮互助氛围。已组建300余人的社区志愿者服务队伍。以社区中文体活动爱好者和积极分子为骨干，组织秧歌队、合唱队、舞蹈队、书画组、晨练队等文体队伍，抓好以节庆文化、广场文化和家庭文化为重点的文艺汇演、书画展和经常性的群众体育活动。充分利用文化书廊、楼院小报、墙报、板报、图书室、图书角，办好各种群众性文化、教育、科普等活动。

【社会事业】 计划生育工作　全年办理第一个子女生育登记卡100个，再生育审批37个，其中单独32个，合格率100%。政策外出生3人，立案3例。落实各项奖励政策，审核区属改制企业职工独生子女父母退休一次性奖励核实16人，审核城镇职工独生子女父母退休一次性奖励3000元80人。发放无业居民独生子女父母奖金519人、金额3.07万元。重点开展以单独两孩生育政策、生殖保健和优生优育优教知识为主要内容的宣传活动，人口学校配备教学设施及计生图书阅览角，在主要道路设置计生公益广告牌和标语，春节、三八妇女节、母亲节、“5•29”协会纪念日、“7•11”世界人口日开展上街宣传、文艺演出等主题活动。亲情关爱行动中，为4户独生子女死亡、伤残家庭建立档案，为7户失独家庭办理了计划生育意外伤害险。关爱困难女孩活动中，慰问贫困女孩家庭5户，金额1000元。全年组织31对夫妇参加待孕夫妇免费参加孕前优生健康检查。认真做好人口计生信息化工作，利用信息系统进一步规范全员人口、流动人口、避孕药具的管理。积极开展孕前优生健康检查、优生优育和出生缺陷干预知识普及教育。

民生环境工作　全年处理民情事件215件。先后对北岭一区安居小区49栋，辰光小区81、82栋，北三区38—46栋（海建小区），共计13栋楼进行自来水管网改造；对草厂西路一段3、4号楼楼体进行粉刷；对辖区2.40万平方米绿化面积进行绿化养护；对辖区内北一区、北二区、北三区庭院灯进行维护维修等。全年办理市长、区长公开电话转办事项78件，办结率100%。落实市容环境综合整治要求，为各社区更换了234个垃圾桶，定期在联峰路西山花园至北五路段进行义务劳动，清理白色垃圾、小广告，对社区及脏乱死角等进行拉网式的清整。加强清扫员队伍管理，分片区进行责任划分，加大巡查频次，加大生活垃圾的清掏清运次数，特别是加大雨后垃圾清理力度。对居民区垃圾筒、站、点、楼道口等蚊蝇孳生地进行全方位消杀。

文化体育工作　利用现有资源与场地，成立6个文化活动室和街道文化超市，室内有电视机、电脑、音响、投影、图书柜等。活动室制度上墙，管理规范，居民可以在文化超市创作、交流、展示自己的作品。组织开展各类文艺演出和文体活动。依托海岳艺术团、西山街道合唱团、社区腰鼓队、社区秧歌队等13个文体组织，在春节、元宵节、“七一”、母亲节等各个节点组织开展文艺活动300余次。开展“喜迎新春”书画摄影展，以“全民健身”活动为契机，举行健走、爬山、趣味运动会等群众广泛参与的社区体育活动。

民政工作　落实低保政策，做到应保尽保，2015年，西山街道有城市低保对象94户150人，全年发放低保金63万余元。实行动态管理，年内新增低保1户，调整1户，注销10户。延伸社会救助体系。全年救助低保家庭大病医疗救助20人次，临时救助4人。开展廉租房年审工作，对辖区86户廉租房住户进行年审。做好双拥工作，走访慰问烈军属5户，送去慰问金共5000元和米面油。及时统计上报辖区老年人情况，2015年辖区共有80周岁以上老人588人，90周岁以上老人51人。

劳动保障工作　通过开展入户调查登记、创业培训、发布招聘信息、政策救助等方面的工作，拓宽了就业创业渠道。全年发布用工信息80条，提供岗位220个，开展就业困难人员身份认定18人，办理求职登记25人次，为31名未就业高校毕业生进行实名信息登记，同时为他们提供就业政策和就业信息宣传服务。为5名未就业高校毕业生进行职业指导和职业介绍。为2名高校毕业生申请了自主创业补助金，为1名困难家庭毕业生申领每月657元的失业补助金。开发社区治安员、清扫员岗位117个，安置劳动保障协理员13人，大学生见习岗5人。做好养老金领取认证工作。建立健全企业退休人员和城镇居民养老保险各项制度及档案，退休人员纳入“自管组织”和社区管理率达到98%。2015年为本市企退人员提供认证服务1870人次，为异地退休人员提供认证服务96人次，随时关注辖区企退人员和城镇居民生存状况，年内上报非预警人员死亡信息16人次，杜绝冒领养老金现象发生。落实政策援助，为43名就业困难人员发放2015年社会保险补贴25.96万元。为45名领取失业金人员提供签到服务400余次。

残疾人工作 为残疾人办理2014年度城镇医疗保险、职工养老保险补贴，共为28人全额报销城镇居民医疗保险，为17人办理城镇养老保险补贴，对街道45名贫困重度残疾人发放补贴，每人每月100元；为19名重残且为低保的残疾人办理每月50元的护理补贴，为20名低保家庭的重度残疾人办理了生活补贴。两节期间为49人申请了两节慰问补贴，5位残疾人申请了居家托养补贴，全年下发残疾证4本。2015年“爱心传递正能量，助残点燃新希望”关爱贫困母亲救助申报1人。

安全生产工作 开展安全生产大检查活动，对辖区265家门市和39家民宿进行了消防、用气、用电等安全专项联合检查，重点查薄弱环节和安全隐患。向辖区“小饭店、小商店”等“八小”经营户和居民开展安全生产日宣传，发放安全生产宣传单1万余份。配合有关部门做好招手揽客治理和噪音管控工作。

【精神文明建设】 *加强思想道德建设* 街道学习贯彻中共十八大以来的中央会议和习近平总书记系列讲话精神，开展工委书记讲党课活动，通过上网答题、开展知识竞赛、举办书画作品创作会等形式，深化党员群众对十八大以来会议精神的了解和掌握。开展“善行河北”歌曲传唱活动，建设社会主义核心价值观文化墙、制作善行功德榜展牌、建立好人档案、践行友善扶贫济困活动。开展干部教育培训活动，组织党员干部学习社会管理创新、社会治安综合治理及政策法规、技能训练等方面的课程，提高机关干部政治素质和履职能力。抓好党员远程电教活动，组织机关党员干部观看党组织党员先进典型事迹、社区建设经验等电教片。

加强党风廉政建设 全面落实“两个责任”。年初制订落实“两个责任”实施意见，与各科室、各社区签订党风廉政建设和反腐败工作责任书，明确各部门职责。从各社区“两委”成员中选拔人员，配强配齐纪检委员。认真执行“一把手”六个不直接分管制度，开展会员卡专项清理和超标办公用房清理等工作，严格公务用车管理、使用，严格控制“三公”经费开支。开展廉政教育。以教育知廉、文化兴廉为理念，通过辅导讲座、观看视频、读书等形式，组织全体党员干部深入开展理想信念、从政道德及党纪法规等教育，街道工委书记和纪工委书记讲党课共计5次。开展廉政文化进机关、进社区活动，营造“尊廉、崇廉、尚廉”的廉政文化氛围。切实转变工作作风。街道纪工委不定期对机关各科室、个人工作情况等进行明查暗访，年内通报检查处理违纪工作人员1人。开展谈话谈心提醒，2015年谈话谈心16人次，诫勉谈话2人次。

精神文明创建 开展清理海滩、治安巡逻等志愿服务活动，打造多条“廉政文化楼道”“党建文化楼道”，开展庆“七一”评选表彰暨“争当百姓喜爱的好官”演讲比赛，对文明和谐社区创建过程中涌现出的“优秀党组织”“优秀共产党员”等先进典型进行表彰。积极参与2015年度“为北戴河添光彩”先进个人、2015年度秦皇岛市“平民偶像”、道德模范、“五好”、“十大最美志愿者”、“十大最美志愿服务团队”、“全市志愿服务先进集体和个人”、“秦皇岛市未成年人思想道德建设先进单位、个人”等评选活动。

【社会治安综合治理】 把平安建设列入重要议事日程，切实加强领导，狠抓责任落实，并按照“谁主管、谁负责”的原则，层层签定平安建设责任书，与业务工作同部署、同检查、同考核。加强综治力量整合，打造一支过硬队伍。年初制发了《西山街道治员管理办法（试用）》，明确工作纪律、职责和任务，以各社区为单位组织治安员学习，强化服务意识，树立大局观念。构建平安街居，切实维护社会和谐稳定。街道以安民为目标，坚持网格管控、摸排调处、暑期维稳防控、特殊人群管防四到位。年内调处各类矛盾纠纷隐患52起，调解成功51起，调处率100%，调解成功率98%，做到了小事不出居，大事不出街道；街道有重点上访人10人，两劳释解15人，矫正对象13人，采取分类稳控，保障暑期稳定；暑期日服务游客3000余人次，做好事20余起。做好防范工作，消除邪教隐患。以无邪教创建工作为契机，制定落实工作方案，加强制式档案管理，加大重要节假日、敏感期的巡查力度。在8月份开展的全省反邪教检查工作中，西山街道受到上级领导肯定和好评。深入开展普法工作，提高居民法律素质。贯彻落实“六五”普法规划，开展普法“三进”及特色法律关爱宣传活动、强化普法阵地建设、推进“一社区一法律顾问”制度。2015年共发放各种宣传单2万份、普法星火月刊1000册，组织法律、安全防范培训4次，举办知识竞赛1次。

【群团工作】 工会工作　开展“职业先锋号”建功立业劳动竞赛活动，推进“工资集体协商百日行动”，指导辖区企业开展工资集体协商工作，组织职工参加健走比赛、硬笔书法竞赛、公益捐书等活动。

妇联工作　组织开展“贫困妇女儿童帮扶行动”、“三新”现代女性大讲堂、“百善孝为先”系列讲座、“妇女之家”、“最美家庭”评选活动；推进“妇女创业促进行动”，开展“巾帼文明流动岗”示范竞赛活动。

共青团工作　促进“两新”团组织建设，组建青年志愿者服务团队，举办“团干部培训班”。

人武工作　做好民兵整组、征兵工作，为部队输送优质兵源。

【社区居委会简介】 剑秋路社区居委会　有2025户4860人，面积0.90平方千米。2015年，剑秋路社区居委会以服务居民为重点，围绕创建和谐平安社区的目标，加强社区服务，繁荣社区文化，美化社区环境，打造平安社区，关心居民生活，不断提高社区科学的管理水平。

英才社区居委会　有4036户7090人，面积2.20平方千米。2015年，英才社区以社区党建为龙头，以社区建设为基础，以社区服务为核心，不断加强和改进社区工作，全面带动了社区综合治理、计划生育、民生保障和其他社会事业的发展。

安居社区居委会　有3587户6447人，面积0.51平方千米。2015年，安居社区居委会以构建和谐新安居为主线，为辖区居民营造了“居住安心、娱乐开心、安全放心、管理顺心、服务暖心、生活舒心”的和谐环境。

平安路社区居委会　有755户1601人，面积0.23平方千米。2015年，平安路社区居委会以全面提高辖区居民的自治意识和能力为工作目标，努力建立自我管理、自我教育、自我服务、自我监督的社区体系和工作机制。

西山社区居委会　有773户1578人，面积3.70平方千米。2015年，西山社区居委会结合社区实际，以创建“五个好”党组织及和谐社区为重点，克服人员少、场地小、任务重等困难，扎实开展各项工作。

河北外国语职业学院社区家属委员会　有742户3077人，面积0.35平方千米。

（高　婧）

人 物

刘士顺 现年90岁，北戴河区崔各庄村人。

1945年参军，1946年加入中国共产党，曾担任小组长、党支部委员、支部书记、政治干事等职。在参军入伍期间，北至黑龙江，南至越南友谊关，转战南北，参加大小战役百余次，曾经荣立三等功、获得解放东北勋章、解放西南胜利纪念章等。为中华人民共和国的建立贡献了自己的青春和力量。

“党是我的恩人，因为党我才活了下来”。在那个国破家亡的年代，刘士顺像很多劳苦大众一样在为生存而艰难挣扎。

刘士顺小时候家里特别穷，为了养家，刚满17岁的他就独自去闯关东了。

当时他去投奔在东北开皮袄铺的表兄，兄嫂见他个子矮、力气小，根本不念亲情，整天想着把他打发走，连吃顿饱饭、睡个觉都得看他们脸色。

投奔表兄不成，刘士顺就在街上打零工，给这家帮帮忙，给那家做做活，勉强能填饱肚子。后来碰到一个旅店招20个劳工，他问都没问就去了。到那儿一看，是上山里给日本人放原木。

“那些日本兵根本不拿工人当人看，每天天不亮就让我们上山伐木，稍微休息一下，皮鞭子就抽过来了，吃不饱，没工钱，就是给小日本当奴隶去了。这样下去，不是饿死就是累死，这可不行。”

“不出去，20个人都得死在这儿，咱找机会跑呢，或许还能有几个命大的活着出去。”和工友们一合计，刘士顺决定搏一把。然而事情很快就暴露了，恼羞成怒的日本人直接用机枪对准他们扫射，20多人，最后只跑出来八九个人。逃离了日本人的魔爪，却依旧在死亡边缘挣扎。

有一天，晚上12点左右，听着外头人声嘈杂，刘士顺便出来看看情况，只见很多人排成了两行，原来是东北抗日联军在招兵。

刘士顺年龄小，个头小，部队不肯要。当时的连长看他瘦得可怜，又了解到他在东北也无依无靠，没办法生存，就收留了他。

根据刘士顺年龄小、个子矮的特点，部队领导让他当了通信员。这样，17岁的刘士顺成为了东北抗日联军的一员。后来部队又让他到东北军政大学、学知识、学文化，悉心栽培。

他参加了百余次战役，最惨烈的一仗，就是小山子战役。小山子战役是抗联战士与日本侵略者血战到底的一次战斗，也是刘士顺参军后打的第一仗。

当时日本人在我方部队要攻打的山头周围挖了条战壕，有一丈多深，八九米宽，又用水将壕沟灌满，寒冬腊月，水很快结成冰，战士们爬都爬不上去，给攻克造成了很大困难。

刘士顺的任务就是运送炸药，把战壕破坏掉，部队才能冲上去。战斗异常激烈，炮火连天，血流成河。

当时他们分为三个梯队，一梯队先上，一梯队没了，二梯队跟着，然后三梯队继续。刘士顺是三梯队的。看着前面两个梯队的战友们接连倒下，他心里清楚，手上的炸药就是他的武器，只有成功了，战友们的血才不会白流。

当时的排长是个来自山东的小伙，刘士顺印象最为深刻，开战前，他跟刘士顺等战友说：“同志们，我是山东的，我结婚半个多月就来参军了，我死了以后，你们给我家里带个信啊！”仗打了整整一天一夜，虽然以我军胜利结束，但赢得异常惨烈。第二天清理战场的时候，到处都是鲜血、尸体，铺满了每一寸土地……

那个山东的大个子排长也牺牲了，刘士顺也受了伤，在他的腿上留下了密密麻麻的伤疤。

“这些跟死去的战士比，算不了啥，都是小伤。轻伤不下火线，不能下去，我得坚持到底。我多坚持一分钟，我们就能少牺牲一个战士。”

“宁可站着死，绝不跪着生”。哈尔滨、小山子、五常县、老山头……处处都留下了刘士顺抗战的足迹。仅在东北三省，他就参加了大大小小80余场战役。

“没有几天不打仗的。那阵子，我们天黑出发，凌晨两点钟或是四点钟，枪声就响起了。有一次在长春，在上战场前，我们在岗楼上贴了副对联：‘宁可站着死，绝不跪着生’。都是我们咬破手指，用血写上去的。那次，我们每个人都用了300颗手榴弹，手榴弹用完了，就拼刺刀，往上冲，同志们的眼睛都杀红了。”

“日军是真凶残啊，刀刀捅向抗联战士的心脏，然后横着转。牺牲的战士们身上捅得到处都是口子啊，都不像个人样了……”在这场战斗中，刘士顺荣立三等功。

在以后经历的长春之战，尸体把战场排满了，好多战士都是站着死的，有的都让炸弹飞起来的土给埋上了，但死的时候还保持着冲锋的姿势，眼神里面全是坚毅的目光。

那时候，抗日、打鬼子不是一句简单的口号，而是人人心尖上的头等大事儿。啥叫视死如归，啥叫为了革命献身，你们要是看到当时的场景，准能立马明白。”

行军打仗十余载，刘士顺老人收获荣誉、奖章无数。这些荣誉、奖章就是他这辈子最大的财富，但他最珍惜的还是那枚金色的闪闪发光军功章。为纪念中国人民抗日战争胜利70周年获得的军功章。

邸惠英　91岁，现住北戴河区北戴河村，祖籍深泽杨村。

1943年，19岁的邸惠英在家乡杨村报名参军。参加过袭击交通线、平安阻击战、深泽战役、西晋绥远战役以及攻打天津、太原、北平等战役，1950年又参加了中国人民志愿军，开赴朝鲜作战。

曾获得抗日战争期间的独立自由奖章、解放战争期间的解放奖章，还有全国人民慰问解放军代表奖章、华北解放纪念奖章等。

2015年是抗日战争胜利70周年，虽然时光荏苒，战争的硝烟早已散尽，但那些关于战争的记忆，对于战争幸存者们来说仍然历历在目。

1924年，邸惠英出生在石家庄市深泽县杨村一户农民家庭。1937年，日本军国主义发动了对华侵略战争，硝烟很快就弥漫了整个中华大地。战争刚刚开始的时候，邸惠英年龄还小，在村子里亲眼目睹了日军进村后的种种暴行。

当年，老家周围到处是日军的据点，日军经常去村子里扫荡，他亲眼见到日本人把父老乡亲圈在一个院子里，把人都捆起来杀死。

“老百姓在稻田地里插秧，日本人就拿活人当靶子练习射击，丝毫不把人命当作一回事儿，”邸惠英当时心想，“反正留在这儿也活不了了，日本鬼子欺负咱们中国人，我们就和他斗，于是决定参加抗日队伍打鬼子。”

1943年，19岁的邸惠英怀着一腔热血，在家乡杨村报名参军，誓为惨死在日军手下的乡亲们报仇。那一年，邸惠英成为了冀中七分区司令部的一名勤务员。问起第一次上战场是否害怕，邸惠英摆摆手，摇了摇头，“枪声一响，想也没想，就是一直往前冲，根本顾不上个人生死。面对国家危亡，个人生死又算得了什么！”

跟随着部队，邸惠英开始了抗战生涯。那时，北方大部沦陷，部队条件异常艰苦。当时部队的装备很差，士兵身上的装备只有一身灰军装、一双帆布鞋和手中或缴获或国内仿制的各色杂牌步枪，每人携带的子弹更是以个位数计。同时，由于部队没有固定驻地，吃住都是难题。有粮食的时候，每人发一些小米，没有战斗的时候可以熬碗小米粥喝，如果打起仗来或者部队没有筹到粮食，一天不吃饭也是常事。

“当时，日军的武器比我们先进，有机枪、迫击炮。我军装备落后，武器弹药有限，人少枪破，不能硬拼，只能打游击战，逮着机会就和日军肉搏拼刺刀。”面对如此艰苦的条件和敌我力量的悬殊，这支队伍依然坚持在敌后开展游击战。他们趁夜色围攻据点、袭击交通线，平安阻击战、深泽战役、西晋绥远战役以及攻打天津、太原、北平等战役都留下了他们战斗的身影。

1947年发生在太原的一场酣战，夺去了邸惠英许多战友的宝贵生命。“虽然仗打赢了，但是战争太残酷，那么多战友都牺牲了，一路都是尸体，刚刚还和你说话，回头就起不来了。”追忆起当年攻打太原时的惨烈场景，邸惠英老人在不经意间微微抽搐了一下，随即眼圈红了起来。

1950年朝鲜战争打响时，邸惠英又参加了志愿军，远赴朝鲜作战。“当时想的就是准备去牺牲的。”老人坚定地说。老人记得，在取得战争的胜利后，一位战友高兴地跳起来庆祝时，不幸被一颗子弹击中，壮烈牺牲。那一幕令老人每时每刻想起都觉得心痛，感到惋惜。“仗都打完了，我们都胜利了，他却牺牲了！太可惜了！”70年后，隆隆炮声早已消失在历史深处。邸惠英老人在经历人生的峥嵘岁月后，早已回归平静的生活。如今，平静幸福的生活并没有冲淡这位抗日老兵对峥嵘岁月的记忆，“我的心愿就是希望祖国永远不再受战火之苦，人民安居乐业。希望子孙后代能记住抗日老兵们保家卫国的付出，懂得珍惜这来之不易的和平幸福生活！”

赵晓玄 北戴河西海滩警务工作站站长。北戴河区西海滩警务工作站地理位置重要，发挥着“防火墙”和“过滤网”的作用，民警24小时全天候执勤，工作难度大、任务重。他恪尽职守、勤勉敬业，先后荣立个人一等功1次、二等功1次、三等功3次。他率领全站民警克服困难，完成一次次警务任务，使西海滩警务工作站一直被评为“标杆示范警务站”。

炎热的夏季，站上的民警都是全副武装站在烈日下工作，晚上还要受蚊虫叮咬之苦，后半夜的执勤更是难熬。赵晓玄作为站长，以自己为标准，每天早晨6点，他就和同事们一起赶到站上，检查过往车辆，一直要工作到半夜两三点。起床、出操、执勤他是第一个，交班吃饭总是最后一个。他从规范民警盘查车辆、核查人员、服务群众等执法环节做起，从查控基础工作入手，说好每一句话、办好每一件事，确定了“拦车——敬礼——问询——验证——检查——记录——放行”的标准 检查程序，保证了执勤岗亭勤务秩序井然和车辆通行有序。暑期，检查站共检查车辆20107台次、核查人员64667人次，抓获网上逃犯1人，查缉危险化学品19.06升、烟花爆竹9018响，查缴低慢小飞行器564个、各类违禁物品894件。

针对过往游客经常向执勤民警问路或求助的情况，赵晓玄带领民警开展矛盾纠纷调处、救助和服务群众等工作。检查站购买了秦皇岛旅游区地图，方便过往群众。购置必要防护用品，由有经验的民警传授基本救助常识，为群众排忧解难。7月13日，工作站执勤民警在例行检查公交车乘客时，发现1名游客精神恍惚，语言颠倒，气力不足，便让他在站内休息，还请来医生为他进行了身体检查，待他情况稳定后，开车将他送回到住处，家属对此十分感谢。工作站民警热心为外地游客提供服务，受到过往游客的高度赞誉。

赵晓玄患有高血压，高强度的工作，导致他过度劳累，夏天的一天，他突然感觉到身体不适。为了不打扰同志们，他一个人忍着疼痛到医院检查，确诊是急性胰腺炎，直接进了重症监护室。西海滩警务工作站副站长史国锋说：“站长的病对于我们来说很突然，因为他一直坚持在岗位上，隐瞒自己的病情，他总是避开我们吃药，在我们面前时一直都保持最佳的状态。他白天跟民警一起在站上执勤，晚上还要处理站上的工作或者找民警谈心，长时间休息不好、饮食不规律。他不舒服以为吃点药休息下就可以了，没想到耽误了治疗的最佳时间。”

“站里一共50名民警，工作任务非常重，警务站所处的地理位置也很重要，无论是队伍管理上还是勤务上，都要求民警不能离开岗位。当这么多年警察都习惯了，自己身体不舒服，能挺就挺一挺。”赵晓玄说。

作为一名警察，时刻绷紧安全这根弦。特别能吃苦、能战斗、能奉献、能忍耐，这是秦皇岛公安精神。

师建国 男，秦皇岛市奇石艺术学校董事长、校长。

他投身民办教育教学和管理工作17年，熟悉他的人这样评价他：“人特别有激情，身体里聚集着无限能量。”执着于民办教育的师建国，通过自己不懈的努力把梦想变成了现实。

1998年，在青龙满族自治县一所中专学校从事近10年教育工作的师建国，为了实现自己的“办学梦”，毅然辞去了安逸稳定的工作，在北戴河创建了一所以美术教育和考前教育培训为主的全日制中等职业艺术学校——秦皇岛市奇石艺术学校。

“作为一名教育工作者，我的梦想就是办一所民办学校，让更多的孩子实现艺术梦想。”然而实现梦想的道路是艰辛的，投资建设一所小有规模的民办艺校，对于当时的师建国来说无疑是一个巨大的挑战。没有资金，托朋靠友借；没有房子，想方设法租；没有老师，三顾茅庐请。为了招生，他花了两个月时间，跑遍了省内十几个城市、三十多所学校，发了上万份广告，早出晚归，风餐露宿，至今还落下了被蚊子咬后全身起疙瘩的毛病。

“刚开始的时候，办学确实很艰难，学校里最少的时候只有十几名学生。”师建国回忆说，办学初期，投入量大，回报率小，很多人对他和他的民办学校都不是很看好，“的确有很多人劝我放弃，但是从走上民办教育的那天起，我就告诉自己不能放弃，不能回头。办学校和办企业不一样，它是个良心工程，我决不能抛弃每一个学生。”

守着这样一个坚定的理念，凭着他独到的办学眼光和执着的拼搏精神，师建国探索出的以美术教育和考前教育培训为主的特色办学道路取得了成功。十几年间，学校由小到大，学生由少变多，一路艰辛走来，秦皇岛市奇石艺术学校如今形成了一所占地4.33公顷，一个主校区，石家庄、廊坊、唐山、绥中4个教学点，在校学生3000余名的规模美术专业学校。

“我们每年都有一大批学生考入国家重点学校，而且随着学校规模的不断扩大，每年考入的数量也在不断增多。”师建国自豪地说。

“别看是一所民办学校，可哪一点都是按照规矩来。”从2003年开始与师建国一道走来的校团支部书记冯老师说。

眼前的奇石艺校，硬件设施绝不比公立的学校差，标准的教学楼，整齐的画室，宽阔的操场，干净的食堂，整洁的宿舍……考虑到外地家长们想要陪伴孩子的需求，学校还设有专门的家长陪读宿舍。

“我们校长常说，我们虽然是民办学校，但我们身上承担的责任和每一名从事教育事业的人是一样的。对学生，我们要尽量给予最好的；对家长，我们要把他们当成朋友，让他们放心把孩子交给我们。”“学校靠升学率出了名后，也先后有不少学校来‘挖墙角’，但是不管给的薪酬多高，我都不会走的。一是对学校有感情，二是在师校长的影响下，我也同样将办好民办学校作为了我的理想，我愿意和他一道将这个理想变大。”

学校建立了一整套完善的章程制度，尤其是教师管理体系完整规范。质量决定成败，作为领头人的师建国深知这个道理。他投入主要精力抓师资队伍建设，打造精良的教师团队：高薪聘请中央美院、清华美院、河北师大等教授讲课，与聘任的教师签订劳动合同，建立激励机制，实行结构工资制度；每年投入20多万元，用于专业教师培训和外地写生；开设集体代理户，为教师办理人事代理、落户口、评职晋级等涉及教师切身利益的事务；按标准缴纳养老、医疗和生育保险；建设两栋教师公寓，解决了61户教师住房困难；注重发展教师党员等。

“招得进、留得住、学得好、考得上”“让学生成才，让家长放心，让社会满意”，这是学校对社会的承诺，师建国用自己的实际行动实现了他的承诺。

身为区政协委员，他特别关注北戴河的教育事业。他的一个关于高中发展应面对实际，让高中和奇石联合起来提高北戴河区升学率，得到了区里的重视。

至2015年末，奇石学校有近6000名学子考入高等院校，其中百余名学生走进了中央美术学院、中国美术学院、清华美术学院、西安美术学院、天津美术学院、鲁迅美术学院、湖北美术学院等名牌大学。学校先后获得“全国民办学校先进单位”“河北省明星中职学校”“河北省民办十佳学校”“河北省依法诚信办学学校”“秦皇岛市民办教育先进单位”等称号。

陆红梅 女，北戴河区第一幼儿园园长。

她从18岁当幼儿园老师，到2015年已经27年了，从一名普通的“孩子王”变成幼儿园的“园长”，几乎与孩子打了半辈子交道。

1988年，踏着自己恩师走过的路，年仅18岁的陆红梅圆了她儿时的梦想，怀着对幼教事业无比崇尚的神圣情感，走进了北戴河区第一幼儿园。从上班的第一天起，她就暗暗发誓，立志做一名好老师。凭着“热爱是最好的老师”的信念支撑，冬去春来，她干就是27年，把自己的美好青春、全部热情和心血都倾注到了这份事业上。热爱幼教事业，说起来容易，但做起来、做好却需付出十分的热情、十二分的努力。

学校申请创建河北省家长学校示范校的那年，是陆红梅多年管理工作中最难忘的一幕。面对着检查验收时间的紧迫，在人手极度紧缺的情况下，她既当运筹帷幄的指挥员，又当身体力行的战斗员，披星戴月，加班加点，几乎连续一个学期都是早晨6点到园，晚上10点甚或更晚才回家。一段时间，她的腰疼发作，痛得下不了床，她就在床上抱着电脑准备汇报材料。就这样，历经人手的短缺，病痛的折磨，她带领她的团队不分白昼黑夜，奔着硬件从实、软件从严的验收原则，从环境创设到保教设施，从师资培训到教学活动，从档案资料到汇报材料，详尽地做好了一切准备工作，顺利通过了省级示范园的验收。

“园所无小事。组织把我放在这里，家长把孩子放在这里，就是对我最大的信任和鼓励，就是我坚持办出一流园所最大的动力。”陆红梅说。

一所优秀的园所，必然拥有一支和谐共进的教师队伍。

在处理校园事务时，她总是一把尺子一个标准去衡量，秉公办事，奖罚分明。在共谋幼儿园发展过程中，她和园内的领导班子成员不断磨合、碰撞，沟通交流、探讨促进，逐步形成了一个团结、实干、高效、智慧的管理团队。

陆红梅经常组织开展各种保教观摩评比活动，在台上，大家是一决高低的竞争对手，而在台下，大家互相交流，互相指导，在合作中取长补短，在竞争中发现不足，最终获得共同提高。为使园里青年教师快速成长，她和园内领导班子成员专门针对青年教师讨论制定了培训方案，积极开展师徒结对活动，实行“师带徒、一对一”的指导培养。为了使教师顺应时代的潮流，她引导教师时刻树立终身学习的理念，鼓励她们积极参与业务进修，为她们争取各种类别的骨干教师培训机会，时刻践行“活到老、学到老”的人生格言。

“感人心者，莫大于情。”在感情融入上，陆红梅注重从一点一滴的小事做起，比如园里有人风尘仆仆从外地出差归来，她都尽量在百忙中抽出时间，听取汇报，致意问候；每当有教职人员生病，她都要带着慰问品到医院或家中看望；遇到同事家庭困难或婚丧嫁娶，她都尽量上门慰问或庆贺。

陆红梅从不随随便便找借口离开幼儿园，如果不是到上级主管部门开会，她都会在幼儿园。每年秋季开学初的前3周，小班孩子刚刚入园，哭闹不止，孩子需要老师精心照顾，老师既要安抚哭闹的孩子还要做班务，小班老师的工作量很大。无论是什么时候，只要是班级需要，她都会深入到班里，帮助老师做一些班务工作，例如帮助老师分饭、喂孩子、打扫卫生、洗手绢、刷水杯等；幼儿园每年都参加省、市、区组织的各类教学大赛，她不仅鼓励教师积极参加，还亲自帮教师一起制作教具，指导她们进行活动设计；每次的校园环境布置、卫生扫除，都留下了她的身影。

在她的培养和指导下，先后有多名教师参加市、区级教学活动优质课评比并获一、二、三等奖。幼儿园曾先后获 “河北省家长学校示范校”“秦皇岛市和谐校园”“秦皇岛市托幼机构卫生保健先进单位”“秦皇岛市膳食管理先进单位”“秦皇岛市家长学校示范校”“秦皇岛市先进职工之家”等荣誉称号；园领导班子连续2年被考核为“优秀班子”。

有人问陆红梅：“在你担任园长的日子里，幼儿园发生了这么大的变化，有什么高招？”陆红梅笑着回答：“我个人没有什么高招，关键是同事们在感情上都很投缘，所以在工作上都很投入，一切成绩的取得，都是大家齐心协力、勇于创新的结果。”可园里的其他教师们却说：“园长一心为公，情暖大家；幼儿园的发展与进步，倾注了她的满腔热血。”她先后被评为秦皇岛市“儿少先进工作者”“实施妇女儿童发展规划先进个人”；北戴河区“优秀教育工作者”“优秀共产党员”“优秀园长”，还曾多次被区政府授予“嘉奖”。她主持的省、市、区各级立项课题达10余项，其中市级立项课题《挖掘有效教育资源开展幼儿园亲子活动的实验研究》研究成果得到了市教育专家的高度评价。

李敬伟 女，石塘路市场经营者。

在市场经营近20年，李敬伟一直用共产党员的标准严格要求自己，遵纪守法，文明经商，礼貌待客，诚实守信，自觉维护市场的经营秩序，为游客提供优质、高效的服务，受到了社会各界和中外游客的一致好评。

李敬伟多次被评为区“优秀共产党员”“暑期一线优秀共产党员”，连续荣获了区“巾帼文明流动岗”；2011年被省妇联授予“河北省千万妇女争创‘三新’大行动，助力三年大变样”工作先进个人荣誉称号。

石塘路市场是北方著名的工艺品市场和北戴河最大的购物中心，也是全区旅游服务的窗口，市场经营者的素质直接影响市场的形象。20年来，李敬伟深知价格诚信、货真价实是经营之本。在经营中，她坚持做到不售假货，商品不以次充好。

“信任是相互的，你只有对游客讲信誉、守诚信，顾客才会信任你，买你的东西。”李敬伟说。

在诚信经营的同时，她还始终做到文明经营，礼貌待客。本着“交的是朋友，换的是真情；真诚是请柬，游客是亲人”的服务理念，对顾客以诚相待，以自身的文明营造良好的经营氛围。尤其是在开展党员经营户亮明身份挂牌经营后，李敬伟的摊位上摆放着“共产党员经营户”“巾帼文明流动岗”的锦旗，她把诚信看得更重了。李敬伟说：“如果大家都不讲诚信，这块牌子就倒了。”

石塘路市场每天都有来自四面八方数以万计的游客，难免在经营购物中出现一些矛盾和纠纷。一次，一位游客和经营者因为价格问题发生了争执，李敬伟立即放下手中的生意，跑过去调解。可是，这名游客一定要坚持自己的说法，大吵大闹，李敬伟好话说了一箩筐也不行。最后，李敬伟把游客带到自己的摊位前，用超低的价格半卖半送了一条高档的珍珠项链，这位游客才满意地离开。有人说李敬伟这样做很亏，李敬伟却不这么认为。她说：“虽然我在钱上亏了一些，可是，咱们石塘路市场的声誉没受到损害，会有越来越多的人愿意来市场购物。”

8月的一天，市场东门服务台来了一位游客，进门就找管理员，非常激动地说：“感谢1号楼9号摊位的摊主李敬伟，感谢你们石塘路市场的共产党员！”

这位游客8月16号早晨8点在李敬伟的摊位上购买珍珠项链时，因为有急事，走得非常匆忙，不但没把应找回的钱拿走，还把钱包遗忘在摊位上。李敬伟发现钱包后急忙追出去，找了很长时间都没有找到这位游客，只好把钱包收好，并向市场派出所报告等待失主。直到晚上，这位游客才发现装有4000多元现金和银行卡的钱包不见了，急忙到摊位上寻找，看到分文未失的钱包，感动万分，不住地称赞石塘路市场经营者这种高尚文明、拾金不昧的品德。

还有一次，一个男游客在购物时，因为天气炎热，癫痫病发作，倒在摊位前。李敬伟当时什么都没想，立即放下手中忙碌的生意，把病人送到市场医务室，直到病人恢复正常，她才离开。

不记得有多少次，游客在购买商品时，把物品遗忘在她的摊位上，她都主动送到失主手中；市场有经营者身患重病，她马上把捐款送到病人手中；汶川、玉树大地震中，她主动带头捐款1000元……

朱秀文　女，北戴河区人民医院原麻醉科主任。

她是一个品德高尚、妙手仁心的好医生，她对病人呵护备至，在工作岗位兢兢业业、无私奉献30余年，病魔缠身时更是做出捐献眼角膜的决定。

“我俩年老体衰多种器官功能衰退，只有双眼角膜功能正常，我们去世后愿将角膜捐献给需要者”这是年逾七旬的老人朱秀文遗嘱里的一句话。5月11日，老人因脑出血住进北戴河医院。在老人弥留之际，多次表示一定要按照自己的遗愿捐献眼角膜，说这是她的最后一个愿望。14日，老人家属与市红十字协会取得联系，红十字协会工作人员来到老人家中与她的委托执行人签订了《无偿捐献眼角膜志愿申请同意书》，老人捐献眼角膜的愿望终于落实了。她的爱人北戴河医院儿科原主任张春宝也同时签署了《无偿捐献眼角膜志愿申请同意书》，希望把光明留在人间。17日凌晨，朱秀文因病去世，市红十字协会工作人员赶到北戴河医院帮助老人完成了生前遗愿，朱秀文成为北戴河区第一例眼角膜捐献成功者。通过评估，朱秀文的眼角膜已成功捐献到秦皇岛市视光眼科医院眼库，至少可以让2名失明者重见光明。目前，一个整片眼角膜已经找到合适的受捐者，并完成了移植手术。

两位老人于2014年立下遗嘱，百年之后捐献眼角膜，并且不留骨灰，不占墓地，魂归大海。此举得到女儿的理解和支持，她表示：“父母一生艰苦朴素、乐于助人，是我的榜样。器官捐献、生命永续，我也会尽自己最大努力为社会做出自己的贡献。”

高清兰　女，1962年8月出生，牛头崖镇南新庄村人。

在南新庄及周边村一提起高清兰，很多人都会竖起大拇指。她不计前嫌精心照顾前夫弟弟的事迹在当地传为佳话，被称为“大义嫂子”。

高清兰的第一段婚姻非常不幸。前夫家中有兄弟二人，她的前夫是抱养的，与弟弟王瑞臣没有血缘关系。前夫不务正业，嗜赌成性，常常因为钱与高清兰争吵，甚至对她拳打脚踢。对于他们之间的这种矛盾，王瑞臣却站在哥哥那边，视嫂子如仇人。

在1991年的正月里，高清兰又与丈夫因为“要钱”的事闹矛盾。就在初五那天，小叔子带着一个人，到她家里对她一顿暴打。当时丈夫不在家，受了委屈的高清兰出去找丈夫理论，却在村口被王瑞臣撵上。王瑞臣二话没说，掏出刀子就下了狠手。被捅5刀的高清兰差点丧了命，经过抢救才脱离生命危险。可即便是这样的事情发生后，她也没有得到家人的支持，饱受身体和精神上巨大伤害的高清兰无奈选择了离婚，儿子被留在前夫身边，她孤身一人回到了娘家南新庄村。

高清兰离开婆家后，对方不让她见儿子，她也不敢再回去，见儿子一面成了奢望。心灰意冷的高清兰。曾经想一死了之，但凭着想见见儿子的念想，支撑她坚强走了过来。

1999年，高清兰的前夫去世，爷爷奶奶虽然疼爱孙子，毕竟年纪大了不方便照顾。当时村里的人都可怜这孩子，劝他去找妈妈。就这样儿子王洪吉回到了高清兰身边，时隔 8 年后，母子终得团聚。

儿子回来了，高清兰整个人振作了起来，她开始省吃俭用，攒钱为儿子盖房娶媳妇。2000年，她与小自己两岁的高树全重新组成了家庭，身边又多了一个帮手，开始过上踏实的日子。2009年，儿子与儿媳喜结连理，小俩口恩恩爱爱。2010年小孙女出生，更是给这个家庭带来了很多快乐。一家人的生活虽然不算富裕，但平淡而又幸福。

2011年，儿子接到的一个电话让这个家又不安生了。电话那头说叔叔王瑞臣突然得了病，让他立刻赶去医院。原来，王瑞臣家里父母没了，又没找媳妇，只剩下这个侄子一个亲人，于是王瑞臣的老板联系到了王洪吉。

到医院一看，王瑞臣和之前已经判若两人，不睁眼，只睡觉，不会吃喝，大小便失禁，跟植物人一样。儿子问高清兰怎么办？可高清兰的心里也很矛盾，“想想他当初对我做的那些事，把他扔大坑我都不解恨。”心想毕竟是孩子他叔，总归做过一家人。就这样，好心的高清兰开始和丈夫高树全，以及儿子、儿媳四个人轮流照顾王瑞臣，无论吃喝拉撒……昏睡中的王瑞臣一定不会想到，照顾他的竟然是他深深伤害过的嫂子。

经过一个多月的治疗，王瑞臣脱离了生命危险，但瘫痪在床，不会说话。高清兰东拼西凑交上了3万多元的医药费，因此欠下的外债。至今还没有还清。可孤身一人的王瑞臣出院后怎么办？谁来照顾他的后半生？就这样，高清兰毅然将王瑞臣接到了自己家中，给他腾出一间屋子，将原来的砖炉换成了新型采暖炉，并安装了与她屋子联系的信号铃，花400多元钱买了新轮椅，就此悉心照料着昔日“仇人”，一天从早到晚，不怕麻烦，洗衣、擦脸、喂饭、打扫房间、端屎端尿……

高清兰的大义之举得到丈夫高树全的理解和支持，他每天辛苦到外面干活挣钱，有空了还帮忙照顾。儿子和儿媳也一起帮着照顾叔叔，尽量多做家务尽自己的一份孝心。面对嫂子及一家人的悉心照料，感恩的王瑞臣时常面对前来串门的邻居竖起大拇指，表示对这一家人的感谢。

“不但不记恨小叔子的仇，现在还去伺候他，有几个人能做到啊？”高清兰对这个小叔子的好，邻居们有目共睹。高清兰说，虽然前夫不是婆婆亲生的，和小叔子也没有血缘关系，但这么多年，总归是做过一家人，“人活着，还得做好事，积德行善。”

村里的文艺队根据她的事迹创作了诗朗颂《爱是人类最美的语言》，赞美传颂她的大爱与大义。她的事迹先后被省、市电视台、电台、报刊等多家媒体采访报道。2013年，高清兰一家获得河北农民频道举办的幸福家庭评选“幸福之星”称号，2015年在“善行港城——寻找最美家庭”活动中，获得秦皇岛市“十佳最美家庭”称号，2015年获秦皇岛市道德模范、平民偶像两项殊荣，并获得河北省道德模范提名奖。

赵彦春 65岁，北戴河区西古城村人。

她是一名淳朴的农村妇女，她照顾相继瘫痪在床的公公婆婆十多年，任劳任怨，无怨无悔；她每天做着平凡的事情，是婆婆眼中的“好儿媳”，丈夫眼中的“好媳妇”，儿子眼中的“好妈妈”。

在西古城村的一家农家小院里，金色的阳光映衬着屋檐下的一盆盆花花草草。沁人心脾的兰花香味中，86岁的朱素艳坐在轮椅上，慢慢地一口一口吃着儿媳赵彦春喂的饭菜，不时打眼望着院外嬉戏的两只小狗。

“妈，饭菜都要凉了，快点认真吃。”赵彦春边喂饭边一本正经地说。

朱素艳赶紧又收回视线，专心吃了起来，像个犯了错误的孩子。赵彦春拿起手帕，替婆婆擦拭着嘴角：“这多好，好好吃饭才能有劲儿呀。”

65岁的赵彦春，自打嫁到婆婆家，从来没和公婆吵过一次架，拌过一次嘴。2007年，79岁的婆婆开始半身不遂，卧床不起，赵彦春便放下了手头的摄影生意，回到家里悉心照料。

“钱以后可以再挣，老人是最重要的。”

2012年，90岁高龄的公公崔文海也突患疾病，患病期间得到了儿媳的悉心照顾，但是老人还是因为病情太重在那年逝去。

公公在的时候，平时还能帮忙照顾照顾婆婆，可公公这一走，照顾婆婆的责任全都落在了赵彦春一个人的肩上。

每天清晨3点左右，赵彦春就起床。因为长期瘫痪在床，婆婆养成了傍晚6点睡，凌晨三四点醒的生物钟。“我得赶在她前面起，先给她做饭，然后穿好衣服，再将100多斤重的她抱到轮椅上坐好，喂她吃饭。”赵彦春说，刚开始做这些的时候也很吃力，毕竟她自己也上了年岁。但几年下来，她也锻炼出来了，胳膊比有些年轻人都有劲儿。

为了更好地照顾老人，赵彦春自己一人搬到了婆婆家，在老人的床对面，搭了一张简易的小床。“这样照顾老人能方便点，有一点动静都不会错过。”赵彦春笑呵呵地说。

天天推婆婆出去，几年下来，赵彦春推坏了4辆轮椅。“为了老人乐呵，多远她都走，带着我妈是又看灯又观花的，连我都做不到这点。”赵彦春的丈夫崔德田说。家里现在还剩好几个轮椅的轮胎，“都是街坊邻里送来的，他们知道赵彦春每天要推着我妈走很长的路，轮胎老坏。”

婆婆半身不遂，大小便不能自理，弄脏了衣服，赵彦春为她随时换、随时洗。常常是刚刚清理完毕，马上又要重复进行。为了保持婆婆的个人卫生，她每天都要为婆婆擦干净身子、换衣服、被褥。忙完这一切，她整个人都精疲力尽。但是她从不叫苦叫累，也不嫌脏怕臭，不厌其烦地埋头干着。婆婆患病几年来，从没得过褥疮。

为了能使婆婆幸福地度过晚年，赵彦春可谓挖空了心思。老人的一日三餐，日常生活用品、护理用品也是由她亲自张罗。为了能让老人吃好，吃出营养，赵彦春总是变着法安排膳食，既注重老人口味，又注重营养搭配，家里的好饭菜总是让婆婆先吃。婆婆不爱看电视，她也不看，为了消除婆婆的孤独感，她总是在闲时陪着老人说说话，向老人讲讲家长里短的趣闻乐事，总是把老人逗得非常开心。

后来，婆婆去世了。在外人看来，婆婆的离去给赵彦春减轻了不少负担，可赵彦春自己不这么认为，“照顾婆婆是天经地义的事，我就是遗憾婆婆没能再活得久一点。”赵彦春说着，眼睛里又泛起了泪花。

“谈起我妈她就这样，照顾的时间久了，感情深了，你们可别笑她。”丈夫崔德田说。

在邻居们的印象里，赵彦春脾气好、孝顺、能干，是村里儿媳妇们学习的榜样。

无论是对长辈、平辈，还是对晚辈，赵彦春始终以一颗爱心对待，处处为别人着想，用自己的辛劳换来了一家的和谐。她的孝老爱亲行为不仅让一家人幸福，也影响着邻居们。

在隔壁邻居边瑞环的眼里，赵彦春是个特别让人温暖的人。这些年来，赵彦春耐心、细心照顾老人的举动，她都看在了眼里。她常用赵彦春的事迹教育自己的儿女，也将赵彦春当成是自己的榜样。“赵彦春这样的儿媳现在太少了，只会付出，从不求回报，是我们应该学习的榜样！这样的人应该评选上好儿媳，让她的事迹感染更多的人。”

荣誉专版

2015年北戴河区获省部级以上集体荣誉一览表

表13

单位名称	荣誉称号	授予单位	授予时间
北戴河区文化 广电新闻出版局	河北省文化系统 先进集体	河北省文化厅、 河北省人力资源和社会保障厅	2015年1月
北戴河区作家协会	先进单位奖	中国散文学会	2015年2月
北戴河区教育局、 体育局驻谢李庄村工作组	全省农村面貌改造提升 行动（基层建设年活动） 优秀驻村工作组	河北省农村面貌改造提升行动 （基层建设年活动）领导小组	2015年2月
北戴河区教育局	第三十届河北省青少年 科技创新大赛优秀组织奖	河北省青少年科技 活动领导小组	2015年3月
北戴河区人民防空办公室	河北省2014年度县级 人防工作先进单位	河北省人民防空办公室	2015年3月
中国移动通信集团河北 有限公司北戴河分公司	省级企业文化示范县	中国移动通信集团 河北有限公司	2015年3月
北戴河区精神文明 建设委员会办公室	河北省未成年人思想 道德建设工作先进单位	河北省精神文明建设委员会	2015年4月
共青团秦皇岛市 北戴河区委	第十一届河北省青年 志愿服务优秀项目奖	共青团河北省委、 河北省青年志愿者协会	2015年4月
北戴河区	全省2014年度依法 行政工作优秀单位	河北省人民政府办公厅	2015年5月
北戴河区妇女联合会	美丽庭院创建 工作先进单位	河北省妇女联合会、河北省 农村面貌改造提升行动领导 小组办公室	2015年5月
北戴河区委农村 工作委员会	美丽庭院创建 工作先进单位	河北省妇女联合会、河北省 农村面貌改造提升行动领导 小组办公室	2015年5月
北戴河区	2015中国避暑休闲十佳县	亚太环境保护协会	2015年7月
北戴河区戴河镇	2015中国十佳避暑小镇	亚太环境保护协会	2015年7月

续表13

单位名称	荣誉称号	授予单位	授予时间
北戴河区集发生态农业观光园	2015中国十佳避暑小镇	亚太环境保护协会	2015年7月
北戴河区北戴河村	全国一村一品示范村	农业部	2015年8月
秦皇岛市公安消防支队北戴河特勤中队	忠诚为民模范消防中队	公安部、河北省政府	2015年8月
秦皇岛边防支队北戴河边防派出所	集体三等功	武警河北省边防总队政治部	2015年8月
北戴河区实验小学	2015年全国青少年校园足球特色学校	教育部	2015年9月
北戴河区育花路小学	2015年全国青少年校园足球特色学校	教育部	2015年9月
北戴河区海北路小学	2015年全国青少年校园足球特色学校	教育部	2015年9月
北戴河区城市管理综合执法局	河北省暑期工作先进集体	河北省暑期工作领导小组	2015年9月
北戴河区北戴河村	2015中国特色村	中国村社发展促进会特色村发展委员会	2015年10月
北戴河区费石庄村	2015中国特色村	中国村社发展促进会特色村发展委员会	2015年10月
北戴河区综治委铁路护路联防领导小组办公室	爱路护路主题宣传教育活动优秀组织单位	共青团河北省委、河北省综治委铁路护路联防领导小组办公室、中国少年先锋队河北省工作委员会	2015年10月
北戴河区蔡各庄小学	爱路护路主题宣传教育活动优秀组织单位	共青团河北省委、河北省综治委铁路护路联防领导小组办公室、中国少年先锋队河北省工作委员会	2015年10月
共青团秦皇岛市北戴河区委	爱路护路主题宣传教育活动优秀组织单位	共青团河北省委、河北省综治委铁路护路联防领导小组办公室、中国少年先锋队河北省工作委员会	2015年10月
北戴河村	中国农业公园	农业部农村经济研究中心、中国村社发展促进会	2015年11月
北戴河区	《全民健身计划2016—2020年）》联系城市	国家体育总局	2015年11月

续表13

单位名称	荣誉称号	授予单位	授予时间
北戴河区体育局	2015年全国少年速度轮滑锦标赛优秀组织奖	国家体育总局中国轮滑协会	2015年12月
北戴河区东山街道办事处	全国综合减灾示范社区	国家减灾委员会、民政部	2015年12月
北戴河区	2015年度信息报送工作优胜单位	河北省人民政府办公厅	2015年12月
秦皇岛边防支队北戴河边防派出所	基层建设先进单位	武警河北省边防总队政治部	2015年12月
北戴河区东山街道办事处	国家级充分就业社区	人力资源和社会保障部	2015年
北戴河区人民法院	2013—2015年优秀青少年维权岗	共青团河北省委	2015年
北戴河暑期供应站	暑期食品安全保障先进集体	河北省人民政府食品安全委员会办公室	2015年
北戴河区国家安全领导小组办公室	2015年度一级国安办	国家安全部	2015年
北戴河区文化广电新闻出版局	河北省文化文物系统先进集体	河北省文化厅、河北省人力资源和社会保障厅	2015年
武警河北省总队第三支队	执勤工作先进单位	武警河北省总队	2015年
武警河北省总队第三支队装备股	装备工作先进股室	武警总部	2015年
北戴河区	河北省文化产业十强县	河北省文化体制改革和发展工作领导小组	2016年1月
北戴河中俄文化艺术产业园	河北省十大文化产业项目	河北省文化体制改革和发展工作领导小组	2016年1月
北戴河区供销社	食盐专营工作先进单位	河北省供销合作总社	2016年1月
秦皇岛市消防支队北戴河特勤中队	先进基层中队	河北省公安消防总队	2016年2月
秦皇岛市消防支队北戴河联峰路中队	先进基层中队	河北省公安消防总队	2016年2月
北戴河区	2011—2015年全省法治宣传教育先进集体	河北省委组织部、河北省委宣传部、河北省司法厅、河北省人力资源和社会保障厅、河北省总工会、河北省人民政府法制办公室	2016年6月

2015年北戴河区获省部级以上个人荣誉一览表

表14

姓　名	单　位	荣誉称号	授予单位	授予时间
张　超	秦皇岛边防支队北戴河边防派出所	个人三等功	武警河北省边防总队政治部	2015年8月
王墨江	北戴河区市场监督管理局	河北省质监系统先进个人	河北省质量技术监督局	2015年9月
任连义	北戴河区蔡各庄村	2015年度燕赵文化之星	河北省委宣传部	2015年10月
王俊峰	北戴河区文化馆	2015年度燕赵文化之星	河北省委宣传部	2015年10月
李智勇	北戴河暑期供应站	河北省暑期工作先进个人	河北省暑期工作领导小组	2015年
刘益深	北戴河区委政法委	河北省暑期工作先进个人	河北省暑期工作领导小组	2015年
侯　耀	河北省公安边防总队海警支队特勤队	一等功	河北省公安厅	2015年
冯国明	秦皇岛市国土资源局北戴河区分局	河北省暑期工作先进个人	河北省委组织部、河北省人力资源和社会保障局、河北省暑期工作领导小组	2015年
王笑杰	北戴河区纪委监察局	河北省暑期工作先进个人	河北省暑期工作领导小组	2015年
陶训国	武警河北省总队第三支队勤务中队	第十八届中国武警十大忠诚卫士	武警总部	2015年
颜　齐	武警河北省总队第三支队	燕赵武警十佳卫士	武警河北省总队	2015年
马效国	武警河北省总队第三支队	优秀参谋长	武警河北省总队	2015年
何　杰	武警河北省总队第三支队四中队	三场维稳战役先进个人	武警总部	2015年
王小楷	武警河北省总队第三支队一中队	优秀“四会”教练员	武警总部	2015年
尚勇利	交警五大队	个人二等功	河北省公安厅	2015年
李　忠、杨立华、邸建飞、王志坚、焦建伟、杨建军、万　东、王　新、赵卫民、张　洪、燕　文、王亚军、雷春华	交警五大队	先进个人	河北省公安厅交通管理局	2015年

2015年北戴河区获市委、市政府集体荣誉一览表

表15

单位名称	荣誉称号	授予单位	授予时间
北戴河区	2014年度完成人口和计划生育责任目标优秀奖	中共秦皇岛市委 秦皇岛市人民政府	2015年5月
北戴河区委防范办	集体二等功	中共秦皇岛市委 秦皇岛市人民政府	2015年12月
北戴河区	2015年度安全生产目标管理优秀县区	秦皇岛市人民政府	2016年3月

2015年北戴河区获市委、市政府个人荣誉一览表

表16

姓名	单 位	荣誉称号	授予单位	授予时间
赵洪辉	北戴河区文广新局	2012−2014年度秦皇岛市劳动模范	秦皇岛市人民政府	2015年4月
赵国祥	北戴河区戴河镇	2012−2014年度秦皇岛市劳动模范	秦皇岛市人民政府	2015年4月
王素艳	北戴河区实验小学	2012−2014年度秦皇岛市劳动模范	秦皇岛市人民政府	2015年4月
王全顺	北戴河区园林局	2012−2014年度秦皇岛市劳动模范	秦皇岛市人民政府	2015年4月
李春兰	北戴河区委防范办	三等功	中共秦皇岛市委 秦皇岛市人民政府	2015年12月

附　录

2015年北戴河区环境质量公报

2015年在区委、区政府的正确领导下，我们认真落实党的群众路线，紧紧围绕区政府中心工作，以生态良性循环、资源合理利用、环境质量良好、城市优美洁净为工作目标，全面加强环境监督管理，着力于解决群众最关心的问题，维护好人民群众的环境权益，确保全区环境质量保持在良好的水平。

2015年继续实施了新河湿地段环境治理工程，近岸海域综合治理，取缔燃煤锅炉综合整治行动等大气污染防治项目，不断加大环境监管力度，推进环境网格化管理模式，广泛开展宣传教育。全区整体生态环境建设水平，生态环境质量得到明显提升。

空气环境

【概况】 全年环境空气质量有效监测天数为356天，其中一级优的天数为84天，二级良的天数为185天，三级轻度污染的天数为61天，四级中度污染天数为18天，五级重度污染的天数为8天，其中优良天数共计269天，优良天数占监测总天数的75.6%。同比去年优良天数增加了27天，空气中颗粒物PM2.5下降率为16.94%。

空气中二氧化硫年平均浓度为47微克/立方米，比去年降低18微克/立方米，超过《环境空气质量标准》（GB 3095-2012）中一级标准1.4倍；日均值超标率25%。

二氧化氮年平均浓度为39微克/立方米，比去年降低1微克/立方米，符合《环境空气质量标准》（GB 3095-2012）中一级标准；日均值超标率为37.35%。

颗粒物PM10年平均浓度为78微克/立方米，比去年降低25微克/立方米，超过《环境空气质量标准》（GB 3095-2012）中一级标准0.95倍；日均值超标率为46.35%。

一氧化碳年平均浓度为3.2毫克/立方米，比去年降低1.3毫克/立方米，符合《环境空气质量标准》（GB 3095-2012）中一级标准；日均值超标率为1.68%。

颗粒物PM2.5年平均浓度为49微克/立方米，比去年降低10微克/立方米，超过《环境空气质量标准》（GB 3095-2012）中一级标准2.27倍；日均值超标率为52.25%。

臭氧年平均浓度为127微克/立方米，比去年升高35微克/立方米，超过《环境空气质量标准》（GB 3095-2012）中一级标准的0.27倍；日最大8小时平均值超标率为3.09%。

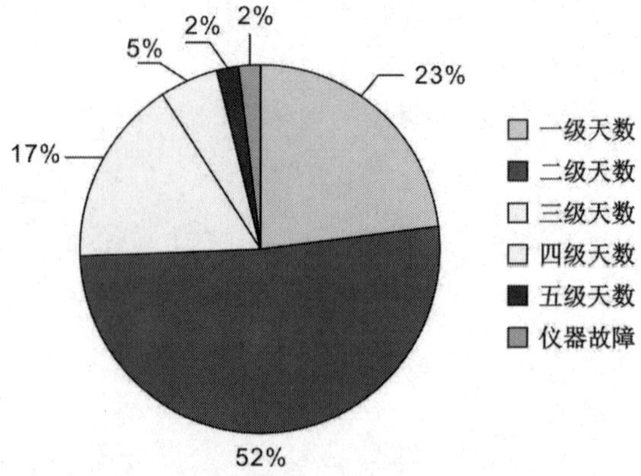

2015年环境空气质量各级天数百分比

【废气主要污染物排放量】 纳入环境统计的工业企业二氧化硫排放量598.41吨（包括热

力公司），氮氧化物排放量137.74吨，烟尘排放量112.018吨。

【行动与措施】 一、继续实施推进北戴河区热电联产集中供热工程。初步拿出全区改造方案。

二、推进天然气进城工程。2015年新接收小区14个，接收民用户7679户，点火4642户，改线158户。接收公福户39个，铺设中压管线2800.8米，铺设低压管线23330.3米。

三、落实《北戴河区新能源规划》工作，积极引导、推广天然气、电能源、太阳能、生物质能等清洁能源应用。

四、切实加强大气污染防治工作。一是燃煤锅炉综合整治。按照全市统一部署，强力推进燃煤锅炉取缔工作，经全区协同努力，取缔燃煤锅炉123台，221.3蒸吨。二是集中开展扬尘整治专项行动。狠抓建筑工地和道路扬尘治理，深入各施工工地现场进行检查督导，持续保持主次干道和重要区域保洁质量。三是强化餐饮业油烟治理。开展环境综合整治执法检查，对影响大气环境质量的餐饮企业和流动摊点进行重点整治，严格执行取缔露天烧烤和使用煤炭流动摊点的相关规定，坚决防止出现反弹现象。四是推进农村污染综合治理。坚持加大对各村、街道路面清扫保洁力度和保洁频次，从严控制焚烧落叶、垃圾、杂草、秸秆及烧荒行为。五是推进产业结构调整。大力倡导发展节能环保产业，北戴河集发生态农业示范园区已建成省级循环经济示范园区。六是深入推进机动车污染治理。共淘汰黄标车165辆。

七是加强应对能力建设。深入推进网格化环境监管模式，提升执法监管能力水平。

水环境

【概况】 一、海水浴场

2015年监测数据显示，海水浴场水质符合国家海水水质二类标准，达标率100%。与去年相比，2015年海水浴场水质达到国家海水标准一类水质标准的比例明显提高。

二、戴河

2015年戴河主要水质类别以《地表水环境质量标准》（GB 3838−2002）中IV类水质为主，水质状况轻度污染，与上年相比较，戴河流经河段整体水质恶化。分析原因，一是戴河口橡胶坝长年很少塌坝放水，致使河水淤积变质；二是上游戴河镇片区两岸及海滨镇仍有部分农村生活污水排入。

戴河主要污染因子五日生化需氧量浓度平均值4.0毫克/升，符合国家地面水Ⅲ类标准，比去年升高0.3毫克/升；化学需氧量浓度平均值23毫克/升，符合国家地面水IV类标准，比去年升高3.1毫克/升；高锰酸盐指数浓度平均值6.2毫克/升，符合国家地面水IV类标准，比去年升高0.3毫克/升L；氨氮浓度平均值0.394毫克/升，符合国家地面水II类标准，比去年升高0.093毫克/升。总磷浓度平均值0.125毫克/升，符合国家地面水Ⅲ类标准，比2014年同期升高0.017毫克/升。

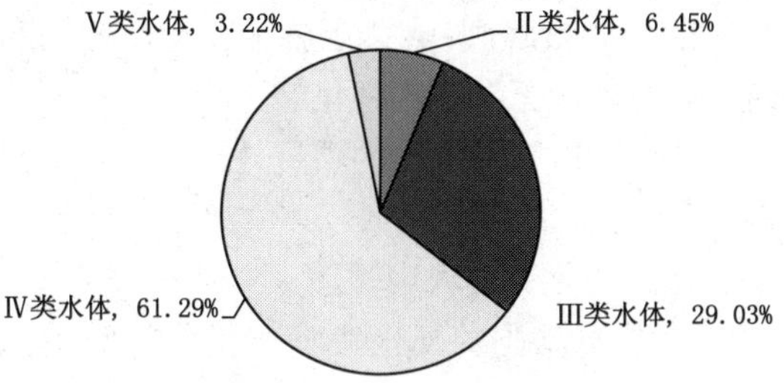

戴河三个监测段面，三个水期水体类别百分比

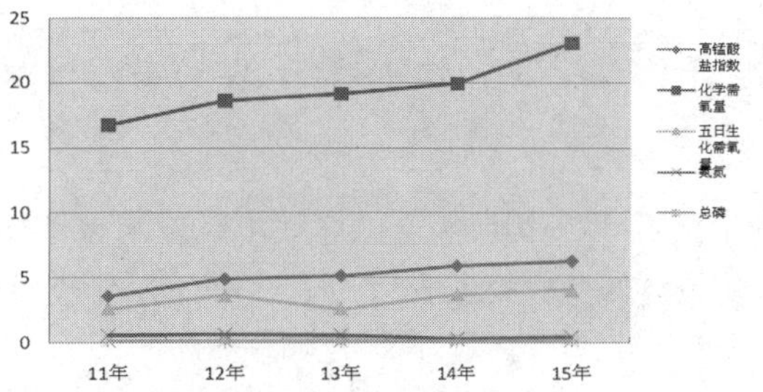

污染浓度年度变化

【废水主要污染物排放量】 纳入环境统计的工业企业废水COD排放量2.43吨，氨氮排放量0.32吨。

【行动与措施】 一、加大入海河流污染治理攻坚战力度。

按照市委、市政府2015年北戴河近岸海域环境综合整治的相关要求，实现区内河清、海洁的目标。对新河小薄荷寨村段组织实施了应急处理工程，清淤护砌长度579米，新建水泥路300米。对戴河及新河支流的四条排洪沟（太平庄排洪沟、大薄荷寨排洪沟、北戴河开发区排洪沟、崔各庄排洪沟），进行垃圾清理工程，共清捞外运垃圾4350立方米。

二、认真开展水环境治理工作。

全面修订完善《北戴河区河道保洁实施方案》，启动河道捞漂保洁运行机制，严格落实沿海沿河排水沟（口）管理责任分解要求，清捞队伍、巡查队伍、船只、运载车辆全部上岗到位，并责任到人，对戴河7个清捞河段、新河6个清捞河段实施无缝式对接，全线捞漂清理外运作业，共清捞外运垃圾500吨；同时制定《2015年度雨后保洁应急方案》，在戴河、新河设置12条垃圾拦截网，严禁垃圾入海情况的发生。

三、加强海域环境质量监管。

定期对全区海岸线及近海海域的沿海环境状况和陆域环境保护情况进行巡查，暑期中实行每天两次的动态巡查，确保对污染隐患做到早发现、早报告、早处理。协调农牧部门做好渔船管理，防止渔船漏油造成海水污染。共开展辖区海域巡查近200次。

声环境

【概况】 2015年全区声环境质量与去年相比继续保持优级水平。

一、城市区域环境噪声

城市区域环境噪声等效声级平均值46.4分贝，比去年降低2.5分贝，城市区域环境噪声环境质量评价等级为好。

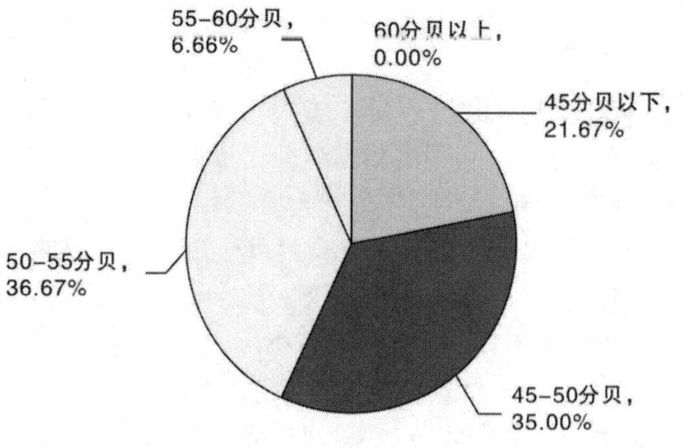

暴露在不同声级下的面积分布（百分比）

二、道路交通噪声

城市主要交通干线交通噪声等效声级平均值56.37分贝（国家标准70分贝），比去年升高2.27分贝，城市道路交通噪声路段达标率100%，道路交通噪声质量评价等级为好。

【行动与措施】 一、加强噪声监测

对功能区噪声每季度监测一次。监测点设在中直，每次24小时连续监测，共测4次。对城市区域噪声每年秋季监测一次，全区共设62个点位，主要干道交通噪声10个点位。暑期对重点区域加强噪声监测与监管。

二、减轻交通噪声

采取禁止机动车鸣笛，严禁农用车进城，设置特殊敏感区禁行限行路段，柏油路面逐步取代水泥路面，绿化带立体种植等方式减轻交通噪声污染。

三、强化施工噪声监管

采取规定作业时间，向施工工地附近居民公告，增加检查频次等，与相关部门联查建筑工地，严禁晚间10:00后施工，暑期期间建筑工地暂停施工等措施强化施工噪声监管。暑期期间，除区政府特批的项目外，其余施工工地全部停工。

四、强化社会噪声管理

加大餐饮业及娱乐业噪声扰民的整治力度，采取“12369” 电话投诉的方式及时对居民区的噪声投诉予以查处，降低社会噪声扰民。

以排污申报为依据，对企业产生噪声的设备设施进行排查摸底，督促企业采取降噪措施。强化部门联动，在“五一”、“十一”、暑期、高考、中考期间，联合公安、工商、文化等部门，采取24小时轮班执勤方式开展噪声控制工作，严查文娱、建筑施工等噪声扰民行为。全年共检查1088次，查处违法违规行为17次。

固体废弃物

【状况】 全区工业企业固体废物产生量为4163.71吨，全部综合处置利用；医疗废物产生量60余吨，全部送往秦皇岛市医疗垃圾处理厂按国家规定焚烧处理，做到日产日清；全区垃圾产生总量10万余吨，压缩后送秦皇岛市柳村发电厂无害化处理，无害化处理率100%。

【行动与措施】 采取对危险废弃物建档、重点监管，集中统一处理等措施，保证环境安全。

城市区实行分离储存、密闭化管理，农村生活垃圾实行定点堆放，统一清运，建筑施工垃圾实行定点准运。

生态环境

【概况】 北戴河是驰名中外的海滨休闲旅游度假区及国家级风景旅游区，2007年北戴河区被认定为国家级生态示范区。

监测数据显示，浴场空气中负离子浓度平均2000-6000个/立方米，西山最高多达14000个/立方米。

区内具有森林、湿地、水生等多种类型的生态系统，各类生态系统结构和功能完善，生物多样性高。

辖区内海岸线18.4公里，其中沙滩海水浴场7.7公里，相关评价表明、北戴河浴场沙滩为我国北方优质沙滩。

区内包括著名的“北戴河湿地”赤土山中心湿地，两个森林公园，全区森林覆盖率43.91%。

北戴河鸟类资源丰富，被中外的观鸟爱好者誉为“观鸟的麦家”。共有鸟类种类20个目61个科412种，约占我国鸟类资源的34%。其中候鸟列入《世界濒危野生动植物物种国际贸易公约》的14种，国家一级保护鸟类12种，二级保护鸟类49种。

近海海域水质良好，生物多样性高。

【行动与措施】 一、继续实施防护林建设和绿满北戴河建设工程。

2015年共栽植各类乔木1499株、花灌木12573株、造型4609平方米、球类492个、宿根花卉、野花组合、草坪3.5万平方米，鲜花51.4万株，垂直绿化植物7万株，剑麻255株。全区绿地率达到53.71%，绿化覆盖率达到57.42%，人均公共绿地为53.8平方米，森林覆盖率43.91%。

二、统筹城乡，积极开展农村生态保护工作。

2015年，制定了《河北省2015年度农村面貌改造提升行动重点片区北戴河片区实施方案》，对不具备污水入网条件的费石庄村、甘各庄村2个村庄，采取KEE生物转盘污水集中处理方式对生活污水进行处理，费石庄村日产生污水54.3 吨，建设50t/d的污水处理设施；甘各庄日产生污水46.8 吨，建设40t/d的污水处理设施，实现生活污水处理率达到60%以上的目标。目前项目已全部完工，并正常运行。区7个重点村庄被省定为美丽乡村。

三、加强畜禽养殖场日常监管。

认真落实养殖场清污分流和粪尿的干湿分流、畜禽废弃物的储存设施的设置和场所的建立等防护措施，减少对环境的污染破坏。目前本区无集约化养殖基地，现有规模化养殖场5家，均建设了污染减排工程。定期开展减排工程的现场检查，全年检查96次。

四、落实秸秆禁烧。

继续加强田间地头、公路两侧的检查，加大空气质量监测频次，对秸秆禁烧的指导及宣传纳入网格化管理模式。国家卫星遥感监控未发现本区存在着火点。

环境管理

【污染减排】 继续贯彻落实《国务院关于印发节能减排综合性工作方案的通知》和《秦皇岛市节能减排工作实施意见》的精神，2015年市政府下达本区主要污染物排放总量减排目标是：化学需氧量、氨氮、二氧化硫、氮氧化物四项污染物减排指标在2014年排放量的基础上净削减1.2%、1.2%、17.07%和12.32%。结合本区实际，制定2015年具体减排计划，通过采取管理减排、工程减排、结构减排等措施，深入开展减排宣传，圆满完成了年度减排目标任务。

【项目审批】 按照《建设项目环境管理名录》的要求，全年共审批建设项目16个，编制报告表12个、登记表4个，严格按照评价标准审批的项目，环境影响评价率达到100%。

全年本区建设项目“三同时”验收共12个，“三同时”执行率100%，验收合格率100%。

全年发放免检机动车环保标志2447个。

全年办理提前淘汰黄标车申请工作中，淘汰黄标车165台。

【放射、辐射环境管理】 继续加大对放射源和危险固废的管理力度，与全区5家涉源单位签订安全承诺书，定期对各单位进行现场检查，要求各相关单位切实加强放射源管理，完善规章制度，加强安全防范，排除事故隐患，确保万无一失。

节假日及暑期期间坚持每天对涉源单位进行检查，严格执行日报告制度。

【循环经济与清洁生产】 继续推进循环经济发展，开展清洁生产审核工作。2015年秦皇岛顺天和动物药业有限公司通过清洁生产审核，共产生方案14个，其中无低费方案13个，中高费方案1个。

环境监察

【征收排污费】 排污费征收工作实现全程信息化，辖区所有排污单位纳入排污费征收全程信息化管理范围，通过排污费征收管理系统软件完成全部排污费征收管理工作，并通过环保专网报送。征收单位51户，解缴入库56万元。

【环境监察】 一、加强污染源环境监察，开展重点排污单位每月1次、其他排污单位每季至少1次的现场检查。全年已完成污染源现场检查833次，建立现场检查工作档案148份。2015年开展牛头崖镇片区工业企业现场摸底，全面了解该片企业分布和环境容量。

二、利剑斩污和零点行动专项检查。开展“利剑斩污”联合检查40次，出动检查执法人员80人。

三、区相关部门共同开展针对重点区域周边噪声扰民问题的专项整治，并加强噪声污染监督管理力度，严禁学校、居民区附近施工作业。

四、加强生态环境监察。强化畜禽养殖污染防治，开展秸秆禁烧环境监管，推动农村面貌改造提升。坚持暑期海域巡查工作，定期对全区海岸线及近海海域的沿海环境状况和陆域环境保护情况进行巡查。

【环境信访工作】 加强环境信访制度建设和规范化管理，环境信访工作实行“一把手”负责制，建立了局领导接访日和信访责任制，真正落实领导接访、包案、带案下访制度；坚持12369环保热线24小时专人值班，加大环境投诉处理力度，协调解决影响群众生产生活的问题。

【环境监测】 开展大气、城市噪声、污染源例行常规监测工作。

大气常规监测。包括降尘、硫酸盐化速率。硫酸盐化速率测西山、水电部两个点位，降尘测西山、水电部、环保局三个点位，每月

1次。共取得监测数据60个。

戴河、新河地表水监测每月配合市环境保护监测站进行常规监测。从7月中旬，每两周对戴河水系的入海口、集发尼龙坝、戴河村3个点位，新河水系的108公路桥、新河口两个点位进行采样，并对水样的pH、氨氮、化学需氧量等指标进行分析化验，发现超标现象及时上报相关部门，为戴河新河水的治理决策提供了有力的数据支撑。

对功能区噪声进行监测，每季度监测一次，监测点设在中直，每次24小时连续监测，全年共测4次。对区域噪声进行监测，每年秋季监测一次，全区共设62个点位，每个点位测经纬度，网格覆盖人口总数、噪声等数据。交通噪声另加道路长度、宽度与车流量等数据。

对聚源铝业、吉马包装有限公司等5家区重点企业每月进行采样监测，对其他非重点企业28家每季监测一次。监测项目包括pH值、氨氮、COD、噪声、锅炉烟尘等。

全年编发各类环境质量报告144期。

【环境宣传与教育】 2015年，本局以“践行绿色生活，共建生态文明，实现美丽中国”为主题，围绕服务暑期、污染减排、生态文明建设等重点工作，在三角地广场、汽车站等地开展环保集中宣传，共悬挂条幅28条，设置展牌13块，发放宣传资料2500份，发放宣传购物袋1200个，接受群众咨询15件。

公众参与

【信访投诉】 全年共受理环境信访投诉83件，群众投诉案件结案率为100%。通过电话反馈回访，群众满意率为100%。

稿件来源：北戴河区环境保护局

2015年北戴河区
国民经济和社会发展统计公报

2015年，是“十二五”规划的收官之年，面对经济下行的巨大压力和繁重的发展任务，区委区政府以科学发展为指导，深入开展“三严三实”专题教育，紧紧围绕“1+4+2”总体工作思路，经济社会发展稳中有进，为全面建成小康社会奠定了坚实基础。

一、综合

全区实现生产总值49.31亿元，比上年增长5.5%。其中，第一产业实现增加值3.79亿元，增长7.3%；第二产业实现增加值7.64亿元，增长5.9%；第三产业实现增加值37.88亿元，增长5.2%。三次产业之比为7.7∶15.5∶76.8。

全年全部财政收入累计完成78526万元，完成调整预算的100.7%，比上年下降10.5%，其中区级公共财政预算收入40685万元，完成调整预算的100.8%，比上年下降20.3%。全部公共财政支出完成99212万元，同比增长27.0%。

二、农林牧渔业

2015年，全年粮食播种面积2376公顷；油料播种面积374公顷。全年粮食总产量实现17365吨、油料类总产量1512吨、肉类产量3299吨，禽蛋类总产量2842吨、蔬菜产量59184吨、奶类总产量3261吨、水产类产量1195吨。

农村用电量9498万千瓦时，农业化肥施用折纯量1753吨。

二、工业和建筑业

实现全部工业增加值3.68亿元，比上年增长0.7%。其中规模以上工业企业实现增加值2.75亿元，增长0.2%；累计实现利润1.17亿元，比上年增长4.7%。

全社会建筑业实现增加值39701万元，比上年增长11.8%。资质等级以上建筑业企业房屋施工面积49551平方米，下降53.8%，房屋竣工面积49551平方米，增长74.8%。

四、交通运输、邮电和旅游

全年公路客运量完成229.6万人次，客运周转量完成4134.3万人公里，全年公路货运量完成153万吨，公路运输周转量完成3825.5万吨公里。

邮电通讯业务收入累计完成7521.3万元，比上年下降18.6%。接入互连网的计算机年末达到21354台，移动电话年末达到94841部。

全年共接待中外游客771.32万人次，比上年增长3.88%，其中入境游客1.16万人次，下降60.0%；辖区景点门票收入13643万元，比上年增长13.3%，其中区属景点门票收入7082万元，增长8.6%。

五、固定资产投资

全力推进项目建设攻坚年活动，列入省、市重点项目5项，总投资32.05亿元，全年累计完成投资6.91亿元。中俄文化艺术合作产业园一期俄罗斯风情街、同道电影坊项目暑期前建成，赤土山村改造、北部新城（拨道洼改造）等项目扎实推进。全年全社会固定资产投资完成47.30亿元，比上年增长17.3%，其中固定资产投资完成46.49亿元，增长17.6%。

六、国内贸易

随着城乡居民生活水平不断提高，居民消费升级步伐加快及旅游业日渐成熟，旅馆饭店等服务性行业市场稳步增长，全年实现社会消费品零售总额57.41亿元，增长9.8%。

七、内引外联

全年批准内资项目48个，累计引进内资20.51亿元，下降48.1%；实际利用外资2026万美元，下降14.0%；进出口总额完成983万美元，增长6.7%。

八、金融

金融市场运行平稳。截至年末，全区金融机构各项存款余额98.11亿元，其中城乡居民储蓄存款余额72.96亿元，分别比上年增长7.5%和5.2%。各项贷款余额37.96亿元，比上年下降7.7%。

九、科技和教育

科技工作不断创新。全年共有10个科技成果获市科技进步奖。其中二等奖2项。组织申报13个项目列入2015年度省市科技计划项目，获省科技资金支持50万元。2015年授权专利34项。组织推荐认定河北省科技型中小企业19家。

加快迈入教育城乡一体化高质量均衡发展新阶段，成功承办了全市教学工作现场会，顺利完成牛头崖学区接收工作。改造实验小学操场，新建蔡各庄小学水冲厕所，采购升降式课桌椅200套；投资189万元为北戴河中学建设了智慧教室教学系统，为北二中、实验小学等部分学校补充、更新了多媒体设备，加速提升了全区教育信息化基础设施建设水平；完成了第二期学前教育管理信息系统的数据采集和录入工作，全区幼儿入园率达99.8%。深入开展双向游学活动。北戴河区与韩国九里市建立友好联系，2015年暑假迎接了15名韩国中学生的回访交流。

十、文化体育和卫生

大力推进文化产业融合发展，怪楼文化艺术产业园区建设日益完善，北戴河村“艺术村落”初具雏形，文化创意产业发展渐成规模。春节灯会观展人数达到76万人次。承办海峡两岸暨香港十大华语电影（秦皇岛）盛典。建成国家公共文化服务体系示范区，深入开展文化惠民活动，举办各类文化艺术展演5000余场次。“音乐文化人”被评为第十届中国艺术节项目类“群星奖”。本区被评为“河北省文化产业十强县（市、区）”，成为全省唯一两次获此称号的县区。截止到2015年底，全区有线电视数字用户28632户，入网率97%。

运动品牌走出国门，成功举办第十一届轮滑节，国际轮联授予北戴河区“国际轮滑之都”称号。轮滑节、铁人三项赛、秦皇岛国际马拉松赛等城市品牌知名度日益提升。北戴河区运动员在省级以上各类比赛中获金牌15枚，银牌13枚，铜牌17枚。

扎实推进医药卫生体制改革，加大对医药卫生体制改革的投入力度，区、镇、村三级全覆盖的医疗服务体系逐步完善。完成集体产权村卫生室6个，基层公共卫生服务标准提高至每人每年40元。新农合参合率达到98%。

十一、人口、人民生活和社会保障

年末全区户籍人口95939人。全年出生人口767人，出生率为7.48‰，自然增长率为1.67‰，符合政策生育率为94.26%。

据国家统计局河北省调查总队和省市统计局反馈的资料显示，2015年，北戴河区城市居民年人均可支配收入32629元，比上年增长8.2%；农村居民年人均可支配收入15348元，比上年增长8.5%。

2015年，全区新增就业2098人，其中城镇失业人员实现再就业1276人；就业困难人员实现就业483人，农村富余劳动力转移就业686人，全区城镇登记失业率控制在2.37%以内。

社会保障体系不断完善。截至2015年底，全区企业养老保险参保覆盖人数17764人，机关事业养老保险参保覆盖人数6736人，城乡居民社会养老保险参保人数20783人。城镇职工基本医疗保险参保11378人，生育保险参保7753人。失业保险参保人员9388人。全区企业职工养老保险、机关事业养老保险、城乡居民养老保险基金征缴分别达到7518万元、10317万元和750万元；城镇职工基本医疗保险、生育保险基金征缴分别为4052.91万元和223.59万元；失业保险基金征缴达到631.59万元。

十二、城市建设、环境保护和安全生产

以城乡一体化攻坚年、城市提升攻坚年活动为抓手，深入推进城乡建设。完成海宁路中修、205国道改造和蔡各庄立交桥安全提升工程。新建剑秋路、东二路、老虎石等7座沿海综合性服务驿站，修建木栈道总长2770延长米。新建、改造公厕5座，新建生活垃圾收集站5座。

全区环境空气质量检测有效总天数356

天，其中一级优的天数为84天，二级良的天数为185天，优良天数共计269天，优良天数占检测总天数的75.6%，同比去年优良天数增加27天。颗粒物PM2.5浓度为49微克/立方米，比2014年降低10微克/立方米，下降率为16.94%。单位地区生产总值能耗降低率2.03%。

全区范围内深入彻底地开展了安全生产领域打非治违专项行动和安全生产大检查等一系列活动，安全生产形势保持了持续平稳的发展态势。严格落实安全生产责任，完善安全生产责任制度；推进安全监管规范化建设，建立科技兴安工作新机制；扎实开展安全生产执法行动，始终保持高压严管态势；强化安全生产宣传教育培训，营造大安全理念。

注：1.公报中生产总值、各行业增加值、总产值指标绝对数按当年价格计算，增长速度按可比价格计算。

2.公报中第一部分综合、第二部分农林牧渔业、第六部分国内贸易、第十一人口数据为包含牛头崖数据，其余为原统计口径。

稿件来源：北戴河区统计局

2015年北戴河区规范性文件一览表

表17

发文机关	文号	文件名称
区委	北发〔2015〕1号	2015年工作要点
区委、区政府	北发〔2015〕2号	关于印发《北戴河区2015年城乡一体化攻坚年等活动实施方案》的通知
区委、区政府	北发〔2015〕3号	关于进一步加快“国际轮滑之都”建设的意见
区委、区政府	北字〔2015〕1号	2015年农村面貌改造提升行动（基层建设年活动）北戴河片区建设实施方案
区委、区政府	北字〔2015〕2号	关于印发《北戴河区安全生产“党政同责、一岗双责”实施方案办法》的通知
区委	北字〔2015〕3号	印发《北戴河区关于区级领导干部带头转变作风、狠抓落实的规定》的通知
区委	北字〔2015〕6号	印发《省委巡视组反馈意见整改落实工作方案》的通知
区委、区政府	北字〔2015〕7号	关于印发《北戴河区集中整治违法占地违法建筑行动日实施方案》的通知
区委、区政府	北字〔2015〕9号	关于印发《北戴河区2015年县级领导引进总部企业目标任务分解表》和《北戴河区2015年部门单位引进总部企业目标任务分解表》的通知
区委	北字〔2015〕10号	关于进一步完善《北戴河区科级领导班子和科级干部综合考核评价办法（试行）》的通知
区委	北字〔2015〕11号	关于印发《在全区党员干部中开展“争当百姓喜爱的好官”活动的实施方案》的通知
区委、区政府	北字〔2015〕13号	印发《关于北戴河区行政区划调整的实施方案》的通知
区委、区政府	北字〔2015〕15号	关于深入贯彻落实第80次市委常委（扩大）会议精神的自查整改方案
区委	北字〔2015〕16号	印发《关于在全区科级以上干部中开展“解放思想”大讨论活动的实施方案》的通知
区委	北字〔2015〕17号	关于印发《北戴河区落实廉政建设主体责任和监督责任追究办法（试行）》的通知
区委	北字〔2015〕18号	关于印发《北戴河区2016年街区景观改造提升工程实施方案》的通知
区委、区政府	北字〔2015〕20号	关于印发《加快推进京津冀协同发展建立与国家部委及北京县区“1+1”对接机制的实施方案》的通知

续表17

发文机关	文号	文件名称
区委办、区政府办	北办发〔2015〕1号	印发《北戴河区关于建立农村“五规范一创建”管理体系实施办法（试行）》的通知
区委办	北办发〔2015〕2号	关于印发《在全区县级以上领导干部中深入开展“三严三实”专题教育的实施意见》的通知
区委办	北办发〔2015〕3号	关于印发《全区“解放思想、抢抓机遇、奋发作为、协同发展”大讨论推进方案》和《区委“解放思想”大讨论领导小组及其办公室组成人员名单》的通知
区委办、区政府办	北办字〔2015〕1号	关于实施第二批便民服务措施的通知
区委办、区政府办	北办字〔2015〕3号	关于进一步做好驻村帮扶工作的通知
区委办	北办字〔2015〕5号	关于印发《省、市、区委2015年工作要点责任分解表》的通知
区委办	北办字〔2015〕6号	关于调整《北戴河区县级领导和区直单位包村（社区）工作安排表》的通知
区委办	北办字〔2015〕7号	关于建立“三严三实”专题教育联系会议制度的通知
区委办	北办字〔2015〕8号	关于印发《2015年北戴河近岸海域环境综合整治攻坚战实施方案》的通知
区委办、区政府办	北办字〔2015〕10号	关于开展县级领导干部到所联系民营企业蹲点调研的通知
区委办、区政府办	北办字〔2015〕11号	关于印发《北戴河区包街综合整治活动实施方案》的通知
区委办、区政府办	北办字〔2015〕13号	印发《北戴河区人民政府部分涉改部门编制和领导职数核定意见》的通知
区委办、区政府办	北办字〔2015〕14号	印发《北戴河区人民政府改革工作实施意见》的通知
区委办、区政府办	北办字〔2015〕16号	关于在全区开展“干部进民企促发展”活动的实施方案的通知
区委办、区政府办	北办字〔2015〕21号	关于转发《2015年暑期联合督查工作总结》的通知
区委办、区政府办	北办字〔2015〕23号	关于印发《北戴河区城乡环境容貌、环境综合整治百日攻坚行动方案》的通知
区委办、区政府办	北办字〔2015〕24号	关于印发《北戴河区关于加强农村垃圾清理及长效机制建设的实施方案》的通知
区委办、区政府办	北办字〔2015〕25号	关于做好总结“十二五”、2015年工作和谋划“十三五”、2016年工作的通知

续表17

发文机关	文号	文件名称
区委办	北办字〔2015〕26号	关于在全区开展领导班子成员分工调整和干部轮岗工作的指导意见
区政府	北政〔2015〕1号	关于推进政府向社会力量购买服务的实施意见
区政府	北政〔2015〕2号	印发《关于强化政府主体责任建立监管体系的实施方案（试行）》的通知网格化环境
区政府	北政〔2015〕3号	关于表彰2014年度安全生产工作先进单位和先进个人的决定
区政府	北政〔2015〕4号	关于印发《北戴河区2015年新型农村合作医疗实施方案》的通知
区政府	北政〔2015〕5号	关于印发《北戴河区食品药品安全区创建工作实施方案》的通知
区政府	北政〔2015〕6号	关于印发《北戴河区深化县级公立医院综合改革实施方案》的通知
区政府	北政〔2015〕7号	关于废止《北戴河区全民创业活动实施方案》等4个文件的通知
区政府	北政〔2015〕9号	关于印发《北戴河区2015年民兵整组工作实施方案》的通知
区政府	北政〔2015〕15号	关于印发《北戴河区突发公共卫生事件应急预案》的通知
区政府	北政〔2015〕16号	关于印发《北戴河区森林火灾应急处置预案（2015年修订）》的通知
区政府	北政〔2015〕17号	关于进一步加强政府法律顾问制度建设的意见
区政府	北政〔2015〕19号	关于印发《北戴河区2015年水环境污染防治行动实施方案》的通知
区政府	北政〔2015〕21号	关于印发《北戴河区2015年暑期噪声污染综合治理实施方案》的通知
区政府	北政〔2015〕22号	关于印发《北戴河区42处重点目标场所反恐防暴工作方案》的通知
区政府	北政〔2015〕28号	关于印发《北戴河区2014年冬季退役士兵安置方案》的通知
区政府	北政〔2015〕29号	关于印发《北戴河区灭火与消防救援应急预案》的通知
区政府	北政〔2015〕31号	关于印发《北戴河区自然灾害生活救助暂行办法》的通知

续表17

发文机关	文号	文件名称
区政府	北政〔2015〕32号	关于印发《北戴河区小型水利工程管理体制改革实施方案》的通知
区政府	北政〔2015〕33号	关于印发《北戴河区临时救助实施办法》的通知
区政府	北政〔2015〕34号	关于印发《北戴河区利用河北省保障住房投资有限公司棚户区改造赤土山项目国家开发银行贷款资金管理办法（试行）》的通知
区政府	北政〔2015〕35号	关于印发《关于加快国际轮滑之都建设的实施方案》的通知
区政府	北政〔2015〕36号	关于开展第三次全国农业普查的通知
区政府	北政〔2015〕37号	关于印发《北戴河区推进简政放权放管结合转变政府职能工作方案》的通知
区政府	北政〔2015〕38号	关于取消区政府部门非行政许可审批事项的通知
区政府	北政〔2015〕41号	关于公布2015年度规范性文件清理结果的通知
区政府	北政〔2015〕43号	关于清理规范区政府部门行政审批中介服务事项的通知
区政府	北政字〔2015〕9号	关于2015年春季森林封山防火的通告
区政府	北政字〔2015〕30号	关于成立北戴河区小型水利工程管理体制改革工作领导小组的通知
区政府	北政字〔2015〕31号	关于成立北戴河文化创意创业产业园发展管理委员会的通知
区政府	北政字〔2015〕34号	关于明确205国道连接线修建工程施工主体的通知
区政府	北政字〔2015〕37号	关于调整北戴河区打击侵犯知识产权和制售假冒伪劣商品工作领导小组的通知
区政府	北政字〔2015〕38号	关于成立推广政府和社会资本合作（PPP）模式领导小组的通知
区政府	北政字〔2015〕46号	关于转发《秦皇岛市人民政府关于推进政府法律顾问制度的意见》的通知
区政府办	北政办〔2015〕1号	关于转发秦皇岛市政府办公厅《关于印发〈秦皇岛市保障建设领域农民工工资支付实施办法〉的通知》的通知
区政府办	北政办〔2015〕2号	关于印发《北戴河区油气输送管道隐患整治攻坚战工作方案》的通知
区政府办	北政办〔2015〕3号	关于做好2015年全区1%人口抽样调查的通知

续表17

发文机关	文号	文件名称
区政府办	北政办〔2015〕4号	关于印发《北戴河区2015年春运工作实施方案》的通知
区政府办	北政办〔2015〕5号	关于印发《北戴河区环境保护大检查工作方案》的通知
区政府办	北政办〔2015〕6号	关于印发《2015年政府工作报告主要任务责任分解表》的通知
区政府办	北政办〔2015〕7号	关于贯彻落实市政府《关于优化建设项目审批流程的意见》（试行）的通知
区政府办	北政办〔2015〕10号	关于印发《北戴河区政府职能转变和行政审批制度改革重点工作推进方案》的通知
区政府办	北政办〔2015〕11号	关于印发《北戴河区行政审批事项目录》（2014年版）的通知
区政府办	北政办〔2015〕12号	关于转发《秦皇岛市建立行政执法公开制度实施方案》的通知
区政府办	北政办〔2015〕13号	关于做好上级取消和下放行政审批事项衔接落实工作的通知
区政府办	北政办〔2015〕14号	关于印发《北戴河区土地例行督察工作实施方案》的通知
区政府办	北政办〔2015〕16号	关于印发《北戴河区环境保护大检查工作实施细则》的通知
区政府办	北政办〔2015〕17号	关于印发《关于建立责任清单制度的实施方案》的通知
区政府办	北政办〔2015〕18号	关于印发《北戴河区村卫生室实施国家基本药物制度实施方案》的通知
区政府办	北政办〔2015〕21号	关于转发《秦皇岛市人民政府办公厅关于印发建设项目审批流程示意图的通知》的通知
区政府办	北政办〔2015〕22号	关于印发《北戴河区政府部门行政权力清单》的通知
区政府办	北政办〔2015〕23号	关于印发《北戴河区政府部门责任清单》的通知
区政府办	北政办〔2015〕24号	关于印发《北戴河区农作物秸秆禁烧和综合利用工作实施方案》的通知
区政府办	北政办〔2015〕26号	关于印发《北戴河区卫生和计划生育局主要职责内设机构和人员编制规定》的通知
区政府办	北政办〔2015〕27号	关于印发《北戴河区市场监督管理局主要职责内设机构和人员编制规定》的通知

续表17

发文机关	文号	文件名称
区政府办	北政办〔2015〕28号	关于印发《北戴河区城市管理综合执法局主要职责内设机构和人员编制规定》的通知
区政府办	北政办〔2015〕30号	关于做好国务院、省政府、市政府取消和下放行政审批事项衔接落实工作的通知
区政府办	北政办〔2015〕32号	关于加强机关事业单位临时用工管理有关问题的通知
区政府办	北政办〔2015〕33号	关于印发《中国人民抗日战争暨世界反法西斯战争胜利70周年纪念活动北戴河区空气质量保障方案》的通知
区政府办	北政办〔2015〕35号	关于印发《北戴河区入企帮扶活动实施方案》的通知
区政府办	北政办〔2015〕36号	关于印发《清理规范区本级行政审批中介服务实施方案》的通知
区政府办	北政办〔2015〕37号	关于严肃纪律巩固行政审批制度改革成果的通知
区政府办	北政办〔2015〕38号	关于印发《北戴河区2015年洁净型煤推广工作实施方案》的通知
区政府办	北政办〔2015〕39号	关于印发《北戴河区深化绩效预算管理改革实施方案》的通知
区政府办	北政办〔2015〕40号	关于印发《北戴河区建设领域拖欠农民工工资问题专项治理工作方案》的通知
区政府办	北政办〔2015〕42号	关于印发《北戴河区推进国家重点生态功能区县域生态环境质量检测评价与考核工作实施方案》的通知
区政府办	北政办〔2015〕43号	关于印发《全区旅游行业整改提升及旅游市场秩序整治专项行动方案》的通知
区政府办	北政办〔2015〕44号	关于印发《2015—2016年度冬季大气污染防治工作方案》的通知
区政府办	北政办〔2015〕46号	关于印发《北戴河区智慧安监暨隐患排查治理体系建设实施意见》的通知
区政府办	北政办〔2015〕47号	关于做好国务院第一批取消中央指定地方实施行政审批事项衔接落实工作的通知
区政府办	北政办〔2015〕48号	关于印发《全区今冬明春火灾防控工作方案》的通知
区政府办	北政办〔2015〕49号	关于印发《规范性文件公开征求意见制度》等规范性文件管理制度的通知
区政府办	北政办〔2015〕50号	关于印发《北戴河区全面深化县级公立医院综合改革实施方案》的通知

续表17

发文机关	文号	文件名称
区政府办	北政办字〔2015〕1号	关于印发《北戴河区清理规范税收等优惠政策实施方案》的通知
区政府办	北政办字〔2015〕3号	关于印发《北戴河区沿海沿河排水沟（口）管理责任分解表》的通知
区政府办	北政办字〔2015〕4号	关于转发市政府办公厅《关于进一步加强值班工作的通知》的通知
区政府办	北政办字〔2015〕5号	关于印发《北戴河区2015年节能降碳目标分解表》和《北戴河区2015年削减煤炭消费指标任务分解表》的通知
区政府办	北政办字〔2015〕9号	关于印发《北戴河区2015年控煤歼灭战行动方案》的通知
区政府办	北政办字〔2015〕12号	关于做好旅游景区自查整改工作的紧急通知
区政府办	北政办字〔2015〕13号	关于转发《秦皇岛市科学技术局关于2016年度秦皇岛市科学进步奖推荐工作的通知》的通知
区政府办	北政办字〔2015〕14号	关于北戴河区城市环境容貌综合整治百日攻坚行动督导检查方案

目录索引

D

E

F

G

H

J

K

L

M

N

P

Q

R

S

T

W

X

Y

Z

图书在版编目（CIP）数据

北戴河年鉴.2016/秦皇岛市北戴河区地方志编纂委员会办公室编.—北京：方志出版社，2018.1

ISBN 978-7-5144-2960-2

Ⅰ.①北… Ⅱ.①秦… Ⅲ.①区（城市）—秦皇岛市—2016—年鉴 Ⅳ.①Z522.24

中国版本图书馆CIP数据核字（2018）第027803号

北戴河年鉴（2016）

编　　者：秦皇岛市北戴河区地方志编纂委员会办公室

责任编辑：梅中英

出 版 人：冀祥德

出 版 者：方志出版社

地址：北京市朝阳区潘家园东里9号（国家方志馆4层）

邮编　100021

网址　http://www.fzph.org

发　　行：方志出版社发行中心

电话（010）67110500

经　　销：各地新华书店

印　　刷：秦皇岛市佳泽文化传播有限公司

开　　本：889×1194　1/6

印　　张：20

字　　数：475千

版　　次：2018年1月第1版　2018年1月第1次印刷

印　　数：001～500册

ISBN　978-7-5144-2960-2　**定价：**150.00元